长三角城市乡土语文丛书

泰州乡土语文

海陵 姜堰
高港 兴化
泰兴 靖江

Taizhou Xiangtu Yuwen

上海社会科学院长三角城市历史文化研究中心 编

丛书编委会主任◎熊月之

本书主编◎刘仁前 徐同华

江苏大学出版社
JIANGSU UNIVERSITY PRESS
镇江

长三角城市乡土语文丛书

泰州乡土语文

本书主编 刘仁前 徐同华

参编人员 王青 林林 金倜 曹学林 姜伟婧

（陈晓光　中国文联副主席、全国政协教科文卫体委员会副主任、原文化部副部长）

图书在版编目（CIP）数据

泰州乡土语文 / 刘仁前， 徐同华主编 . -- 镇江 : 江苏大学出版社， 2023.12
ISBN 978-7-5684-1942-0

Ⅰ. ①泰… Ⅱ. ①刘… ②徐… Ⅲ. ①文史资料－泰州②泰州－地方史－掌故 Ⅳ. ① K295.33

中国国家版本馆 CIP 数据核字（2023）第 157639 号

泰州乡土语文
Taizhou Xiangtu Yuwen

主　　编 / 刘仁前　徐同华
责任编辑 / 宋燕敏
出版发行 / 江苏大学出版社
地　　址 / 江苏省镇江市京口区学府路 301 号（邮编：212013）
电　　话 / 0511-84446464（传真）
网　　址 / http://press.ujs.edu.cn
制　　版 / 湖州文华制版设计有限公司
印　　刷 / 湖州日报印务有限责任公司
开　　本 / 710mm × 1 000mm 1/16
印　　张 / 27.5
字　　数 / 541 千字
版　　次 / 2023 年 12 月第 1 版
印　　次 / 2023 年 12 月第 1 次印刷
书　　号 / ISBN 978-7-5684-1942-0
定　　价 / 55.00 元

如有印装质量问题请与本社营销部联系（电话：0511-84440882）

写在前面的话

泰州，一座古老而年轻的城市。

言其古老，有典籍为凭、经典为证。赵朴初先生在他为泰州而作的词《踏莎行》中，用“州建南唐，文昌北宋”八个字极其精当地概括了泰州古老的历史和文化。

泰州，是国家历史文化名城。秦称海阳，汉称海陵。西汉武帝元狩六年（前117）置海陵县。南唐时（937—975）为州治，取“通泰”之意，始名泰州。晋代文学家左思在《吴都赋》中这样描写泰州：“䚫海陵之仓，则红粟流衍。”据史书记载，“吴有海陵之仓，仓为吴王濞所建”。有“初唐四杰”之誉的骆宾王，在其著名的《为徐敬业讨武曌檄》一文中，则赞美泰州“海陵红粟，仓储之积靡穷”。

700多年前，意大利著名旅行家马可·波罗曾游历泰州，他在其著名的游记中，就曾为泰州留下了这样的文字：“这城不很大，但各种尘世的幸福极多。”

称其年轻，是因为地级泰州市的组建，至今才20多个年头，正是朝气蓬勃、青春勃发的大好年华。地处长三角的泰州，充满生机与活力。所辖海陵、高港（含医药高新区）、姜堰，以及兴化、泰兴、靖江在内的三区三市，有着无限广阔的发展空间，其承南接北的重要位置，使之成为苏中地区重要的中部支点城市。

泰州，历史文化蕴藏丰厚。这里是中国长篇小说之父施耐庵、泰州学派创始人王艮、评书大师柳敬亭、“东方黑格尔”刘熙载、扬州八怪代表人物郑板桥、京剧艺术大师梅兰芳的故乡，此外众多名家大家如范仲淹、王安石、汤显祖、孔尚任等也曾在这里留下了他们的足迹，留下了他们闪光的思想和经典之作。

泰州城区的凤城河景区，“传承历史文化”之理念得以彰显。望海楼、桃园景区之中，汇集了泰州历史文化、戏曲文化和民俗文化。以取孔尚任寄寓泰州陈庵完稿《桃花扇》之景而建的桃园，以祖籍泰州的京剧艺术大师梅兰芳先生之生平而建的梅园，以寄托对泰州先贤、评书大师柳敬亭之怀念而建的柳园，三园一线，构成了泰州颇具特色的“戏曲文化三家村”。徜徉其中，宛若行走于中国戏曲文化长廊。

文会堂前的文正广场中央，那尊范仲淹的雕像吸引着众多游人的目光。此乃与泰州颇具渊源的雕塑名家吴为山所塑。真是亏得有吴为山之妙手，范公飘逸之神韵得以再现。但见范公神采奕奕，长衫飘拂，似乎在吟咏着《书海陵滕从事文会堂》中的佳句：“诗书对周孔，琴瑟亲羲黄。君子不独乐，我朋来远方……”这“君子不独乐”，与“先天下之忧而忧，后天下之乐而乐”的至理名句，难道不是一脉相承吗？由此可知，范公“忧”“乐”观的种子，其在泰州时就已种下矣。

不止于此，一大批享誉中国文坛的现当代名家如海笑、陆文夫、郑愁予、赵本夫、范小青、苏童、毕飞宇、黄蓓佳、叶兆言、刘亮程等，也为泰州留下了精彩华章。面广量大的本土作家，满怀对家乡的挚爱，用自己饱含深情之笔，书写下了一篇篇、一首首既富有地域特色又充满艺术感染力的倾心之作，对泰州知名度、美誉度的提升，发挥着积极作用。

《泰州乡土语文》分六个单元，每个单元又分四个板块，较为系统地筛选了泰州历代名家的经典之作和现当代名家的精彩篇章，对泰州丰厚的历史人文、独特的地域特色、迷人的风俗风物，以及浓郁的乡音乡情作出了精彩呈现、精妙书写，必将成为广大读者认识泰州、感知泰州、体悟泰州的读本。

当然，由于时间仓促，再加之编者水平所限，《泰州乡土语文》中的不完美客观存在，恳请诸位专家学者批评指正！

期待《泰州乡土语文》成为泰州广大民众，特别是广大中小学生了解家乡、热爱家乡的必备读本！也期待《泰州乡土语文》成为宣传泰州、推介泰州的魅力读本！

编者

2021 年 8 月 于泰州

目 录

第一单元 海陵篇（含泰州市区）

一、历代名家咏海陵（诗词）

二、历代名家写海陵（散文）

三、现当代名家咏海陵（诗词）

四、现当代名家写海陵（散文）

第二单元　姜堰篇

一、历代名家咏姜堰（诗词）

二、历代名家写姜堰（散文）

三、现当代名家咏姜堰（诗词）

四、现当代名家写姜堰（散文）

第三单元　高港篇（含医药高新区）

一、历代名家咏高港（诗词）

二、历代名家写高港（散文）

三、现当代名家咏高港（诗词）

四、现当代名家写高港（散文）

第四单元　兴化篇

一、历代名家咏兴化（诗词）

二、历代名家写兴化（散文）

三、现当代名家咏兴化（诗词）

四、现当代名家写兴化（散文）

第五单元　泰兴篇

一、历代名家咏泰兴（诗词）

目录

二、历代名家写泰兴（散文）

三、现当代名家咏泰兴（诗词）

四、现当代名家写泰兴（散文）

第六单元　靖江篇

一、历代名家咏靖江（诗词）

二、历代名家写靖江（散文）

三、现当代名家咏靖江（诗词）

四、现当代名家写靖江（散文）

第一单元　海陵篇（含泰州市区）

「第一部分　研究篇（含素材库）」

一、历代名家咏海陵（诗词）

送姚侍御出使江东

唐·宋之问

帝忧河朔郡，南发海陵仓。坐叹青春别，逶迤碧水长。
饮冰朝受命，衣锦昼还乡。为问东山桂，无人何自芳。

【作者简介】

宋之问，汾州西河人。唐高宗上元二年（675）进士，官至考功员外郎。擅长五言律诗，语言浅近。宋之问诗与沈佺期诗齐名，称“沈宋体”。明人编有《宋之问集》。

【导读】

这首五言律诗情真意切，首联交代姚侍御出使江东的缘由，颔联流露离别的淡淡伤感，颈联转而表达对姚侍御受朝廷重用的勉励与羡慕之意，尾联诗人又联想到自己，以东山桂树自喻，表达自己怀才不遇的悲叹。

送许员外江外置常平仓

唐·岑参

诏置海陵仓，朝推画省郎。还家锦服贵，出使绣衣香。
水驿风催舫，江楼月透床。仍怀陆氏橘①，归献老亲尝。

【作者简介】

岑参，湖北江陵人。唐天宝三载（744）进士，长于七言歌行，所作善于描绘塞上风光和战争景象，气势豪迈，情辞慷慨，语言变化自如。与高适齐名，并称“高岑”。著有《岑嘉州诗集》等。

【注释】

①陆氏橘，用三国陆绩典，在外遇到珍贵之物，舍不得吃，怀揣着预备奉

与母亲，岑参借此孝亲之典，提醒友人在外不忘故土故人。

【导读】

盛唐到底是盛唐，岑参也到底是岑参，这位边塞诗人不拘一格，送别诗也写得不落颓靡之窠臼。岑参的友人许员外受诏前往海陵仓，这从一侧面印证海陵仓储无穷的显赫声名。友人此去，是为建功立业，所以这首诗没有感伤之意。主要是对友人的劝勉和鼓励。

寄海陵县韩长官

唐·鲍溶

吏散重门印不开，玉琴招鹤舞裴回。
野人为此多东望，云雨仍从海上来。

【作者简介】

鲍溶，中唐诗人，字德源。元和四年（809）进士。

【导读】

古时交通、传信多有不便，更何况故人在苍茫海角。诗人不得一见，牵念不已，依依东望，唯见云雨，一颗思念的心，也被这云雨打得湿漉漉的、沉甸甸的。诗韵悠长，源于情深。

泰州永宁宫

南吴·杨溥

江南江北旧家乡，三十年来梦一场。
吴苑宫闱今冷落，广陵台殿已荒凉。
云笼远岫愁千片，雨打归舟泪万行。
兄弟四人三百口，不堪闲坐细思量。

【作者简介】

杨溥，杨行密四子，927 年即皇帝位，改元乾贞。天祚三年（937），杨溥禅位徐知诰，南吴灭亡，杨溥被徐知诰上尊号为高尚思玄弘古让皇。升元二年（938）杨溥去世，谥号睿皇帝。

【导读】

王国维云："以我观物，则物物皆着我之色彩。"杨溥此诗，读到一种"此身虽在堪惊"的惶然悲戚之感。诗人念及泰州永宁宫，满眼衰飒景象。故国楼阁虽在，繁华只余一梦，愁绪萦怀，不堪细斟酌。此诗一如李煜作，都是亡国之音。

泰州道中却寄东京①故人

南唐 · 徐铉

风紧雨凄凄，川回岸渐低。吴州②林外近，隋苑雾中迷。
聚散纷如此，悲欢岂易齐。料君残酒醒，还听子规啼。

【作者简介】

徐铉，字鼎臣，扬州广陵人。南唐时官至吏部尚书，后随李煜归宋，官至散骑常侍，世称徐骑省。南唐时曾谪泰州司户掾。精通文字学，善诗文。有《骑省集》。

【注释】

①东京，南唐以金陵为西都，广陵为东都（即今之扬州），故此处东京指扬州。

②吴州，即泰州。唐初改海陵为吴陵县，以县置吴州。

【导读】

这首诗是徐铉谪居泰州所作，眼前所见之景，映照诗人低沉的心境。诗人思念家乡东京（即扬州）的亲友，缠绵心绪间，所见凄凄风雨，低回河岸，所听子规悲啼，残酒难消愁，唯有写诗寄情，排遣离思。

送李著作

宋·王禹偁

芸阁新衔捧诏归，历阳湖畔拜庭闱。
已闻爱子披朱绂，犹学婴儿着彩衣。
饭馈海陵红稻软，鲙擎淮水白鱼肥。
吾生自失荣亲禄，谩踏花砖入北扉。

【作者简介】

王禹偁，字元之，济州巨野人。宋太平兴国八年（983）进士。遇事敢言，三遭贬斥，作《三黜赋》以见志。诗学杜甫、白居易，文风平易畅达。著有《小畜集》《五代史阙文》等。

【导读】

这首送别诗，前三联颇喜，尾联颇哀。友人李著作将往富庶之地任官，诗人喜不自禁，想象友人坐享软糯的海陵红稻、肥嫩的淮水白鱼，美好生活仿佛就在眼前。然而朋友的乐，更衬出诗人遭罢黜闲居的冷清，尾联“谩踏花砖入北扉”，以景结情，由无限的喜乐转向无限的悲凉。

依韵答泰州王道粹学士见寄

宋·梅尧臣

君同黄鹄游海峤，我学白云归帝乡。
已爱健翅自鼓舞，谁怜孤影犹飘扬。
安得相从在霄汉，于今留滞嗟萦缰。
欲随轻风挹君袂，满野春雨生迷茫。

【作者简介】

梅尧臣，字圣俞，宣州宣城人。少即能诗，与苏舜钦齐名，时号“苏梅”，诗风古淡，对宋代诗风的转变影响很大，与欧阳修同为北宋前期诗文革新运动领袖。与欧阳修并称“欧梅”。曾参与编撰《新唐书》，并为《孙子》作注，另作有《宛陵集》《毛诗小传》等。

【导读】

泰州王道粹学士是诗人的好友，虽相隔天涯，但往来赠答颇密。友人在海滨，诗人在京都，尽管各自精彩，却因知音不在，而生孤寂寥落心。思念之情无法排解，诗人甚至希望自己能随风到天涯，面见友人，然毕竟不可得，满城茫茫春雨映照了诗人一颗凄迷的心。

积翠亭

宋 · 曾致尧

高高积翠亭，积翠不虚名。路小莓苔合，墙低薜荔生。
当轩攒竹柏，绕槛列杉桎。公退时来此，吟情转觉清。

【作者简介】

曾致尧，字正臣，抚州南丰人，北宋名臣，散文家曾巩的祖父。宋太平兴国八年（983）进士，真宗咸平六年（1003）以户部员外郎知泰州。著有《仙凫羽翼》《直言集》。

【导读】

曾致尧在泰州为官期间，公务之余，徜徉于州署内的园林，积翠亭、芙蓉阁、望京楼、清风楼及池上二桥等建筑景致，曾写诗吟咏。满眼翠色间，有红莓青苔，有竹柏当轩，自然的涵养，可以解案牍间的劳乏，让人陶然忘忧。

西溪看牡丹

宋 · 吕夷简

异香浓艳厌群葩，何事栽培近海涯。
开向东风应有恨，凭谁移入五侯家。

【作者简介】

吕夷简，字坦夫，北宋寿州人。真宗咸平三年（1000）进士。初任泰州西溪盐监。仁宗时，官至司空平章军国重事，封许国公，卒谥文靖。著有《吕夷简文集》。

【导读】

吕夷简到任泰州西溪盐仓时刚24岁，他心系百姓，勤于政务，在他的治理下，当地盐税征收与日俱增，政绩颇丰。公务之余他在衙门外手植一株牡丹，虽是海边盐碱薄地，但牡丹在精心培育下，繁茂芬芳，煞是好看。吕夷简于是缘物寄情，赋诗以自况，想到自己如这牡丹一般，虽在边远“海涯”，但不畏艰辛，终有大放异彩之时。

书海陵滕从事文会堂

宋·范仲淹

东南沧海郡，幕府清风堂。诗书对周孔，琴瑟亲羲皇。
君子不独乐，我朋来远方。言兰一相接，岂特十步香。
德星一相聚，直有千载光。道味清可挹，文思高若翔。
笙磬得同声，精色皆激扬。栽培尽桃李，栖止皆鸾皇。
琢玉作镇圭，铸金为干将。猗哉滕子京，此意久而芳。

【作者简介】

范仲淹，字希文，苏州吴县人。真宗大中祥符八年（1015）进士。官至枢密副使，参知政事。天禧五年（1021）任泰州西溪盐监，主修捍海堰，人称范公堤。卒谥文正。工诗文，有名篇《岳阳楼记》，著有《范文正公集》。

【导读】

“先天下之忧而忧，后天下之乐而乐”，千古名篇《岳阳楼记》中的这句话，成为古往今来众多仁人志士的座右铭，作者范仲淹时年56岁。实际上，“忧乐”思想的萌发，早在范仲淹33岁时任泰州西溪盐监时已呼之欲出，这首诗中提出的“君子不独乐”就是明证。

寄赠胡先生

宋 · 王安石

先生天下豪杰魁，胸臆广博天所开。
文章事业望孔孟，不复睥睨蔡与崔。
十年留滞东南州，饱足藜藿安蒿莱。
独鸣道德惊此民，民之闻者源源来。
高冠大带满门下，奋如百蛰乘春雷。
恶人沮服善者起，昔时跷跖今骞回。
先生不试乃能尔，诚令得志如何哉。
吾愿圣帝营太平，补葺廊庙枝倾颓。
披旒发纩广耳目，照彻山谷多遗材。
先收先生作梁柱，以次构架桷与榱。
群臣面向帝深拱，仰戴堂陛方崔嵬。

【作者简介】

王安石，字介甫，晚号半山，北宋抚州临川人。庆历二年（1042）进士，神宗时曾两度为相，积极推行新法。元丰三年（1080）封荆国公，世称王荆公。卒谥文。为“唐宋八大家”之一，其文雄健峭拔，诗遒劲清新。今存《王临川集》。

【导读】

在这首七言排律里，王安石以浩瀚之笔，歌颂泰州胡先生的教育成就。胡先生即胡瑗，字翼之，世称安定先生，泰州海陵人。诗中展现胡瑗以道德教化民风、开启民智的种种事迹，将胡先生誉为“天下豪杰魁”，文章事业堪比孔孟，这是王安石对胡瑗的教育理念和教育实践的高度肯定。

中秋微阴

宋 · 陆佃

年年月色是中秋，莫为今宵海上楼。
要得长圆真妄意，放教微暗亦良筹。
步金砖上颜仍好，颓玉山前德尽柔。
生怪嫦娥苦羞涩，都缘瞋不强公游。

【作者简介】

陆佃，字农师，号陶山，越州山阴人，陆游祖父。宋熙宁三年（1070）进士，哲宗时徙知邓州、泰州、海州。徽宗即位，召其为礼部侍郎，命修《哲宗实录》。后拜尚书右丞，转左丞。著有《陶山集》《埤雅》《礼象》《鹖冠子注》等。

【导读】

人们往往乐见皎洁圆月，悲嗟昏暗缺月。然陆佃到底有大气象，中秋夜月微阴，他并不因此寥落感伤，反而赋诗宽解世人：月有阴晴圆缺，那是自然规律，长长久久月圆，只能是不顾客观规律的妄想，其实，微暗的月色也别有风情。恰似诗人对自己生命的每一个阶段都心怀感恩，失不馁，得不骄，宠辱不惊，是泰州知州陆佃，也是北宋丞相陆佃，本真的底色，从未改变。

海陵春雨日

宋 · 曾肇

公事无多使客稀，雨时衙退吏人归。
沉烟一炷春阴重，画角三声晚照微。
桑雉未驯惭报政，海鸥相近信忘机。
只将宴坐收心念，懒向人间问是非。

【作者简介】

曾肇，字子开，曾致尧之孙，宋抚州南丰人。英宗治平四年（1067）进士，官至翰林学士，卒谥文昭。哲宗绍圣四年（1097）知泰州，在任期间，社会秩序井然。以其祖、父和肇三人都曾在泰州为官，在州治内建“三至堂”作为纪念。

【导读】

诗人在泰州为官期间，心系百姓，精进勤勉，才有“公事无多使客稀”的海晏河清局面，但诗人仍居安思危，不敢懈怠，觉得“桑雉未驯”，仁政教化尚未全面普及，因此带着一颗“忘机”之心，超越功利，不以是非为念，一心报效家国，一片冰心，皆在诗中。

海陵西楼寓目

宋 · 贺铸

天涯樽酒与谁开，风外徂春挽不回。
扫地可怜花更落，卷帘无奈燕还来。
王孙莫顾漳滨卧，渔父何知楚客才。
强策驽筋怀故国，浮云千里思悠哉。

【作者简介】

贺铸，字方回，号庆湖遗老，卫州人。宋太祖贺皇后族孙。工诗文，尤擅词，风格多样，秾丽、幽洁、悲壮，皆深于情，著有《庆湖遗老集》《东山词》。

【导读】

贺铸晚年常来往于苏州、常州、泰州等地，这位诗人出身高贵，才华横溢，却终身不得志，晚年多病，漂泊在海滨小城，更觉故人飘零、老大凄凉，那画桥风月，仿佛近在咫尺，却又远在天涯，人生的归处难寻，只能一一诉诸笔端了。

送刘攽倅海陵

宋 · 苏轼

君不见阮嗣宗，臧否不挂口。莫夸舌在牙齿牢，是中惟可饮醇酒。
读书不用多，作诗不须工。海边无事日日醉，梦魂不到蓬莱宫。
秋风昨夜入庭树，莼丝未老君先去。
君先去，几时回。刘郎应白发，桃花开不开。

【作者简介】

苏轼，字子瞻，号东坡居士，眉州眉山人。与父洵、弟辙合称“三苏”。其文纵横恣肆，其诗题材广阔，清新豪健，善用夸张比喻，独具风格，又工书画，著有《东坡七集》《东坡易传》《东坡乐府》等。

【导读】

阮嗣宗即魏晋诗人阮籍，主政者司马氏杀戮异己，阮籍明哲保身，不论是非，酣醉不醒。苏轼用此典故，大约想起自己“因言获罪”、身陷囹圄的至暗时刻。他劝前往海陵的刘攽，不必费心读书作诗，海边无事，日日醉酒便好，实则为诗人屡遭不公后的愤激之辞。愤激之余，仍是不舍，友人此番离开，并不似晋张季鹰奔赴家乡享美食莼菜鲈鱼羹，可见并非出自本心。况且此去一别，何时能归？像诗豪刘禹锡那般，几番贬谪，仍能归来潇洒高唱“种桃道士今何在，前度刘郎今又来”的，世上能有几人？此番离别，连乐天派的苏轼都不免惶然，令人唏嘘。

寄答泰州曾侍郎

宋 · 陈师道

千里驰诗慰别离，诗来吟咏转悲思。
静中取适庸非计，林下相从会有时。
生理只今那得说，交情从昔见于斯。
含毫欲下还休去，怀抱何由得细知。

【作者简介】

陈师道，字履常，号后山居士，彭城人。江西派代表作家，常与苏轼、黄庭坚等唱和。著有《后山先生集》《后山谈丛》等。

【导读】

这是一首寄赠诗，陈师道与泰州曾侍郎相隔千里，只能用诗歌来抚慰别离之心。只是，许多心事是欲说还休的，一腔怀抱又如何细细阐明，尺素之间，只余诗人深沉的悲思。

绝 句

宋 · 徐守信

遥看南庄景色幽，前人田土后人收。
儿孙自有儿孙福，莫与儿孙作马牛。

【作者简介】

徐守信，北宋泰州海陵人，曾位列“八仙”，被称为徐神翁。

【导读】

此诗《宋诗纪事》予以采录，从徐守信的这首诗，对其生命智慧可窥见一斑。总结来说就是：放过自己，随遇而安。放过自己，是因为人常常会陷入执念，为名利执着，为情爱执着，为失去执着。徐守信劝诫世人：得过便须休，与世界握手言和。

得家信报避寇海陵

宋 · 李纲

怪底灯花夜夜红，朝来家问始相通。
田园已在危疑际，骨肉幸安飘泊中。
子美无家寻弟妹，渊明有酒引儿童。
我今已胜少陵老，稚子候门淮水东。

【作者简介】

李纲，字伯纪，号梁溪先生，常州无锡人。两宋之际抗金名臣。能作诗文，写有不少爱国篇章。亦能作词，其咏史之作，形象鲜明生动，风格沉雄劲健。著有《梁溪先生文集》《靖康传信录》《梁溪词》等。

【导读】

山河破碎之际，经历与亲人的离散之苦成了常态。幸而，诗人得书信，得知家人已成功躲避贼寇，暂居在海陵。诗人宽慰自己，至少比唐代大诗人杜甫的境况好一些，毕竟稚子在家为自己候门，算是飘零岁月中的一点安慰吧！

题海陵徐神翁墓

宋 · 刘克庄

忽被黄符迫下山，许携筲帚面天颜。
早知锦缆盛宫女，因舍红巾问阿环。
空有蚋蝇侵玉骨，断无龙虎守金丹。
秋坟翁仲相酬答，日落僧归家闭关。

【作者简介】

刘克庄，字潜夫，号后村居士，莆田人。以荫入仕，淳祐六年（1246）受赐同进士出身。官工部尚书兼侍读，以龙图阁学士致仕。卒谥文定。尝受学于真德秀。诗词多为感慨时事之作，为江湖派重要作家。著有《后村先生大全集》等。

【导读】

刘克庄是一位很有批判精神的诗人，时值南宋，家国风雨飘摇，朝堂统治却腐朽昏庸。此诗是诗人借海陵刘神翁之故事，讽刺当下统治者“不问苍生问鬼神”的荒谬行径。能被皇帝召见，在许多人看来是荣耀，但诗中却说“忽被黄符迫下山”，说明在诗人看来，这道皇令反而打扰了刘神翁的清修。况且长生终究是虚无的传说，如今只见夕照秋坟，僧归闭关，一片寥落景象。诗人借古讽今，表达对国事深切的忧虑。

海陵岁暮

宋 · 孙应时

地气长江北，云容古戍边。层冰明薄日，积雪了穷年。
乡远劳羁梦，官闲足晏眠。客来相劳苦，不责坐无毡。

【作者简介】

孙应时，字季和，浙江余姚人，因家住余姚烛湖旁，号烛湖居士。孝宗淳熙二年（1175）进士。初为黄岩尉，迁海陵丞，再迁遂安令，改知常熟县。宁宗开禧二年（1206），起判邵武军，未赴而卒。著有《烛湖集》。

【导读】

古海陵，是诗人的迁谪地。这里不是京都，也不是家乡，羁旅乡愁，戍边苦寒，心无依处，何以排解？诗人与客相谈，登楼远望，坐看梅花，闲观草色，怅惘之外，仍有对未来的期冀，这些都写在诗里了。

旅怀

宋·文天祥

北去通州号畏途，固应孝子为回车。
海陵若也容羁客，剩买菰蒲且寄居。

一日行经白骨堆，中流失舵为心摧。
海陵棹子长狼顾，水有船来步马来。

昨夜分明梦到家，飘摇依旧客天涯。
故园门掩东风老，无限杜鹃啼落花。

【作者简介】

文天祥，字履善，又字宋瑞，号文山，宋吉州庐陵人。爱国诗人，抗元名臣，与陆秀夫、张世杰并称为“宋末三杰”。宝祐四年（1256）状元及第，官至右丞相，封信国公，兵败宁死不降从容就义。著有《文山诗集》《指南录》《指南后录》《正气歌》等。

【导读】

文天祥逃亡至泰州，虽然仍是“羁客”，为身世浮沉、国运衰微而痛楚，但海陵水乡的恬静风景，到底安慰了这颗漂泊的心，他不禁吟出：“剩买菰蒲且寄居”。文天祥当然明白，他至死不会背离风雨飘摇的南宋王朝，山河破碎的背景下，寄居海陵也只能是温柔一梦了，他到底要奔赴下一个未知的旅程。但海陵城的菰蒲会记得，这位爱国丞相那一恍惚的凝望，却始终不改初心的坚守。

菰和蒲皆为海陵常有的水生植物：“菰”的果实称“菰米”“雕胡米”，唐宋时是主食之一。“蒲”即香蒲，根茎长在泥里，可食。

泰州夜泊

元 · 俞俊

芦叶萧萧恼客眠，推篷看雨月在船。
渔舟破晓入城去，街头鱼蟹不论钱。

【作者简介】

俞俊，元松江府上海人，字子俊，号云东。从顾瑮游。历镇江路蒙古字学正、丽水巡检。张士诚据吴，俊以贿得署华亭县尹，多行酷政，后升平江路判官。

【导读】

此诗清淡可读，写泰州水乡水景着实传神，一句“街头鱼蟹不论钱”用作今日之广告，也未尝不可。

上张太尉（二首）

元 · 杨维祯

上公柱国开藩府，露布朝驰拜冕旒。
八阵风云闻羽扇，百年江汉见轻裘。
鲸吹海雨来京口，雁带边声下石头。
珍重晋公经济手，中兴天子复神州。

昨夜文星照南极，今朝客省过东维。
锦囊颖脱千年兔，斑管光摇九尾龟。
墨卷风云随王气，恩分雨露出天池。
老夫来草平蛮策，先写新封楚国碑。

【作者简介】

杨维桢，字廉夫，号铁崖、铁笛道人，绍兴诸暨人。元末明初诗人、文学家、书画家。泰定四年（1327）中进士，官至江西儒学提举。张士诚居吴时曾召而其不赴，后其徙松江，从此遨游山水，以声色自娱。杨维桢的古乐府诗最富特色，史称“铁崖体”，著作有《东维子集》《铁崖古乐府》等。

【导读】

这两首诗，如海上碧涛，奇崛浩瀚，雄豪瑰丽，气势酣畅，尽显“铁崖体”之风采。张太尉即张士诚，杨维桢对其感情深厚，其曾评价张“兵不嗜杀，一也；闻善言则拜，二也；俭于自奉，三也；厚给利禄而奸贪必诛，四也”。

吴中送顾生归海陵

明 · 高启

凉风初变柳，归兴片帆孤。家向三秋到，田经几岁芜。
旧音犹带楚，新梦未离吴。明日江南北，相思有雁无？

【作者简介】

高启，字季迪，号槎轩，江苏苏州人，元末明初著名诗人，与杨基、张羽、徐贲并称“吴中四杰”。洪武初以荐参修《元史》，授翰林院国史编修官，受命教授诸王。苏州知府魏观在张士诚宫址改修府治，获罪被诛，高启曾为之作《上梁文》，有“龙蟠虎踞”四字，被疑为歌颂张士诚，被连坐腰斩。有《高太史大全集》《凫藻集》等。

【导读】

高启于家乡吴中送友人顾生归海陵，正值深秋，凉风吹拂下一片孤帆远行，离别之际，诗人无限感伤。不仅写眼前萧瑟之景，诗人还想象顾生离家之后，乡音难改，梦常怀乡，而诗人自己的一片相思，也只能借大雁传书，到底不似时时相见那般快意。伤别离之景，在细腻的摹景抒情中纤毫毕现。

浴沂亭

明 · 侯瓒

凤凰墩上凤凰仪，凤去亭高俯碧漪。
童冠新衣春浴罢，舞雩风暖咏归迟。
问酬可是成狂简，章甫何曾入梦思。

遥想前贤真乐地，杏花坛上瑟音稀。

【作者简介】

侯瓒，明直隶古雄人。景泰五年（1454）进士，累官右佥都御史、甘肃巡抚、南京兵部尚书。侯瓒秉性刚直，交友慎重，不尚奢华。

【导读】

明弘治年间，御史方岳在泰州建浴沂亭。其名得自《论语》:“（曾）点曰：‘莫（同暮）春者，服既成，冠者五六人，童子六七人，浴乎沂，风乎舞雩，咏而归。’夫子喟然叹曰：‘吾与点也！’”超越功利的精神境界，也是诗人侯瓒所向往的，他览方岳所建胜景，遥想曾晳在其老师孔子面前，鼓瑟侍坐的风姿，不胜向往。

伏龙桥

明·方岳

十胜街前事，君王勇未消。
空余一片石，犹记伏龙桥。

【作者简介】

方岳，福建莆田人，成化五年（1469）进士，授侍御史，出判泰州。弘治年间泰州兴建浴沂亭，移建状元坊等工程，方岳均主其事。

【导读】

伏龙桥，相传宋太祖为将时，跟从周世宗兵至泰州，避难匿泰州某桥下，及太祖受禅，遂名。今不存。伏龙桥见证一代帝王的成长，世事变迁，沧海桑田，泰州百姓仍传诵着当年君王之勇，十胜街上石头桥，见证风云往事。

吕邦彦请饮新城道观追次逊斋先辈谢客见访之作

明·储巏

山中春酒缩新茅，仙棹相将泛碧涛。

座客尽倾张翰重，主人谁似吕安劳。
金尊檀板花前句，海错江鱼竹下庖。
曾是乡贤栖隐地，欲追遗事荐溪毛。

【作者简介】

储巏，字静夫，号柴墟，泰州人。成化二十年（1484）二甲一名进士。幼聪颖，九岁能属文，连中解、会二元。授南京吏部主事，历户部左侍郎，改吏部。卒谥文懿。著有《柴墟集》等。

【导读】

新城为宋理宗端平年间所筑堡城，位于泰州北郊。友人吕邦彦邀请诗人宴饮于观内，北郊山中春光正好，美酒清醇，江鱼鲜美，花前歌吟，酣畅痛快，诗人不胜留恋，几欲学乡贤归隐于此。这首诗写出诗人在家乡的一段美好记忆。

答太仆储公见赠

明·李梦阳

淮海先生海鹤姿，年来何事鬓成丝。
安危异日须公等，文雅于今是我师。
纵有孙阳难遇马，谁言安石但能棋。
桂枝偃蹇空山里，旅病逢春故国思。

【作者简介】

李梦阳，字献吉，号空同子，庆阳安化（今甘肃庆阳庆城）人。明代中期文学家，复古派“前七子”的领袖人物，提倡“文必秦汉，诗必盛唐”，后被以袁宗道、袁宏道、袁中道三兄弟为代表的“公安派”所替代。

【导读】

泰州人储巏品行淳厚端直，博古通今，与当时许多德行兼备的著名文人私交很好。复古派“前七子”之一李梦阳就是其中一位。在这首赠答诗中，他首先极力称赞储巏风姿卓绝，为官为文皆是“我师”，接着宽慰暂处困顿中的储先生，将之比作北宋名相王安石，赞其刚直品性和从政能力。结尾以景结情，表达对其际遇的同情与关切。

送储静夫主事之南京吏部兼寄夏廷章

明·李东阳

万里晴空一鹤飞，野云溪雪避光辉。
不应银海妨回棹，未许缁尘得上衣。
南北地夸山水丽，东曹官爱簿书稀。
多情定与吾乡彦，石假峰前咏落辉。

【作者简介】

李东阳，字宾之，号西涯，湖广茶陵人。明朝内阁首辅，立朝五十年，柄国十八载，清节不渝。官至特进、光禄大夫、左柱国、少师兼太子太师、吏部尚书、华盖殿大学士。著有《怀麓堂集》《怀麓堂诗话》《燕对录》等。

【导读】

储巏即将去南京吏部主事，因而李东阳写的这首送别诗，流露出对同僚兼好友的祝贺与赞赏。他把储巏比作万里晴空中翩翩起飞的白鹤，卓尔不群，光芒万丈，连野云溪雪都要避其光辉，他相信储巏的才干，其在任期间，当秩序井然，簿书减少。这样，闲暇时可赏山水秀丽的南京，与当地才俊一同吟咏诗赋。

寄储柴墟

明·王守仁

赴谪诗，正德丁卯年赴谪贵阳龙场驿作

柴墟吾所爱，春阳溢鬓眉。白岩吾所爱，慎默长如愚。
二君廊庙器，予亦山泉姿。度量较齿德，长者皆吾师。
置我五人末，庶亦忘崇卑。迢迢万里别，心事两不疑。
北风送南雁，慰我长相思。

【作者简介】

王守仁，号阳明，浙江余姚人。弘治十二年（1499）中进士，官至兵部尚书、左都御史等，获封新建伯，成为明代凭借军功封爵的三位文臣之一，谥号文成。

万历十二年（1584）从祀于孔庙。王守仁的阳明心学影响颇深远。他的文章博大昌达，行墨间有俊爽之气。著有《王文成公全书》等。

【导读】

这首诗原名为《忆昔答乔白岩因寄储柴墟三首（其三）》，是王守仁前往迁谪地前，写给储柴墟和乔白岩两位好友的。能在失意谪居时叙写心事，是有真正的情谊，泰州人储巏人缘之好、品格之高，可见一斑。在王守仁看来，储巏相貌俊伟，为人如春阳般温煦，且有长者之风，亦师亦友，让远谪天涯的王守仁，光风霁月，无所挂碍。此去经年，若存相思，就让南来北往的大雁传递吧！

书名贤祠碑阴

明 · 陈琦

祠堂久圮喜光新，举废谁云不属人。
千载岘山曾堕泪，州民争识宋名臣。

【作者简介】

陈琦，湖南茶陵人。明代举人，正德十年（1515）任泰州学政。

【导读】

名贤祠建在泰州文庙内，以祭祀宋以来在泰州任过职的名臣。祠堂日久破落，需要重新修整，本诗写于重修之时，诗人借晋名将羊祜岘山堕泪之典故，表达对建立不朽基业之名臣的景仰之情。

泰 山

明 · 简辅

数仞为山壮泰州，一抔何处又罗浮。
三千丈外人曾到，四百峰头我亦游。
停潦隔堤分上下，荒田逋税两春秋。
苏湖教远祠空在，雨洗莓墙草径幽。

【作者简介】

简辅，字汝钦。明广西马平人。正德六年（1511）进士。正德八年，由永新知县谪泰州判官，决疑狱人多服之。正德九年（1514）浚东西市河，商旅称便。

【导读】

本诗前两联写泰山之雄壮开阔，后两联写泰山脚下的民生百态，尤其尾联跨越时空，遥想北宋时胡瑗创立的“苏湖教法”，如今祠堂空在，草径清幽，留给后人无限怀想。

赠洪道士重构文庙

明 · 华湘

乌府羹墙见典型，飞甍重结炫丹青。
杏花争艳春先到，璧水流波月独明。
群圣精神三代尽，万年土宇一王惺。
从今彀率牧多士，彩笔参天启太平。

【作者简介】

华湘，字源楚，号南畹，明泰州人。官至光禄寺少卿。精通历法、术数。著有《石府玄机》《幽堂宝照》《皇极玄机》《灵枢秘要》《洞林秘髓》等。

【导读】

文庙即泰州学宫，原址在今鼓楼南路东侧，与南山寺东西相望。宋绍兴年间（1131—1162）建，有大成殿、明伦堂、尊经阁、名贤祠等，规模宏大。今不存。本诗前两联描写文庙的建筑雄壮、环境优美，后两联极赞文庙传承圣贤精神，为太平盛世奠定文化基础。

问病乐吾

明 · 王襞

十里霜风曙色寒，扁舟同载碧波澜。
故人卧病怜何况，老我关情数与宽。
帽顶有天宜听命，金樽乘酒曷常悭。
平生辛苦驰驱意，只是悲人转脚难。

【作者简介】

王襞，字宗顺，号东崖，泰州安丰场人。明代学者王艮之子。九岁随父王艮谒王守仁，从学十余年。后师事王畿、钱德洪，随父开讲淮南。父死，继父讲席，往来各地。都御史凌儒荐于朝，其辞不赴。著有《王东崖先生遗集》等。

【导读】

诗题中的乐吾即韩乐吾，泰州兴化人，师从王艮、王襞父子，是明代泰州学派的传人，他一生不慕仕进甘贫乐道，以倡明理学为己任，在江苏里下河地区是家喻户晓的善士。此时韩乐吾抱病卧床，王襞牵挂不已，寄诗问询，忧心深沉，泰州学派亦师亦友的这段情谊，令人动容。

闻边警有感

明 · 林春

胡骑长驱薄太原，近郊烟火半萧然。
鱼丽作阵连秋雾，月晕侵围入夜天。
紫塞谩传三战捷，黄河宁造万夫冤。
还思颇牧严刁斗，不羡骠姚系颈还。

【作者简介】

林春，字子仁，号东城，泰州人。林春曾从学于王艮，对致良知之说十分认同，每天自我考核，力求合于做人准则。他为官温和自敛，律己极严，当时京师讲学者数十人，公推其志行敦实第一。著有《林东城文集》等。

【导读】

此诗写诗人对边境战事的忧虑，胡骑铁蹄侵扰太原边境，战火烈烈，万户萧然。无论战事胜败如何，对黎民百姓都是一场灾难。诗人希望朝廷能加强边防，因为军事实力强盛才是长治久安的有力保障。此诗可见家国情怀和深谋远虑，林春作为泰州学派的传承者，见解和胸襟非凡。

秋日南山寺访客

明 · 龚大器

古寺依南郭，禅房苔藓封。寒云萋白石，灵籁动青松。
客思惊秋笛，梵音下暝钟。故人天北至，良夜喜重逢。

【作者简介】

龚大器，字容卿，号春所，明湖广公安人。嘉靖三十五年（1556）进士。万历五年（1577），曾任海防兵备道，驻泰州，是“公安三袁”（袁宗道、袁宏道、袁中道）的外祖父。

【导读】

这首诗妙处是情感的层递与突转。读前三联，沉浸在傍晚凄清肃穆的氛围中，然尾联突转，故人从远方而来，诗人喜不自禁，夜色也变得可爱起来。让人觉得，之前的寒苦，才凸显出此刻无比的欢悦，一切都是最好的安排。

登望海楼

明 · 郑梦赉

蜃楼缥渺倚天开，仙客凌空驾鹤来。
气夺湖光吞五岭，剑横秋影薄三台。
之罘翔雁随旌旆，树窟芳香入酒杯。
海内交游真不偶，登临况是孟嘉才。

【作者简介】

郑梦赉，广东番禺人。明举人，万历六年（1578）任泰州知州。

【导读】

望海楼是泰州标志性建筑，始建于宋，初名海阳楼。明代重建，改称望海楼。从这首诗中，我们可以欣赏到这座“江淮第一楼”倚天凌空的不凡气象，古今相继，多少文人雅士登楼吟咏，留下天下英才的华彩篇章，作者也表达出登临赋诗会友的美好愿景。

罗浮山在郡治之北，相传为张士诚故垒

明 · 凌儒

浮山沧海自蓬莱，谁为分移此一坏。
岸草有灵波不动，渚花无恙鸟频来。
空潭月出鱼龙卧，旧里风生虎豹哀。
一叶年年秋水上，沧浪几曲棹歌回。

【作者简介】

凌儒，字真卿，号海楼，南直隶扬州府泰州（今泰州市）人。嘉靖三十二年（1553）进士，历任监察御史、右佥都御史等职。晚年告归乡里，热心公益，造福桑梓。著有《旧业堂集》等。

【导读】

诗人家乡有罗浮山，这里相传为元末群雄之一张士诚故垒，如今人事代谢，诗人登临观景，感慨万千。他想起传说中此处浮山沧海来自蓬莱仙岛，如今岸草渚花都沾染上灵气，一片风生水起的壮丽景色，让诗人心生着一叶扁舟，游于沧浪隐居之意。

海陵观徐神翁像（二首）

明 · 汤显祖

色尽神移看写生，元都衫影罩空明
沧桑欲换题愁去，一种神仙世上情。

檀像虚无画像新，掉头不识底伤神。

千秋泪迹神光里，愁看人间罗刹人。

【作者简介】

汤显祖，字义仍，号海若、若士、清远道人，江西临川人，中国明代戏曲家、文学家。万历十一年（1583）进士，任南京太常博士，迁礼部主事。因刚直不阿触怒权贵，弃官归里，于玉茗堂著戏剧作品《牡丹亭》《紫钗记》《南柯记》和《邯郸记》，合称“临川四梦”或“玉茗堂四梦”。

【导读】

汤显祖的老师罗汝芳，是“泰州学派”创始人王艮的再传弟子，这位戏曲大师与泰州的缘分，早已深深缔结。他来泰州瞻仰徐神翁之像，前人来此，多表达探求仙缘、欣赏佳景之陶然心境，而汤显祖不同，早年庙堂之上的坎坷经历，让他产生怀才不遇之忧愤。瞻仰古迹，本有排遣之意，然读这二首诗，“愁”字仍如阴云笼罩着诗人的心。

闻雁

明·沈良才

蒹葭露冷雁知秋，楚客惊闻独倚楼。
嘹唳一声天宇静，飞回数点夕阳愁。
天寒塞北空胡碛，沙暖江南有杜洲。
羡尔云霄自来往，人生踪迹几沉浮。

【作者简介】

沈良才，字德夫，号凤冈，泰州人。嘉靖十四年（1535）进士，授兵科给事中，迁吏科都给事中，转南京大理寺丞，累官兵部侍郎，以疏劾严嵩落职。著有《沈凤冈集》等。

【导读】

诗人忽听大雁鸣叫，才惊觉节气更替，已至蒹葭苍苍、露白霜寒的秋日。于是顿感客居凄凉，不似大雁自在来去，北疆的胡沙，江南的流水，都能一一遍览。而人有时是不能如大雁般无拘无束的，更何况是身在官场身不由己的诗人，几番喟叹，都在诗中。

安定祠银杏树

明 · 刘万春

薰风天下来，吹我凌空衣。眷此千年树，欲去还依依。
繁阴沁诗骨，静宇发天机。安得此窗闲，羲皇漫同归。

【作者简介】

刘万春，字忠孕，泰州人。万历四十四年（1616）进士，授户部主事，历兵部员外郎，官至浙江布政司参政。致仕后参与编纂《崇祯泰州志》。著有《守官漫录》。

【导读】

诗人站在千年银杏树下，感受夏日暖风吹来，遥想当年北宋安定先生胡瑗手植此树时的情境，在茂密的树荫下，诗人顿觉一片文心融入骨髓，在北窗之下，穿越历史的屏障，获得永恒的沉思。

甲寅暮春二日集春雨草堂兼订禊日之约

清 · 宫伟镠

十亩方塘跨两桥，桥边红杏恰相招。
篮舆①玩世山椒曲，画舫怀人水面骄。
列坐流觞忘魏晋，停桡得径问渔樵。
右军金谷徒优劣，应有豪吟慰寂寥。

【作者简介】

宫伟镠，字紫阳、子元、紫玄，又号桃都漫士，泰州人。明崇祯十六年（1643）进士，官翰林。入清后不仕。著有《春雨草堂集》，并以父辈所述泰州杂事辑为《庭闻州世说》。

【注释】

①篮舆，古代供人乘坐的交通工具，形制不一，一般以人力抬着行走，类似后世的轿子。也指古时一种竹制的座椅。

【导读】

康熙十三年（1674），诗人归乡隐居多年，与朋友会聚在小西湖春雨草堂，商定是年禊事活动之日。暮春时节，畅想三月上巳之日，众人又得团聚列坐流觞，这好比西晋金谷园集会、东晋兰亭雅集，都是难得的聚会啊！

和曹秋岳壬戌冬夜同过俞水文中翰宅观女乐原韵（十首选二）

清·冒襄

卜夜[①]邀宾第一流，司农连袂列琼楼。
飞出彩鸾[②]三十六，一双双妙使人愁。

瑶台一遍更娇歌，无数仙人此夜过。
不独四筵惊遏响，纤纤明月亦声多。

【作者简介】

冒襄，字辟疆，号巢民，明末清初泰州如皋人。明崇祯十五年（1642）副贡生，与侯方域、方以智、陈贞慧并称“四公子”。入清不仕，以友朋文酒为乐，所居水绘园为当时名园，今犹存。著有《巢民诗集》等。

【注释】

①卜夜，即卜昼卜夜，指不分昼夜地饮酒作乐。

②彩鸾，吴真君之女吴彩鸾，修道成仙后，唐朝太和年间遇书生文箫，因泄露天机，被贬为人妻，这里代指歌女。

【导读】

俞水文中翰宅，也就是清初俞锦泉所筑的渔壮园，园内开池蓄水，建舫造亭，供演剧之用，园主人蓄有“粉白黛绿不知数”的“女部”，冒襄入州城常客于此，是日与名士曹溶同过于此，赋十首绝句以咏，也是对主人最大的捧场。

海陵署中（二首）

清 · 侯方域

海陵烽火后，烟戍长新荑。老柏何年朽，苍鹰尽日啼。
江都隋战伐，京观[①]楚鲸鲵。翘首愁欲破，惊心听马嘶。

戍鼓沉云黑，城楼倒水青。秋阴低短袂，雨色上空庭。
诸将曾无敌，王师旧以宁。陈琳老文士，檄草亦飘零。

【作者简介】

侯方域，字朝宗，河南商丘人。明复社成员，与方以智、冒襄、陈贞慧号“四公子”。南明弘光时因不受阮大铖笼络险遭迫害，入清后应河南乡试中副榜。文章富才气，与魏禧、汪琬号“清初三家”。著有《壮悔堂文集》等。

【注释】

①京观，古代为炫耀武功，聚集敌尸封土而成的高冢。

【导读】

侯方域擅长散文，其诗亦著名，多寄寓亡国之恨。此诗托以隋战，实写明亡，“老柏何年朽，苍鹰尽日啼”描绘战火之后海陵城衰败残破的凄凉景象。诗人终以陈琳自许，飘零檄草，惊闻马嘶，表达了深沉的悲哀和无限的伤感。

泰州绝句

清 · 杜濬

穷海[①]三秋尽，扁舟百里行。
夕阳无近色，偏照远帆明。

【作者简介】

杜濬，字于皇，号茶村，晚号半翁，明末清初湖北黄冈人。明崇祯十二年（1639）乡试副榜，内避乱流转于南京、扬州，居南京四十年。著有《变雅堂集》。

【注释】

①穷海，僻远的海边，亦指大海。

【导读】

泰州地处江淮海三水交汇之地，自古以来有“水云乡”之称，杜濬这首五言绝句直以“泰州”命题，抒写水城水乡之景，秋末冬初又是黄昏暮色，孤行而漂泊于扁舟孤帆之上，薄言情悟，悠悠天钧，可见些许凄凉之意。

海陵舟中

清 · 周亮工

老树斜撑聚散乌，虚舟入夜籁全无。
岸花照水枝枝静，渔火含烟点点孤。
羁客悲吟传绝塞，故人薄禄怯长途。
十年白浪河边梦，话到乘城[①]泪欲苏。

【作者简介】

周亮工，字元亮，别号栎园先生、栎下先生，河南祥符人。明崇祯十三年（1640）进士，授监察御史。入清后，擢福建左布政使，官至户部右侍郎。清顺治三年（1646）任淮扬海防兵备副使，驻泰州。爱绘画篆刻，工诗文。著有《赖古堂诗钞》等。

【注释】

①乘城，指所守的城，这里指泰州。

【导读】

周亮工官泰州期间，整饬淮扬海防、江洋，操练卫所军队和地方民快，缉捕盗贼镇压民乱，管理卫所兵马、钱粮和屯田等，其公务多在舟上，由明入清后已然十年，夜深人静之时见乌栖老树、渔火蒹葭，羁客与故人之思一言难尽。

赠柳叟敬亭同诸子限韵

清·龚鼎孳

病夫今夕豁颓唐，齐物①谈天两擅长。
似有奇兵来雁塞，偏逢大雪压鱼梁。
回头画戟三春梦，拂袖麻鞋万里庄。
多少王侯开阁待，满帘红烛满林霜。

【作者简介】

龚鼎孳，字孝升，号芝麓，合肥人。明崇祯七年（1634）进士，授兵科给事中。入清后历任刑、兵、礼部尚书，屡疏为江南请命，为士人所称。工诗文，与吴伟业、钱谦益并称“江左三大家”。著有《定山堂集》《香严词》等。

【注释】

①齐物，意为一切事物归根到底并无差别，也没有是非善恶之分，是庄子哲学思想的重要内容之一。

【导读】

龚鼎孳虽多宴饮应酬之作，也不乏悲凉感慨作品。其在明时即与柳敬亭有交往，此诗开篇自称“颓唐”之“病夫”，续写听柳敬亭说书之感受，情意深挚，感慨颇多，昔人有赞“恻怛真挚，见之篇什者，百世下读之应为感动”。

题春雨草堂

清·余怀

流水荒村第几桥，一亭春雨草萧萧。
樽开北海迟新月，船遇西湖带晚潮。
人为穷愁多著作，地因征战罢渔樵。
杜蘅芳芷缭天末，鹤放孤山不用招。

【作者简介】

余怀，字澹心，一字无怀，号曼翁又号壶山外史、寒铁道人，晚年自号鬘持老人。福建莆田人，长期寓居金陵。诗清而能绮，丽而不靡。著有《板桥杂记》《东山谈苑》《味外轩稿》等。

【导读】

此诗为余怀步春雨草堂主人宫伟镠诗韵而作，诗中的“荒”“穷”“罢”弥散某种暗示意义和感情色彩，寄寓作者往事如烟、残城禾黍的悲凉情怀。余怀与草堂主人同为前朝遗民，且共守孤山林甫隐居之约。

吕太常潜自归安移家海陵

清 · 费密

铜龙宫阙邈山河，台笠①穿云就薜萝。
天近南徐开雾气，人从西塞狎烟波。
伧荒②岁远成遗老，草木人稀发浩歌。
可许相邀寻旧约，江鱼村酿共婆娑。

【作者简介】

费密，字此度，号燕峰，四川新繁人。因避战乱奉父流寓泰州，卜居泰州野田庄（今扬州江都区）。当道拟举鸿博，荐修明史，皆力辞。有诗名。著有《燕峰诗钞》《中旨定录》《弘道书》等。

【注释】

①台笠，蓑衣和笠帽。

②伧荒，晋南北朝时，南人讥北地荒远、北人粗鄙，故称。

【导读】

费密奉父流寓泰州，以教授、卖文为生，终老于此，子孙亦以此为家。其漂泊在外不能归乡，其诗抒写战乱经历，感情真挚而萦绕伤感底色。吕潜同为川人，又同移居泰州，恰是“他乡遇故知”，令人百感交集。

江望泰州

清 · 吕潜

横江阁下数帆樯，立尽西风鬓渐霜。
只有乡心不东去，早随烟月下瞿塘。

【作者简介】

吕潜，字孔昭，号半隐，别号石山农，四川遂宁人。明崇祯十六年（1643）进士，官行人。曾任南明太常寺卿，入清不仕。因避蜀乱，定居泰州。善诗书画。著有《归还堂集》《守闲堂集》等。

【导读】

吕潜为晚明重臣吕大器之长子，入清之后隐退不仕，流徙泰州十余年，与宫伟镠父子、费密等交厚，直至年老归蜀。清代卓尔堪《遗民诗》、今人钱仲联《清诗纪事》皆选此诗，此诗更得王士禛赞誉，辑入《渔洋诗话》予以品评。

留别弟子徐凝

清 · 龚贤

帆挂海头雪，西行杨柳催。主人伤一别，弟子念重来。
此地人情好，当年吾道哀。长沙难作傅①，休问贾生才。

【作者简介】

龚贤，明末清初著名画家，“金陵八家”之一，字半千，号野遗、钟山野老，江苏昆山人，流寓金陵，早年曾参加复社活动，明末战乱时漂泊流离，曾侨居泰州海安镇（今海安）为徐氏塾师，写下多篇咏及泰州的诗作。

【注释】

①长沙，用西汉贾谊外放长沙王太傅的掌故。

【导读】

清初泰州流寓颇多，“天下二半”同聚即为一例。二半者，吕潜吕半隐、龚贤龚半千，与前者相比，龚贤出身底层，半世艰难谋生，曾应泰州海安镇徐逸招请，于此西席多年，宾主相处融洽，一度思定居，有“爱此将添隐者扉”之叹。

题息夫人①庙

清 · 邓汉仪

楚宫慵扫黛眉新，只自无言对暮春。
千古艰难惟一死，伤心岂独息夫人。

【作者简介】

邓汉仪，明末清初泰州人，字孝威，号旧山，别号旧山梅农、钵叟。康熙十八年（1679）召试鸿博，不第，以年老授中书舍人。贯穿经史百家之学，尤工诗，与吴伟业、龚鼎孳相唱和。编辑《天下名家诗观》三集，著有《官梅集》《青帘词》等。

【注释】

①息夫人，妫姓，陈氏，春秋四大美女之一，为陈庄公之女，因嫁给息国国君，故称息妫。息夫人容颜绝代，目如秋水，脸似桃花，被称为桃花夫人，死后葬于桃花夫人庙。

【导读】

此诗步唐人杜牧《题桃花夫人庙》原韵，为邓汉仪代表作，入选《清诗三百首》。全诗后联以“千古”“岂独”反问作结，使息夫人的不幸典型化，道出明清易代之际文人的尴尬处境，曹雪芹《红楼梦》最末一回引用之，注解全书要旨。

泰州作

清 · 屈大均

城里春流曲曲迷，舟穿万柳出长堤。
谁家叠石为丘壑，自道人家似若溪。

累土为山①武穆功，湖波四面绕祠宫。
伤心一代冬青树，叶叶枝枝是大忠。

【作者简介】

屈大均，明末清初广东番禺人，初名绍隆，字介子，号非池。明末诸生，清初曾与魏耕等进行反清活动。后为僧，名今种，字一灵、骚余。中年仍改儒服，用今名。著有《翁山文外、诗外》《四朝成仁录》《广东新语》等，均为乾隆朝严禁之书。

【注释】

①累土为山，指泰州城中小泰山，南宋初浚市河时所垒。

【导读】

屈大均作为“岭南三大家”中首屈一指的诗人，其诗以“丽”为美却不失其“则”，寻求诗画结合之美。泰州所作两首绝句以城中市河、小泰山比兴入诗，引岳飞精忠报国之事，写景抒情而不失忧国忧民之侠骨丹心。

东淘①访旧不遇

清 · 吴绮

小楼灯火夜横陈，梦醒扬州几换春。
十载浪传天上信，一生常负月中人。
歌成白纻惟余响，泪裹红绡点暗尘。
海角茫茫空徙倚，愿留香穗种来因。

【作者简介】

吴绮，清江苏江都人，又号红豆词人。顺治十一年（1654）拔贡生，康熙时官湖州知府，因失上官意被劾罢。居废圃，有求诗文者，以花木为润笔，因名其圃为“种字林”。诗词骈文有盛名，著有《林蕙堂集》《艺香词》等。

【注释】

①东淘，泰州安丰场，王艮在乡所创书院即名东淘精舍。

【导读】

吴绮任知府时因“德政惠民，多风力，尚风节，饶风雅”，有“三风太守”

之誉，晚年失官后再未出仕，终日以诗酒自适，往“海角”访故友吴嘉纪而不遇，徙倚而徘徊，历经繁华而见果悟因，有脱巾独步时闻鸟声之感。

绝句

清 · 吴嘉纪

白头灶户低草房，六月煎盐烈火旁。
走出门前炎日里，偷闲一刻是乘凉。

【作者简介】

吴嘉纪，字宾贤，号野人，泰州东淘人。诸生，入清无意仕途。家贫，虽丰岁常乏食，独喜吟诗，诗多反映民间疾苦。著有《陋轩诗集》等。

【导读】

吴嘉纪的诗以“严冷”闻名，体现出鲜明的诗史特征。这首绝句明白如话而又形象如画，生动描绘出灶户的悲惨生活，沈德潜在《清诗别裁》中有“陋轩诗以性情胜而胸无渣滓，故语语真朴而越见空灵”之评，于此可见一斑。

赠汪舟次兼怀吴野人

清 · 陈维崧

旅舍愁无那[①]，浓秋把汝诗。驿楼临水处，凉月挂城时。
更忆东淘客，吟成老泪垂。乾坤二子[②]在，萧飒莫深悲。

【作者简介】

陈维崧，字其年，号迦陵，明末清初宜兴人，阳羡词派领袖，“明末四公子”之一陈贞慧之子。明亡后科举不第，顺治十五年（1658）访泰州如皋，在冒襄水绘园读书。康熙十八年（1679）召试鸿儒，授翰林院检讨。

【注释】

①无那，即无可奈何。

②二子，指吴嘉纪、汪楫。

【导读】

作为名门之后，陈维崧幼时便有文名，明亡后科举不第，虽补为诸生，但长期未曾得到官职，身世飘零，游食四方，在冒襄水绘园居住十年，其间与汪楫、吴嘉纪交识，深秋之际读诗怀友，萧飒之意倾泻无余。

闰七夕海陵北郭有怀家兄①

清·王士禛

临秋水增绿，向夕景微凉。卷幔层城外，停桡嘉树旁。
坐深鱼鸟兴，行惜蕙兰芳。太息鸣蜩晚，能令楚客伤。

流萤尚深照，灵鹊复重过。云水怀人远，江山秋思多。
凉宵鉴华月，幽怨向明河。遥忆横汾曲，西风扬素波。

【作者简介】

王士禛，字贻上，号阮亭，别号渔洋山人，山东新城人。清顺治十五年（1658）进士，初官扬州推官，入为部曹，转至翰林，官至刑部尚书。工诗词，论诗创神韵说。著有《带经堂集》《居易录》《池北偶谈》等。

【注释】

①家兄，王士禛与其兄长士禄、士祜称“三王”。这里指王士禄，字子底，号西樵山人，清介有守，笃于友爱，工诗，著有《表余堂诗》等。

【导读】

王士禛生于明末，长于清初，居官四十余年位列台阁，以刑部尚书致仕，虽然不无可以称述的宦绩，却是标举神韵，以诗而享盛名，被尊为泰斗。初任扬州推官，与士禄、士祜别，自此兄弟离多聚少，此诗冲淡清远，韵味胜人。

重建靖海楼次黄仙裳韵

清 · 施世纶

昔日巍峨跨海头，朱甍碧瓦想高楼。
今朝文物凌奎壁，此地云霄傍斗牛。
不是岳阳空眺望，非关黄鹤只遨游。
祥风愿拂邗江水，永与多贤咏鲁侯①。

【作者简介】

施世纶，字文贤，号浔江。康熙二十四年（1685）以荫生授泰州知州。清白自持，所至有惠政，摧抑豪猾，革斥贪蠹胥吏，有青天之称，以治河积劳而卒于官。著有《南堂集》等。

【注释】

①咏鲁侯，取《诗经 · 鲁颂 · 閟宫》中“鲁侯燕喜”句意，同“宴喜”，宴饮喜悦。

【导读】

施世纶官泰州期间与士绅合议重建望海楼，相传落成之时，忽然大雨雷鸣，继又晴空鹤翔，人们视为瑞异，故改称望海楼为靖海楼。黄云为之赋诗，施世纶以及杨瑚琏、黄泰来等皆为之和，邓汉仪亦有诗咏，成一时之盛事。

舟次宁乡①（二首）

清 · 宋荦

水气白泱泱，扁舟逐雁行。伤心无沃野，怀古到宁乡。
远岸蒹葭没，孤村网罟张。老翁垂涕语，五载罢耕桑。

村村鱼换稻，在在树生苔。拯救恩诚渥，丰穰运合开。
宣房沈璧马，海岸辟蒿莱。多少关心事，停桡首重回。

【作者简介】

宋荦，字牧仲，号漫堂，河南商丘人。父宋权官至内翰林国史院大学士，两主会试。顺治年间以大臣子列侍卫，康熙年间官江苏巡抚、吏部尚书。少与侯方域为文友，诗与王士禛齐名。著有《绵津山人诗集》《西陂类稿》等。

【注释】

①宁乡，泰州城北古镇，位于卤汀河边，为盐运要道，曾设巡检司。

【导读】

此诗读似清淡，实写苦事。宁乡地处泰州下河，清初水灾频仍，诗中“五载罢耕桑”“村村鱼换稻”皆言此患。宋荦于康熙三十一年（1692）任江苏巡抚，值下河各县河水漫涨，宋荦上疏请求豁减赋税赈荒抚饥，此诗为其途中所作。

日涉园[①]送春

清 · 查慎行

惊雷掣电夜窗明，忽转云头又放晴。
梦里似曾听雨过，晓来不碍看山行。
红衣匝地枝枝瘦，翠幄支天叶叶清。
游兴有余春向尽，暂时经眼倍关情。

【作者简介】

查慎行，字夏重，号查田，改字悔余，晚号初白老人，清浙江海宁人。黄宗羲弟子。康熙四十二年（1703）以献诗赐进士出身，授编修。雍正年间，受弟嗣庭狱株连，旋得释，归后即卒。自朱彝尊去世后，为东南诗坛领袖。著有《他山诗钞》《敬业堂集》等。

【注释】

①日涉园，位于泰州城中八字桥西北，是苏北地区现存最早的古典园林，始建于明万历年间。原为明代陈鸾旧居，陈鸾以“输粟佐军饷”被授予泰州千户所副千户，后人陈应芳官至太仆寺少卿，退仕后在祖屋旧地倚宅兴园，取《归去来兮辞》（亦称《归去来辞》）“园日涉以成趣”句意名日涉园。

【导读】

查慎行以白描著称，受宋诗影响，写景多夹杂议论，此诗颔联为《随园诗话》引用：“游天台，夜闻雨自觉败兴，不料早起而路已干，可游。查他山有句云‘梦里似曾听雨过，晓来不碍看山行’，方知物理人情，无有不被古人说过者。”

秋夜放舟

清 · 俞梅

年来常作客，忘却别离愁。槐夏才归第，橘春又放舟。
梦醒百里外，月出五更头。风驷凌晨骤，秋声满舵楼。

【作者简介】

俞梅，字太羹，一字师严，清江苏泰州人，俞锦泉之子。康熙四十二年（1703）进士，授编修，参与编修《渊鉴类函》《康熙字典》《全唐诗》。著有《云斤诗集》《治河方略并图说》《甲申集》《梦余集》等。

【导读】

俞梅出身簪缨世家，其父筑有渔壮园，有“俞君声伎甲江南”之誉，冒襄、邓汉仪、孔尚任等都是座上常客。康熙四十四年（1705）帝南巡，召集俞家父子，特命俞梅为扬州诗局纂修官，可谓圣眷隆厚，其也就有了“年来常作客”的为官生涯。

清响园①夜坐

清 · 缪沅

绿雪覆层台，灯光散琼屑。风帘啭暮莺，暗影露明玦。
春愁学杜鹃，深夜啼碧血。漏永怯衣单，衔杯翻凛冽。
繁星灿于萤，琉璃淡于雪。相逢赋玉筋②，不用夸金埒。
诗奏无弦琴③，余音渺难缀。

【作者简介】

缪沅，江苏泰州人，字湘芷，一作湘沚，又字澧南。康熙四十八年（1709）己丑科探花，授编修，官至刑部左侍郎。工诗，少时与宝应王式丹等号“江左十五子”。著有《余园诗钞》等。

【注释】

①清响园，在州治北门外冠带桥侧，清缪肇甲筑，诗人修葺为余园。

②玉筋，本意玉制的筷子，喻义一为眼泪，二为鼻涕，合称“双玉筋”，即涕泪。

③无弦琴，萧统在《陶靖节传》记“渊明不解音律，而蓄无弦琴一张，每酒适，辄抚弄以寄其意”，后用以为典，有闲适归隐之意。

【导读】

园林作为隐逸文化之载体，士人于此在入世与出世间寻找精神支点。缪沅高中探花，屡任要职，兼工于诗，黄昆圃称“湘芷古诗上凌鲍谢，七言则元白钱刘抗行无让”，故园独坐抒写个人情怀，清新蕴藉，有归去来兮之感。

张王庙①

清 · 宫鸿历

齐云一炬卷秋蓬，力尽依然盖世雄。
自是金陵多王气，非关黄叶怕西风。
龙衣御酒浑闲事，麋鹿荒台只故宫。
富贵应知生处乐，如今故绛是新丰②。

【作者简介】

宫鸿历，字友鹿，一字槱麓，别字恕堂，江苏泰州人。少以诗名，壮岁游京师。康熙四十五年（1706）进士，官翰林院编修。曾编纂《合璧连珠集》《二十一史连珠集》，著有《恕堂诗钞》《甲巳游草》《墨华词》等。

【注释】

①张王庙，即泰州东山寺，旧时该寺正殿东建张王殿，供奉张士诚，俗遂呼寺作张王庙。

②故绛，新丰，引李商隐“暂逐虎牙临故绛，远含鸡舌过新丰”时，指唐会昌三年朝廷平定刘稹割据作乱之事，暗指张士诚兵败。

【导读】

张士诚起义反元，初治吴时减赋劝农，兴修水利，推行经济和文教改革，然盛极而衰渐趋骄纵，终败于朱元璋，然苏州、泰州一带百姓，对之尤多怀念，不以成败论英雄，此诗“力尽依然盖世雄”之句，是最直白的咏叹了。

甲寅[1]寒食过岳墩

清·高凤翰

寒食西城见物华，岳王祠外烂晴霞。
荒台游侣兼僧侣，茅屋桃花杂菜花。
树解画情偏傍水，人忘胜地久居家。
我来为爱农桑好，不逐春风问若耶。

【作者简介】

高凤翰，字西园，号南村，自号南阜山人，山东胶州人。诗、书、画、印皆善，尤以绘画闻名，为“扬州八怪”之一。雍正年间曾以县丞署泰坝监掣，莅任后多有创建，喜吟咏，与兴化郑燮、泰州王家相等唱和。著有《砚史》《南阜集》等。

【注释】

①甲寅，即雍正十二年（1734），高凤翰是年官泰坝已第二年。

【导读】

岳墩，即小泰山，传说为岳飞抗金兵所筑，高凤翰因慕岳飞人品，泰州为官期间常游此地，作《海陵岳王墩看桃花图》《岳台春晓》《岳墩九日图》等图，并多诗咏。此诗作于清明，过岳墩而不逐春风，只为岳庙悼念孤忠也。

村 居

清·仲振奎

牛背牧童归，门前春水肥。夜来新雨过，晓起落花飞。
知命身能健，干时[1]计甚非。此间无点翳，林鸟亦忘机。

【作者简介】

仲振奎，字春龙，号云涧，别号红豆村樵、花史氏，泰州人。监生，工诗，法少陵，为文精深浩瀚，出入“三苏”。又善戏曲，一生作传奇十余种。著有《红豆村樵诗草》《红楼梦传奇》等。

【注释】

①干时，求合于时世。

【导读】

仲振奎的《红楼梦传奇》为首部取材于《红楼梦》的戏曲剧本，早在程本印行当年便谱成《葬花》一折，影响颇大。然而仲振奎一生却是命运多蹇，淹滞场屋而不得售，仅以监生终其生，此村居诗句语清淡，不无萧条之感。

醉蟹

清·赵翼

泰州人瓮贮甘醴，投蟹于中，听其醉死，谓之醉蟹，味极佳。

霜天稻熟郭索行，双螯拗折香珠粳。
经旬饱啖腹尽果，团尖脐结脂肪盈。
忽然被擒请入瓮，方忧炮炙浑身痛。
谁知甘醴已满中，送入醉乡黑甜梦。
醉乡岂怕灭顶凶，哺糟歠醨[1]酒池中。
既非人彘投厕溷，何必醯鸡瞻昊穹。
沉酣三日不复醒，米汁味已透骨融。
食单方法有如此，物不受伤人得旨。
休悲彭越遭醢冤，且幸羲之以乐死。

【作者简介】

赵翼，字云崧，一字耘松，号瓯北，常州阳湖人。乾隆二十六年（1761）探花，授翰林院编修。历广西镇安知府，官至贵西兵备道。晚年主讲于泰州安定书院。著有《廿二史札记》《陔余丛考》《瓯北集》《檐曝杂记》等。

【注释】

①哺糟歠醨，意为吃酒糟喝薄酒，喻指屈志从俗随波逐流，典自《楚辞·渔父》“众人皆醉，何不哺其糟而歠其釃？”

【导读】

螃蟹被誉为百鲜之尊。泰州螃蟹产量历来全国领衔，而制作醉蟹也是泰州食蟹一传统，有“不蒸不煮也当菜”之形容，隋唐时即以闻名。醉蟹做法并不简单，较有名之中庄醉蟹有二十一道工序，色如鲜蟹，满齿鲜香。

壮 游

清 · 徐步云

神禹功成贡九州，流沙西去未全收。
瑶池漫说周王宴，宛马[①]空烦汉使求。
雪岭云开低华岳，玉河秋涨小沧洲。
得知圣代车书远，万里伊犁是壮游。

【作者简介】

徐步云，字蒸远，又字季海，号礼华，江苏兴化人。乾隆二十七年（1762）恩科乡试一等，授内阁中书、军机处行走，因涉案被发配伊犁，后纂修《四库全书》，复原官。晚年徙家泰州，自号海陵寓公。善诗，书尤精妙。著有《爨余诗钞》等。

【注释】

①宛马，古代西域大宛所产名马，后泛指北地所产好马。

【导读】

乾隆三十三年（1768）徐步云因涉卢见曾之“两淮盐政提引征银案”被遣戍伊犁，撰《新疆纪胜诗》36首，其中或颂赞兴屯，或摹画风物，或述历史事件，内容丰富，具有重要的文学史意义，“万里伊犁是壮游”所言不虚。

汪上舍璨[①]自泰州枉道过访不值却寄一首

清 · 洪亮吉

君居海陵仓，我客江渎祠[②]。
相隔只百里，闻声久相思。

故人昨复贻新咏，闻说薄寒成小病。
梅花香里倘复来，同听茅庵[3]六时磬。

【作者简介】

洪亮吉，字君直，一字稚存，号北江，江苏阳湖人。乾隆五十五年（1790）榜眼，授编修，嘉庆四年（1799）上书论时弊，免死戍伊犁，次年释还，自号更生居士。学术长于舆地，而论人口增加过速之害，实为近代人口学说之先驱。著有《更生斋集》等。

【注释】

①汪上舍瑔，即汪瑔，又名承泽，字润舆，安徽旌德人。监生，与弟汪承翰在泰州开设张承茂布号，并于通仓桥北置廒房囤积谷，时人称为“八房三省堂拥赀有数十万之厚”。嘉庆十二年（1807）三月汪承泽以疾卒，洪亮吉为之作《汪上舍墓表》。

②江渎祠，即江水祠，在扬州，西汉置，《汉书》广陵国江都县下注“有江水祠”。

③诗原自注“讲院旁即僧寺”。

【导读】

初冬时节，洪亮吉客居扬州，老友汪承泽闻说便从泰州赶过去相会，却又因故没有遇到，只得留下一诗，其中有言近日有恙。待洪亮吉归来，人已归去，门前梅花盛开，不由人怅然若失，相思里可见洗练之美。

春日过听花堂故址

清·宫国苞

东海名园已半荒，春风又过听花堂。
山无好客吟芳草，树有残莺吊夕阳。
地色苍凉新感慨，水声呜咽旧宫商。
后贤赖有长城笔，尊酒招携看野棠。

【作者简介】

宫国苞，字渭川，号霜桥，泰州人。工诗，乾隆五十七年（1792）于城北兴隆庵倡建芸香诗社，与镇江张曾时称江上两诗人。善绘，兰竹杂卉，生趣可掬。著有《半红楼集》《北游集》等。

【导读】

泰州宫氏自清初宫伟镠后可谓贤才辈出，宫国苞为其后人，其时“论诗者寥寥，先生出而芸香社兴”，于泰州诗坛有中兴之功。近百年风雨沧桑，春雨草堂已荒芜不堪，重过听花堂故址只见野棠盛开，宫氏“长城笔”遂赋此诗。

与汪孝婴①登泰州望海楼

清·焦循

泰州余至十三次，今日登楼得共君。
屈指二十七年过，盛衰生死如烟云。
西望圌山青似发，东观沧海净无氛。
与君高唱皇华②曲，城外野田嘶马群。

【作者简介】

焦循，字理堂，号里堂老人，扬州甘泉县人。与汪中、江藩等善，为朴学大师，是扬州学派的代表人物。笔耕不辍，身后留下91种达450余卷著述，在经学、文学、史学、数学、医学等领域都取得很大成就。

【注释】

①汪孝婴，即汪莱，字孝婴，号衡斋，安徽歙县人，清代著名数学家，著《参两算经》《说文声类》《衡斋算学》等，曾客扬州，在翰林秦恩复家教馆，与焦循、李尚之等友善。

②皇华，《小雅》篇名，《序》云“《皇皇者华》，君遣使臣也，送之以礼乐”，后用以赞颂奉命出使或出使者的典故。

【导读】

二十七年间，焦循往游泰州十三次，这期间他虽以博闻强记为名著乡里，然多次赴考不第，遂托足疾不入城市十余年，居家读书著述。此番与友同登望海楼，彼此感慨人生，生“盛衰生死如烟云”之叹。

下河舟中杂诗（五首选三）

清·梁章钜

此间刺史旧同官，助我清游续古欢。
爱读剑南碑记好，碧云香雨一庭宽①。

圌关形势实巑岏，往事迷离付浩叹。
眼底胸中今了了，何人为措泰山安②。

归海归江路不明，桑麻井里总关情。
须知得守真须守，两害相衡但取轻③。

【作者简介】

梁章钜，字闳中，一字茝林，晚号退庵，福建长乐人。嘉庆七年（1802）进士，官至江苏巡抚，兼署两江总督。综览群书，熟于掌故，喜作笔记小说，能诗。著有《文选旁证》《楹联丛话》《归田琐记》《藤花吟馆诗钞》等。

【注释】

①诗原自注“张东甫州牧招游光孝寺”。诗中“剑南碑”指陆游为光孝寺最吉祥殿所作之碑铭，“碧云”指碧云丈室，“香雨”指光孝寺藏经楼，其名曰香雨楼。

②诗原自注“登泰山墩见圌山关，即当年英人由海入江之路，山因州为名，山顶有岳忠武庙，盖忠武尝知泰州也。”

③诗原自注“近闻运河各坝齐开，所过下河低田未免淹浸，为之慨然。”泰州水患以洪泽湖之洪水为多，运河坝开，无论洪水是入江还是入海，受害者总归是下河老百姓。

【导读】

梁章钜晚年称病辞官，长期寓居扬州，这期间英军攻进长江，两江总督牛鉴闻风逃遁，镇江陷落，梁章钜心情无比沉重，不久下河复又水灾，他客游泰州，所闻所见“桑麻井里总关情”，见仁者胸襟。

癸未秋日乡举重宴鹿鸣①

清·王广业

驹隙光阴甲子周，吾乡屈指几前修。
百年耆物珠湖瑞，一代经师学海流。
姓氏公然随骥尾，老成毕竟属龙头。
他时得与琼林宴，也共簪光上苑游。

【作者简介】

王广业，原名佐业，字子勤，泰州人。道光三年（1823）进士，因目疾于道光六年（1826）补殿试，授户部主事，官至兴泉永道道员。晚年致仕返泰积极筹办团防，得授按察使衔。著有《乡贤世德录》《听花轩诗》等。

【注释】

①重宴鹿鸣，清制，中举人后六十年，再加入此科乡试的鹿鸣筵宴，称为重赴鹿鸣；中进士后六十年再遇此科会试，称为重赴琼林。

【导读】

清末朱彭寿《旧典备征》中有“重宴恩荣”记，有清一代“六十年再遇甲科应重赴恩荣筵宴者”只34人，王广业为其中之一，《清实录》有载“光绪四年十一月（1878），准按察使衔前署福建汀漳龙道王广业重赴鹿鸣筵，赏二品顶戴”。重宴鹿鸣后，诗云“他时得与琼林宴”，王广业期待重赴琼林，惜未得其龄。

雨后入临湖禅院①

清·康发祥

乌鹊迎人出树飞，爱闲来款树间扉。
水深竹径僧能涉，云掩松巢鹤自归。
天际帆樯排古堞，城头鼓角响斜晖。
同游旧雨今何在，风景依然泪一挥。

【作者简介】

康发祥，字伯山，泰州人。贡生，太常寺博士。工诗文，诗与古文均有很深的造诣，时人称“前有陋轩，后有伯山。二百年来风流未沫”，可见其声誉。

著有《伯山诗钞》《伯山文钞》《伯山诗话》及《海陵竹枝词》等。

【注释】

①临湖禅院，又名云溪精舍，位于小泰山西麓山腰，道光十七年（1837）于宫氏春雨草堂园旧改建，禅院之名为诗人好友赵瑜所命，《海陵竹枝词》中有记。

【导读】

临湖禅院均位于小泰山，至今犹存，庙虽小然环境宜人，岳王父子画像两幅就曾藏于此间，上有宋高宗玉玺及清人曾燠、伊秉绶等题跋。雨后访僧，为何“风景依然泪一挥”，只因昔日同游者不再，看似写景，实为怀人！

留别乡中诸子

清 · 钱桂森

扬帆出西浦①，挥手意难胜。世乱轻离别，家贫重友朋。
云低天泼墨，风急水生稜。北望燕山树，葱葱几万层。

【作者简介】

钱桂森，原名桂枝，字莘白，号稚庵、犀庵，泰州人。少年好学，擅长辞赋，道光三十年（1850）进士，被奉为文章宗匠，为徐世昌、段祺瑞之师。晚年返泰任胡公书院山长，以诗酒自娱。著有《一松轩诗稿》等。

【注释】

①西浦，衔于泰州城北老西河南，为清代泰坝四浦之一，前临城河有上河码头通运盐河以入运河达江。

【导读】

钱桂森作为乡间前辈，留别前来送行的后生，千言万语自是“意难胜”。道光至咸丰、光绪年，钱桂森历任国子监、翰林院、国史馆，典试湘黔粤浙等地，两次出任会试同考官，拔擢人才，对乡中诸子更是寄予厚望。

送子健东行之莲花池①

清 · 宫元溱

诗酒相亲半月中，那堪人去凤城东。
堤边柳线瘦还绿，渡口桃花淡不红。
燕语莺声愁独听，暮云春树梦难通。
茫茫一片征帆远，回首河干夕照空。

【作者简介】

宫元溱，字桂泉，号小圃，泰州人，避乱州北仓场庄。郡庠生，工诗。著有《课余琐闻》《春雨草堂诗钞》等。

【注释】

①莲花池，在泰州城东，传为南宋李庭芝投池殉国处，后人于此建三忠祠，即今城东宫涵、纪庙之地。

【导读】

老友相聚，一起诗酒盘桓半月，终还是要分别。春日之黄昏，桃红柳绿，燕语莺声，送之城东至运盐河边之码头，故人东去，远帆茫茫，颇有黄鹤楼送孟浩然之意，自此只能“愁独听”了。

泰州光孝寺

清 · 胡海平

喜过光孝寺，为访五贤堂①。远忆虞翻宅②，还思教授乡③。
径松攒古色，庭竹耐秋霜。僧舍西城畔，陂塘送晚凉。

【作者简介】

胡海平，字安波，广东顺德人。道光举人，咸丰三年（1853）任泰州知州。

【注释】

①泰州光孝寺就是附建多次的名贤祠，寺门东西两侧分别为祭祀王艮、储巏的崇儒祠、储公祠，而寺中则有五贤祠，祭祀北宋张纶、范仲淹、富弼、胡瑗、

王觌。

②光孝寺之名很多寺院在用，比较有名的有广州光孝寺、泰州光孝寺。诗人来自广东，在泰州见光孝寺，传广州光孝寺初为南越王赵建德之故宅，三国时吴国虞翻谪居于此，辟为苑囿，世称虞苑，虞翻死后，家人舍宅作寺。

③教授乡，指泰州，胡瑗之故乡。

【导读】

此寺非彼寺，寺名却一致。胡海平作为一地州牧，至此自然是欢喜的，且五贤堂上供奉的是宋代的名贤，也有曾任泰州知州的张纶，径松庭竹既是写景，也是喻人，只有经历过风霜洗礼，为一地造福遗爱，才称得上有所作为。

登泰州城楼

清 · 蒋春霖

四野霜晴海气收，高城啸侣共登楼。
旌旗杂遝连三郡，锁钥矜严重一州。
西望云山成间阻，南飞乌鹊尚淹留。
海陵自古雄争地，烟树苍苍起暮愁。

【作者简介】

蒋春霖，字鹿潭，清江苏江阴人。咸丰中任泰州富安场盐大使。性落拓，一生潦倒，工诗词，与纳兰性德、项鸿祚有“清代三大词人”之称，所作《水云楼词》写身遭咸丰间兵事，特多感伤之音。诗传世仅数十首，称《水云楼剩稿》。

【导读】

历代词家评说蒋春霖的词婉约多姿，有“词史”之称。其实他早年工诗，风格近李商隐，多抒写仕途坎坷、穷愁潦倒的身世之感及对风雨飘摇的清王朝之哀叹，暮登泰州城楼看到的又岂止是“四野霜晴”与“烟树苍苍”？

金缕曲·九日登岳墩感怀

清·陈廷焯

四壁龙蛇走，卷春潮，灵旗飒沓，风驰雨骤。旧垒荒凉余战气，落日寒山影瘦。望烽火隔江隘口[①]。不斩楼兰终不还，恨未能，痛饮黄龙酒。追往事，空搔首。

丝丝惨结秋阴候。抚危阑，生平细数，尽多孱僽。三十男儿仍落拓，何论中年以后。况又值西风重九。破帽多情偏恋我，问何人，印佩黄金斗。中原望，悲风吼。

【作者简介】

陈廷焯，字亦峰，室名白雨斋，镇江丹徒人。幼时随父陈铁凤流寓泰州。光绪十四年（1888）举人，次年会试不第而归。工诗词及词学理论。著有《白雨斋词话》《白雨斋词存》《云韶集》《词则》等。

【注释】

①隔江隘口，指词人故乡镇江，亦指圌山关。

【导读】

陈廷焯不第归泰，以著述课徒悬壶为务，或忧郁气质使然，尝念朝政不纲，中宵不寐而痛饮沉醉，清光绪十八年（1892）秋，陈廷焯39岁因病在泰去世。此词读来伤悲，三十落拓！破帽多情！其所倡“沉郁”之主张浮于纸上。

二、历代名家写海陵（散文）

泰州重展筑子城记

南唐 · 褚仁规

盖闻乾列星曦，斡运三皇之力；坤浮岳渎，镇流九禹之功。是知福地会时，神州有主，其为盛矣，可略言乎。窃以当州，即汉朝旧海陵制邑也，自丁酉岁仲冬月奉敕旨改为是郡，莫不天文焕举，光数百载之镃基：地利显分，富一千里之黔庶。咸鹾赡溢，职赋殷繁，可谓水陆要津，咽喉剧郡。以兹升建，为属勋贤。当今皇帝以仁规早事圣明，素怀廉洁，特飞鸾诏，委授鱼符。对五马而愧此叨荣，向六条而虑其疏失。岂敢以爱憎徇性，岂敢以富贵安身。但缘王事疚心，鼎彝系抱，欲将整齐士旅，是宜固护严城。今则上奉天书，旁遵王命，更改旧垒，别创新基。以时之务不劳民，量力而人无倦色。功徒蚁聚，畚锸云屯，曾未五旬，俨全四面。其城高二丈三尺，环回四里有余。其濠深一丈已来，广阔六步不啻。中存旧址，便为隔城，上起新楼，以增壮贯。仰望而叠排雉翼，俯窥而细甃龙鳞。瑞气朝笼，祥烟暮集。虽此时之良画，尽合玄机，在千古之英声，愿标青史。辄刊翠琰，用纪厥功。时有唐升元二年龙集戊戌暮春月二十五日壬申记。知泰州军州事兼盐铁两监都院使、本州都指挥使、东都东南东北面都游弈使、金紫光禄大卿、检校司空、行右监门卫将军、充本州屯田使兼御史大宪、上柱国河南县开国男食邑三百户褚仁规。

【作者简介】

褚仁规，字可则，广陵人。南唐升元元年（937）十一月，海陵县升为泰州，盐监使兼县令褚仁规升为泰州知州，在任期间筑子城。1955 年 6 月，记文石刻于泰州北城垣出土，填补泰州筑城的历史记载。

周易口义（选四）

宋 · 胡瑗

日月运行一寒一暑

义曰：日者，太阳之精。月者，太阴之精。寒者是纯阴之气，暑者是纯阳之气也。夫天地之道，生成万物，既鼓动以雷霆，又滋润以风雨，以日而煦育之，以月而照临之，及夫日月运行，以成昼夜，以成寒暑之候，以尽生成之功者，天地之道也。然而直云震巽离坎不云乾坤艮兑者，盖乾坤之道，上下备言，艮兑非鼓动运行之体，故不言之其实，亦雷电风雨出于山，泽故亦兼包其义焉。

刚柔相推而生变化

义曰：此已下言天地人事之理也。夫天地既判，刚柔二气互相推荡，以生成万物，有全体而化者，有渐而化者，有胎而生者，有卵而化者，千变万化，自然而然，皆由刚柔之气互相推荡，以成变化也，如乾之初九交于坤之初六，其卦为震。

变化者进退之象也

义曰：夫物之生，有全体而化者，有渐而变者，此皆是进退之象也。夫进退之象，有盛衰之理，生死之道，吉凶之验，皆自于盛衰，故来则为盛，往则为衰，故六爻之中有刚有柔，或从始而上进，或居终而倒退，往来不穷，互相推荡以成进退之象也，若乾之上九言“亢龙有悔”，复之初九言“不远复，无祇悔，元吉”。

一阴一阳之谓道

义曰：道者，自然之谓也。以数言之，则谓之一；以体言之，则谓之无；以开物通务言之，则谓之通；以微妙不测言之，则谓之神；以应机变化，则谓之易；总五常言之，则谓之道也。上既言天地之神，大易之道，穷变尽神，妙用无方，不可以方隅形体，而求之此。又言天地生成之道，夫独阳不能自生，独阴不能自成，是必阴阳相须，然后可以生成万物。故于冬至之日，阳气下施，散而为春夏，以生成万物，以至洪者纖者高者下者，皆遂其生，以盈满于天地之间。然万物既生，不可不成之，故于夏至之日，阴气下施，散而为秋冬，以成就万物，以至洪者纖者高者下者，皆遂其性，以成就于天地之间，是一阴一阳互相推荡，天覆而地载，日照而月临，所以谓之道也。

【作者简介】

胡瑗，北宋泰州海陵人，字翼之，世称安定先生。思想家、教育家，提倡“以仁义礼乐为学”，讲求“明体达用”，开宋代理学先声，所创“苏湖教法”即“分斋教学”为高等学校分系分科之开端。著有《周易口议》《洪范口义》等。

海陵许氏南园记

宋·欧阳修

高阳许君子春，治其海陵郊居之南为小园，作某亭某堂于其间。许君为江浙荆淮制置发运使，其所领六路七十六州之广，凡赋敛之多少，山川之远近，舟楫之往来，均节转徙，视江湖数千里之外如运诸其掌，能使人乐为而事集。当国家用兵之后，修前人久废之职，补京师匮乏之供，为之六年，厥绩大著。自国子博士迁主客员外郎，由判官为副使。

夫理繁而得其要则简，简则易行而不违，惟简与易，然后其力不劳而有余。夫以制置七十六州之有余，治数亩之地为园，诚不足施其智；而于君之事，亦不足书。君之美众矣，予特书其一节可以示海陵之人者。君本歙人，世有孝德，其先君司封。丧其父母，事其兄如父，戒其妻事其嫂如姑。衣虽敝，兄未易衣不敢易；食虽具，兄未食不敢先食。司封之亡，一子当得官。其兄弟相让。久之，诸兄卒以让君，君今遂显于朝以大其门。君抚兄弟诸子犹己子，岁当上计京师，而弟之子病，君留不忍去，其子亦不忍舍君而留，遂以俱行。君素清贫，罄其家赀走四方以求医 而药必亲调，食饮必亲视，至其矢溲亦亲候其时，节颜色，所疾如可理则喜，或变动逆节，则忧戚之色不自胜。其子卒，君哭泣悲哀，行路之人皆嗟叹。

呜呼！予见许氏孝悌著于三世矣。凡海陵之人过其园者，望其竹树，登其台榭，思其宗族少长相从愉愉而乐于此也。爱其人，化其善，自一家而形一乡，由一乡而推之无远迩。使许氏之子孙世久而愈笃，则不独化及其人，将见其园间之草木，有骈枝而连理也，禽鸟之翔集于其间者，不争巢而栖，不择子而哺也。呜呼！事患不为与夫怠而止尔，惟力行而不怠以止，然后知予言之可信也。庆历八年十二月二十七日，庐陵欧阳修记。

【作者简介】

欧阳修，字永叔，号醉翁、六一居士，庐陵（今江西吉安）人。宋仁宗天圣八年（1030）进士，曾任枢密副使、参知政事，谥文忠。其父观，大中祥符间任泰州军事推官，欧阳修曾随父在泰，四岁时，父丧于泰州任所。著有《新五代史》《欧阳文忠集》等。

玩芳亭记

宋 · 刘攽

楚辞曰："惜吾不及古之人兮，吾谁与玩此芳草。"自诗人比兴，皆以芳草、嘉卉为君子美德，无与玩者，犹《易》"井渫不食"云尔。

海陵郡城西，偏多乔木，大者六七寻，杂花、桃、李、山樱、丁香、椒、棣数十种，萱菊、薜荔、莎芦、芭蕉丛植，稆生，负城地尤良。朱氏居之，益种修竹、梅、杏、山茶、橙、梨，异芳奇卉，往往而在；清池萦回，多菱、莲、萍、藻。于是筑室城隅，下临众卉，名曰"玩芳"。于乎乔木森耸，百岁之积也；众卉行列，十岁所植也；杂英纷糅，终岁之力也。俄而索之，不易得也；天施地生，非为己役也；能者取玩，焉能主客也；惠而不费，莫相得也；非《易》所叹，渫而不食，为心恻也。于是刻石亭右，以记岁月云。

【作者简介】

刘攽，字贡父，门人私谥"公非先生"，今江西新余人。庆历六年（1046）与其兄刘敞同中进士，以博学著名，并称"二刘"。精于史学，晚年曾协助司马光编修《资治通鉴》，负责汉代部分撰写。著有《彭城集》《公非先生集》等。

申安抚司乞兵马钱粮状

宋 · 岳飞

武功大夫、昌州防御使、通泰州镇抚使兼知泰州岳飞，状申：

飞昨奉圣旨指挥，差充前件差遣，于八月十五日还至常州宜兴县，于十八日起发前来，只赴新任。二十二日至江阴军歇泊。据探报，金人见围楚州，飞遂逐急权差统制王贵管押兵马，等船济渡，窃虑迟滞，有失事机，不免躬亲先入泰州，于二十六日夜二更到泰州城外。

承准八月十九日指挥，令飞与赵镇抚立掎角。飞遂措置调发兵夫粮食，并不住差人勾唤王贵等军马。实缘舟船数少，今月初九日方尽到泰州。飞已差张宪权行守城，见今大军屯驻三墩，与金人大寨不远。惟是新复建康之后，所有士马疮痍尚新、羸弊方甚，兼自到任未及一旬，刍茭糗粮一一窘乏，本未能即从王事，重以承楚之急，甚于倒垂，不可以顷刻安居，理宜前进。欲望钧慈捐一二千之众，假十余日之粮，令飞得激厉士卒，径赴贼垒，解二州之围，扫犬羊之迹，下以裨相公之盛烈，上以宽主上之深忧，不胜幸甚。谨具申安抚相公使司，伏候指挥。

【作者简介】

岳飞，字鹏举，河南汤阴人。南宋抗金名将，位列“中兴四将”之首，建炎四年（1130）七月任通泰镇抚使兼泰州知州。其文才同样卓越，代表作《满江红》为千古传诵名篇，后人辑有文集传世。

清波杂志（选六）

宋·周辉

王俊乂问道

当灵素盛时，一日，有诏两学之士问道于其座下，且遣亲近中贵监莅。灵素既升座，首召学博士王俊乂。久而不出，既出，乃昌言："昔吾先圣与老聃同德比义，相为师友，岂有抠衣礼黄冠者哉！"闻者骇然，各逡巡而罢。王，海陵人，历宰掾，分符而终。近万元亨典乡郡，虽载姓名于《图经·人物志》，偶遗此一节。

倭国

辉顷在泰州，偶倭国一舟飘泊在境上，一行凡三、二十人，至郡馆谷之。或询其风俗，所答不可解。旁有译者，乃明州人，言其国人遇疾无医药，第裸病人就水滨，杓水通身浇淋，前四方呼其神请祷，即愈。妇女悉被发，遇中州人至，择端丽者以荐寝，名"度种"。他所云，译亦不能晓。后朝旨令津置至明州，迩便风以归。

捍海堰

熬波之利，特盛于淮东，海陵复居其最。绍兴间，岁支盐三十余万席，为钱六七百万缗。于以佐国用，其利博矣。自增置真州一仓，遂稍损旧数。捍海置堰，肇自李唐。国朝范文正公稍移其址，叠石外固。厥后刓缺不常，随即补治。淳熙改元，复圮于潮汐。时待制张公守郡，益加板筑，不计工费，唯取坚实。官赀不足，阴以私帑益之，迄今是赖。侍御史李粹伯记其成。辉是年适在乡里，乃得其实。

雪醅

酝法，言人人殊，故色、香、味亦不等。醇厚、清劲，复系人之嗜好。泰州雪醅著名，惟旧盖用州治客次井蟹黄水，蟹黄不堪他用，止可供酿。绍兴间，有呼匠辈至都下，用西湖水酿成，颇不逮。有诘之者，云蟹黄水重，西湖水轻，尝较以权衡得之。辉向还乡郡，饮所谓雪醅，亦未见超胜。岂秫米日损、水泉日增而致然耶？抑酝法久失其传？大抵今号兵厨皆有此弊，不但泰之雪醅也。

拦滩网

江上取鱼，用拦滩网，日可俯拾。滨江人家得鱼，留数日，俟稍败方烹。或谓："何不击鲜？"云："鲜则必腥。"海上有逐臭之夫，于此益信。兹谓神奇化臭腐。又见故老言：承平时，淮甸虾米用席裹入京，色皆枯黑，无味，以便溺浸一宿，水洗去，则红润如新。又岁久佩香，以虎子覆一夕，芬馥仍旧。兹谓臭腐化神奇。或云无是理，答曰："药物中秋石何自而出？"

客舍留题

邮亭客舍，当午炊暮宿，弛担小留次，观壁间题字，或得亲旧姓字，写涂路艰辛之状，篇什有可采者。其笔画柔弱，语言哀怨，皆好事者戏为妇人女子之作。顷于常山道上得一诗："迢递投前店，飕飗守破窗。一灯明复暗，顾影不成双。"后书"女郎张惠卿。"迨回程，和已满壁。衢、信间驿名彡溪，谓其水作三道来，作"彡"字形。鲍娘有诗云："溪驿旧名彡，烟光满翠岚。须知今夜好，宿处是江南。"后蒋颖叔和之云："尽日行荒迳，全家出瘴岚。鲍娘诗句好，今夜宿江南。"颖叔岂固欲和妇人女子之诗，特北归读此句，有当于心，戏次其韵以志喜耳。烨顷随侍赴官上饶，舟行至钓台，敬谒祠下，诗板留题，莫知其数。刘武僖自柯山赴召，亦记岁月于仰高亭上，末云"侍儿意真代书"。后有人题云："一入侯门海样深，谩留名字恼行人。夜来仿佛高唐梦，犹恐行云意未真。"

【作者简介】

周烨，字昭礼，南宋初泰州人。绍兴年间曾应试博学鸿词科，后曾到金国，晚年隐居杭州清波门，以藏书为事，著有《清波杂志》十二卷、《清波别志》三卷和《北辕录》一卷。

泰州报恩光孝禅寺最吉祥殿碑记

宋·陆游

天下无不可举之事，亦无不可成之功。始以果，终以不倦，此事之所以举而功之所以成也。海陵通州谷浑之间，自建炎后为盗区战场。中虽息兵，然犹鬼啸狐嗥于藜莠瓦砾中，自官寺民庐皆略具尔。未几，复有绍兴辛巳虏祸，前日之略具者，又践蹂燔烧，涤地而尽。乾道、淳熙以来，中外无事，函养滋息，且以国力兴葺之，迨今四十年，而城郭邑屋尚未能复承平之旧，至于浮图之庐，又非郡县所急，或盛或衰，皆在仕者所不问，则其举事若尤难者。呜呼！是特不遇浮图之杰耳，信有之，未见其果难也。泰州报恩光孝禅寺是已。

寺始为天宁万寿寺，今名盖用绍兴诏书改赐，亦火于辛巳之变。有祖彦师者复葺之，未成而化，中间屡易主者。至绍熙中，今长老德范师，应转运陈公损之之请而至，寺虽粗建而大役多未之举。有巨钟千石，方寺坏于兵时，楼焚钟堕，扁而不坏。范始至，奋曰："钟不坏，寺将兴之符也，吾举事将自钟始。"乃建楼百尺以栖钟。钟始铸，岁在乙卯，至是三乙卯矣。而楼成，人咸异之，遂议佛殿，殿之役最大，度费钱数千万，见者缩颈曰："使可为，岂至今日邪？"范曰："不然，吾当与有缘者力成之，不敢以难故止。"已而有居士刘洪首施钱五百万，施者不劝而集，积为四千万有奇。乃伐木于黄冈，蔽流而下。方役之兴，以关征为惧。常平使者王公宁闻之，曰："斯殿以资永佑陵在天之福，孰敢议者。吾当任其事。"于是，所至皆为弛禁。殿以崇成，为重屋八楹，东西百三十六尺，南北九十六尺，高百一十尺，佛、菩萨、阿罗汉三十有一躯。会王公去，而后使者韩公梃取《华严经》语，书殿之颜曰："最吉祥殿。"范又为阁六楹，以奉今天子昔在潜邸赐前住持觉深"碧云"二大字。阁之广袤雄丽，亦略与殿称，余若方丈寝堂、厨库、水陆堂、两庑，累数十年不能成者，皆不淹岁而备，最其费为缗钱二十万。在他人若寝食不遑暇，范独终日从容，倡道以进其徒。一謦欬、一顾视，皆具第一义，学者往往得入，而其师别峰之法遂盛行于江淮间矣。凡一寺内外，莫不粲然复兴，是殿实为之冠。庆元六年夏四月，范使其书记蜀僧祖兴来，求予作碑。予既尽述其始末，且为之铭。铭曰：

海陵奥区名寰中，长淮大江为堤封。于皇徽祖御飞龙，臣民荐福遐迩同。是邦巍然千柱宫，中有广殿奉大雄。瑰材蔽江西徂东，波神呵护如云从。璇题藻井翔虚空，丹碧髹垩无遗工。劫火不能坏鸿钟，雷震鲸吼声隆隆。层阁閟奉龙鸾踪，宸光夜起腾长虹。徽祖圣德齐天崇，泽覃草木函昆虫。咨尔梵众极严恭，熙运共庆千载逢。余福渐被兼华戎，长佑农扈消兵烽。

【作者简介】

陆游，字务观，号放翁，越州山阴（今浙江绍兴）人。南宋孝宗隆兴元年（1163）获赐进士出身，曾任镇江、隆兴、夔州通判，南宋光宗绍熙二年（1191）被罢斥回乡。工诗词，与范成大、杨万里、尤袤并称“南宋四大家”。著有《剑南诗稿》《渭南文集》等。

泰州利病

明·陈应芳

天下郡县广矣大矣，其中利病亦因之。予既论著泰州水灾矣，其一切利病所当急为补救者，辄亦附具如左：

一曰兴化新堤。夫下河水道绵邈，无一可通陆者。万历己卯庚辰间，兴化尹偶谓高邮往来舟行良苦，始倡筑堤之议。而兴化居民利有此堤可防邵伯湖水，因赞其决，遂筑堤。由兴化至高邮，长计壹百贰拾里。自有此堤以来，泰州西方宿水不得宣泄，遂受兴化曲防之害矣。盖下流地昂于东而低于西，大水弥漫时东西一耳，未可见也。迨至将平之日，西方宿水遂为此堤中亘而不得去。虽有水门数处，然亦不得通流。以故泰州境内西半沉田独多，职此之由耳。夫使此堤而可以隔高宝湖水，使不至泰州也，则泰州虽西当其害，而亦北赖其庇，可以无言。然而水自高宝倒灌者，其来如故；水至冬春消落者，其去独后。况邵伯湖决于泰州，为剥肤之灾。而频年湖决，不在高宝，而在邵伯乎！顷有兴化西方成熟，而泰州西方尚沉水底者，甚矣！兴化之不仁也，此其害独在西。前论故不着，今特附见于此云。

一曰荒废虚粮。夫粮因于田，田废久矣，而粮犹如故。虽束于额，可同于熟乎？盖沈水之田，或犹冀于水平之日；而久废之地，终无望于复成之期。即令雨旸时若，年和岁丰。彼废田者，久已化为湖荡，永无可耕之基矣，计之不下数千百顷。此数千百顷者，粮不下万余石，其胡以取盈也耶？即曰额数难蠲，而酌量于多寡之分，调停于缓急之序，窃谓有司者不可不加意一核之也！

一曰民灶征输。两淮运司，盐课甲于天下；灶场三十，泰州居三之一有奇。灶买民田，十之三四，其输粮同也，其论差以新旧为则也。盖嘉靖贰拾壹年以前为旧灶，贰拾贰年以后为新灶，亦既体恤之者至矣。乃新者诡而为旧，以避差役，已属弊窟。而征输之法又往往束于灶，而法有所不行起运存留额数也。灶稍完起运而不纳存留，催科比较通例也。灶专抗催科而不赴比较，官亦且无如之何，专责民间完及分数，而其拖欠者，尽举而属之灶矣。历年完欠数目，可考而知也。已往不论。姑自万历十九年以后言之，仅五年尔，而灶间拖欠者至贰万肆千叁百捌拾两有奇；民间代灶那解者，至贰千贰百陆拾两有奇。此可谓有朝廷之法乎哉！夫被水一也，民纳不耕之税，而灶则自为蠲也；民赔无田之粮，而况复代灶纳也。凡遇征办紧急，则椎髓之苦专在民而不在灶；幸值恩例蠲除，则赐租之惠尽在灶而不在民。嗟夫！民亦何辜而至此也。其间弊窦，殆难悉数。灶间里役，往往多豪猾，通同胥吏，善为奸利，每遇催征，多方影射。闻有一贫者轮当灶里，因而致富。又闻往年灶里曾征粮数百赴州上纳，而一吏反教之携归因而瓜分。由斯以言，则拖欠之弊，岂尽在灶户之零星者哉？可慨也已！近在事者不得已有民灶分征之请，闻又格于议且中寝矣。然则将终听之而已耶！窃谓分征即不能行，而除奸祛蠹，在董盐政诸大人君子似当捐成心为地方一留意焉。

一曰包区累民。州壹百捌拾柒里，各立为区，以便催征，有定数矣。自嘉靖丈量而后，十年一造，推收过割。奸民猾书，因而为弊，积有岁年，遂至虚悬之粮数千石。有司不得已，分之各区代纳，名曰包区。此何政体哉？曩者备兵使傅公曾一查之，才有端绪，而内迁之报至矣，并清出者寻复失之。今又二十余年矣。不惟包区如故，而虚悬又复增焉。长此安穷，此其弊在各里总算也，即欲清之，亦自有法，顾任事者宜何如耳。语具前集《与游太守书》中，兹不备论。

【作者简介】

陈应芳，字元振，明泰州人。万历二年（1574）进士。官至福建布政司参政，讲求探索水道原委与河之利害，悉其形势，辑录当时论河事资料，著《敬止集》。晚年归乡修日涉园以居，日涉园为泰州名胜。

安定书院记

明 · 王艮

《通书》曰：曷为天下善？曰：师，师者立乎中，善乎同类者也。故师道立则善人多，善人多则朝廷正而天下治矣。非天下之至善，其孰能与于此哉？昔胡安定先生，泰州人也，有志于学，一乡崇祀，为百世师，况天下之至善乎？

今豫章瑶王先生，予同门友也。学于阳明先生，遵良知精一之传，来守是邦，以兴起斯文为己任，构安定书院，召远近之士，居而教之，是一时之盛举也。余家居安丰，去此百里许，亦承其召而往学焉。

予谓道在天地间，实无古今之异，自古惟有志者得闻之。孔子曰："朝闻道，夕死可矣。"其余何足言哉？嗟夫！有志之士，何代无之，若非明师良友鼓舞于前，诱掖奖劝，抑其过引其不及，以至于中，其不至于半途而废、行不着习不察、流于异端枝叶者鲜矣。予也东西南北之人也，今瑶湖先生转官北上，予亦归省东行，辱诸友相爱，后会难期，故书此以为后日之记云。

【作者简介】

王艮，字汝止，号心斋，明代哲学家，泰州安丰场人。初名银，王阳明替他改名为艮。创立传承阳明心学的泰州学派，提倡"百姓日用即道"，一生布衣，拒绝入仕，故被斥为"异端"。平生著述后人辑为《王心斋先生遗集》。

重建望海楼记

明·徐嵩

泰故海陵县，伪唐时改州，濒海而通漕，时移世变，湮塞日远。望海楼在郡城东南隅，其西则佛刹与楼并峙，黉序巍乎在中，相去皆百余步。堪舆家谓，龙盘虎踞，系科第盛衰。宋熙宁、庆历间，人文极盛，如许、查、周三姓，高科膴仕，项背相望，周氏凡二十一人，其它未能悉记。至国朝，斯楼惟存遗址，而人才视昔亦衰，则“形胜制克”之说似为有征。

岁嘉靖己酉，南昌鲍公龙以进士自南刑移守，庙谒日，廉得其由，慨然欲以身任，未遑也，而竟成其志。起数百年巨废，一旦尽还旧观，人情大慰。夫王政散在天下，分属于郡县，其关系学校人才者，守令皆视为先。然坚完易守，颓坏易葺，至于废久而不存者，非其人未易举行。斯楼兴废，岁代郡乘，略而无考。据当时题咏，其创自盛宋之初，而废于胡元兵火之后，曰今溯昔，三世余。四百年黍离麦秀之感中，岂无人而成功迄有待于今日，兹土之遇不遇，人文之幸不幸也？

公始兴是役，请命于诸司而必求其可，取费于好义而不震以威，借役于群力而不敛乎怨。尽方面离以定其位，度材任能以考其成，较然若运诸掌，非经纶裁断，孰能与于斯？楼成，计其断鳌为柱凡四十有四，基而上高三十六尺，横从广六十步，可以建旌旄，可以横讲席；重檐邃阿，可以蔽亏日月而隔离风雨。楼之前，东西筑室各数十楹，车马仆从之所经也。楼之西，别建一坊，颜曰“拱文”，龙光奎秀之所射也。坊外有沟，跨桥通路，以通于学舍，曰“回澜”。凡此皆所以羽翼斯楼，一出于公之精思。兹土何幸，而人文能发挥之，疑不若是烈也，从其利达于风水，纵吟赏以登眺，而于前数邈然一无取裁，岂公之所以望于后学，又岂后学之所以自望者哉？

是议初建，作兴于上而给终事者，巡盐御史杨公选；奔走于下而受成不怠者，同知张君鹤、州判金君治、吏目何君澈；周旋乎中而关白于御史台者，学政陈君克让、训道郑君相与生员王沐等，皆公之初功也。嵩嘉此举有裨于教育，而重违师友之请，爰拓其义为文以记之，并书同事者姓名，以垂不朽。

【作者简介】

徐嵩，字小石，明泰州人。工部右侍郎徐蕃长子，正德十六年（1521）进士，授户部主事，历任河北保定河间知府、湖广副使、山西参政、山西布政使等职。

泰州学案（前言）

明·黄宗羲

阳明先生之学，有泰州、龙溪而风行天下，亦因泰州、龙溪而渐失其传。泰州、龙溪时时不满其师说，益启瞿昙之秘而归之师，盖跻阳明而为禅矣。然龙溪之后，力量无过于龙溪者，又得江右为之救正，故不至十分决裂。泰州之后，其人多能以赤手搏龙蛇，传至颜山农、何心隐一派，遂复非名教之所能羁络矣。顾端文曰：“心隐辈坐在利欲胶漆盆中，所以能鼓动得人，只缘他一种聪明，亦自有不可到处。”羲以为非其聪明，正其学术也。所谓祖师禅者，以作用见性。诸公掀翻天地，前不见有古人，后不见有来者。释氏一棒一喝，当机横行，放下拄杖，便如愚人一般。诸公赤身担当，无有放下时节，故其害如是。今之言诸公者，大概本弇州之《国朝丛记》，弇州盖因当时爰书节略之，岂可为信?

【作者简介】

黄宗羲，字太冲，号南雷，学者称梨洲先生，浙江余姚人。明末清初经学家、史学家、思想家、地理学家、天文历算学家、教育家，有“中国思想启蒙之父”之誉，一生著述五十余种，有《明儒学案》《宋元学案》《明夷待访录》等。

柳麻子说书

清·张岱

南京柳麻子，黧黑，满面疤癗，悠悠忽忽，土木形骸，善说书。一日说书一回，定价一两。十日前先送书帕下定，常不得空。南京一时有两行情人：王月生、柳麻子是也。余听其说景阳冈武松打虎，白文与本传大异。其描写刻画，微入毫发，然又找截干净，并不唠叨。㘎夬声如巨钟，说至筋节处，叱咤叫喊，汹汹崩屋。武松到店沽酒，店内无人，謈地一吼，店中空缸空甓皆瓮瓮有声。闲中著色，细微至此。主人必屏息静坐，倾耳听之，彼方掉舌。稍见下人呫哔耳语，听者欠伸有倦色，辄不言，故不得强。每至丙夜，拭桌剪灯，素瓷静递，款款言之。其疾徐轻重，吞吐抑扬，入情入理，入筋入骨，摘世上说书之耳，而使之谛听，不怕其不齰舌死也。柳麻貌奇丑，然其口角波俏，眼目流利，衣服恬静，直与王月生同其婉娈，故其行情正等。

【作者简介】

张岱，字宗子，号陶庵，浙江山阴人。明清之际史学家、文学家，明亡后隐居四明山中潜心著述。文学创作上以小品文见长，著作有《陶庵梦忆》《西湖梦寻》《夜航船》《琅嬛文集》等。

绘事微言（选四）

明·唐志契

写画要读书

昔人评大年画谓胸中必有千卷书，非真有千卷书也。盖大年以宋宗室不得远游，每集四方远客山人，纵谈名山大川，以为古今至快，能动笔者便令其想像而出之。故其胸中富于闻见，便富于丘壑，然则不行万里路，不读万卷书，欲作画祖其可得乎？此在士夫勉之，无望于庸史矣。

画要看真山水

凡学画山水者，看真山真水，极长学问，便脱时人笔下套子，便无作家俗气。古人云："墨渖留川影，笔花传入神。"此之谓也。盖山水所难，在咫尺之间有千里万里之势，不善者纵摹画前人粉本，其意原自远，到落笔反近矣。故画山水而不亲临极高极深，徒摹仿旧人栈道瀑布，终是模糊丘壑，未可便得佳境。

品质

写画须要自已高旷，张伯雨题倪迂画云："无画史纵横习气。"又迂翁自题《狮子林图》云："此画真得荆、关遗意，非王蒙辈所能梦见也。"其高自标置如此。顾谨题倪迂画云："初以董源为宗，及乎晚年，圆益精诣，而北苑笔法渺乎脱矣。"盖迂翁聚精于画，虽从北苑筑基，然借荆、关而兼河阳。专以幽淡为宗者也。若纵横习气，即黄子久犹有焉。然则赵吴兴之逊迂翁，乃胸次之别耳。

画须从容自得，适意时对明窗净几，高明不俗之友为之，方能写出胸中一点洒落不羁之妙。

逸品

山水之妙，苍古奇峭，圆浑韵动则易知。唯逸之一字最难分解。盖逸有清逸，有雅逸，有俊逸，有隐逸，有沉逸。逸纵不同，从未有逸而浊，逸而俗，逸而模棱卑鄙者。以此想之，则逸之变态尽矣。逸虽近于奇，而实非有意为奇；虽不离乎韵，而更有迈于韵。其笔墨之正行忽止，其丘壑之如常少异，令观者泠然别有意会，悠然自动欣赏，此固从来作者都想慕之而不可得人手，信难言哉！吾于元镇先生不能不叹服云。

【作者简介】

唐志契，字敷五，又字玄生、元生，明末清初泰州海陵人。诸生，精于绘事，常游名山大川，经月坐卧其下，故画笔清远，有元人风。著有《绘事微言》等。

陈庵记

清·孔尚任

陈庵者，在泰州之南城，州人陈氏佞佛所筑也。正楼五楹，左右折而为厢楼，又各二楹，如宫门之有双阙、城门之有两观。游者曰："嘻！壮矣！"予曰，噫！此已不壮矣。不见夫楼之额乎？门之榜乎？魏国公中山徐公之所题，而大宗伯华亭董公之所书也。一则勋贵盖当朝，一则翰墨擅海内。此两公者，皆不惜为之题且书，岂当日之陈庵即如今日之仅有此楼，而更无环堵以限内外，无扃枢以防盗宄，无别院、房寮、仓厨以妥缁众，无钟鼓以警昏晓，无松、桧、竹、卉之属以助清景、以供游客，而两公者即漫然为之题且书耶？岂陈氏之致礼于佛者，诸事可以不备，而但两公之题与书为亟亟耶？吾知必不然矣。当日之规模，虽不可见，每周行于楼旁之隙地，时得所为故井、遗灶及瓴甓、朽柱与夫破碎之什器，故知当日者必极其宏丽，极其周至。计无复加，然后计及于楼额、门榜。又计及此楼额、门榜者，非勋贵盖当朝、翰墨擅海内如徐、董两公者，不足以题且书也。于是奔走数十百里，托知交以达其意，赍金币以结其阍人，然后求之。即首肯矣，或待旬月，或往来数四，然后得之。既得矣，是斫是饰又费不赀，然后悬之。悬之日，州人士咸集，啧啧赞羡，谓非此规模，奚以当两公之题与书。非两公之题与书，又奚以称此规模也。嘻！陈庵之在当日，岂仅一楼之壮也哉！

今予来寓此楼，楼之上经与佛在焉，经、佛之外无有也。楼之下僧在焉，僧之外无有也。予虽不识所谓佛者，而时对其画像；不解所谓经者，而时披其文字；不习所谓僧者，而时资其茗果蔬粥。三者之外无所有，而亦无所感也。无端而有两公之题与书，见其题与书，而俨然见环堵之崇峻，扃枢之严密，别院、房寮、仓厨之整洁，钟鼓之镗鞳，松、桧、竹、卉之森郁而茂矣；又俨然见崇峻者渐以圮，严密者渐以败，整洁者渐以摧、渐以秽，镗鞳者渐以寂，森郁而茂美者渐以枯萎，蒸为茵，化为萤，而遂至于为丘，为墟，为道路，为菜圃、粪圊。噫！虽陈庵之楼仅存也，岂复有当日之壮哉！

予始至泰邑，尚不闻所谓陈庵者。有司为予安公廨，供张衾裯、饮食、盥漱之具，无不全。旬日之间，数易以新者。渐而怠焉。于其敝也，始易之。渐而厌焉，虽敝亦不复易矣。渐而恶焉，凡所安之公廨及供张之具新者、敝者，悉夺以去。予茫然无所之，乃僦居于此庵。嗟哉！何予所遭之盛衰，与此庵之兴废若有相同者？闻释氏能空一切幻缘，其于身世盛衰兴废之故，皆冥然不问，宜也。独是两公之题与书，历百余年而徒存。其不学为释氏者，见两公之题与书，而忽有感于身世盛衰兴废之故，亦能冥然居于此，付之不问也耶？

【作者简介】

孔尚任，字聘之，号东塘，山东曲阜人，孔子后裔。康熙二十三年（1684）由监生授国子监博士，累迁户部主事、员外郎等职。曾奉旨来淮扬治水，长期驻泰州。有文名，通音律，因创作传奇剧本《桃花扇》闻名于世。

新建盐宗庙记

清 · 乔松年

古圣人开美利之源以贻万世，后人必有报祀之典以答其功，下至贩夫佣竖，亦知求其始事之人而奉祀之，若酒则杜康，茶则陆羽，其类甚夥，细犹若此，况其大乎。盐之资于人久矣，江淮间盐利尤饶，上以佐国赋，下以给民用，凡官商胥吏士大夫与市井纤夫，仰给于斯者无虑数万人，顾未尝求始事之人而祠之，无乃礼之缺欤！按，许叔重《说文》曰："古者宿沙初作煮海盐。"鲁连子曰："宿沙瞿子善煮盐。"皆未言为何时人。《世本》谓"宿沙作煮盐"，而宋忠注乃目为齐灵公时之宿沙卫，此为妄言。卫能煮盐，何《左传》《国语》《史记》无一语及之。即以齐盐而论，当举管夷吾，亦不当举卫。考郑夹漈《通志》引贾执《英贤传》"炎帝时侯国夙沙氏"，罗泌《路史》注，谓"夙沙"即"宿沙"，又作"质沙"。炎帝之诸侯煮海为盐，是《世本》之夙沙，即《说文》之宿沙，固宜从《路史》注，断为炎帝时诸侯无疑。乐史《寰宇记》载：解州安邑县有盐宗庙祀夙沙氏。谓之盐宗者，尊之也，是唐宋以来固已祀于解池。咸丰十年冬，予领盐司事，侨治海陵，询之诸曹，知千百年淮南未举斯祀，窃以为疑。古人于农则祀社稷，于蚕则祀西陵，至今由之。道光朝江苏疆吏以宋元间黄妪教民艺木绵有功，疏请祀为先绵，诏可报。盐之事重于木绵，夙沙之爵与年尊于黄妪，正当与后稷、西陵并隆终古，顾阒然无闻，莫为报祀，岂非事之大可憾焉！

【作者简介】

乔松年，字鹤侪，山西徐沟人。道光十五年（1835）乙未科进士，历官安徽、陕西巡抚，东河总督。咸丰中任两淮盐运使，驻泰州，购三峰园即今乔园，创建盐宗庙。著有《论语浅解》《萝摩亭遗诗》《乔公十问十答》等。

三、现当代名家咏海陵（诗词）

避难徐庄

韩国钧

晨光忽尔转熹微，一舸随风任指挥。
再度出亡天莫问，万方多难我安归。
彻桑敢说予谁侮，绕树几无枝可依。
黑白未分棋未了，鸟囚至死不忘飞。

【作者简介】

韩国钧，字紫石，江苏省海安镇（今江苏省海安市）人。民国初曾任安徽巡按使，江苏巡按使、省长、督军等职，晚年居乡里。著有《随轺日记》《铸钱略述》《东三省交涉要览》《永忆录》等，编纂《海陵丛刻》《民国续纂泰州志稿》。

送人赴泰州谈判抗日合作

陈毅

停骖问我意何如？词婉情真再致书。
军令今当斩马谡，歧途何事泣杨朱？
仲连智免蹈东海，武穆冤成走传车。
凭君寄语强梁辈，摩擦自戕慎厥初。

【作者简介】

陈毅，四川乐至人。中国共产党党员，久经考验的无产阶级革命家、政治家、军事家、外交家、诗人，中华人民共和国十大元帅之一。1977 年其遗作专集《陈毅诗词选集》出版。

观 剧

梅兰芳

时世氍毹百态新，狂言能乐自千春。
踏谣苍鹘依稀是，思古幽情为一伸。

【作者简介】

梅兰芳，名澜，字畹华，别署缀玉轩主人，艺名兰芳，祖籍江苏泰州。京剧艺术大师，代表作有《洛神》《贵妃醉酒》《天女散花》《宇宙锋》《打渔杀家》等，著有《舞台生活四十年》等。

泰州古松庵题壁

释太虚

盘曲千年一古松，凌空夭矫宛如龙。
莫教拔地高飞去，霖雨苍生时未逢。

【作者简介】

释太虚，俗姓吕，乳名淦森，学名沛林，浙江崇德人，出家之后，法名唯心，字太虚。提倡人间佛教，被誉为中国佛教现代化的奠基人，一生深入经藏，著有《整理僧伽制度论》《释新僧》《法相唯识学》等，门下弟子辑有《太虚大师全书》。

乙卯白露金陵逢亮侯先生

释弘一

十载无消息，相逢一展眉。江湖吾老矣，日落雁孤飞。

【作者简介】

释弘一，俗名李叔同，字息霜，剃度为僧后法名演音，号弘一，晚号晚晴老人。曾将西方油画、钢琴、话剧等引入国内，在诗、词、书画、篆刻、音乐、戏剧、文学等方面均有建树，有通才与奇才之称。

观王少堂说书题咏四章

凌文渊

己卯春，江都王生少堂讲演《水浒传》于吾邑海陵春茶社，学长朱君仲夔赋诗称赞，并来书代索题咏，得四章应之，即希郢政。

天下太平诚不易，天罡地煞自增增。
何来柳敬亭宣口，感动当时义气腾。

民族精神随处寄，梁山泊里有权舆。
耐庵笔自王生发，翻惜宣和政化疏。

苍生未尽开茅塞，歧路迷离在眼前。
指点畴孚通俗望，何当公社付言权。

岌岌孤城频告警，书声入耳岂心惊。
急思归约同投座，一苇乘风百虑轻。

【作者简介】

凌文渊，名庠，字文渊，号植之、直之，晚号隐峰居士，江苏泰州人。民国时曾代理财政部总长等，善书、画，尤长画花鸟，笔劲墨湛，气势磅礴，与齐白石、陈半丁、陈师曾友善。著有《中国经济学》《财政金融学》《我的美感》等。

哭凌直支

齐白石

地方无鬼君何害，泉下新邻君又愁。
倘若陈姚知识在，相逢应续旧风流。

【作者简介】

齐白石，名璜，字渭清，号兰亭、濒生，别号白石山人，湖南湘潭人。绘画大师，擅画花鸟、虫鱼、山水、人物，所作鱼虾虫蟹天趣横生。工诗，有古民歌意趣，出版有《齐白石画集》《白石诗草》《白石印草》等。

踏莎行

赵朴初

州建南唐，文昌北宋，名城名宦交相重。月华如练旧亭台，清词范晏人争诵。朗润明珠，翩仙彩凤，梅郎合受千秋供。重光殿宇古招提，放翁大笔今堪用。

【作者简介】

赵朴初，安徽安庆人，中国民主促进会创始人之一，曾任全国政协副主席、中国佛教协会会长。亦为作家、诗人和书法大师，曾任中国作家协会（简称“作协”）理事，著有《佛教常识答问》《滴水集》《片石集》等。

斜桥春光

仲一侯

桥形峻而斜，有牌楼耸其上，登岭瞭望，近则川原锦绣，远则城市烟霞，游春之人尤喜其日英夕阳，有挽住春辉之意。

东望斜桥一径斜，游春人影映春花。
夕阳无限怜春意，照到桥西第几家。

【作者简介】

仲一侯，名中，江苏泰州人，工诗文，擅书法，南社社员。曾为泰县县立中学、时敏中学等校教师，历任全国古物保管会泰县支会委员，泰县修志局编纂、文献会委员。

游泰州崇儒祠

谢孝苹

王学纷如射覆同，说玄说妙各西东。
泰州一帜关天下，道在渔樵问答中。

【作者简介】

谢孝苹，字鹿坰，号雷巢，泰州海安镇人。深思好学，通史学、词学，尤爱古琴。著有《雷巢文存》《雷巢诗词选钞》《读蒋鹿潭水云楼词札记》《水云楼词疏证》《纪侯钟》（古琴曲专辑）等。

题安定书院

范曾

海陵一树越千年，银杏不凋拂昊天。
安定胡瑗宣教化，神州太学注清泉。

【作者简介】

范曾，字十翼，别署抱冲斋主，江苏南通人。北京大学中国画法研究院院长、讲席教授，中国艺术研究院终身研究员，南开大学、济南大学、南通大学终身教授，出版160余种诗、书画、哲学之著述。

安定书院里的银杏树

宗仁发

摩天大楼遮蔽下
佝偻着身躯
一千年里蝴蝶的翅膀
愈发沉重

阳光总会从罅隙间
触摸不够圆滑的叶片
那种淡绿
毫无渲染和刻意

书院传出的读书声
时断时续
树枝上跳荡的候鸟
知道该到哪里哺育

大人物种下的树
每天都会有人观赏评述
其实你是很愿意像另一棵
藏在树丛里的小银杏树一样安静

【作者简介】

宗仁发，中国作家协会全国委员会委员，散文委员会委员，中国当代文学研究会理事，中国诗歌学会常务理事，《作家》杂志主编、编审，国务院政府特殊津贴专家。编发短篇小说获第一、二、四届鲁迅文学奖，编发长篇小说获第九届茅盾文学奖。

与范仲淹先生说话

罗振亚

上一次听先生讲话
是在一本绿色封面的书里
先生的名字站在岳阳楼下风尘仆仆
今天在文会堂前
又结识滕子京和晏殊们
斟满清风的五只酒杯
据说已叮咚一千多年

海水兽咬噬岩石
偶尔也误食人身
先生做知县时筑起的那道堤
把它驯化成一只护家犬
难怪从此凤城河里的船只
出入都写满平安

由宋朝树林飞来的一群喜鹊
在堂前的草地上叽叽喳喳
是模仿泰州评弹
还是文人雅集的序曲呢

【作者简介】

罗振亚，南开大学文学院教授、博士生导师，中国作家协会诗歌委员会委员、中国新文学学会副会长、中国写作学会副会长、中国闻一多研究会副会长、全国鲁迅文学奖评委，出版专著10余部。

海陵行记

张洪波

登望海楼

凤城河放低了韵声
透出京胡琴音
那二黄留在了心里

让视野穿越历史
让胸怀宽过大海

为了这些
我要登上去
望海楼上何止看海
主要是看自己这一颗心

桃园断想

我来时 桃花已经开过
想象不出几千株桃树开出花来
那是怎样一个盛大场面

在陈庵
孔尚任内心那朵桃花
还在为明清戏剧压轴

历史有多少悲欢
都化作了桃花一瓣

高山 低谷以及荣辱……
孔先生您好
有人来向您讨教

梅园听曲

一朵朵梅花正打开心思
在梅兰芳京剧曲谱上

真羡慕先生
一生哪怕有一次如此表达
也不算往来春天一回

我看见先生在笑
那么温文尔雅
又仿佛看见梅花在笑
那么真诚可敬

满园梅香不散
有青年后生在唱
请大师指点

【作者简介】

张洪波，中国作家协会会员、中国诗歌学会常务理事、《诗选刊》原副主编、时代文艺出版社原副总编。出版抒情诗集、儿童诗集、散文集、童话集、书法集等 30 余部，作品被收入百余种选本。

明月前身，泰州夜游

霍俊明

“锣鼓打得格真真，泰州有座凤凰墩。
凤凰不落无宝地，墩上墩下长草参。”

盛夏到来，水流依旧。
有人指点着黄墙和琉璃屋顶的古光孝寺
那时是干热的正午
我们隔着不远不近的一道河岸
它只给过了我们
一道不深不浅的背影

“忍见荆榛老夕阳”
“建楼一夕万户忙”
夜晚的码头紧邻着南山寺
它只给我们一个不远不近的面额
早年间的铸铁巨钟
如风飘散
声播数十里的钟声早已成了传说

美女如云，袈裟如盖
此时人们都在不浓不淡的夜色里
新造的画舫发散着新木刚刚干掉的气息
发动机在时代的水面低低轰响
再也不需要摇船摆橹的人了

凤城河水在光影的旧梦里恍惚
唱戏操曲的人不是邻家女
更多的时候一切都是静默的
对于异乡人来说
只是一个不明就里的过客

桃花开后藕花来
你不能说笑此刻
更不能妄谈来世
“开到荼蘼花事了，丝丝天棘出莓墙。”
盛夏抵不过一个背影
江南旧城的背影，新城的眉额
它们都在这不长不短的夜色里

明月前身
一切幻化成了她的数次现身
她对着南来北往的人
微笑着，说着同样的话
有时她稍有倦色
目光指处
藕花洲上是两只断翅的黑鹅
它们几乎静止，它们
几乎不再呼吸
时间的雕塑也正是齑粉和碎骨

你登上了岸
觉海却在身后

【作者简介】

霍俊明，中国作家协会创研部研究员、中国作家协会诗歌委员会委员、首都师范大学中国诗歌研究中心兼职研究员。著有《转世的桃花：陈超评传》等专著、诗集、随笔集十余部。

稻 河

育邦

离开稻河，时光争辩者
走向各自错误的水路。
否定的小径，臣服于
涌向明天的暗流。

他头戴纸糊的帽子，
回到没有父亲的故乡。
烧盐炒茶。
在夕阳中沉睡。

霸王别姬，迷雾中的艺术。

挥动着被诅咒的水袖，
从男人与女人的身体里进进出出。
一种羞怯平衡，
历史皱褶里的美学。

微醺的呼愁，在晨曦中升起。
格物者卸下戏装。
父亲正在稻田里奔跑。

【作者简介】

育邦，原名杨波，幻想文学爱好者。从事诗歌、小说、文论的写作。著有小说集《再见，甲壳虫》，文学随笔集《潜行者》《附庸风雅》《从乔伊斯到马尔克斯》，诗集《体内的战争》《忆故人》《伐桐》等。

泰州诗章

黑陶

红粟

只要仔细，我们在
凤城河里的漫天星光中
便能找到
那一颗颗
散落的晶莹红粟

海陵城

乔园的发达根系
用力
扎在明代

望海楼的根
伸得更远、更深

它们
触及了古老的宋代

“淮左第一园”的根
“江淮第一楼”的根
又和安定书院
九百年古银杏的根
紧紧地
连接、纠缠

海水盐风的
荡漾中
有根的海陵城
从没有
停止生长

乔园

园子各处
浓重的
绿荫
像一口口
古老的井

它们的
甚深清凉
会洗净
归乡者身上
携带的
人间躁热

【作者简介】

黑陶，原名曹建平，中国作家协会会员、无锡市作家协会主席。主要作品有“江南三书”《泥与焰：南方笔记》《漆蓝书简：被遮蔽的江南》《二泉映月：十六位亲见者忆阿炳》，散文集《烧制汉语》，诗集《寂火》等。

麋鹿

孟国平

麋鹿于野，在苏北沼泽地带
角的化石凝缩一个想象的词汇
那喟叹的摆动，文字的走兽恍惚地

已从史籍中疾奔而出。
相似的失落从家园开始，灵气枯萎
沃土干裂，贫困和背井离乡一衣带水

谁在隔着土层和岁月向我们张望？
谁又有着许多欲诉的言辞
却被沙土封住灭绝的口唇！

一滴春雨挖掘了所有化石
博物馆的展廊凉意飞渡
孤灯向更高的太阳，屈膝。靠近。

收敛了光的声息。麋鹿的后裔
珍禽和吉兽沉沦于一次饥馑一次渴意
我的苏北在倾心呼唤着繁殖

一枚鹿角的化石带来新的消息
它丧失。坚守。归于默哑的灵火
最终站成一个在春风中等待的人

【作者简介】

孟国平，江苏泰州人。20世纪90年代以来在《诗刊》《诗歌报》《诗选刊》《诗神》《鸭绿江》《青年文学》等发表大量诗歌作品，其作品入选《中国诗歌年鉴》《九十年代文学大系》《新中国50年诗选》等选本，著有诗集《绝唱：守望玫瑰》等。

宁静的事物显而易见

题叶茂中画

袁晓庆

交错的线条流泻、某处深渊
首先有了凉爽的语言
在雨后的大树之上，滴落
背景或前瞻之势

平衡的枝桠显而易见
一任斜阳折叠成阴影
从过程从距离从岁月从脚
在灵魂的驿站，满怀独白

【作者简介】

袁晓庆，江苏泰州人。作家、批评家，兼及文化史研究和书法、绘画创作。南京大学中文系毕业。著有诗集《袁氏物语》《现实的鸟语》，以及《泰州历代书画名家传》《旧综迹：现当代人文史述丛考》等。

送 别

费滢

这一次，你没能和我一起回去看看家乡
院子墙头上那根藤
在往后很长时间中
变干变皱
被灶火烧掉
为你煮一碗
临别的粥

船还拴在岸边
我知道
走水路是赶不上你了

而且，很多河道都长满了水葫芦

我总是要回到家乡
才能出发
而你
匆匆走过田边
也不看一眼那屋子
屋子上的瓦片
瓦片上的草
总以为自己在走向
另一个我

【作者简介】

费滢，本名费滢滢，江苏兴化人。曾获“全球华人少年写作征文大赛”金奖、台湾《联合报》文学奖短篇小说大奖等。代表作有短篇小说《鸟》《朝天宫》《山高水长》，散文集《经常走神的女孩》。

四、现当代名家写海陵（散文）

泰州乔园

陈从周

泰州是仅次于扬州的一个苏北大城市，以商业与轻工业为主，在历史上复少兵灾，因此古建筑园林与文物保存下来视他市较多，如南山寺五代碑座，明代的天王殿及正殿，正殿建于明天顺七年癸未（1463），在大木结构上，内外柱皆等高，脊檩下用叉手，犹袭元以前的建筑手法。明隆庆间的蒋科住宅的楠木大厅，明末的宫宅大厅，现状尚完整。其他岱山庙的唐末铜钟、宋铜像等，前者款识为“同光”，后者为宋崇宁五年［即宋大观元年（1107）］及宋靖康元年丙午（1126）年所造。园林则推“乔园”。

“乔园”在泰州城内八字桥直街，明代万历间官僚地主太仆陈应芳所建，名曰涉园，取晋陶潜《归去来辞》中“园日涉以成趣”之意名额。应芳名兰台，著有《日涉园笔记》。园于清康熙初归田氏。雍正间为高氏所有，更名三峰园。咸丰间属吴文锡（莲芬），名蛰园。旋入两淮盐运使乔松年（鹤侪）手，遂以“乔园”名。在高凤翥（麓庵）一度居住时期，曾由李育（某生）作园图。周庠（西筜）绘园四面景图，时在道光五年（1825）。成丰九年己未（1859）吴文锡复修是园后，又作《蛰园记》。从记载分别可以看到当时的园况，为今存苏北地区最古的园林。

“乔园”在其盛时范围甚大，除园林外尚拥有大住宅，这座大住宅是屡经扩建及逐步兼并形成的。从这里可以看出，明代中叶后官僚地主向农民剥削加深的具体反映。今日园之四周住宅部分，虽难观当日全貌，然明代厅事尚存四座，其中一座还完整。

园南向，位于住宅中部，三峰园时期有十四景之称：①皆绿山房；②绠汲堂；③数鱼亭；④囊云洞；⑤松吹阁；⑥山响草堂；⑦二分竹屋；⑧因巢亭；⑨午韵轩；⑩来青阁；⑪莱庆堂；⑫蕉雨轩；⑬文桂舫；⑭石林别径。今虽已不能窥见其全豹，但根据今日的规模，是不难复原的。

园以山响草堂为中心，其前水池如带，山石环抱，正峙三石笋，故又名三峰草堂。山麓西首壁间嵌一湖石，宛如漏窗，殆即《蛰园记》所谓具“绉、透、瘦”者。池上横小环洞桥及石梁。过桥入洞曲，名囊云，曲折蜿蜒山间。主山则系三峰所在，其南原有花神阁，今废。阁前峰间古柏桧一株，正《蛰园记》所谓：“瘿疣累累，虬枝盘拿，洵前代物也。”实为园中最生色之处，同时亦为泰州古木之尤者。山巅东则为半亭，案旧图记无此建筑，似属后造。西度小飞梁跨幽谷达数鱼亭，今圮，遗址尚存。亭旁原有古松一株，极奇拙，已朽。山响草堂之北，通花墙月门，垒黄石为台，循迂回的石磴达正中之绠汲堂。堂四面通敞，左顾松吹阁，右盼因巢亭。今阁与亭名存而实非。绠汲堂翼然邻虚，周以花坛丛木，修竹古藤，山石森然，丘壑独存。虽点缀无多，颇曲尽画理，是一园中另辟蹊径的幽境。

“乔园”今存部分，与文献图录所示对照，已非全貌。然就现状来看，在造园艺术上尚有足述的地方。

在总体布局上，以山响堂为中心，其前凿池叠山以构成主景。后部辟一小园，别具曲笔，使人于兴尽之余，又入佳境。这两者不论在大小与隐显及地位高卑上，皆有显著不同的感觉，充分发挥了空间组合上的巧妙手法。至于厅事居北，水池横中，假山对，洞曲藏岩，石梁卧波等，用极简单的数事组合成之，不落常套，光景自新，明代园林特征就充分地体现在这种地方。此园林以东南西北四个风景面构成，墙外楼阁是互为“借景”。游览线以环形为主，山巅与洞曲又形成上下不同的两条游径，并佐以山麓崖道及小桥步石等歧出之，使规则的主线中更具变化。

叠山方面，此园在运用湖石与黄石两种不同的石种上，有统一的选择与安排。泰州为不产石之地，因此所得者品类不一，而此园在堆叠上使人无拼凑之感。在池中水面以下用黄石，水面以上用体形较多变化的湖石。在洞中下脚用黄石，其上砌湖石。在石料不足时，则以砖拱隧道代之，它与石构者是利用山涧的小院作过渡，一无生硬相接之处。若干处用砖墙挡土，外包湖石，以节省石料。以年份而论，山洞部分皆明代旧物，盖砖拱砌法以及石洞的大块“等分平衡法”（见《园治》），其构造既有变化又复浑融一片，无斧凿之痕可寻，洵是上乘的作品，可与苏州明代旧园之的五峰园山洞相颉颃，为今日小型山洞中不可多得的佳例。至于山中置砖拱隧道，则尤为见。主峰上立三石笋，与古柏虬枝构成此园之主要风景面，一反前人以石笋配竹林的陈例。山下以水池为辅，曲折具不尽之意。以崖道、桥梁与步石等酌量点缀其间，亦能恰到好处。这些在苏北诸园中未见有此佳例。此种叠山艺术的消息，清代仅在石涛与戈裕良的作品中尚能见之，并有所提高。

花木的配置以乔木为主，古柏重点突出，辅以高松、梅林。山坳水曲则多植天竹。庭前栽蜡梅、丛桂，厅周荫以修竹、芭蕉，花坛间布置牡丹、芍药，故建筑物的命名遂有皆绿山房、松吹阁、蕉雨轩等。至于其所形成四季景色的变化，亦因此而异。最重要的是此类植物的配合，是符合中国古代画理的，当然在意境上，还是从幽雅清淡上着眼，如芭蕉分绿，疏筠横窗，天竹蜡梅，苍松古柏，交枝成图，相映生趣，皆古画中的粉本，为当时士大夫所乐于欣赏的。山间以书带草补白，使山石在整体上有统一的色调。这样使若干堆叠较生硬处与堆叠不周处能得到藏拙，全园的气息亦较浑成，视苏南园林略以少数书带草作补白者，风格各殊。此种手法为苏北园林所习用，对今日造园可作借鉴。宋人郭熙说，“山以水为血脉，以草为毛发，以烟云为神彩”（《林泉高致》），便是这个道理。

总之，“乔园”为今日泰州仅存的完整古典园林，亦是苏北已知的最古老的实例，在中国园林研究中，以地区而论，它有一定的代表性。

【作者简介】

陈从周，原名郁文，晚年别号梓室，自称梓翁，浙江杭州人。著名古建筑、园林艺术家，擅长文、史，兼工诗词、绘画。著有《说园》《徐志摩年谱》《春苔集》《帘青集》《山湖处处》等。

君子不独乐

张抗抗

阳春三月，凤城泰州，犹如一座浮在水上的城池，湿漉漉地从江河海“三水”交汇的水网中跃出来。

河水坦荡地漫漾流淌，恣意却又节制。河道显然已是历经沧桑，自苏北平原去往大海。眼前的河中之水，滴滴清纯明澈，像是昨夜未散的雾、今晨初缀的露珠，弥散着新鲜的水气息。岛上的桃花林，朵朵簇簇开得粉艳妖冶；岸边的绿竹园、金油菜、白粉墙、黛瓦屋、灰石桥、棕褐色气势恢宏的望海楼……长河倒影五色斑斓。面前这一眼看不尽的凤城河景区，如青春少年，英姿勃发，年轻得无一丝倦容疲态、完美得没有一角残缺破损。

这真的是古城泰州么？

然而，他就站在那里，站在“文会堂”前的文正广场上，素袍宽袖、蹙眉冷颜。他的袍带被湿重的水雾洇湿，褶皱中深藏着难以言说的忧戚，翻飞的衣袂沉厚如铅。斧凿石刻般的面相轮廓，嵌入粗砾的青铜模板，依稀可辨出他清癯严峻的神态；须发飘逸，从容淡定。如同一幅陈史旧卷，在漫长的岁月中变得模糊。

范仲淹写意雕像，是中国雕塑院院长吴为山，为修复凤城河景区而设计制作的。

2000多年历史的泰州古城，由于600多年前范仲淹在此留下的史迹，曾多次被浓墨重彩地记录与书写。因史书和民间传颂的范仲淹种种佳话，使得古城历久弥新、泰州凤城河景区亦有了重生的理由。时至21世纪，前来拜谒范文正公的后人，在仰望这座雕像的瞬间，复原的记忆与激活的思绪一并涌来。

至公元2008年春，这位北宋中叶的泰州盐监范仲淹，终于重现于他任职的故地，回到他当年熟稔的文会堂，与滕子京等五位挚友重新聚首，吟诗作赋。然后，他独自一人走出了厅堂，在水边昂然伫立沉吟。塑像正对一方巨石，刻有季羡林老先生亲自题书的千古名句：“先天下之忧而忧，后天下之乐而乐”。如今，范仲淹日日凝视自己生前的警句，一遍遍诵读并重温当年的政治理想，眺望着步步远去的宦海、斯人、逝水，忧乐错杂、百感交集？

范仲淹，北宋时期著名而杰出的改革家，集政治、军事、文学才华于一身，官至宰辅。然仕途多舛，因犯颜直谏，曾三次被贬。身后留下诸多名篇佳句，《岳阳楼记》至今流传不朽。他一生的功名业绩与文学成就——泰州，曾是一个起点。

一个年轻而苍老的声音吟唱道：君子不独乐……“君子不独乐”一句，取自范仲淹为泰州“文会堂”所作《书海陵滕从事文会堂赋》。北宋中期，经济文化繁荣鼎盛，其时泰州盐税，居全国之半。天下名流荟萃于此，文人以诗结缘，吟诗唱和。这首五言词赋，如今全文书于文会堂大厅之壁。其中有佳句曰：“……

诗书对孔周，琴瑟亲羲黄。君子不独乐，我朋来远方……猗哉滕子京，此意久而芳。”

“不独乐”之乐，与范公若干年后为滕子京“谪贬巴陵郡”而重修岳阳楼书撰“后天下之乐而乐”之乐，两句时隔23年。而这两“乐”之间，却隐约可见范仲淹一生清晰而执着的思想轨迹——为官一方，无一己之乐；君子一生，先天下而忧。

史载，公元985年，江苏吴县人氏范仲淹考取进士，初放外官，抵泰州为盐官。

古泰州曾经临海，是海边的高地，建于海岸最早的盐城，古称海陵郡。由于海涛侵蚀堤岸，“捍海堰”年久失修，水患毁坏良田，危害民众生计。范仲淹视察民情，忧心如焚。后得他的上司支持，再三上表朝廷，慷慨陈词，力主修复海堤。泰州通判滕子京亦鼎力相助，经反复努力，总算得以批准由范仲淹主事修埝。范公率众历尽艰难，终于修复了这段起始海陵（泰州），尾接盐城的捍海大堤。“复业者三千六百户，民享其乐。”泰州人为了纪念范仲淹，将这条坚硬牢固的捍海埝，称为“范公堤”。至今尚有一段古堤遗存可考。

民享其乐，与民共乐；民为邦本，范仲淹方得其乐。

范仲淹之乐，始自内心深处与生俱来的忧患意识——他倡导“不以物喜，不以己悲”，官高位尊，仍自奉节俭。官至“参知政事”（副宰相）之后，仍“食不重肉”（不吃两种荤菜）。将多余俸禄设办“义庄”，以救贫民天灾饥寒之苦。兴办教育，以利平民子弟求学。泰州曾建“景范学堂”，以纪念范仲淹两袖清风之浩然正气。范仲淹中年曾一度仕途坦顺，历任右司谏（专向皇帝直言真情的官员）、吏部员外郎（主管官员调配，相当于现在的组织部）、枢密副史（中央军事机关副长官）、龙图阁直学士，与韩琦并任陕西经略安抚使，守卫边塞多年，还担任过各地知府或知州（地方行政长官）。其间因力主改革朝政旧体，推行“庆历新政”，而遭到宋朝统治集团旧权贵阶层的打击与排斥。作为宋代新儒家的代表人物，他反对柔靡巧伪的文风习俗，是当时诗文革新运动的先驱者。如今已很少为世人所知的范仲淹名句：“宁鸣而死，不默而生”八个字，可谓是争取言论自由的宣言书，比之亨利·柏得烈的惊世之语：“不自由、毋宁死”，竟然还早700多年。

然而，产生于“主流意识形态”内部的温和改良主义新儒家，却依然为东方封建专制主义皇权所不容。北宋一代名相范仲淹，在庆历新政惨遭失败后被贬往邓州。1052年，赴颍州途中，病死客乡，一生的政治抱负戛然而终。

生于忧患，死于安乐——范仲淹抵达生命的终点之时，仍未实现“后天下之乐而乐”的君子贤相安乐之梦。

如今他素袍宽袖，肃立于凤城河岸，由终点回归起点。清风拂过绿叶婆娑的“五相树”，树声飒飒，似听见他的仰天长叹：君子不独乐，君子独忧。

后天下之乐——而君子，只能独享永远的孤寂。

泰州无山，一方无山之土，一座无山之城。然而，2000多年的文化泰州，无论是过往还是长驻，出生还是终老于此地的历史名人，如峰峦叠嶂，逶迤起伏。范仲淹，只是苍山一岭。他路过，他走了，他回来。从此他留在这里，变为一尊素面简朴的铜像，却有如一座异峰突起——无山之城泰州，令人高山仰止。

临别泰州前夜，与友人闲坐于渔壮园中式水榭。忽闻身后瑟瑟琴声，如凤城河水悠悠荡荡。只见八九位红衣中老年妇人，齐奏古筝于水边亭台之上。灯影绰绰，笑意浓浓，其乐融融。不觉心里一惊一暖：好一个君子不独乐——这一祥泰之地、国泰民安之州，倒像是呼应了这一句古诗的神韵。今日重整凤城河景区，如滕子京当年重修岳阳楼之远见与气派，将即将倾圮消失的历史古迹，修复整合为一座文化长廊；将散碎的历史记忆一一捡拾收存，妥帖安置于这座敞开的文化园林之中，与泰州民众、海内外游客共享。岂不乐哉？

君子不独乐——隐于文正广场上夜色中的范公，也许终能悄然一乐，与民同乐了。

【作者简介】

张抗抗，浙江杭州人。中国作家协会副主席。代表作有《隐形伴侣》《作女》《赤彤丹朱》等长篇小说及《张抗抗自选集》（五卷本）等。曾获鲁迅文学奖、庄重文文学奖等，多部作品被翻译成英、法、德、日、俄文并在海外出版。

泰州·桃花扇

祝勇

一

泰州与一个人的名字息息相关：孔尚任。清康熙二十五年（1686），这位孔子第六十四代孙，以水利官员的身份抵达泰州。他或许没有想到，这座水城修改了他的身份——当他离开这里时，他的官职已经无足轻重，而他在这里完成的戏剧却使他名噪天下，他为这出戏起了一个动人魂魄的名字——《桃花扇》。

孔尚任在《〈桃花扇〉本末》中回顾了《桃花扇》的写作过程。他说："（这出剧）凡三易稿而成书"，初稿写于未仕前，因见闻不广，只是画出一幅草稿，并未真正写成；三稿写于康熙三十八年（1699）六月，由于田纶霞索览，不得已，只好"挑灯填词，以塞其求"。对于最重要的写作阶段——在江苏泰州的写作，孔尚任讳莫如深，即使在《湖海集》这些诗文信札里，也对此守口如瓶，这表明了他对官场潜规则的深深忌惮——浑浊的官场，从来都不需要才华横溢的艺术家，只需要审时度势的经营者。苏州知府吴绮、荆州知府袁于令，都由于他们的文学成就而被弹劾罢官，成为官场的反面典型。个人才能的发挥通常被视为对整体秩序的挑战，而遭到官场的断然否定。

悖论也正是在此时出现——孔尚任最初是带着建功立业的雄心壮志来到泰州的，他来的时候，没有任何从事业余文学创作的打算，而是一心一意地，试图成为为人民服务的好干部。邓孝威在《湖海集序》中描述孔尚任的状况："先生以疏浚海口之役，浚黄河、越射阳、下莫湾、入海陵（即泰州）。继移昭阳，驻草堰，遍历诸场亭。"但是，他的书生意气很快就失了锋芒，官场以强大的韧性不动声色地对付这位钦差的雄心勃勃。十万火急的治水方略，在进入结构复杂的官场程序之后就再也不见了踪影，只有没完没了的勾心斗角、阴谋暗算，像成群结队的苍蝇，不请自来，挥之不去。中国官场有着比蛛网更加复杂的结构，任何一个有志之士，都会在其中迷失自己，不知何去何从。孔在康熙二十七年（1688）给内弟信中，表达了他的无奈："下河一案，千变万化，虽智者不能测其端倪。弟沉浮于中，莫知柢止，盖宦海中之幻海也。"（《答秦孟岷》）所谓的立德立功，似乎成为官场的圈套，或者说，一个巨大的骗局，引诱它的信奉者，以飞蛾扑火的动人姿态前仆后继。中国官僚系统最大的敌人就是它自己，它标榜的所有信条都会无一例外地在它的内部粉身碎骨。

孔尚任显然不是一个技艺高超的政客，他的远大志向在现实政治面前很快一败涂地。不仅治水的专款去向不明，连他的工资，都成了问题。失去了对权力和金钱双重依仗，这位钦差大臣势必一钱不值。这个世界早就制定了一套严谨的实用主义法则，每个人都对这套法则深信不疑并且不折不扣地执行；贯彻起来，远比那些虚无缥缈的政治理想更加严肃和坚决。如同一位朋友所说：在这个世界上，除了长生不老丹、后悔药等少数几种不幸被证明为不存在的事物外，几乎没有花钱买不到的东西：花容月貌、来自无能者隐蔽部位的快乐、爱情、机遇、官衔、荣誉直至性命，都明码实价，在货币定义过的市场上随处兜售；相反，一个人如果没有钱，基本上就被解除了生存的权力，也基本上被认为是死定了。以清明仁德自居的官僚体统，非但没有让金钱的威风更加隐蔽和含蓄，相反，使它变得更加嚣张。在这些权力和金钱的双重强迫症患者眼里，一介书生的道德理想不值一提。于是，这样的场景不会令人们感到奇怪：钦差大臣无处居住，只好栖身于一座破庙中，一日三餐难以为继，只好把羊裘葛袍一一送到典当铺，甚至，向人们伸出他高傲的手……

来自官僚系统的围追堵截，把孔尚任逼回到书案前。他在一个凄寒冻饿的除夕之夜写道："宦冷偏留湖冻处，家贫还累母残年。人情薄厚今宵见，仕路逢迎几处全？"（《除夕夜感怀》）此时，他的官宦生涯已经具有十足的流浪或者说放逐的意味。他在纸页间保留了内心的火种，以书写的形式，表达与世界对抗的决心。

二

泰州在一次旅行中浮现出来的时候，桃花刚好开始肆无忌惮地开放。粉红的桃花，以它不可置疑的坚决，封锁了春天远遁的道路，使我们关于泰州的所有回忆，都在那个春天里被完整封存。二十一世纪的泰州是幸运的，无须再像三个半世纪以前那样，同时面对爱情的寂灭与信仰的死亡。我们在三百年前的桃花里穿行，心情早已与那段惨痛的历史了然无关。我们顺着凤城河，沿踩菱榭、桃花岛、渔壮园、清风阁、藕花洲、浮香亭、来凤楼、关帝庙、望海楼，一路走下来。泰州以一种淡雅的气质透露了这个时代的真相——从容、端庄、静穆、清朗，不再有撕心裂肺的内心纠缠和生死契阔的命运抉择，当然，也不会再有《桃花扇》。

我们目睹的陈庵，自然与孔尚任不同。在经过修复之后，它呈现出极盛时代的完美造型。它对我们每一个人都是厚待的，它的清风绿波、曲径长廊，把我们的进入变成一种仪式。空间的变幻像音乐的节奏一样，与我们的步伐遥相呼应。我们在灯火灿然的厅堂内畅饮，窗扇全部打开，看得见夜幕中的飞檐正以倒影的形式潜伏在池塘深处，像一只躲在暗处的船。对孔尚任而言，这有些不公平，因为在他的凄寒夜晚中，他只能在想象中走入这座华丽的寺庙。那时的陈庵已破败不堪，只剩下一座藏经楼与两侧的厢楼，连围墙都没有。因而，陈庵留给他的记忆，绝对与享乐无关，繁华，只能在他的想象中出现："当日之规模虽不可见，每周行于楼傍之隙地，时得所为故井遣灶，及瓴瓦朽柱，与夫破碎之什器，故知当日者，必极其宏丽，极其周至。"从残余的细节出发，以考古工作者的耐心和细致，对它昔日的雄壮进行推测。昔日的陈庵像一个巨大的幻影笼罩在他的头上，像他心里的梦想——破碎永远是现实，完美则遥不可及。

三

泰州在宋明两季，迎来它的全盛期。徐一清先生在《泰州赋》中描述泰州："泰州江北水乡地，有异江南。其间大河开阔，风帆远近；港汊曲折，芦荡幽深。城皆环河，村必抱水。……万篙齐举，千舟竞发……麦风秧雨，此唱彼和……"在沧海、河流、风帆、芦苇之间，穿插着城垣、桥涵、街衢、老屋、鹅鸭、藕菱、清风、明月、玉箫、优伶……最常见的当然是贫家的女子，像秋冬两季的薄雪，清新彻骨中，透着一种无法描述的温存，保佑自己的家园。这是典型的中国式梦境，充满水、植物与诗歌的芳香，以及人间烟火的迷人气息。

然而，这两个繁花似锦的朝代，不约而同地在血腥鏖战中告终。来自北方的两股势力先后席卷了南方的江山，轻灵秀逸的南方，无法与金戈铁马的北方对峙和抗衡，在这样的较量中，南方宛如所有的艺术品一样变成易碎品，被突如其来的马蹄毫不迟疑地踏碎，变成血泊里的粉末与残片。在"快乐"一词中，"乐"表明感受，而"快"，则是一种时间上的限定，它注明了欢乐的时间段落——对于它所有的时间承诺都是谎言。上帝通过严格的限制，实现对欢乐的定量分配。南方这种周期性的劫难，不知是否使人们意识到，在享乐与苦难之间，始终存在着一条隐约的线索？难道毁灭的咒语永远尾随在快乐之后，而极乐世界的尽头，必然是死亡的深谷？

孔尚任似乎从一开始就觉察到欢乐中埋伏的危险，扬州的官筵不加节制的奢华令他目瞪口呆。他在《有事维扬，诸开府大僚招宴观剧》中，有如下描写：

东南繁华扬州起，水陆物力盛罗绮。朱橘黄橙香者橼，蔗仙糖狮如茨比。一客已开十丈筵，客客对列成肆市。钧天鼓乐何震骇，絮语热言须附耳。须臾礼成各举觞，一箸一匕听侑史。江瑶施乳曾耳闻，讶紫疑红试舌齿。酒味法传太尉厨，雪水书生愧欲死。一樽未尽两部齐，双声叠作异宫徵。座客总厌清商歌，院本斟酌点凤纸。曲曲盛事太平春，乌帽牙笏杂剑履。亦有侏儒嬉谐多，粉墨威仪博众喜。无情哭难笑不易，人欢亦欢乃绝技！

一些资深的享乐主义者，借助佳肴、美酒、鼓乐、歌舞、器皿、锦帛的声援，展示他们对于生活的全部设想。这样的奢华，不仅超出了孔尚任的预期，而且远远超出了他的承受力。享乐并非堕落，而过度则是罪恶。这是历史反复发出的警告。泰、扬（泰州与扬州之间仅一箭之遥）的生民，学会了以最妥帖的方式安置他们的生活，致力于打造一个世俗的天堂，让诸多道貌岸然的历史哲学和各种型号的乌托邦幻想深感难堪。但他们或许不会想到，他们对于生活的独创性正被肮脏的官场利用——雕梁画栋，锦衣玉食，在权力的庇护下，他们的欲望与日俱增。人民的勤劳智慧，反而助长了权力者的欲望，这是一种恶性循环，没有任何事物能够限制他们，只有灭亡，能够让这些无耻之徒心服口服。

官场的奢华让孔尚任厌恶，而陈庵的贫寒更让他悲愤。现实生活的说服力，有时会超越任何书本。或许，在这种情况下，在孔尚任看来，似乎没有比表达这种愤懑更重要的事情了。

于是，一个血淋淋的故事，被孔尚任挖掘出来，尽管它采用了才子佳人的传统格式，但它却被纳入一个国破家亡的悲剧性主题中。难道醉生梦死，就是人生的全部愿望，而那个醉生梦死、被龙袍覆盖着的怪物，就是他们效忠的对象和赴死的理由？《入道》一场，孔尚任便借用张道士之口，对李香君与侯朝宗的爱情提出质疑：“你看！国在那里？家在那里？君在那里？父在那里？偏是这点花月情根，割他不断么！”作为一个彻头彻尾的虚无主义者，他对那种严丝合缝的大团圆结构充满鄙夷，它在结构上是破坏性的，一切都被撕碎了，包括那把鲜艳的桃花扇，每个人都按自己的节奏一步步走向幻灭和死亡。鲜血桃花，对于那些习惯了歌舞升平的眼睛来说，是那么的惊世骇俗。

孔尚任穿透现世的浮华看穿了它溃烂的核心。没有什么，比借用一双妓女的目光更加恶毒的了，而更加恶毒之处在于，他笔下的妓女比所有自命不凡的官场寄生虫和学院派知识分子更加圣洁，气节在那个底线崩盘的年代里可以成吨出售，而妓女柔弱的肩膀，却承担着业已生锈的道义。孔尚任在《〈桃花扇〉小识》写道：

“桃花扇何奇乎？其不奇而奇者，扇面之桃花也；桃花者，美人之血痕也；血痕者，守贞待字，碎首淋漓不肯辱于权奸者也；权奸者，魏阉之余孽也；余孽者，进声色，罗货利，结党复仇，隳三百年之帝基者也。帝基不存，权奸安在？惟美人之血痕，扇面之桃花，啧啧在口，历历在目，此则事之不奇而奇，不必传而可传者也。人面耶？桃花耶？虽历千百春，艳红相映，问种桃之道士，且不知归何处矣。”

四

清康熙三十八年（1699），《桃花扇》始以手抄本，继而以舞台剧的形式广泛流行。孔尚任在《〈桃花扇〉本末》记载，在首都北京，《桃花扇》的演出，几乎占据了所有的文艺阵地，其中，在北京下斜街、清初权臣李霨的府邸——寄园的演出，场面最为宏大，来路各异的上流社会人士踊跃参加，“骈集者座不容膝”，而东道主，更是“诗酒风流”，被称为“今时王谢”。具有讽刺意味的是，作为一项文娱活动，《桃花扇》正在成为新的官场润滑剂。他们来自五湖四海，经历过不同项目的残酷决斗，在付出了无数条人命之后，居然和颜悦色地坐在一起，共同欣赏艺术家们的表演绝技。寄园的演出，“张施则锦天绣地，胪列则珠海珍山”，奢靡的生活，是这群不共戴天的政治敌人们中间的最大公约数，是他们的共同信仰，只有它，能够成为他们的共同语言，并把他们从山南水北纠结在一起。《桃花扇》丝毫没有起到针砭时弊的作用，在觥筹交错与众声喧哗中，李香君、侯朝宗的忧怨愤懑显得孤苦无援——习惯了靡丽笙歌的官场对此已经无动于衷。孔尚任的精神起义，在强大的官场生态面前显得那么力不从心。他手中的那把解剖刀无法穿透中国官场这个坚硬的固体，尽管它是那么的锐利。在李香君眼中，台下的一切都那么似曾相识，几乎是南明深宫的现实翻版。从第一出第一段开始，这出戏就这样唱下去："偏是江山胜处，酒卖斜阳，勾引游人醉赏，学金粉南朝模样……"朝代无论怎样更迭，本质上却如出一辙，中国人似乎失去了从历史中汲取有价值东西的能力，人们对昔日的咒语置若罔闻，于是，台上与台下，形成了一种神奇的呼应关系，肉香飘溢的殿堂中层层叠叠的肥硕面孔，刚好给孔尚任的唇枪舌剑提供了靶心。从一个更大的视角看，这是一种多么罕见的配合，现实中浑噩的享乐，没有浪费他笔下的每一个字。二百多年后，另一出名声显赫的戏剧《等待戈多》里，有一位波卓老爷说出一句名言，大意是，这个世界上的眼泪是一个常量，有人哭，就一定有人不哭。这是一个关于眼泪的守恒定律，而这个定律，在此时此刻得到了最准确的验证。我们可以从一个场合里看到事物的两面，而厅堂中那些辉煌艳丽的灯火，则刚好照鉴了现实的无穷黑暗。

自泰州陈庵，《桃花扇》开始了它的成名之旅，洛阳纸贵，清康熙四十七年（1708），在朋友佟蔗村的资助下，《桃花扇》更得以大量刻印，流布更广；相比之下，现实中的孔尚任，则是一败涂地，康熙二十八年（1689），他结束了尴尬的水利官员生涯，由泰州返回北京，尽管1699年，康熙三十八年，《桃花扇》剧本被呈递入宫，但这并没给他带来好运，这样一部作品显然无法博得帝王的欢心，不久，被罢官，继而深陷贫困无法自拔。他在《谢阮亭先生送米炭》诗中写道：

此时归计思千回，三旬九食不及算。
披衣开户犬乞怜，皴手才汲冻井盥。
早餐大于军国谋，獠奴画策予决断。
负手犹豫日亭午，饿腹雷鸣从者散。

此时，除了归乡（山东曲阜），他已别无选择。在严苛的现实面前，只有故乡，对他的宽容一如既往。康熙四十一年（1702），孔尚任离开北京，黯然还乡。康熙五十七年（1718），孔尚任在故乡度过了十六年宁静的时光之后，在南方正月的薄雪中长逝。孔传铎说："从此风流歇绝，竟为《广陵散》矣"。

孔尚任仕途的阻遏刚好可以成为对《桃花扇》的最佳注解，我们无法想象一个官运亨通的人如何能够保持这种警醒的目光。现实的道路四通八达，只要有胆拿灵魂作成本，对潜规则言听计从，就一定会得到现实的犒赏，惟有像孔尚任这样不识时务的老愤青无路可走，一个批判现实主义作家不可能得到现实的眷顾，即使他的作品曾经引起最高领袖的关注，他的出路也只有一条，就是摘掉乌纱，回归乡野。他在北京逗留期间，曾经把宣武门外他的居所命名为“岸堂”，所谓“苦海无边，回头是岸”，他的岸，在宦海中无法找到，它只存在于他的出生之地。这是人生的一次逆向之旅，故乡不仅是他的来路也必将成为他的去处。墓穴犹如大地的子宫，他胎儿般蜷伏其中，倍觉温暖。

【作者简介】

祝勇，辽宁沈阳人，祖籍山东东明。中国作家协会会员、北京作家协会签约作家。1991 年开始发表作品，已出版作品三十余种，有专论《走出五四的创世神话》，有随笔集《改写记忆》，有传统文化相关散文集《文明的黄昏》《蓝印花布》等。

泰州有昆曲

杨守松

一

初夏的雨后，泰州的空气格外的清新。

下午，文广、文联和凤城河风景区的朋友带我去梅园。梅兰芳是泰州的一个文化符号，梅园记载了梅兰芳的艺术人生轨迹，也留住了文化名人和高层官员参观唱曲的身影。

梅兰芳不仅位列京剧四大名旦之首，还是昆曲的大家。先生年少时就向陈德霖、李寿山学昆曲，10 岁第一次登台，演唱的就是昆曲《鹊桥密誓》。后来成名，依然每周请乔蕙兰教授昆曲，还向谢昆泉、孟崇如等昆曲名家学昆曲。梅兰芳拿得出的昆曲有好几十出！先生与昆曲大师俞振飞几十年同台演出，两人互相切磋，相辅相成，艺术臻于炉火纯青之境界，他们合作的《游园惊梦》成为昆曲的经典。

泰州“梅兰芳大剧院”就是俞振飞题写的。

梅兰芳融京昆于一身，泰州市与京昆有缘。

汤显祖的老师罗汝芳，是泰州学派创始人王艮的三传弟子，泰州学派后期重要人物李贽挚友达观和尚与汤显祖心有灵犀，汤翁“寸虚”佛号就是达观所赐。《玉茗堂集》中有两首诗留下汤翁在泰州的足迹，“临川四梦”，梦亦有泰州的印痕……

孔尚任与泰州更是难分难解，《桃花扇》之修改、首演与完善，就在泰州——康熙二十五年（1686），里下河水灾，孔尚任作为工部侍郎孙在丰的“幕僚”，来泰州治水，先后三年，“居海陵者强半”。之后，孙被贬，人员星散，仅有孔尚任滞留河署。几经周折，“茫茫无所之”的孔尚任迁至破旧不堪的陈庵，虽三餐无着，却与泰州社会名流、文人雅士冒襄等交往甚密。冒襄与侯方域同为明复社四公子，而侯方域又是《桃花扇》中的主要人物。契机和缘分使《桃花扇》有了血肉丰满的提升。

当是时，官宦富商皆蓄养优伶，泰州家班首推俞锦泉家女昆部，“粉白黛绿不知数”，“俞君声伎甲江南”。俞家有“渔壮园”，园中有池，中建舫亭，供演剧用。冒襄写俞氏女乐曰“千秋风雅”“彻夜娇歌”。孔尚任的《桃花扇》就在渔壮园“首演”，边演边改，日臻完善。孔尚任有诗曰“今宵又见桃花扇”，“又”，说明演出备受欢迎，多次上演，也可见孔氏得意之心情。

《桃花扇》在泰州首演的情景，游国恩主编的《中国文学史》和周志陶的《桃花扇与泰州》都有描述。

泰州与昆曲的渊源，由此可见一斑。

二

梅匠过去是桃园。

桃园，陈庵之谓也，因孔尚任之《桃花扇》而名。

孔尚任有《陈庵记》，可以见证先生对陈庵的感情。如今的“陈庵”，山门悬挂“孔尚任旧居”的匾额。东西厢房一为孔尚任创作《桃花扇》的场景，一为当年《桃花扇》演出的盛况。有观音堂、藏经楼。观音堂供奉观世音佛像，藏经楼要是能藏了《桃花扇》的手稿，那就是价值连城的稀世国宝了！

与陈庵连为一体的是“怡园”，园中小桥名为“东塘桥”，“东塘”乃孔尚任的号，可见造园者之良苦用心。

桃园是凤城河风景区的一大亮点。小巧玲珑，亭台楼阁，花木扶疏，犹如昆曲，精致而雅致。转过亭台楼阁，走过桑田沧海，想见当年孔尚任饥寒之落魄，《桃花扇》演出之盛况，就想：如果不是孙侍郎被贬官，孔尚任也许不至于寄居陈庵，《桃花扇》也许就不会取得巨大成功。

纪念孔尚任，建桃园，自是文明雅举，可喜可贺。

也有遗憾：在桃园没有听见昆曲。

就问，泰州有昆曲么？

有啊。

谁？

徐同华，年轻人，还写诗呢。

立刻兴奋：我去见他！

我们喊他过来一起吃饭。

果然，一位帅气而文雅的年轻人赶过来了。带了他写的一本书《闲情都几许》——就这书名，就可以窥见作者爱好昆曲的心境了！

席间，徐同华清唱了《玉簪记》之一段，“月明云淡露华浓”，不很入韵，却是尽心。泰州的京剧票友众多，社团有30多个，昆曲票友却是凤毛麟角，“不多。最难的是没有笛师，唱起来很难！”徐同华说。

不过，在泰州能听见昆曲，已经让我喜出望外了。有桃园在，有年轻人喜欢，前景会看好。

实际上，泰州是很用心的。桃园建成后，他们广泛收集史料，开展学术研究，还于2009年4月，桃花盛开的季节，邀请江苏省昆剧院来到桃园，演出《1699桃花扇》……

孔尚任的在天之灵，倘若见有人在“渔壮园”演出他的《桃花扇》，当会慨叹家国兴亡之悲情、红粉绝唱之凄美乎？

三

主人盛情，邀我夜游凤城河。

清风徐来，明灯暗影，安静而雅静，颇有几分昆曲的闲适心情。

孔尚任跟随孙侍郎治水，不就是要实现这样的愿景么？

梅园枝头韵，桃花扇底风。

梅园的清韵，桃园的凉意，隐隐约约，丝丝缕缕，吹过来，飘过来，流过来——

天哪，不就是水磨腔，不就是《桃花扇》么？

主人给了我一个意外的惊喜！

渔壮园，临水的亭榭，侯方域和李香君诉说家国情仇？还是出家前的红尘参悟？

河中的倒影将历史与现实在凤城河的波光粼粼间实现了穿越。游船上的我们成了孔尚任和他的文朋雅友，抛开家国情，莫谈兴亡事，只顾我行我素，独自清闲：潜心地琢磨，静静地观赏。

水袖飘舞，水韵流泻，水磨腔的天籁之声，在凤城河缭绕，在望海楼盘旋——昆曲望见了海，望见了海内外昆曲票友们的敬畏与执着么？

想起下午和市委书记张雷见面的情景了。书记为一个重大项目签约，午餐直至 1 点多，没有休息，就直接来接待我这个已经多年没见了的文化人……

闲话中得知，本周日，他将和泰州京剧曲友们见面座谈——

市委书记和曲友一起座谈聊天，你听说过吗？

我们说往事，说昆曲，说 10 年前他在昆山任职时，为昆曲做的至关紧要的一件事——政声人去后，民意闲谈时。

往事并不如烟，书记自是欣慰……

书记说道，泰州有梅园、桃园，在建的还有“柳园”：说唱宗师柳敬亭是泰州人。

这样，泰州就将梅兰芳、孔尚任和柳敬亭一起，组成国内独有的戏曲文化“三家村”！

泰州有昆曲，泰州有文化。

【作者简介】

杨守松，江苏盐城人。中国作家协会会员，曾任昆山市文联主席、苏州市作家协会副主席。著有报告文学《铁琴铜剑楼传奇》《苏州“老乡”》《昆山之路》等，散文集《醉人小语》《一个眼睛看西欧》等，长篇小说《淘江湖》《追日》等。

江苏读本·泰州

叶兆言

泰州位于江苏中部，以长江看，它是江苏段的中间，东西南北中，这个“中”字恰好可以用来形容泰州。地理位置如此，经济地位也差不多这样。历史上的泰州曾经是一个大粮仓，左思《三都赋》中有这样的句子，“窥东山之府，则瑰宝溢目，觑海陵之仓，则红粟流衍”，这里提到的东山是不是南京江宁的东山，还真不敢说，但是海陵就是今天的泰州，应该不会有任何争议。两千多年前，汉高祖刘邦争得天下以后，封自己哥哥的儿子刘濞为吴王，统辖东南三郡五十三城，这是一个比较重要的封地。刘濞与他的叔叔刘邦一样，是个野心勃勃的人，他不愿意去江南称王，赖在了苏北，在自己的封国内大量铸钱煮盐，招纳工商和任侠奸人，以扩张割据势力，图谋篡夺帝位。谋反重要的本钱是要有粮食，刘濞在海陵囤积了大量红粟，这红粟是古泰州的特产之米，《隋书》上就有“海陵盛产桃花米”的记载，显然桃花米就是红粟。关于这个红粟，后来的诗人也屡屡提及，“红粒香复软，绿英滑且肥”，这是白居易的诗，“香粳炊熟泰州红，苣甲莼丝放箸空”，这是陆游的诗。

当然，海陵红粟为大家所熟悉，更多的还是由于骆宾王的千古奇文《为徐敬业讨武瞾檄》。这家伙实在是太有文才了，一句“海陵红粟，仓储之积靡穷”，把古人大规模征战前的兵马未动粮草先行的气势，淋漓尽致地写了出来。可惜无论是汉封的刘濞，还是唐朝的徐敬业，动静虽然很大，来势虽然很汹汹，可惜最后都是没能把事情做成。成者为王，败者为寇，泰州因此少了一个华章，最终也未能成为“龙兴”之地，否则便可以与历史上的成都相媲美。当年秦灭六国获得天下，一个很重要的原因被忽视了，这就是秦国的经济最好，打仗向来就是国力的比拼，秦始皇继位的时候，秦国的国力已经比六国加起来都强大。当时的关中和蜀地已都为秦朝所有，广大的成都平原是秦国的粮仓，是当时最富庶的地方，有了这个大粮仓做强力后盾，秦国所向披靡。

泰州学派和平民的哲学

泰州学派是泰州人的骄傲，这个学派的创始人是王艮，在前面“盐商文化的另一面”一节中，对他已经有过文字描述。在王艮一个人身上，聚集了盐民盐商文化大师的品质，这差不多是中国文化史上绝无仅有的例子。

说起泰州，很多人会想到戏剧大师梅兰芳，大家都知道他的祖籍是泰州，虽然梅兰芳从小就生在北京，直到自己六十二岁那年，才第一次踏足泰州，这时候，梅家离开泰州已经一百多年。梅兰芳的根是正宗的泰州，但是说起另外两位文化名人郑板桥和施耐庵也是泰州人，很多人就不太知道了。扬州八怪的中坚人物郑板桥，还有写出《水浒传》的施耐庵，他们都是泰州属地兴化人。在泰州籍的文化名人谱上，还有明末清初的评话宗师柳敬亭，有状元宰相李春芳，有布衣诗人吴嘉纪，有写《艺概》的文艺理论家刘熙载，有一代名僧常惺，有民国年间的地质学家丁文江，有书法家高二适先生。

就其对文化产生的影响而言，泰州学派的地位在此地可以说是空前绝后。元代的时候，泰州已不再有唐宋时的风光，《马可·波罗游记》对当时的泰州有这么一段描述："城不甚大，然百物皆丰。泰州向日出方向去，距海三日程。该城制盐甚多，有最良之盐池。大河上船舶甚众，皆幅奏（辐辏）于此。在城市和海岸的中间地带，有许多盐城，产生大量的盐。"明清时代泰州经济繁华，与同是苏北的扬州淮安根本不可同日而语，但是泰州学派的影响力挽回了足够的颜面，因为有了泰州学派，泰州人可大言不惭地说自己"儒风之盛，夙冠淮南"。

泰州学派的领袖人物王艮是哲学大师王阳明弟子，他的老师"弟子遍天下，率都有爵位有气势，艮以其布衣抗其间，声名反出诸弟子之上"。黄宗羲对王艮的评价很高，说"泰州以后，其人多能赤手搏龙蛇"，又说"诸公掀翻天地，前不见有古人，后不见有来者"。泰州学派的引人注目，恰恰就在于它的平民化，王艮自己就是出身平民，在他的学生中，有樵夫陶匠和普通农民。因此，在赞同者眼里，泰州学派"非名教之所能羁络"，"在下层社会广泛传播，其学说思想一定程度上代表了被压迫、被剥削的阶级的利益"。有人将泰州学派的领袖人物，比喻为思想界的陈胜吴广，说他们是王阳明弟子中的极左派，是正宗王学中的异端。

王艮从一个识字不多的灶丁，成为泰州学派的领袖，不只是在儒林中独树一帜，在中国历史上也十分罕见。泰州学派的精华就是启蒙，就是唤醒老百姓，与中国古代读书人习惯走精英路线不同，泰州学派把自己的传播对象定位在了普通人身上。王艮的核心思想就是"百姓日用即道"，把"圣人之道"与"百姓日用"等同，把普通百姓是否"能知能行"作为判断价值标准。百姓不可轻视，"道"也没什么神秘，它就存在于人们的生活实践中。

地图上就像个缩小的江苏

史前的泰州大概可以用"高台深谷"来形容，四面为海水环绕，后来渐渐与大陆相连成为半岛，其地势东南高西北低，东南多为广阔的田畴，西北则是水乡泽国。历史地看，泰州虽然对南通和盐城一度拥有过管辖权，毕竟沧海变良田，有一个漫长的时间过程，当年南通和盐城的规模，与今天相比完全不是一回事。事实上，在过去的年代里，泰州都是一个不太大的城市，基本上处于扬州的领导之下。1950 年 1 月，泰州与扬州合并为苏北泰州行政区。专员公署驻扎泰州，下辖两市九县，泰州与扬州的两个军分区也合并成为泰州军分区。

这恐怕是泰州唯一一次对扬州行使领导权，不过时间很短，谁都没把这件事放在心上。

仿佛三百多年前江苏和安徽的分家一样，偌大的扬州从中间切了一刀，东面属于泰州，西面属于扬州。很显然，这样的划分在扬州人看来很委屈，因为这一刀下去，很大的一块肥肉被割走了。泰州地图看上去就像一个缩小的江苏，经济形势上更像，它的北面是兴化，中间是泰州市区和姜堰，南面是泰兴和新崛起的靖江。靖江看上去就似泰州的江南，在几百年前它还是长江中间的一个沙洲，如今已差不多成了泰州全境最富庶的地方。江阴长江大桥在这飞架南北，可以直通经济发达的苏南，而扬州就不能不望江兴叹，虽然润扬大桥也已经建好了，经济影响力却有着太大的差别。

【作者简介】

叶兆言，江苏省作家协会副主席。曾获得全国优秀中篇小说奖、庄重文学奖、江苏省文学艺术奖等，著有《叶兆言文集》（七卷）、《叶兆言作品自选集》等。

泰州的河

王干

卤汀河

卤汀河横穿泰州南北，是我少年时见过的最长的河流。

卤汀河名称的由来没人能说清楚，写法也有几种，不像另一条蚌蜒河看字面就能意会，弯弯曲曲，像河蚌一样移动的痕迹。现在写这篇文章的时候，我想，是不是当年运盐的通道呢？盐，卤也，汀是停的谐音？姑妄言之，不足取。

我的卤汀河记忆是和轮船联系在一起的，是和“泰州班”“兴化班”联系在一起的。当时卤汀河两岸尚未通汽车，水路交通主要靠轮船。“泰州班”就是早晨五点从泰州出发，晚上六点到兴化，“兴化班”就是早晨五点从兴化出发，晚上六点到泰州。这趟航班叫兴泰线。现在说到航班往往和飞机联系在一起，而当时的航班是专指水上的交通线，卤汀河如此，运河如此，长江也是如此。当时泰州人去上海，坐的是“高港班”。

泰州班停靠的站很多，周庄和宁乡是离我们最近的站，我们出门，基本都要经过周庄和宁乡，周庄远一些，有“帮船”（相当于今天的拼车，几个人同租用一条小船，2012 年我在《光明日报》用这个词，编辑改成了划船）可以坐，但要花一毛钱。宁乡近一些，有七里路，但要步行。

童年时，带给我们泰州班和兴化班讯息的是一位卖冰棍的大妈。她头戴一顶草帽，肩上搭着一条毛巾。每年暑假，她来我们这儿卖冰棍，我到现在也没弄清楚她是兴化人还是泰州人，她是利用泰州班和兴化班的时间差来卖冰棍的，坐泰州班来，坐兴化班返回，中间有一两个小时的营业时间。她敲着冰棍箱，“冰棍冰棍，五分钱一根”，我们一群小伙伴跟着卖冰棍的起哄，像簇拥着帝王似的。“冰棍冰棍，五分钱一根”，晚上我和小伙伴们的游戏就是模仿她的吆喝。

父亲给我和妹妹尝过一次新，那天他刚发工资，说让全家吃一次冰棍，母亲说她胃寒，吃不了。四只冰棍，两毛钱呢。母亲咕囔了两次。我们很开心，第二天，我在作文里写道，“旧社会比黄连还苦，新社会比冰棍还甜”，黄连我没吃过，冰棍真的很甜。我下决心一定要再吃一次冰棍。

我偷偷地攒了四分钱，但这最后一分钱老是攒不齐。有一次我问卖冰棍的大妈：四分钱能不能少吃一口？她拒绝了。我眼巴巴地跟着她，她见没有其他人了，就说我赔本卖了，批发还要四分半呢。

我有些舍不得吃，目送着她往宁乡的方向远去，盛夏的中午，气温在 38 度左右，她的后背已经湿漉漉的，不停地用毛巾擦汗。忽然，她蹲下腰，在路边的池塘，用手舀水喝，呼哧呼哧地，连喝几口。

我喊了一声：真抠门！她惶恐得犯了错似的，赶紧往轮船码头的方向疾驰。

当时我想，这个人怎么像我妈似的。

稻河

稻河在泰州城里，城北。

城北是里下河的门户，里下河本不是一条河，是一片水域的统称，这些年被热议的里下河文学现象，正在把里下河这片水域塑造成文学的河流。汪曾祺、陆文夫、李国文、曹文轩、毕飞宇诸多小说家在这里出现，汇成了文学的里下河。

稻河是里下河的门户，也是里下河物流的通道。当年没有物流这个词，叫集散地。稻河，顾名思义，是运送稻子的地方。泰州水网地区盛产水稻，秋收时节，水稻从下河源源不断地运来，在这里运往全国各地。因而，稻河两岸变得繁华起来，沿岸而建的商店、客栈、粮行、油坊、渔市、酒家鳞次栉比，蔚为大观。我小时候，曾经看过沿岸残存的吊脚楼，当时不知道它叫吊脚楼，等我后来去沈从文的故乡凤凰之后，才知道稻河的这一建筑叫吊脚楼。我和湘西的朋友说，我们老家也有吊脚楼，他们不信。

卤汀河是盐道，稻河则是粮路，稻河东侧的草河是运输草的专用通道。当时没有煤气，也没有煤炭，更没有微波炉之类的电器，城里生活的燃料靠的是烧草，稻草、麦草、荒草（芦苇）就通过草河运到城里来。我爷爷就曾经开过草行，我高中毕业以后也曾在供销社的“草站”工作过几个月，草站收购农民的稻草、麦草、芦苇，然后运到城里去，不过不是燃料了，那时候主要是为造纸厂提供原料。

稻河已经存在记忆里，随着水运的衰退，稻河也慢慢淡出了人们的视野，好在稻河景区还留存着当年的一些痕迹。

2011年，泰州创办《稻河》杂志，让我请王蒙先生题写刊名，王蒙先生欣然允诺，因为泰州以及稻河曾经给他留下美好的印象。

菜花河与凤城河

春天的泰州，满地的菜花，金灿灿，黄艳艳，随处是景，遍地如画。闻名遐迩的垛田油菜花就在泰州的兴化市，是全国四大油菜花观赏地之一。云南罗平的油菜花美在山峰，江西婺源的油菜花美在坡度，而青海门源的油菜花美在辽阔。兴化的油菜花，美在水中间，开在河面上的油菜花，像金黄色的莲花，而水面则是荷叶一般翠绿。如果驾轻舟穿行其间，人入画中。泰州到处都是金黄的菜花河。

凤城河也是泰州一景。凤城河本是原始护城河，泰州城扩大以后，成了城中河。凤城河，宜夜游，夜色中的望海楼像一只展翅高飞的凤凰，遨游天空。2009年，我带一拨作家去夜游，回来后，纷纷拿了鲁奖（鲁迅文学奖）。他们说泰州文气盛。

泰州的河，连江通海，河网交叉，是母亲河，也是文学的河。

泰州的河，源远流长……

【作者简介】

王干，江苏兴化人。作家、评论家、书法家，扬州大学客座教授。著有《王蒙王干对话录》《世纪末的突围》《潜京十年》等多部，随笔集《王干随笔选》获第五届鲁迅文学奖。

王泰州，或一个城市的哲学表情

费振钟

运河往南，在江都入江。从这里转身向东，沿江岸，陆行不过百里，就是泰州。

这大约是几百年前驿道的走法。公元1519年冬12月，明朝一个年号正德的皇帝朱厚照，就这么走，从这儿舍舟登陆，率领他的皇家卫队，到海陵打猎三天，一共在芦苇蓬蒿中，猎获数只惊慌失措的野兔。海陵是泰州古名，它原为江海之间冲积起来的一块岗地，地域狭小，只有湖荡水草，猎物实在有限。但正德皇帝不过浪游到这儿消磨时间，他要等开春后从瓜州渡过江，到对面留都南京，江西南昌的叛乱者他叔叔宁王朱宸濠，已被著名学者兼有谋略的军事家王阳明先期抓获，等候明年八月他来举办献俘游戏。时间还早得很，在海陵打猎，似乎只是一次预演，既为显示天威勇武，也是游戏的一部分。与泰州相关的这个有趣故事，正史中没有记录，见于一部专为朱厚照写作的私家史传。

但这位贪玩的皇帝，根本想不到，就在这个时候，泰州有一位叫王银的哲学家，正为平民的生活问题殚精竭虑得睡不着觉。他收拾牛车和行李，准备西去南昌，与王阳明先生讨论道德哲学问题。这位平民学者，天生有关怀民生的激情。他小时候在泰州海边做烧盐工，积累了宝贵的底层社会经验，19岁开始读儒家典籍，花了10年时间，开悟生活和世界的道理，又花了10年时间，进一步自我求证扩展思想，现在终于知道阳明先生的新学说“日用是道”，心里有很大触发，但总觉得还不够彻底明白，所以决定亲赴南昌，从阳明先生那里为百姓的生活讨一个最完美的说法。

南昌相会的结果，王银信服了阳明先生的“良知”思想，阳明先生收了王银做他的弟子，并且替他改名王艮。艮，在儒学经典《易经》中指两座山，这是阳明先生看重王艮的哲学人格。阳明先生感慨说，我前些日子捉拿宸濠都没有太在意，今天见到泰州来的这位学人，真的心动啊！这次相会，王艮（现在他不再叫王银了）以他强劲的思想品格，获得了认可，从此一个称作泰州学派的哲学流派，在依江临海的这座小城诞生了。这个城市在王艮之前，与其他农耕和手工业城市没有什么区别，种地吃粮，做一些炊饼之类的食品，买卖些日常家伙，唯有三四月东风起来，从海边飘过来盐渍的气息，说明当时大海还未离它去远，站在城东那座两层高的望海楼，还能看到从海水波纹上升腾的朝阳。现在由于王艮出现，泰州不一般了，成为一个独具哲学表情的城市——随着一个地理人文意义上的新命名“王泰州”，历史忽然赋予这个小城市一种沉着坚硬的哲学属性。人们对此解释为，“因地而名，地以人闻”。王艮，那是泰州的王艮；泰州，这是王艮的泰州。当泰州在其城市的历史上，已经被书写过五百年后，至此才算真正一举成名。

泰州王艮的哲学，之所以作为平民哲学的理由，是他在王阳明“日用是道”的基础上，发展为“百姓日用是道”。一语之加，价值顿增。此“百姓日用是道”的核心观念，在于从人人都可成为圣贤的自我尊重中，把道德从圣坛上拉下来，重建平等的生活伦理。王艮把儒学的道德人生，从日常生活落实到平民精神，这是需要勇气和力量的。王艮的老师王阳明已经让权力者不悦，而王艮更以异端方式宣扬新的道德标准，把自我价值观念从平民生活中提炼出来，成为那个“丧心病狂”的时代的救心良药和精神食粮。这个时期的泰州，由于王艮贡献的哲学，骄傲地走在中国新思潮前头，而“王学左派”，也以鲜明的本土性和原创性，成为泰州的人文历史徽号。

王艮的泰州，与其说高扬着一面“左派”的风旗，不如说更有一种贴近平民理想的生活精神，让这座城市保持着它的朴素与愉悦。在这里，你可以看到通行着平民的快乐，这种快乐一经王艮的生活哲学倡导，就沉入到日常生活和行为中，成为人们内心持守的信念。所以，如果我们在泰州的乡村小路上，遇到多年前一位砍柴打草的人，唱着俚曲小调向我们走来，我们是不会感到惊奇的。也因此，王艮的泰州，有多少英雄豪杰王侯将相不太重要，江南那边南京的帝王之气和十朝皇权，又怎么样？还能比得上老百姓永恒的穿衣吃饭？如今在一天比一天现代化了的泰州，人们津津乐道两个人，一个是说书艺人柳敬亭，一个是京剧名角梅兰芳，他们属于中国少有的艺术大师，但他们都曾经给所有普通人带来生活快乐。从这个意义上说，他们用艺术方式，下载了泰州的哲学和理想。

还有，我的一位伯父，他让我对泰州的表情感触至深弥远。伯父在本世纪初去世，他临终居然唱着一首绝版的市谣：糖色酱瓣桂花油。这是他小时候生活在泰州的记忆，说起来如同一个单纯的童话。

【作者简介】

费振钟，江苏兴化人。评论家、作家、学者，施耐庵文学院院长、上海大学文学院兼职教授、泰州学院人文学院客座教授。著有《江南士风与江苏文学》《堕落时代》《悬壶外谈》《黑白江南》《兴化八镇》等多部作品。

我的泰州往事

子川

从泰州调南京工作，转眼已经二十多年，日子过得真快。回过头，梳理一下过去的时光，发现我在泰州市工作、生活的时间也有 13 年之久，再加上插队高邮农村 10 年，等于我整个工龄的时间长度。如果抽去这一时间流程中插队农村的经历，自打从业至今，是泰州与南京平分了我的生命。我的故乡在高邮。但逢填写表格，我会在籍贯空格前略略停一下，再填上江苏高邮，停一下，想是因为生疏的缘故罢，毕竟从 15 岁离开高邮县城，我就再没有机会与那座城市发生与工作相关的社会联系。生命的意义原不在纸上。泰州于我，不是纸上的一个空格，它是我从业的第一座城市，甚至，它原本还可能是我终生栖息的城市。从 26 岁到 39 岁，我的工作、学习、生活以至爱情都与这座城市息息相关。

在泰州，我的第一个工作单位是泰州造纸厂，我的第一个住所是通扬运河边上泰州炼油厂的职工宿舍。炼油厂与造纸厂，都在城西北，在郊区。上班下班的路上，两侧都是农田，春天，黄灿灿的油菜花开得激情澎湃；夏天的空气里弥漫着一阵阵麦香；秋天，路边铺板草席上晾晒着刚摘下的雪白的棉花。从那里进城，得逾越一条河流。泰州城西与城区之间有三座桥梁，从北往南分别是：招贤桥、西仓桥、西门桥。从城西去城里，就得经过这三座桥中一座，桥，可算是我步入城区的门槛。当年，我跨得最多的门槛是招贤桥，它在造纸厂的东侧，从厂子里出来，向东经过小化纤、橡胶厂，就到了招贤桥下。招贤桥是一个好名字，尤其我这样的外乡人，经过招贤桥有时会生发一种奇怪的联想。过了招贤桥就算是正式进了市区。西仓桥方向有长途车站、里下河轮船码头，还有后来我小孩上学的学校，所以，西仓桥这个门槛也经常跨。唯有西门桥在城市南端，平时走不到那里去。

泰州城许多地名都与桥有关。在泰州渐渐多了一些朋友走动时，记地址门牌，竟发现许多桥字。招贤桥下工人新村有朋友的家，蹬车走在招贤桥上，远远就能看见朋友家住的四楼，如果是晚上，会看到窗口溢出的灯光，倍有亲切之感。有一个搞文学的师长住在演化桥附近，那是一个清风小院，夏天，搬一张方桌在小院里，喝茶聊天，很有些古意。报社的朋友家住在破桥口，有一段时间那里成了我们的据点，经常聚集在那里喝酒、打牌。1986 年，我调到文化馆工作，为了生活方便，在税务桥附近新赁了一个住处。此外，泰州北门有赵公桥，泰州南门还有一座著名的高桥。有一个著名的泰州方言与南门高桥相关，但凡外地来人，本地人强调泰州话读音的特别之处，往往就搬出这几句：“泰州有个南门，南门有座高桥，桥底下有个洞，洞里头有个蛇”。这里“南”“座”“下”“洞”“头”“蛇”这些字的读音，用泰州话读出，确实很特别，也很典型，似乎听懂了这几句，就能大致明了泰州话读音的一些基本构成规律。

一座城市有许多桥，说明这里河流很多。泰州是里下河的门户，历史上是里下河地区商贸集散之地，从河多、桥多诸方面可得到印证。在农耕社会，一个地方如果河多、桥多，则意味着交通发达，商贸繁荣，毕竟水运、船运是那个时代最高效的运输方式。到了工业社会，随着机动车应用广泛进入社会生活，河多、桥多未必是一种优势，尤其在铁路运输方面，河流越多，意味着修建铁路的成本越高，这时候河流众多也许算得是劣势了吧。过去，很长一段时间里，长江以北尤其里下河地区，始终无法实行铁路交通，是不是与这里河流太多有直接关系就说不清楚了。然而，缺少铁路运输的江北在经济发展上落后于江南，则是一个不争的事实。1949 年后，为了交通便利，许多城市填没河流使之成为道路。我的印象里，泰州青年路就是修建在河流上的一条路。青年路曾经是泰州市最阔的一条路，虽然当年只修了不很长的一段。河流填成道路，桥也就徒有虚名。事实上，泰州城里许多桥已成为历史的记忆。

在我离开泰州 13 年以后，泰州通铁路的消息终于传来。虽然泰州改建大市后，城市变化日新月异，时不时有好消息从家乡捎过来，火车站建成，铁路通车，依旧是这些年来我接收到的最让人激动的好消息！毕竟从船舶运输、公路运输，再到铁路运输，间隔时间还是太久了，令人望眼欲穿。

记得我曾经写过一首诗，诗题是《坐火车回家》：

出远门坐火车
是一个词汇的常规用法
现在我坐火车回家，从六朝旧都出
经过一个小站，再经过一个小站
前方是家乡
我的家乡新修了铁路，通了火车
只是没了亲人
春风荡漾的日子
杨花一律轻佻，柳絮纷飞
我能想象到的春天，画面有点滞重
对面座位上有一个乡下老人
一路上自言自语：唉，有钱坐火车了
命也不长了
我想起那些没有铁路的日子
没有火车汽笛
那时，父亲拄着拐杖，母亲的腰有点躬了

我离家出行
他们会倾巢出动，站在运河码头
长途汽车站的路旁
用眼睛送出去一程又一程
坐火车回家，是一个词汇的新用法
我还不太能适应
我同样不能适应墓园里的沉静
常常，对着父母的墓碑
我还是不敢相信，他们就这么没了
新修的铁路把我跟家乡连结
辞世的父母，把家乡与我的死结解开

【作者简介】

子川，原名张荣彩，江苏高邮人，中国作家协会会员。曾任《钟山》《雨花》《扬子江》诗刊编辑。著有诗集《总也走不出的凹地》《子川诗抄》《背对时间》，散文集《把你凿在石壁上》《水之书》等。

去泰州

荆歌

我不知道地理书上是怎么介绍泰州的。反正我们小时候认为江苏的北与南，就是以长江为界的。苏南在江之南，江的北边就是苏北。后来我才了解到有“苏中”这样一个地理的概念。泰州与常州隔江相望，它离我们一点都不远，它在江苏省的中部，它其实一点都不北。

每次去泰州，我都感到很亲切。我喜欢这座小城。记得第一次去的时候，距今已经过去了二十多年。那时候我在梅兰芳纪念馆买了一把折扇，上面印制了梅兰芳的戏装照。我请同行的作家朋友在扇子上签名，以作此行的纪念。这把扇子一直都在，我看了一下，上面有叶兆言、黄蓓佳、范小青他们的签名。苏童最有意思，他的签名竟然是“梅兰童”。那是一次欢乐的采风，看了泰州所有值得看的地方。那么，到底看了哪些地方？溱湖湿地吗？望海楼吗？凤城河吗？寿圣寺吗？溱潼古镇吗？泰州是一个有美食的地方，那么我们又吃了什么？灌汤包子吗？鱼汤面吗？烫干丝吗？二十多年过去，似乎什么都忘记了。但是只要从抽屉里拿出这把扇子，欢乐仿佛就在眼前；泰州的气息，仿佛轻摇一下这柄折扇，就会扑面而来。

后来，费振钟在泰州挂职的时候，我开车过去找他喝酒。我们都喜欢当地的梅兰春酒，芝麻香型的。虽然喝不出来芝麻的味，但酒是好酒。当然风雨故人，酒还是在其次，友情的温暖和交谈的快乐，那才是最美的。刘仁前那时候还在报社当领导，我和他是二十出头的年纪就认识了，见面自然开心。席间还认识了一位美丽的女孩，她奶奶是一位淮剧名家，据说是个传奇人物。第二天，女孩就开车带我去了她奶奶家，她很希望我能为她奶奶写一本书。我见到了她的奶奶，听她说了许多生动的故事，也听她唱了几段戏。但是后来因为懒惰，一拖再拖，书最终也没有写成。至今想来，还觉得惭愧。在那女孩的心目中，我一定是个言而无信的人。

那一次，费老还带我去了一位古玩商的家里。这个人收藏的老花盆真是蔚为大观啊！但我一只花盆都没有买，我只看中了他的一块荷包扣。明清的荷包扣，藏界俗称为“二饼”，因为不管什么材质，上面都有两个圆孔，似是不入流的东西。但我看到的那个二饼，真是非同凡响。不仅材质珍稀，皮壳厚重，它的工手也实属一等。浮雕一枝梅花，清雅脱俗，古趣盎然。但是人家不卖，说这也是他自己的心爱之物。我因为实在喜欢，便顾不得君子不夺人所爱的古训，软磨硬泡，终于把它拿下了。这真是一块与众不同的二饼，后来多少人见了它，都想要我转让，我都没有割爱。

从古玩收藏的角度看，有好东西的地方，一定是有传统、有历史文化的。

泰州有太多让人喜欢它的理由，它的风雅它的文化底子，在我喜欢它的众多理由中，这个绝对是排在第一位的。《散文》杂志创刊40年庆典放在泰州举行，我觉得这真是一个太好的选择。对的人，对的事，对的地方，聚集到了一起，那是何等的快慰！仿佛二十多年前的那次采风，又戏剧般地再现。发黄照片上的人突然动了起来，折扇打开，不仅有清风徐来，而且昨日的笑声也真切地回响。可走的地方，于是又都走了一遍，在足印上叠上足印；可看的地方，也又都看了一遍，心湖上又泛起了往日的涟漪。

竟然又见到了十多年前惠让梅花二饼的古玩商，江湖上号称“小神仙”的。泰州作家李晋带我去小神仙那里，依然是满屋满院的老盆古盆。这一回，我还是没有买他的盆，倒是买了三把晚清扇骨和一个明清和田玉镯，还有酒杯一只。杯乃海蠊制成，上面刻了“杯中酒不空”五字。他们不认得那个草书的“空”字，我却认得，也不跟他们争论。看似不起眼的海螺，实乃大雅之物。且我向来对刻有文字的古物情有独钟，那是古人情怀之寄寓，虽然常常寥寥数语，甚至只是片言只字，却往往大有深意与境界。

我带了李晋的新书《人间滋味，温暖可期》回来，午夜读它，读得饿了，我就想，再去泰州，第一件事也许不是淘宝，猛吃那里的美食才是头等大事。

【作者简介】

荆歌，江苏吴江人。中国作家协会会员、江苏省作家协会专业作家。著有长篇小说《漂移》《粉尘》，诗集《旋转之际》《风笛》，散文集《相看集》《不惊阁随笔》，中篇小说《革命家庭》《惊愕奏鸣曲》等。

泰州断章

徐一清

麋鹿 红粟 淮盐

6000年前，远古先民把吃剩的麋鹿的角，制成狩猎的投掷器，在肩胛骨绑上木柄，制成耒耜。有了人工的痕迹，这就有了文化的意义。

骨耜的出现，已经标志农业的萌生。那还是半野生的红种栽培稻。由汉及唐，经枚乘、左思、骆宾王推出，海陵红粟揭开古文明史新的一章。

汉募流民，唐放流人，宋元以后编籍灶户，终身服其役。泰州逐渐成为淮南盐的生产和转运中心。

麋鹿文化，红粟文化，淮盐文化，是泰州农业社会发展的三部曲。

三个阶段的物质文化，都产生了江、淮、海这个特定的环境，表现出鲜明的地域特色。

上一阶段已经孕育下一阶段，紧相衔接，绝无间隔，从而流成一条生生不息的历史长河。

比较这个阶段的长短，便能觉察一种慢节奏的缓缓加速，蓄积着巨大的能量，不动声色向前推进。

厚重，沉稳，绵长，历史的脉搏和呼吸，是这样匀和。六千年的回音，就沉落在今天我们的生活和生命中。

稻河 草河

稻河和草河是自然河流，里下河水乡连接泰州水城的生命的脐带。稻河送稻米，草河送柴草，从北水门入城，通中市河。两坝隔了盐船，也阻了粮船、草船。阻隔是好事。北门外盐市退潮，米市更加兴旺。

从清代后期到民国，稻河两岸、草河施家湾和西浦下河边，集中了六百多家粮行，称陆陈行。“陆”是“六”的繁写，“陈”指大米、大麦、小麦、大豆、小豆、芝麻等可以久藏的粮食。

乡贤周志陶有诗：“稻河上下陆陈行，每日成交万担粮。买主苏南申锡厂，卖方江北阜盐帮。”

诗注：“粮行有上下之分，上行专为客户收购粮食，下行专为客户销售粮食。”上行的客户，是来自苏州、南通、上海、无锡的面粉厂、米厂、油厂的厂商。下行的客户，是盐城帮、高邮帮、兴化帮、溱潼帮的大粮贩和四乡农民。下行的销售渠道是上行。上行资本雄厚，拥有堆栈、晒场，多附设米厂、油坊，代客加工。

孙家桥河西的陆陈公所，是粮食交行所。每天早晨，全城各粮行主管数百人，围坐数十张大桌，由公推的经纪人根据样品定价，议买议卖。江南、江南粮食行情，均以此为准，随涨随落。

小小的阻隔，转化出当年长三角粮食的大集散，大流通。

扛盐包的苦力，变成行业性的脚班和流动的挑夫。跳板接跳板，从河心到岸上，从晒场到高达四五丈的粮囤。各家行前，都聚集了几十号上百号扛麻包的，挑箩的。沉重的压力，沉重的脚步，一递一声，打起整齐的号子，此起彼伏，回荡在稆河和草河上空。

他们大多来自乡村，栖身郊野的茅棚。打了几百年的号子，是城市的生命的呼喊。同在田间劳作的农夫农妇的栽秧号子、车水号子、打场号子，遥相呼应，汇成水城水乡天地的交响。

吊脚楼

从板桥、通仓桥、清化桥到孙家桥、演化桥、韩家倒桥，与河西粮行相望的，是河东的河房。前店后坊，一半建在岸上，面临大街，一半用几根木桩，撑起在稆河上。亲水而不浸水，不同于山区，这是水乡的吊脚楼。

后坊也住家，多比前店大。人多了，或用了伙计，上面还架阁楼。楼面、墙壁是木板。西墙开窗，可用竹竿支起，放下竹篮，喊住船家买菜、买鱼虾。有的靠窗楼板是活动的，可开启，放下吊桶汲水。

隔不几家，便有一条砖砌的小巷，下通河埠。清晨水清，可以淘米、洗菜、汰衣。吃水有挑水的送。清晨，茶水炉上放出去的水船回来，就挑送到要水的各家各户。

曾是一道独特的风景线。高低错落，站在孙家桥上，南望北望都不见尽头。

年深月久，打在河底泥中的木桩，逐渐腐朽，一根根离开水面，细脚伶仃的，又像老人残缺不全的牙齿。江南的乌镇，木桩改为石桩，风景依然。江北唯一的吊脚楼，消失在历史深处，仅存老人的记忆，或有心人留下的几张老照片。

油炸臭干

一盏风灯从平原的黄昏飘摇而来，落在青石铺砌麻石铺砌的街口。

红泥小炉亮着四月河岸油菜花的阳光。

黑铁小锅炸着七月晒场黄豆荚的爆响。

那在苋菜卤中渍过的豆腐干，薄薄的一块一块，漂入滚沸的油锅，散发出又浓烈又清新的农家风味。

用不了几个钱，就能得一串不是为了果腹的美食。是零食，也是下酒菜。

弥漫油炸臭干香味的黄昏是宁静的。

振泰电灯厂开了，只发几个小时的电，只供给十几家公馆和公司。

迟迟不肯上灯。豆油灯，菜油灯，煤油灯，普通人家还是省着用。

一声悠长的吆喝，哪家的大门呀地开了，走出牵着小孩的爷爷或奶奶，捧着青花碗。

于是大街小巷，一悠一晃晕红的炉火，三三两两朦胧的人影，便漫漫地延长着小城的诗意的黄昏。

现在油炸臭干还有，只是少了那点臭味儿，也少一盏飘摇的风灯。

哪家的臭干炸得好，慕名而来的人排起长队。大饭店有时端上一盘，很受欢迎。

传统小吃是可以恢复的。时间简约为白昼和黑夜，没有了过渡，恢复不去的，是那消逝了的漫长的诗意的黄昏。

烫干丝

清诗人赵瑜《竹枝词》："米粮涨落通城事，一碗清茶广胜居。"广胜居就在孙家桥西，泰州最老的茶馆，卖茶，卖干丝，卖鱼汤、三鲜熬面，自然成了粮行聚会议事的场所。以后范围扩大，人数增多，索性买了下来，就成为陆陈公所。新中国成立后为粮管所。

泰州人上茶馆、吃早茶的习惯由来已久。以后不卖茶，大市茶免费供应，要好茶自带茶叶。吃早茶就是用早点。必不可少的是干丝。干丝有烫干丝、煮干丝。地道的泰州人，要得烫干丝。高高尖尖的，一只小盘子，堆在当中，抓上一撮嫩姜丝，浇上调好的麻酱油，撒上一把碎香菜，那样子、那颜色便清爽。

煮干丝是全盘打散，大筷大筷地叉。烫干丝的吃法文雅。从底边开始，由下往上，由外往内，把不浸麻酱油的，拌入浸了麻酱油的，搭几根姜丝，小筷小筷地拌，拌一筷，吃一口。作料放得足足的，尽可随意的拌，反复地掂。左邻右座多为常客。吃一口，放下筷子，随便聊几句。有了感兴趣的话题，就边拌边谈，不用看盘子，筷子头上有数。冬天吃冷了，还可以要个碗，现在有配套的金属碗盘，隔水温着吃。

一个干丝可以消磨一早上。高高尖尖的一堆，大致保持原来造型，慢慢变小了，低了，平了，盘底还留一汪麻酱油。这时，来个一碗半碗鱼汤面，一只两只肉菜包，便算用过早茶。然后去找其他活动，一天精神都清爽。

烫干丝最能代表泰州干丝的特色，外地亲朋来了，主人推荐有加，客人赞美不绝。烫干丝的单位是"个"，一小盘一个。也可以用长盘子，装上三五个，配以脆鱼、肴肉、盐水虾、花生米等碟子，那更上档次。

泰州早茶是慢悠悠的休闲文化，可请客人拌拌，掂掂，细细品味和享受这份悠闲。

【作者简介】

徐一清，江苏泰州人。江苏省作家协会会员。1960 年杭州大学中文系毕业，著有散文集《逝去的灵性》《平原鹰》，文史论丛《泰州粮食谈片》《海畔何人初见月》等。

碧清的河

沙黑

古城河至今保存较好，虽亦有人为侵削，也不那么自然自在的状态了，却仍可算是宽宽的，绕城一周。据说，这在全国，已属难得。

城河水从前永远是碧清碧清的。妇女们挎着竹篮，来到河边淘米洗菜、汰衣服。城河水汰出的衣服，有股清香。

没有风浪的时候，城河十分平静，映着蓝天；起大风的时候，天色阴晦，波浪汹涌，也很有气势。小时候的平原之子没见过江海，就对着起了风浪的城河想象着江海的壮丽。

蚌壳、蚬壳、螺蛳壳风化了的碎粒组成了城河的岸线，向着远处雪白白地伸展而去，碧波把这条岸线在水边荡来荡去，却总也荡不走，让人联想到海边洁净的沙滩，当然，它毕竟只是河滩，只是它的形成与海边海滩的形成道理一样，都是波浪日夜锲而不舍荡来荡去的杰作，让人感到岁月的久远和无限。

河边水面下会有破瓦片之类的，上面生着青苔，如果轻手轻脚走过去，慢慢蹲下，轻轻伸手入水，小心地把那瓦片揭起来，往往能看到有一条小鱼自在而静静地躲在下面，那里面是它的家，你可以仔细地端详它，但它如有察觉，马上就会逃走，像一支细黑的箭猛地向水深处射去。

东城河在东城墙的外面，城墙于抗战时期拆除，留下高高的大面积的土坡，春天到来的时候，朝着河的一面野树野草一片新绿，朝着城里的一面则是满眼菜花或瓜棚豆架，那是菜农们开垦出来的园田。春天的城河水可形容以三个字：满、柔、碧。这里是一片可贵的自然，在我们小时候的心中，似乎是认为城河边越是荒芜、越是人迹罕至，则越是美好，那才是我们可以尽情无限游荡的地方。

东城河岸边如此，城河的其他岸边当然也是一样。不过，南城河岸边是打靶场，靶就设在旧城墙的城砖被取尽后留下的黄土高坡上。那里就不能随便去玩，要在不打靶的时候去，每每还可以挖到子弹头，那是我们可以用来做“掼炮”的核心部件。

至于城河对岸，该就是那里的孩子们天然的乐园了。隔河相望而不可的城河对岸，从前被称为“城外”，古时到那“城外”去，是要过“吊桥”的，所以有“南门吊桥口”“北站吊桥口”这样的说法流传下来。

夏季自然是游水的季节，附近的孩子天天在城河里嬉水，感受它的温柔与抚爱。愈至深秋，水就愈凉，下河游泳的人也就愈少了，往往只剩下几个寂寞的少年，衬托着秋水长天的空旷，知了的叫声也渐渐地稀少无力以至于消逝了。

有一年，不知是谁第一个发现了城河里有无数的河蚌，还有江蚌，因为城河是通江的。河蚌大到一个有一斤左右，江蚌大到一个可达三斤左右。这江蚌，想来它该是从长江出发，沿着济川河几十里蜿蜒向北，才来到泰州城河安家繁衍的。既然发现了河蚌江蚌这样的好食材，于是，城河里浮满了圆形或椭圆形木桶，蔚为壮观。下河取蚌的人，因为水深，不时在河心水面上攀着桶边儿稍事休息，然后把桶轻轻推开，潜水下去，探向河底，把蚌从河底找到并扣将出来。遇到比较板结的河底，要把河蚌抠出来颇有点费劲，人往往要浮上水面换一口气，然后再潜水下去找到它，继续使劲，把它取上来。人在水底眼睁不开，如果感到一阵水波掠身而过，那就是遇到大鱼了。有时河底会有直径比人还长的锅底形的凹塘，那该就是大鱼的窝。不断地潜水下去，半天就能收获满满一桶河蚌，压得桶边儿齐水，这时就小心地推着桶，把这可喜的收获运到河边上去，装进大竹篮，抬回家。蚌壳用刀剖开，里面是又大又肥又白的一团水灵灵的蚌肉，滋味是鲜美的。

如今，有时真想扛了澡桶再到河底去摸一回，可是却失去了勇气，因为，再也不是那样的少年了。

【作者简介】

沙黑，原名吴双林，江苏泰州人。江苏省作家协会会员，国家一级编剧，曾任泰州市作家协会副主席。主要作品有《街民》《李明扬与李长江》《四月南风》《旧庄遗事》等小说，《碧清的河》等散文集，《板桥应试》等剧本。

水的泰州

陈社

泰州这片土地，原本在海洋之中，能长成今天这个模样，先得感谢大海母亲的孕育。泰州人的祖先，是吃大海的饭长大的。泰州历史上的鼎盛，也是从大海、从盐业开始的。泰州的根在大海、魂系大海，泰州的血脉连着大海。请看唐代诗人王维对泰州的写意：“浮于淮泗，浩然天波，海潮喷于乾坤，江城入于泱漭。”

不知是幸抑或不幸，岁月沧桑，泰州逐渐远离了大海。大海的性格和胸怀是否也远离了泰州呢?

长江却始终把泰州拥在怀中。这条世界上屈指可数的长河，滋润了泰州的水土，养育了泰州的人民，它是泰州的生命之河。当然，长江的给予不是简单的恩赐，而需要你的付出，需要勤劳、勇敢和智慧。千百年来，十年九涝的水患，泰州人经受了无数风风雨雨。在奔腾不息的生命之河中，练就了坚韧、顽强的生命力和一副好身手。长江，又何尝不是泰州人的力量之源呢?

泰州与水便结下了不解之缘。泰州的城池，名曰水城；泰州的乡村，人称水乡；泰州的世界，一派水的世界。泰州的河流湖泊多得数也数不清，整个一张绿油油、湿漉漉的水网，说泰州人是在水中泡大的，一点也不过分。因此，泰州历代官员的政绩都与水有关，有筑海堰的、有修江堤的、有开运河的，宋代名相范仲淹为官泰州行色匆匆，仍留下了“范公堤”流芳百世。延及当代，泰州更有百里硬质江堤和引江河等现代化水利工程为世瞩目。水，是泰州的根，也是泰州的旗!

泰州人得益于水，也受制于水。泰州人爱水，却又懂得“水不能当饭吃”的道理，得靠自己去干、去创造。泰州人也不蛮干，而是“靠山吃山、靠水吃水”，实干加巧干。世世代代下来，硬是把脚下的这方水土打造成了远近闻名的鱼米之乡……

却又望子成龙，说我这辈子只能这样了，把希望寄托在了孩子们身上。特别重视教育，从《诗》《书》《礼》《乐》，到琴、棋、书、画，样样逼着孩子去学。常挂在嘴边的一句话是：“不学出点名堂来不要回来见我！”就这样，文风日盛，人才辈出。宋代建有安定书院、明代出了“泰州学派”，施耐庵、柳敬亭、郑板桥、梅兰芳……顶尖级的人物报出来就有一大串，弄得外地人听了还不肯相信。

泰州人的性格似乎与水也有很大关系。清淡平和、温文尔雅，不像北方人干柴烈火，一不小心就火冒万丈。泰州人一般不去惹是非，他们欣赏的是邑人郑板桥的“难得糊涂”“吃亏是福”。即便有几个好斗的，也颇讲究章法，好听一点的叫“外柔内刚”，难听一点的叫“窝里斗”。因而被人讥讽，说泰州的干柴已经被水浸湿了。这话有点刻薄，听起来刺耳，却又有值得我们反思之处。尽管泰州也出过农民起义的首领张士诚，出过“风风火火闯九州”的《水浒传》，出过以一当十、打得敌人落花流水的黄桥决战，出过千舟竞发、把红旗插到国民党“总统府”的渡江大军，出过中国人民解放军的第一支海军部队，还出了春兰集团、扬子江药业集团等一批敢为天下先的市场经济弄潮儿……这大约是水的性格的另一面，瑕瑜互见，符合辩证法。

走过了几个千年，泰州及泰州人在扬弃之中不断变化、发展。坚韧、务实、创新、包容等中华民族的传统精神和优秀品质被泰州人张扬得有声有色、有波有澜。一个崭新的泰州已崛起在长江之滨，崛起在长江三角洲的城市群落之中！

走进新的世纪，泰州及泰州人当如何作为呢？我以为还是扬弃，在瑕瑜共存基础之上的扬弃，在有利和不利因素基础之上的扬弃，在扬弃中进步、发展。何况，今日泰州及泰州人的概念，已非五年前了。它似乎回到了从前——包容了原泰州及周边更为广阔的天地；它又超越了从前——包容了天南海北来和我们一起建设新泰州的新泰州人。泰州的水，已不只是长江和运河，还有黄河、珠江、松花江，还有多瑙河、密西西比河、扎伊尔河……

问渠那得清如许，为有源头活水来，泰州的未来有什么理由不更加波澜壮阔、绚丽多彩呢？

【作者简介】

陈社，笔名肖放，江苏泰州人。中国作家协会会员、中国电视艺术家协会会员、文学创作一级、高级记者。著有散文随笔集《坦然人生》《艰难的父爱》，杂文随笔集《不如简单》，中短篇小说集《井边》，主编《泰州文化丛书》等。

西湖春雨

姚舍尘

古人的八景之类，用的是中国画工写兼施的手法。它不像地方民谣“十样景”（旧泰州）“一宝塔、二水关、三牌楼、四城门、五条巷……”所晒之物，却是“竹枝词”的写本事，是工笔的白描。所以，早年鲁迅是反对将民间“竹枝词”诗化、雅化的。但写景就必得诗化、用典故使其古雅，即从本邑诗人最质朴的写泰山与小西湖的楹联“具体而微名同东岳；淡妆为胜小亦西湖”看，仍要用典。它呈现的是微小与素颜，但由于小中见大，格局不小，气象颇大。

具体而微的泰山，本是挖小西湖积土而成。这一举两得之功，让历史记住了一个人：南宋理宗时州守陈垓。从南北朝至清代宣统1400多年间，泰州州守流水般换了400多人，但对泰州各种实施建设最多的莫过于这位在此一干就是十二年（四任）的福建人，史载：“所营创者凡60余所，州人享其利焉！”经典之作当然是“名同东岳”的这山和它西侧“淡妆为胜”的这水……从此，地处平原的泰州人可以抬头仰望了，可以沿小西湖边草径沉思了。一个无中生有而又做实了的山水，直接解决了文人的两个饥渴：胸襟与雅致。又从更广泛的层面为儒家文化提供了“仁者”与“智者”的观照。

春风杨柳，秋雨梧桐……但凡美景皆有四季之色。但泰州八景中的小西湖，却独独专注于一片空濛潇疏的春雨。陈垓离开他的第二故乡泰州已好多年了，“当春乃发生”的雨年年下着，只是落到清初的湖面已少见涟漪，小西湖已渐荒废。就在此时，泰州宫氏家族的大公子宫伟镠从京城匆匆返乡，他仿佛冲着州胜的“西湖春雨”而来，一举买下小西湖重新修葺，以“春雨”之名建起一座“草堂”。宫伟镠的“返”其实是“逃”。他在大明朝的显赫大约是因曾任崇祯皇帝儿子的“讲官”。也因此，他得以目睹北京沦陷，学生的家长，也是中国家长的崇祯皇帝吊死在煤山……真是“蛰雷一响，人在碧天……”他的身后是明清易代之大变局，他连自己如何在齐华门外一座道观躲过这一劫、再由大运河落荒而逃还恍若梦境。但此刻他从岳墩上看到睡莲一般的小西湖了。大明是大，大清也是大，他现在要追求小了。“草堂”当然是写意，家底殷实的宫伟镠不会真造一个一刮风便“卷我屋上三重茅”的杜甫式草堂，史料记载，光为草堂画图（《春雨草堂》图）的就有当时的四位名士，可见其布局与经营之不凡。顺治四年（1647）春雨草堂落成时，宫伟镠只请了一个人，这便是因《题息夫人庙》一诗被引用进煌煌文学巨著《红楼梦》而名震四方的泰州诗人邓汉仪。邓汉仪的秀才人情是一行“我欲辋川寻旧事，王维清兴近如何？……”他将草堂比成终南山的辋川，诗话成真，来访者络绎不绝。最终，“春雨草堂”成了清初中国的又一个“辋川”。据文史家武维春《宫氏家族》记述，先后有“江左三大家”的龚鼎孳，桐城派“三方”

之方以智、方拱乾，“积雪拒门，拥有寒饿”的张可仕，清代画派金陵八家之首的龚贤，史学大家李清，戏剧家袁于令，余怀，黄云，宋吉，王时敏，周亮工，汪士慎，巴蜀的吕潜，如皋的冒辟疆，常熟的钱陆灿……从最初的“不抱铁石心，哪能守春雨”到后来的诗歌嘉年华，翻开一部厚厚的《清诗选》，最初的杰出人物几乎都曾云集于此，多少描写《春雨草堂》的诗行载入诗册。而这个南方小城的创作基地，直接孕育了清诗史上的重大事件：邓汉仪于扬州文选楼辑编三集150万字的诗歌总集《诗观》……被大清朝列为禁毁书。

中国历史上有两次大的遗民群潮起潮落，一是元初，一是清初。遗民之根根因“忠臣不事二朝”的古训；由恨而成之诗倒都成了永久的文化遗产。恰如那些集中了全国一流文士智慧的45副对联和38块标志“春雨草堂”亭台楼阁的匾额，还在历史的烟尘里熠熠生辉；恰如当年的《春雨草堂图》已在今日之香港佳士德拍卖会上被竞相举牌。文化是要有名字的，“十亩西湖，一家春雨”，是宫伟镠的“一家春雨”使“西湖春雨”有了人文的内涵。这个以“春雨草堂”为创作基地所产生的作品，不仅是清诗的重要组成部分，也是泰州文化史的特殊现象。

古人是不怕“小”的。是因曾经盛名满京邑从大处来而不怕小，还是小中见大贵族精神的自信？今人却怕小，小怕了：“一条马路两座楼，一个公园两只猴……”中国城市化进程中的贪大导致同质化已是败笔的例证。浪潮席卷，我曾见小而精致的泰山公园也无端膨胀了。用的是混凝土般的熟宣，钢筋组成的线条失去笔墨的弹性，最终挤压掉小西湖边那一点坚守“写意”的春雨。有一天，当那些曾在小泰山登高，立于宫伟镠从南方运来的太湖石与北国花草间留影的翩翩少年成了老人，行万里路归来，我们才发现，见多识广的人喜欢的还是“小”，是旧时的西湖春雨；有一天，当小城普通百姓的足履，也可以遍布欧洲的古城堡，才发现并非我们的理解的高大上，而是简单的坚守和保留。城市文化是立体的，我们何时才能觉悟：在充分考量底层文化消费的同时，安放一个跨时空的文化灵魂，也许并不妨碍公园广场舞的手脚腾挪。

【作者简介】

姚舍尘，本名姚社成，江苏泰州人，祖籍安徽池州。中国作家协会会员。20世纪80年代初开始在国内诸期刊发表小说、诗、散文及评论、报告文学逾百万字，代表作有《五月的鲜花》《吾园深秋》等，曾获夏衍杯优秀电影剧本奖。

遥想大海

刘仁前

也许是生长于平原水乡的缘故，在我的心底始终有一种对高山峻岭、对江海大泽的崇敬和向往。置身于辽阔无际的平原，望着那绿油油的麦苗儿、金灿灿的油菜花在春风里起伏荡漾，望着那秋天蔚蓝色的天空下滚滚的稻浪，望着那野藤般乱缠的河汊和河汊上撑着小船悠然而行的乡亲，我总是扼制不住心中的念头：那崇山间、大海上该有怎样的景物？生存于那里的人们该有怎样的生活呢？

我无端地觉得那浩渺的大海上，一定有仙山琼阁存在，一定有美丽动人的仙子。这些自然是年少时那一册册童话带给我的想法。坦率说，对于大海有一点真切的认识，则是缘于一个外国人的一篇文章。“在苍茫的大海上，风卷着乌云，在乌云和大海之间，海燕像黑色的闪电……”不错，就是高尔基的著名散文《海燕》。我相信，不仅仅是我一人，像我这样生长于平原水乡的孩子，绝大多数是从这篇文章里认识大海的。尽管课堂上，老师反复讲述的是海燕。

有了走南闯北的经历之后，倒是见过一些大泽名川，其中自然包括大海。在笔下形成文字的就有十来篇呢，《江山如画入廊来》中有昆明湖，《走近丽江古城》中有丽江，《游长江三峡》中自然有长江，还有写漓江、澜沧江、千岛湖、西湖、太湖……点来点去，似乎没点到写海的。还真是的，专门写海的真还没有，有一篇《追忆日光岩》，这当中写到了台湾海峡，写到了对海峡对岸亲人的思念。所以，当我有机会亲赴台湾探望多年不见的亲人们时，我放弃了去写那闻名遐迩的阿里山、日月潭，而是写了在台的亲人们，有了一篇《五千个日日夜夜的等待》。尽管平日里，亲近海的机会并不多，但在台湾、在海南、在深圳，倒还是有了让我亲临大海、投身她怀抱的幸运。望着那蔚蓝色的海水，蓝绸缎一般从脚下铺展开来，一直铺向遥远的天边，是如此广博，如此辽阔，如此浩渺，怎不让人胸中浊气尽吐，心旷神怡，胸襟更加开阔呢？当道道巨浪从水天相连处滚滚而来，发出惊天的轰鸣，矗起座座浪峰，在相互迅猛的撞击中绽放成晶莹洁白的花朵，是如此雄悍，如此激扬，如此澎湃，怎不让人弃俗务中之萎琐，心中豪情顿生，血气更刚呢？我知道，仅凭我如此粗浅的与海接触只能了解海真实面貌之万一，多种自然环境下，海会有多种不同的状态，而观海者年龄、心境的不同，也会见到不一样的海。我之于海，多数时候只能存在于想象中。

其实，现在看来，我对大海的向往倒不是无端的。宋朝一个叫范仲淹的人，在我的家乡做过官，他在做官期间做了一件功德无量的事情，修筑了一条长长的海堤。据说，那时的先民们年年受海潮侵害，于是范仲淹叫人用稻糠撒于海中，海水退潮后留下稻糠附着的蜿蜒曲线，范仲淹便下令组织民工沿此曲线修筑海堤。同时，将海堤之外的人家全部搬到堤内耕种生活。由于海潮涨到海堤就会退回，所以海堤便成了一道坚固的屏障。人们终于摆脱了年年修堤，年年堤毁，年年受淹的厄运。家乡人为了表彰范仲淹的功勋，就把这条海堤叫作范公堤，一直叫到今天。

原来，我的先民们都是在海边生活的。如此一来，泰州被称为海陵便理所当然了。海陵，顾名思义，乃海边高地也。当我置身于重建不久的望海楼前，观赏着这座二层加平坐，楼高 32 米的宋式建筑，眼前仿佛映现出熊熊战火，浩浩呐喊。自南宋绍定二年（1229）起，望海楼在一次次的战火中涅槃，其间，张士诚和他那帮农民兄弟们的滔天呼号，可谓是震荡江淮，也深深打动了施公耐庵，而后有了传世之作《水浒传》。

登斯楼，东眺桃园，南观百凤、百龙二桥，西瞰文会堂、文正广场，令人神思荡漾。文正广场中央，那尊范仲淹的雕像，颇为引人。真是亏得有吴为山之妙手，让范公飘逸之神韵得以再现。但见他老人家神采奕奕，长衫飘拂，似乎在吟咏着《书海陵滕从事文会堂赋》中的佳句呢：“……诗书对周孔，琴瑟亲羲黄。君子不独乐，我朋来远方……”这“君子不独乐”一句，与那“先天下之忧而忧，后天下之乐而乐”的至理名句，难道不是一脉相承吗？由此我想，范公“忧”“乐”观的种子，早在 23 年前的泰州就已种下了吧？

西行至水溪，有水流沿假山石而下，成瀑布之势。积水成潭，望海楼倒映其中。若逢风起浪高之日，水拍石滩，便可望海听涛，畅抒胸臆。

华灯初上，夜晚造访，则是另一番景象矣。但见望海楼，高高耸立于夜幕之中，楼身金光闪闪，通体辉煌；楼下波光粼粼，倒影可见。此时，黑夜倒成了一名剪影高手，它就着楼的轮廓，完成了一幅精妙之作。

“气夺湖光吞五岭，剑横秋影薄三台”。望海楼的重建，可以让她的气概再度呈现于世人面前，同时，也让我们这些心底对海充满向往的海边先民的后裔，能够在自己家门口望海听涛，激荡起对大海的无限向往，从而让自己的心胸更加宽广，情怀更加激昂，岂不快哉！

【作者简介】

刘仁前，江苏兴化人。文学创作一级，中国作家协会会员，泰州学院客座教授。泰州市文联名誉主席、泰州市作家协会名誉主席。著有《香河三部曲》《香河纪事》《香河四重奏》《楚水风物》等多部，曾获汪曾祺文学奖、施耐庵文学奖、中国当代小说奖、全国青年文学奖、紫金山文学奖等，主编“里下河文学流派作家丛书”多卷。长篇小说《香河》2017 年 6 月被改编成同名电影搬上荧幕，获得多个国际奖项。

福满凤城河

庞余亮

这是一座水做的城市。

城曰泰。泰，有美好的安定，有荡漾的温情。水土依偎成的天然古城河，竟孕成了凤凰之形。

城曰凤城，河曰凤城河。

河拥着城，城爱着河。河城之恋，足以成人世幸福的范本。

意大利人马可·波罗沿吉祥腰带般的凤城河走过一圈，其考察结论为：“这城不很大，但各种尘世的幸福极多。”

凤城河当时还很年轻，刚 200 岁。

如今，900 多岁的凤城河波光粼粼依然，依为系在海陵古城那众多皮包水肚皮上的腰带，是泰州人骄傲的福根。

凤城河这根绿腰带上的玉佩为望海楼。

望海，是海陵人的感恩。昔日的大海如咸苦日子退向远处，留下的是如凤城河甘甜的好日子。

感恩，是幸福之源。

来到这座可以载入中国文化史的江淮第一楼。登楼的足音沉实抑或轻盈，探亲的陆游、巡游的欧阳修、抗金的岳飞、写书的施耐庵、吟诗的郑板桥……高台、高人，凤城河宠辱不惊，静静接纳那些忧乐的目光。

于是，屡毁屡建的望海楼有了岁月和文化的双重包浆。

望海楼边是文会堂。

文会堂里有用凤城河水磨好的墨。

可写，可画。

“君子不独乐，我朋来远方。”这句很温暖的诗出自《书海陵滕从事文会堂》，作者是当时在泰州做盐监的范仲淹。后来，范仲淹写《岳阳楼记》，那忧乐的种子就萌自泰州，“沙鸥翔集，锦鳞游泳；岸芷汀兰，郁郁青青。”更是移植和复制了范仲淹心中的凤城河。

登高望远，远方，或者天下。

忧，或者乐，全在泰州人如水般绵长的思念中。

更为绵长的是运粮和运盐的帆影。

血红的粟米，银白的海盐，2200 年来，其饱满之色在历史的深处永不褪色。

盐税曾天下半。

始建于宋淳熙十一年的税务桥，见证了海陵泰州对盐税文化的贡献。

盐工王艮，亦在煮盐的日常中悟出了幸福的秘密。

圣人不曾高，众人不曾低，王艮把思想的波澜都收敛到一粒海蓝的晶莹中，并用其哲学之盐调出了日常的鲜味。

百姓日用即道。王艮创建的泰州学派是中国哲学的高山。

高山适配流水，枕着凤城河水的人都是王艮的知音。

即事是学，即事是道。人人即君子。有了幸福定心丸的凤城河有如邻家的巧媳妇，呈朴素之美，散烟火气之香，现家常之亲。

有水就有船。

从凤城河的三水湾出发，沿凤城河绕城一圈。夜晚的桥、树、河、塘，如古典屏风。月光、星语，水花的清香，隔在彼岸的市声，妙不可言的桨声灯影里的凤城河。

船离开了岸，还会回来。

戏曲“三棵树”成了岸边最结实的缆桩。

第一棵是梅园的梅。梅兰芳先生是感恩故乡的榜样，他早声明自己为海陵泰州人。1956 年 3 月 7 日，凤城河正是初春，河畔的人民剧场刚刚装修好，梅兰芳返乡。可能是凤城河的水太甜了，梅兰芳先生演完了《贵妃醉酒》《霸王别姬》《凤还巢》《宇宙锋》和《奇双会》，特地又为乡亲们加演一场《霸王别姬》。临别约定肯定再次还乡。怎料 5 年后梅兰芳先生因病辞世。

因为思念弥漫，梅园里的梅，年年烂漫。

第二棵是柳园的柳。从小贫苦，出过天花，被人称为“柳麻子”的曲艺鼻祖柳敬亭，最喜爱的是凤城河酿造的米酒，喝至微醺，把一肚子凤城河的水化作了一肚子的故事。

第三棵是桃园的桃。“自笑南征缘底事，三年结社稿成函。”官场失意的孔尚任白天治河，晚上在河边的陈庵修改《桃花扇》。孔先生偷偷试演《桃花扇》的古戏台还在，春天的桃花，总是把凤城河点睛成绣花的绸缎。

是三棵树成就了凤城河，还是凤城河成就了三棵树？

水花不语，安谧，清凉，这长三角最佳城市中央休闲区，为人间幸福入眠处。

霞光的凤城河，如凤凰缓缓展出的翅影。

凤城河有一双钟声的翅膀。

光孝寺和南山寺的晨钟在作凤城河二重唱。

“是邦巍然千柱宫，中有广殿奉大雄”。

江淮名刹光孝寺有陆游《报恩光孝禅寺最吉祥殿碑记》，董其昌真金手书《心经》，大清龙藏。南山寺则有庑殿重檐的大雄宝殿。

所以，光孝寺和南山寺成了泰州人的两座精神驿渡。

渡吟诵经文的高僧，亦渡拜谒高僧的百姓。

国泰民安，四季太平，吉祥如意，功德圆满。太阳和钟声一起升起，又在合拢的十指之间重新铭记。

古寺钟声悠扬，庄严恒远，虔诚滚烫。

108 响钟声，凤城河绽开了 108 朵水莲花。

清晨的第一朵水莲花是被老木桶和老扁担共同请上来的。

沿老码头拾级而上，第一担水清澈，甘甜，最适合滋润睡了一个好觉的老泰州。

慢慢苏醒，慢慢品味。皮包水，讲究的就是一个慢字。

速度再快的都市疲惫，脾气再急的现代焦虑，都可用传统的泰州早茶给予其最温和的纠正。

烫干丝、煮干丝、鱼汤面，没有哪一样会离开凤城河的水。

凤城河水沉淀了一个甜蜜的夜晚。早茶的竹笼在一旁侍候，水汽和亲情弥漫，茶叶和心境优雅，唠唠家常，说说儿女，不经意间，拂去了疲惫和焦虑，舒缓得如楼下的静流。

从味觉而言，桂花小汤圆和麻油豆腐脑都为麻石老街的小吃代言，但所有的舌尖都不约而同钦点了草炉烧饼。取面，包酥，擀平，加豆沙糖馅，加葱油馅，加萝卜丝馅，再包圆，擀平，涂糖稀，撒芝麻，贴炉，烘烤。金黄麦秸燃烧，微微焦香溢出，口水盈齿。

生活幸福，评书惊险，老街的经验是，可执一只刚出炉的草炉烧饼做暖暖的护身符。评书散场，做烧饼的炉膛依旧滚烫，我们变回自己，化为凤城河岸边的草或树。

在一旁等候的还有其河鲜宴，白鱼肉质细嫩，螺蛳味道鲜美，青虾营养丰富。

用凤城河的大螃蟹佐酒，品凤城河的秋之蓝。

回到幸福的原点，回到市井和味觉的故乡。

泰州古乐，古乐非南方丝竹，非北方打击乐。这是抵达到艺术界限的古乐。

倾听有着凤城雅韵的古乐，探求其越界之美，如同探求老街上的古井，古井和河流之间总有一条秘不示人的通道。

喧闹的街头，会因老手艺人的身影顿时安静了许多。虎头鞋、磨剪刀、制秤、木雕、捏面、吹糖，这些在都市里远去的生活风景，却与凤城河的风景浑然天成，妥帖，暖心，被时光有意无意遗忘了的，敦厚的凤城河一一把它们送到了我们的眼前。

河脉脉流淌，城缓缓滋润。

夕照凤城，碎金闪耀，凤城河的黄昏里，天上的凤凰为这人间驮来了一部慢生活的教科书。

如一根脐带的凤城河，一头系过去，一头连着未来，眺望对岸，一样清亮，一样自信。

一如这条满载幸福的凤城河。

【作者简介】

庞余亮，江苏兴化人。中国作家协会会员，江苏省作家协会主席团成员。泰州市文联主席、泰州市作家协会主席、扬州大学客座教授。著有《开始》《薄荷》《丑孩》《有的人》《半个父亲在疼》《小先生》等多部。曾获得柔刚诗歌奖、紫金山文学奖、江苏省精神文明建设“五个一工程”奖等。

家住日涉园边

薛梅

刚刚出梅入伏，压抑了许多时日的天气像淘气的孩子终于憋不住了，撒野似的骤热起来，骄阳灼灼，酷暑难当。最热的天儿和最冷的天儿不宜出行，宜于闭门读书，顺手翻到乔松年的《后三峰草堂歌》，读到引言中有一句“归就繁阴下，跂脚取凉，婆娑竟日，顿忘炎暑。”不由拍案叫好。乔氏所云“三峰草堂”就是今日乔园中的山响草堂，而乔园就在毗邻，何不前往消暑。

从西入口门厅进入，穿过曲廊沿竹林向南，过二分竹屋，顿觉阴凉，再循路向北拾级而上至来青阁，俯瞰全园满眼青翠，然后从石林别径下行至蕉雨轩、午韵轩和文桂舫一线，稍作停留，放眼四望，美景尽收，更喜轩下有小池，池中有睡莲，色彩斑斓的锦鲤自在地穿行其间，炎热难耐的心忽地清凉下来，不由分享了鱼儿们的那份惬意和怡然。

从文桂之舫过小桥沿小径南行，过莱庆堂折向东就来到了整个园子的核心景区，以月洞门为界，园林至此渐入佳境，刚刚一路欣赏的是2006年重修的，而此门以东，则是老园子，精华所在，也是整个园子里我最喜欢的地方。迎面的便是山响草堂，草堂面南坐北，檐下四面虚敞，轩廊相通。草堂正南面是一片假山湖石群，虽然不算大，但东有数鱼亭，中有三支石笋，西有歇山半亭，下有囊云洞，间以种植天竹、芭蕉、桂树、蜡梅等四时花木，使得人乍一进入园子就觉得清香袭人、凉风扑面。山上更有一株桧柏拔地而起，虬枝盘拏，历尽沧桑，只剩一枝树干尚活，犹自枝叶苍苍。这株古柏迄今已有400年，与这个园子的建园时间刚好吻合，更增添了古拙之美。山响草堂之东还有一片幽静的竹林，风过处，竹叶萧萧。

乔松年所说的“归就繁阴下，跂脚取凉”处应该就是这里。乔松年是清道光年间人，二十岁就考中进士，开始步入仕途，在任两淮盐运使期间，已是人到中年，在泰州购置此园并更名为“乔园”。乔松年对这个私家园林是颇为钟爱的，他曾把这个园子和扬州园林做了比较，“后至扬州，见诸园亭丹雘精丽，结构玲珑，远出斯园之上，独无茂林古木，使池台乏韵，尘土侵人。”并且最终得出结论：“小园虽陋而嘉树可誉，青土苍官胜绮阁雕甍多矣。”正因为此，乔松年才有感而发作《后三峰草堂歌》，并“刊诸于壁间以谂来者”，也就是要让后来者知道。今天，140多年之后，我这个“来者”，在他当日“跂脚取凉”的繁阴之下，看着他当日徜徉其间、流连欣赏的古柏石笋、草堂亭阁，仿佛也体会到了他当日“婆娑竟日，顿忘炎暑”的那份自得和闲适。

乔氏后来离泰后做到苏州知府、安徽巡抚等职，是这个园林历代园主中官位最高者，他在泰时交游地方文人雅士，名流之间唱和吟咏颇多，因而乔园一时名声大噪。1949 年后地方政府依园改建成乔园招待所，前后经营 50 多年，因而泰州人都习惯了称它为“乔园”。

而我更愿意呼之为“日涉园”，让我们把目光往前追溯到明代万历年间，也就是距今 420 年左右，园林的第一位主人——太仆寺卿陈应芳告老还乡后倚其祖父老宅而建这个园林，取陶渊明《归去来辞》中“园日涉以成趣”句意而命名“日涉园”，这个名字有着浓郁的士大夫气息，也更能体现主人的志趣所在。按时间推算下来，那株苍老古朴的柏树就是陈应芳建园时所植。但日涉园最盛时却不是初建时，而是到清雍正年间辗转至高凤翥所有之时。这个园子在高氏手上经营最久，历经雍、乾、嘉三朝。高氏的家业财力与文人造诣使得日涉园在他的苦心经营下，文化品位和造园艺术都得到了提升，有皆绿山房、松吹阁、绠汲堂和因巢亭等十四景之盛。高还多方寻购得石笋三支，增立在假山湖石群中，并因此将园名更改为“三峰园”。

时常地，我会痴坐在草堂前的石凳上，桂树婆娑下，竹林萧萧中，四下里静谧无人，遥想 400 多年前陈应芳栽植那株柏树时的情形，推测高凤翥大约 180 多年前指点匠人如何在湖石上安置石笋的景象，我无意于作史实上的确切考据，却每每不得不感慨时光倏忽飞逝，那岁月的留痕，分明就在这不知不觉中老去的古柏枝头，就在这越来越斑驳陆离的石笋之上。而我与乔园亲近的这二十多年，只不过是岁月长河中电光石火般的一刹那间。

1991 年，那时我还在读大三，我家恰巧搬迁到乔园后身殷家巷，那是一条南北向的悠长的小巷，我家就在巷子最南头弯进去的一个单门独院，院子里东半边是父亲的花草，西侧靠门处是一棵有年头的柿子树，每年都结满了让人眼馋嘴馋的柿子。我们院子前还有两排人家，但在院子里的台阶上，稍稍仰首便能看到南边乔园的一角，后来才知道那是乔园最北边最高处的松吹阁。那时乔园的主要功能是一个招待所，让人都忽略了它还有一个典雅幽静的园林藏在“深闺”，大门朝着海陵路，进去偌大一个院子。

到 1999 年税东街扩建，我们这一片都拆迁了，旧日的光景现已看不出，却深深地印在脑海里，如今乔园北门不远处竖立的石牌坊这个位置大抵就是殷家巷的北入口处。后来我结婚成家，搬到一路之隔的税西街，有时我会和先生两人到乔园里转转，那时都还只有个老园子。据我所知，20 世纪 80 年代中期，乔园就老园子这块曾经做过一次抢救性的修缮，并基本保留了原来应有的风貌。只是当时财力有限，里面的厅堂楼阁缺乏家具摆设的装点，也几乎没有匾额楹联等点缀，而显得缺乏底蕴和人文气息。为此，2001 年我曾撰文《走进城市山林》专章提及。

到了 2006 年，发生了大的改变，把原来乔园招待所的功能全部剥离撤出，在老园子以西，按照清代周庠的《三峰园景图》记载的方位对西部园林的八景进行了恢复修建，就是我前文提及的从西门进去的沿途景致。应该说这次重修花了不少工夫和投入，细部也很考究，且处处有书香墨染的匾额题联，很有些情境。美中不足的是，由于空间局促，八个景点未作取舍，排布过密，就像一幅山水画着墨满满当当，却欠缺了点使人遐想的“留白”空间。好在，并未对原先的山响草堂前后的老园子作太大的改变，最经典之处得以保留。

巧的是，2007 年，我的家在新乔园落成不久又搬到我现在的住所，距离乔园南门不过数百米之远。我和女儿成为乔园的常客，休息日经常到午韵轩和文桂舫给池中的鱼儿们喂食，在园子里一消磨就是大半天，以至于看门人都认得了我们。冥冥之中，我们一家仿佛与这个园子有缘似的，三番几次在它附近落脚安身，总好像不愿远离而围着乔园转，让我有了亲近它、走进它的足够理由。兴之所至脚一抬便去园子里踱踱步，散散心，这些年间真数不清去过乔园多少次了。

如今，乔园已经走出“深闺”，露出丽容，不仅为泰州人所熟知，更以“淮左第一园”的美誉吸引了来自外省市的八方游客，成为国家 AAAA 级景区，去年又从省文保升格为全国文保单位，在欣喜之余，又不免觉得有未成“完璧”之憾。如果说 20 世纪 80 年代的修缮让中间的老园子重焕生机是奏响了第一部曲，2006 年的大举重建西部园林则是高歌猛进的第二部曲，那么眼下乔园还差第三部曲，即以山响草堂为中心继续向东拓展至打笆巷。实际上，东边有一块本来用于招待所的原“日涉楼”和法式小楼等一些建筑都已在控制保留中，沿八东街和打笆巷的一些民居则需要搬迁为之腾挪出更大的空间，这当然不急于一时，关键的是要作出科学合理的规划，为乔园的再次提升创造条件。我们期待着这第三部曲的早日奏响，期待着在前人的基础上为这个古朴典雅的园林添上一个美妙的收尾，使乔园成为镶嵌在古城泰州的一枚精美的“完璧”。

【作者简介】

薛梅，曾用笔名梅青青、雪君等，江苏泰州人。江苏省作家协会会员、泰州市作家协会副主席、泰州市海陵区文联主席。先后出版散文随笔集《何处是归程》《坐看云起时》《一根思想的芦苇》，曾获泰州市政府文艺奖。

古海陵说鲜

刘渝庆

走在青岛、连云港等海滨城市的大街上，会闻见店铺里逸出的海鲜味儿。其实，泰州古称海陵，是海边高出的一块宝地，也有过“海陵天下鲜”的美誉。

古代海陵辖地东至海边，沿海滩涂盛产蛤蜊。蛤蜊为软体动物，生活在近海泥沙中，常随潮流而迁移，体外有对称的双壳，颜色美丽，肉可吃，是海味珍品。乾隆皇帝下江南时，品尝江海一带蛤蜊，钦定为“天下第一鲜”。

蛤蜊有好多种类，海陵产的蛤蜊，见于诗书史料的，一称车螯，一称月蛤。车螯别称文蛤、花蛤、彩蛤，“文”通“纹”，因其壳有五彩斑斓的花纹，璀璨悦目。车螯体态较大，可以盛物，也可以制作成工艺品。月蛤，壳较薄，色白如玉，以月名之，特别惹人喜爱。蛤蜊大的达十厘米以上，逾三寸；小的只有一厘米左右，与指甲差不多大。蛤蜊肉有多种吃法，取小的剖出肉，洗净泥沙，用盐麻一下，佐以糖、蒜花、酒等配料，可以生吃；大的剖出肉，洗净，可用火锅爆炒，可与猪肉、鸡肉会红一起烧，也可单独烧汤，其汁水呈乳白色，美味既浓且鲜，是产妇催乳的佳品。海味中鲜过蛤蜊肉汁的，确实不多。

晋人谢灵运曾遍食东海车螯，认定长江口以北的海滨所产最佳，谓为“北海车螯”（谢灵运《答弟书》）。北海系苏北沿海，南朝时被视为北部海疆。谢灵运发现的车螯最佳产区，正是古代海陵郡沿海。宋代著名诗人梅尧臣写过一首题为《泰州王学士寄车螯蛤蜊》的诗：“车螯与月蛤，寄自海陵郡。谓我抱余醒，江都多美酝。老来饮不满，一醉已关（非）分。甘鲜虽所嗜，易饫亦莫问。娇女巧收壳，燕脂合眉晕。贫奁无金玉，狼藉生恚忿。妻孥喜食之，妇妾困（因）扫拚。行当至京华，耳目饱尘坌。此味爽口难，书为厌者训。”此诗见于梅氏《宛陵集》卷四六，诗味不算很浓，但食用蛤蜊的家宴景况如在眼前，喜食并且巧收，恐怕京都的美食家也难有这份尝鲜的口福。

星移斗转，沧海桑田。如今，泰州人已不易尝到这种海鲜，只能举箸常向卤水鹅、电烤鸡了。这等口福，让给了启东、海门一带的江海捕蛤人。海滩捕捉蛤蜊很有趣，有的用铁刨挖沙，更多的则光着脚在泥沙上踩，那叫踏海。蛤蜊很机警伶俐，无人时一起在海滩上晒太阳，看上去林林总总一大片，一旦有了动静，很快钻进泥沙，一个个藏而不见。可是踏海人踏呀踏的，脚下的蛤蜊不由得钻出浅沙，乖乖就擒被捉。踏海的动作很潇洒优美，以长天阔海为背景，踏海者背着手，且踏且歌，节奏感忒强，如同做韵律操，有人戏称为“海滩迪斯科”或“海边桑巴舞”。江海一带产的蛤蜊量多质好，约占全国产量的百分之七十，因此，黄海滩涂踏沙取蛤成为太平洋西岸独特的风情画面，不失为理想的旅游资源。

享有“天下第一鲜”美誉的古海陵，留给泰州人永远鲜美的历史回味。

【作者简介】

刘渝庆，笔名巫都生、雨黔等，江苏泰州人。江苏省作家协会会员。出版诗集《秋的客栈》《采石月》《山盟水约》和散文集《听月》《文心剪秀》等，执行主编《泰州诗歌报》《白马诗丛》《泰州新诗行》《泰州美文行》等。

故乡的桥

范观澜

周遭皆水的故乡泰州没有山，却到处有桥。这水、这桥竟然成了故乡活的灵魂。也不知从什么时候开始，我就深深爱着故乡的水，尤其更爱故乡的桥。故乡的桥就像一根绳子牢牢地拴在我的腰际，更像一块无形的磁铁吸附着我。特别是每当踏上那江南古镇或者走进徽州村落，那现在都是世界级的文化遗产啊，而我总感到有一种莫名的酸楚油然而生。尽管画家陈逸飞那幅《故乡的桥》使周庄名闻天下，但我总是比照家乡当年“水巷小桥多，人家尽枕河”的意境。

我是20世纪50年代初就出生在这个城市中市河岸边。中市河，顾名思义就是城中间的一条河。这条河在城里缓缓地绕了一个圈儿就与城外的濠河相伴，而合成了“双水绕城”，成为一道不多见的自然生态景观。一条不长又笔直的中市河上竟然从南到北架上好多座桥。暮春桥、虹桥、升仙桥、八字桥、税务桥、陈家桥、大林桥、王家桥直至老槐树脚下的水关桥。那些桥现在想来总有许多美丽的传说，那时的我常常向人们诉说一座桥挨着一座桥的故事。听妈妈讲，我就出生在大林桥与陈家桥之间，中市河岸边的大街上东侧是租住的王氏老屋，南隔壁是仲氏的尚古斋，对门亦是唐家麻店，芦氏药房。几年后，父亲外出求学、工作，我则随妈妈搬至外婆家。也许这样就有了许多美好的童年记忆。

外婆家住在陈家桥与税务桥之间。那里是因水而有街的，民居临河而建，傍桥俨然成市。清波粼粼的中市河，缓缓地淌流着，由于它的间隔，那河东的房屋临的街，习惯称之为大街，河西住户的街就叫着小街了。外婆家的店铺，是开在大街上，日常居住则在小街上。两岸居民傍水而居，通常是前门开设店铺的，店与铺左右相连，鳞次栉比，一家一家的后门紧枕河边码头。其实，从陈家桥至税务桥之间，那里竟然住了许多我们家的亲戚。外公毓桐与他的弟弟毓年公各自都有一个大家族。由于家父与两个舅母又系表兄妹，两个舅母又是同胞姐妹，而舅母共有四个姐妹，都集聚居住在那一带，这样那里的季氏、潘氏、李氏、吴氏、杨氏等与我家都成了亲戚关系。在我的记忆中，那时的舟船虽然不是很频繁，却间或撑来条把条小小的无棚船点缀着那么一种水乡城市特有的风光。每年夏天，我总是随年长的表兄们在河边嬉水，有时还胆敢用那木制的洗澡桶充当一叶扁舟在河道里悠闲地划来划去，那是何等的惬意！

那时候，我还常常喜欢到离家只有五十来步的税务桥去玩耍。这座古桥相传有近千年历史，桥的周围有许多大户人家，任家、徐家、蒋家、乔家。那青砖高墙苔藓斑驳，看一眼就让你进入古老的故事氛围。光是与桥相连的密集典故和有关大户人家的传说就让人浮想联翩了。税务古桥呈单拱弧形，桥墩上爬了一大片爬山虎，与那历经风雨的砖块显得十分协调，浑然天成。后来桥下的水干涸了，那儿又成了我们捉迷藏的好去处。桥不远还有一棵大树，枝繁叶茂，老街、拱桥、爬山虎凑合成一幅美丽的画卷，又总带给我以沧桑和亲切的情怀。

税务桥的南侧，是本邑盆景艺术大师王寿山的寓所，桥北则是邻居姜氏磨坊的大儿子开的茶水炉，拐过来就是名闻全城的税务桥烧饼店，那早晨是圆的，下午是斜角的，咸的、糖的、萝卜丝、葱油、插酥的，应有尽有，童叟无欺，一视同仁，要买总是排上一个长长队伍，那时我几乎是天天排队其中。这一切都已经成了我永恒的记忆。虽然经过了多年，但我仍然眷恋着那座桥。眷恋着那段与桥相关连的日子。

斗转星移，转眼又是几十年过去了，中市桥已不复存在了，那升仙桥至虹桥段已填平，如今成了菜市场，虹桥过去的南水关遗址建成了文物保护单位，让人家去怀旧，去观赏，那税务桥仍静静地埋在原址，我想有朝一日一定会见天的，那毕竟是故乡的一段文化啊。如今故乡有无数新的桥如雨后春笋般地冒现，仿佛是把当年丢失的东西又寻找回来。中市河上的桥虽然已湮没在历史的烟云中，但凤城河上却建造起好多座新的桥，它们奇迹般地出现，不仅圆了我们这一代人的梦，还给我们的后人营造一方如梦的氛围。引凤桥、鸾凤桥、百凤桥、齑汤桥、隐龙桥、十胜桥、东塘桥、宾贤桥等，那一桥一景，一个故事，一个传说，一道历史记忆的留痕。还有古稻河上的桥，可谓是新老和谐依存了。那板桥、通仓桥、清化桥、金明桥、杨桥、演化桥、韩桥旧貌换了新颜，老桥遗风犹在。孙家桥的古韵依然照旧，尽管如今只能步行，但它毕竟被抢救性地保护下来，历经风雨的桥上麻石，见证了故乡历史的悠久。

如今，故乡的桥已经形成了一道亮丽的文化景观，虽然这里江淮海三水汇聚而交融，所见皆水，但这灵动之水，孕育了许许多多的桥梁，所见皆桥，通途坦荡。引江河大桥、鼓楼大桥、迎春桥、赵公桥以一种惊人的速度在我们身边出现，还有贯穿故乡南北的卤汀河上竟然架起了十座“龙文化”主题的桥。由南往北依次为鱼乐桥、麒麟桥、龙珠桥、鱼龙桥、龙潭桥、太平桥、人和桥、五里亭桥。这一串串桥名寓意着这里的文化厚重。同时这些桥的出现，让故乡的纵横阡陌，通畅无阻了。最近，秋雪湖的筑园中又增添了几座新桥，它们是汇水桥、金粟桥、石言桥、花家舍桥。并请了名家题写了桥名。更让这些桥平添了几分灵气。

江阴长江大桥号称“神州第一桥”，那时当时江苏省除南京长江大桥之外的第二座长江大桥啊，天堑变为通途。但故乡的桥，还在不断地延伸，不断地修造，现在家乡又多了一座跨越长江的新的“泰州大桥”。那是一座设计精妙、造型雄伟、天工巧夺、引领寰球、世界首创的三塔悬索桥。那桥的工程长度竟然有 60 多公里，但是包括了北接线、跨江主桥、夹江桥和南接线四个部分。矗立大江的飞虹一下子将地处江北的故乡泰州和江南的镇江、常州连成了一体。那润州、泰州、龙城、凤郡一下子就近在咫尺了。这就是故乡的桥演绎了一段又一段的传奇故事啊。

【作者简介】

范观澜，江苏泰州人。中国作家协会会员、泰州市历史文化研究所研究员。主要著作有《江淮名刹泰州光孝寺》《中国佛教发展史（述略讲义）》《寻踪名僧的摇篮》《泰州佛教》《华严文汇》《泰州情缘》《真情回眸》等。

地 眼

叶慧莲

先秦佚名所作《击壤歌》这么说：日出而作，日入而息，凿井而饮，耕田而食，帝力于我何有哉。唐人张守节在《史记正义》中也曾记载“古者相聚汲水，有物便卖，因成市，故云市井”。井，远在上古就融入在先民的生活之中。

井，其实是一个时空的端口，一座城池的地心之眼，一眼可洞见春秋千载。古邑海陵五条巷忙完，不足2000平方米的地界，十七口古井就这么徐徐露出了真容，左脚才踏在汉代，右脚却又跨进了唐朝。

上古时期市井的烟火，在2006年旧城改造就冷不丁地冒了出来。它们的横空出世，是那么的措手不及，“进了五条巷，喝了迷魂汤”。全城的人似乎都难以置信，他们都懵住了。原来在他们生活了祖祖辈辈的脚下，在那些阡陌交横的老旧巷子里，那些标准的三进泰式民居的地基下，竟然隐藏了这么一个天大的秘密。

汉瓦唐砖，每一块都是湿漉漉的，每一块也都是温热的。很多人兴冲冲地赶来，当中有市民，考古者，青年学生等。满腔的希望与眼前的泥泞斑驳大相径庭，于是离开时便显得怅然若失。是啊，汉唐古郡的残存浓缩到了眼前，竟是如此的不起眼。

大地之眼，威武不言。

池底渗出来的水，一汪一汪的。有的呈长方形，有的是圆形，也有些不规则的多边形。因为安全的需要，四周给搁了一些拆迁下来的门窗木板，一些锈迹斑斑的钢筋，有的还给打上了木桩。四四方方的考古现场与别的施工场地没什么两样。泥土发黄，黏湿，不成片不成块的，给翻放在洞穴的上方。云从上空飘过的时候，倒映在千年之前的水井中，云也显出别样的古拙况味来。如果没有动迁，这些古井的群落，仍然还沉睡在地下。如今，它们醒来，展露出它们沧桑却又平和的容颜。

古邑海陵，城北的涵西和涵东，城中的陈家桥与歌舞巷，以及其他旮旯地儿，有很多造型奇特的古井。如凤凰井、镜香井、天僖井、廉贞井、文曲井、魁罡井、客次井、炼丹井、双井、八角琉璃井、卓锡泉、玉丽泉等等。名字雅致，每一处都有不少故事。对于这些古井及井栏的构造，文物爱好者或考古爱好者对于他们的阐述会更加精准和专业。北山寺修缮时，和尚妙吉祥曾从一片狼藉的旧城改造现场收集回几十只井圈，堆在寺庙的院落里，莫名给寺庙平添了许多古意。我喜爱驻足流连，通过它们，似乎看到市井人家在井边打水浣洗蔬菜、衣物，以及淘米的日脚。他们在井边蹲着，一边劳作，一边闲聊，市井人家气息，给这些冰冷坚硬的古井，神神地还原了很多生活的温暖。试想晨曦初生，或者夕阳西下，这一幅幅流淌不息循环往复的场景，与这些个老街区周边老宅、老院子、老树，老巷子口蹲着守望的一两只狗，从紫藤花架下冷不丁蹿出来的猫，构成了这座城市特有的安逸与平和。

都说老人是活着的井，一打开，前尘往事或滔滔或涓涓。沿井而居有两位老人至今都在我的记忆深处。一个叫陈瑞瀛，老城最后一位温知女校的学生。百岁时，我去给她庆生，她坐在小院里的藤椅上，我坐在长凳上，我仰着头与她交谈，一个甲子的时空在我俩身上交汇。她不疾不徐地，温婉说起少女时代课余到井边汲水，蓝衣黑裙穿过小巷去读书，又哼起校歌：……万柳堂近太平桥，有我温知女学校……那是校长韩焬在日本留学期间，与后来被誉为“朱门年少空门老，艺术宗师禅法师”的李叔同交好，托其所写。老人故世时高龄105岁，我因工作调动没能赶上送她最后一程，但她握着我的手掌心的温暖，犹如一壶冬夜温热的黄酒。另一位老人大名陈根，就住在万字会西村一座偌大的无名井旁屋内，他每日清晨六点半的光景，准时起身在井旁生煤炉，边笑呵呵地与井边风驰而去的少年男女，汏洗的妇人，买了干丝包子回头的男人，一一打招呼，“呃曾吃呢？”　终于有一天，这些匆匆而过的人发现井边少了袅袅炊烟，才知道老人已过去了，终年九十有余，鳏夫一世，独而不孤。我时常走进这样的深巷看他（它）们，我走路的脚步较重，在这样的巷子里会发出“笃笃”的回声。这个响声与幽深的小巷，时而闹忙时而冷寂的古井会发出奇妙的共鸣，于是，我的心便也会安静下来。

井，以说文解字来讲，是由有形的井栏围砌而成，中间的口字型，看上去是一副永远深不可测的样子，探头往里面看，水面是幽暗的，也是讳莫如深般的。涵东街王宅内有一口明代古井，井圈是汉白玉的，岁月磨砺，糙白而圆润，从井口渗透下去的光线，把井壁上布满的苔藓、偶尔抓着壁缝的一点点泥就攀爬而上的小草，显出忽明忽暗的色泽，打水绳在勒槽上拉出道道黧黑印记，写意出岁月的许多勾陈。

井，看其结构四平八稳。作为词语释义，却贬大于褒。人世间，井除了汲水与灌溉，作为自杀与他杀的现场外，很少有人关注。在文学作品里，它的光辉却无可替代。《红楼梦》里丫环金钏儿跳井，寓的是含耻蒙辱情烈而死的人，太行深处那一口对水和爱情饥渴的老井。井的浪漫余以为应该是属于梁祝的，以井为镜一双人，倒映其中，相互试探，真正是情不知何物，情不能所以。不过，古邑海陵倒有两则传说很有嚼头，演绎出“州建南唐，文昌北宋”的别样风情。一则“卓锡泉”，唐代北山寺住持王屋禅师思念家乡，欲饮蜀水，就以禅杖卓锡一杵，令人就此开凿水井，名“卓锡泉”。井深5丈，水味甘冽，经年不涸。

传说井水通四川，井内长出六叶浮萍，与四川六叶浮萍相同，而和泰州四叶浮萍相异，颇为奇异。另一则“雪醅酒”，有雪夜红泥小炉之意境。宋代海陵人周烨所写的《清波杂志》中特别记有：“酝法言人人殊，故色香味亦不等。醇厚、清劲，复系人之嗜好。泰州雪醅著名，惟旧盖用州治客次井蟹黄水。蟹黄不堪他用，止可供酿。绍兴间，有呼匠辈至都下，用西湖水酿成，颇不逮。有诘之者，云：‘蟹黄水重，西湖水轻，尝较以权衡得之。’”据此，不得不说这是个呼朋引伴访泰的绝佳理由。

思绪重回，这一片古井部落，规模之大，密集程度，砌筑规格之高，很难解释以这种方式存在的理由。结合城市变迁。有一种坊间传说，从文学性上倒是存在一定的合理性，姑且信之。

7000年前，我们脚下的这片土地，其实不过是浮于淮泗的一个小岛，且四周是茫茫东海，从宿沙氏狩猎煮海水为盐开始，人们围炉煮盐，日出而作，日落而歇，沧海渐渐变成了桑田，作为整个中国版图的一个组成部分，堪舆学家一指，“州建南唐”的泰州府，作为最重要的商贸集散地，过埠治税，茶盐酒总会大印一盖，商贸便经漕运流向天南海北。古城数百年未经战事，莫非这些井发挥了囤货仓储之功效，从而巧妙地隐藏起最重要的战事资源——盐？“天下盐利，两淮居半，两淮盐利，泰州居半”，不仅让这片土地逐渐变得富庶而肥美，也为后续文化思想的兴起奠定了丰厚的物质基础。

说到盐，势必要说到盐场，打动我的不是“吴盐如雪”，而是一群盐丁。他们光着胳膊，皮肤黧黑，体型干瘦。他们在烈日下的海滩上，以最原始的古法，一担一担地把海水挑上来，倒进铁铸的熔炉里，烈火在熔炉下熊熊燃烧。盐晶一粒粒迸溅到他们黧黑的皮肤上，发出钻石般的光芒。他们并不知道他们的劳作，正为一个国度的财税繁荣做出的贡献，在他们的眼里，他们熬制出来的白色晶体，可以换来他们养家糊口的粮食。终于，时代更替，在这群人当中。有两个人从盐场的劳作中醒悟过来，一个用行动，另一个则用思想。前者名曰张士诚，揭竿而起，发动了波澜壮阔的农民起义，声震大海，呼啸东南，由此推动了一个朝代的变迁。后者王艮，外出游学，拜师王阳明，后来创立了以“百姓日用为道”为核心思想的泰州学派，赋予了我们这座城市特有的哲学表情。他的哲学思想，像大海一样自由和开放，催动了明清启蒙思想的新潮，被称为东方的黑格尔，至今也被西方各哲学流派研究，并对当下的社会治理有着积极的实践意义。他的哲学主张，与欧洲文艺复兴和启蒙时期哲学观点相近的有但丁、薄伽丘、莎士比亚等文学巨匠。特别是法国哲学家蒙田的“一个平常人，一个老百姓的生活和出身高贵的人一样，有着道德哲学的意味”。英国哲学家培根的“人性之中有一种隐秘的爱他人的倾向和趋势”，尤其耐人寻味。

井，是克制而内敛的。它们根部的毛细血管奔放而狂野地与古盐运河血脉相连。井底的暗流与纤夫们“嗬，吆嗬吆嗬”的雄浑号子声，一齐迸发出汹涌而自由的张力，久久回荡于九州苍穹之间。

【作者简介】

叶慧莲，笔名董小潭，江苏泰州人。江苏省作家协会会员，泰州市海陵区作家协会副主席，金陵晚报、泰州晚报专栏作家。出版过中短篇小说集《纠结》《傍妆台》，长篇小说《谁是谁的救赎》，散文随笔集《本色·爱》。

城北地带

陈建波

泰州城市的昔日繁华，曾经集中在城北。北门之北，坡子街人声鼎沸，稻河、草河并肩而流。稻河岸畔，店铺林立、鳞次栉比，彩衣街、篮子行街逶迤绵延，连接下坝，直至赵公桥。草河两岸，宅邸翩连、绿荫遮天，月明河上，丝竹流连。

旧时泰州，有“东门鬼、西门水、南门神、北门人”之说，大意是：东门坟地多，西门城河宽阔，南门庙多，北门经济繁荣、人气兴旺。这样的城市格局，却是遭逢一场劫难后涅槃重生的结果。

历史回溯到六百余年前。公元 1365 年，朱元璋进攻张士诚占据的江北地域，派遣大将徐达、常遇春等攻略泰州等地，掘通了大江口（今泰州高港区口岸）到泰州南门的南官河，直抵泰州城下，破城后将城南地带付诸一炬。清康熙年间，张符骧在《依归草》卷一“吴王张士诚传”中叹息：“予海陵人，为王起兵旧地，至今三百余年，城南隅一带烟火稀少。长老为予言，此常平章血刃处也。”

经此一劫，城南多处地区沦为园田，一片夕阳残照、渔歌唱晚。

明洪武二十五年（1392），北门外下官运盐河的中河（即稻河）、东河（即草河）上，筑起西坝和东坝。隔绝上下河，来往商旅、货物到此必须过坝，于是北门外客商云集，城北区域就此踏上繁华之路，一直到 20 世纪末余音未绝。

岁月不居，时节如流；长街人潮熙攘，河畔独悬高帜，河面棹楫声声。

忆昔少年时，某个黄昏曾在破桥口偶登高楼，向南一眺，只见夜幕低垂，万家灯火，树影幢幢，院落历历可辨。这是涵东、涵西街区的市井景象，再向南则是城河和城内建筑，遥不可辨。这处近数十年来因草河南头沟通长江、淮河水系的涵洞闸口得名的街区，主体只是河流两岸贯通南北的窄长小路而已。至于再向南去，连接东大街的，则分为了几条弯曲弧度不一的巷子。那时，西坝口和东大街交界处向北的那条巷子呈 S 形且坡度险陡，骑着自行车是从坝上往坝下冲刺，顺风助力，瞬息间便从支公馆旁掠过，支公馆是进士第，更是院士第，吾辈无缘亲近支秉彝院士，倒是有幸见过曾师从潘天寿、画技足以匹敌当代名家的支振声先生，再有就是唐鲁孙美食文章里赞不绝口的支公馆的瓦堡野鸭饭了，令人垂涎三尺，神往备至。由此再向前，有一个巷道分岔，一条直抵草河，另一条则从紫藤花架所在的巷口斜插向北，经过周氏住宅门前，汇合于草河之畔。

草河口布局呈 U 形排列，两侧多为明清时代的建筑，涵西有戈氏住宅、钱桂森住宅、陈厚耀读书处等明末清初的建筑存留。涵东，王氏、许氏、阮氏住宅等清代民国建筑比比皆是，涵东抵近破桥处，则是韩师愈故居，宅子古朴高大，有凛然之气，孕育了这位沥血苍穹，曾重创日舰出云号的空军英杰。涵西街上，面河而建的明代建筑戈氏宅邸，除了梁架上雕琢精美的荷叶墩、栌斗、山雾云、抱梁云等构件，显示出清晰的年代特征外，最令人印象深刻的，是后园里一个数尺来宽的半月形砖砌水池，泥土湮没了几十年后，修复时渐渐从工人的锹、镐下显露了小巧精致的原貌，这使得就着围墙而建的那陈旧不堪的半边水榭有了解释。能在这局促之地，螺蛳壳里做道场，古人作此别具匠心，令人叹为观止。

草河的三月是绚美的时节，徐家桥南北，均有高大的泡桐树，枝叶繁茂，春风拂动，泡桐花盛开，紫色的喇叭状花朵成簇成片，沿河远观如锦如云，幽香扑鼻，美不胜收。这桥口，昔日曾长年累月倒卧着一对旧时门前的石鼓，尺寸硕大，但表面雕刻的花纹已然湮没，无法辨认，真数百年以前旧物，也许，这就是明代造桥者徐家宅邸的遗留，故宅不可见，石鼓独卧泥淖，但近几年路过，连石鼓也杳不可寻了。

草河过了破桥再向北去，水面渐渐宽阔。破桥是因张士诚揭竿而起后攻占泰州而留名。桥的西侧，有一座宅楼，曾为晚清遗逸吴同甲所居。这位光绪年间进士、翁同龢的门生，曾辗转山西、河南、安徽等地担任主考及提学使，在任上亲历了清王朝覆亡的前清翰林，成为中国科举制度最后的一抹斜阳，冉冉垂降，最终叶落归根，蛰居于斯。后来，这座建筑改为和平饭店，也曾为街头一景。

从河泊所巷向前，沿河而建的棚户阻住了河景，只有一两处通向河边的石阶提供了窥觑河流面貌的机会。施家湾小街北侧一段，是田地和简易房舍，水不甚清，河面平静，无船无风，一眼看去，只当是寻常乡陌，却不知这就是清初盛极一时的渔壮园所在。

《道光泰州志》记载："渔壮园，在州治北三里，国朝康熙年间俞瀔所建，冒襄、孔尚任辈觞咏于此。"园子里依傍草河开池蓄水，建舫造亭，又家养了一支"声伎甲江南"的昆班，因治理下河水患失意寓居泰州三年的孔尚任，完成了《桃花扇》二稿的创作，也许，渔壮园内的戏班，就试演过这部戏，草河北头曾经荡漾着如是曲赋：金粉未消亡，闻得六朝香……

可是，剧作中分明也有"眼见他起高楼，眼见他宴宾客，眼见他楼塌了"这样充满不祥意味的词句。岂不料一语成谶，盛况不过数十年，一场大火将这座名闻江左的花园烧得干干净净，三百年后，半点残痕未留。倒是前几年央视鉴宝走进泰州，一幅清早期俞铎的书法意外出现，其作品笔墨淋漓、放纵肆意，艺术风格鲜明强烈，夺得泰州民间国宝。俞铎为俞瀔的叔父，当年也是渔壮园里座上客，后人无缘得睹园林风貌，只能从这幅字里领略余绪了。

乾隆年间，遭逢火灾后的俞家，迁徙至稻河西侧今新华巷南首。我家当年居住在对面的金城剧场，经常在巷口玩耍，俞宅大门前方形小石鼓，幼时以为高耸，年岁渐长后，方知其袖珍。但这对石鼓可能也是因为其尺寸小而保存下来，新华巷内其余大宅，门前石鼓都荡然无存了。

依傍稻河与彩衣街等处隔河相望的，自然是闻名遐迩的五巷了。五条巷子南北走向，平行构划，当年是我上学的必经之地。那时的五巷，从头巷某户东西向的宅子进去，前门入后门出，再依次而行，宅与宅之间、巷与巷之间，皆有小道勾连，熟谙道路的人，可以鱼贯直通，省时省力。五巷大宅不多，多为经商做买卖、开诊所的中等人家居住，建筑年代多在晚清民国，倒是头巷陈氏住宅，有一幢两层木质小楼，是清中期所建，与金城剧场仅隔一道墙，少年时常去，有高轩仰止之感，十年前重临此楼，便觉狭鄙破旧，不堪登踏。好在曲折之后，此楼及附属建筑得到了及时修复，已然焕然一新，称为头巷的标志性建筑了。

民国风格的楼房建筑，泰州并不多存，除了城内乔园谭家楼，西仓大街单氏住宅、涵东街区的万字会等屈指可数的几处，几无遗留。但下坝地区拆迁前，彤华宫巷、阔巷等处，有十余幢洋房建筑。可惜，除了火灾后重修过的绿杨旅社旧址外，已无片瓦余砾。

城北下坝繁盛处，大致居于稻河与草河之间。由孙家桥、韩桥向北，稻河西侧多为荒地、野庙，逐渐有流民建房居住。而依据稻河东岸的这条大街，则延续了坡子街的繁华，店铺如林。临河所建的，是一排卓有特色的吊脚楼，它与从板桥、清化桥一直向北延续过来的吊脚楼遥相呼应，店铺住家杂处其间。犹记当年下坝文化站所占据的那座楼屋，面积大，木质坚固，聚集了众多年轻人在这里借阅、办读书沙龙、打台球，热闹非凡，可惜 90 年海陵北路拓宽，沿河建筑尽数拆除。再十余年后，下坝地区原貌已不存。

由于“里下河门户”这样特殊的地理和商业位置，城北地带成为里下河稻、麦、黍、豆、菜籽等粮油作物的集散地，上海、苏州、无锡、南通等地的粮商、面粉厂来这里竞相采购粮食，盐城、高邮、兴化、东台、渔船帮等大粮贩以及四乡农民也到这里投行出售，沿稻河所开设的百余家粮行，粮食到货量最高达万担以上。在下坝孙家桥西仿庐巷口的“广胜居”茶社，成为粮商们自发的聚会场所，他们边吃早茶，边商议当天的粮价，全城粮价的涨落，皆以这里的行情为准，甚至一度左右了江南、江北的粮食价格。城北地带，一时影响如斯！

数百年来，风云跌宕，城头变幻大王旗，但战乱却几乎没有波及这祥泰之州，丝竹歌舞、儒林旧风，以及小民赖以生存的柴米油盐，构成了这城北地带的人间烟火。

近三十年，稻河、草河以亘古不变的姿态默默流淌，两岸却是浮华散尽、曲径萧条，世事已成百年太久只争朝夕。东晋干宝《搜神记》里，学道成仙的丁令威有“千年学道今始归、城郭依旧人民非”的感怀，在古典的世界里，物体是长久的，肉体是脆弱的。可而今快节奏的现代生活，已然一改旧的惯例，白驹过隙才是现代人对时间的感知，芸芸众生，背负着理想和生存的双重压力，步履匆匆，难以做到“挥手自兹去”，人们总是在不经意间，蓦然回首，才发觉身边这座城市早已变得面目全非，唯有一些硕果仅存的熟谙景物，才能稍稍挽留住奔流远逝的无情岁月。

城北地带，在我们匆忙赶路的旅途中，留下几座供人暂作歇脚的驿站，借青砖黛瓦的古典建筑、城市一隅的草木亭榭，回味那一去不回头的往日时光，慰藉因浮躁而难以平静的心灵。某日，在吴同甲故居临街的小楼里，无意间推开窗扇，跃入眼帘的是十字路口车水马龙、人来人往的喧嚣，心头忽然浮现起两个月前自诌的无题诗来：

懒来无意写沧桑，闲看春归雁两行。
细雨拂窗声如磬，大风吹树叶飞扬。
亲手植得黄金桂，新蕾欲夺旧枝香。
天边浮云总难定，一身寥落看吴棠。

【作者简介】

陈建波，江苏泰州人。泰州市作家协会副主席、江苏省作家协会会员。先后出版长篇小说《少年阿水》《杂牌军》《我是老枪》《诡计》《乱花》《出手》《密谋》《密室》等十余种。

泰州如母，扬州如父

徐同华

运河北来，至江都入江，邵伯湖南去的廖家沟以及芒稻河天然地分开东西两地，西边是扬州，东边过了仙女庙与宜陵就是泰州了，尽管有着一衣带水之说，然而在没有火车不通汽车的年代，这已然可类“一水分吴越”的地理概念了。

据说正是因为有了这盈盈一水，当年太平军自天京北伐，过得了大江，打得下扬州，却被阻于此，东撤的清兵烧断这水上的浮桥，太平军遂不能东犯，泰州独享了战火中的太平，南京城里的藩台以及扬州城里的运司迁移至此，市井因之更趋繁华，流寓的诗人居有所安兴致又起，也就有了“淮南赖有小扬州”的吟唱。

升级版的泰州，也不过是个“小扬州”。

无关妄自菲薄，历史上太多的事情不是用来质疑的。

比如一直以来，我视扬州如父，也同样毋庸置疑。

出生于泰州，泰州自然是我的母亲。那会儿的泰州仍属于扬州，扬州如父，也属言之有理。

算起来，父亲与母亲在一起，已经是两千多年前的事情了。

“汉吴王濞开邗沟，自扬州茱萸湾，通运海陵”，这是史书的记载，也可视作婚书一样。

运河北来，一水分开东西两地，运盐河东去，一水又连起两地，确是一段水姻缘。

那会儿的扬州还不叫扬州，叫广陵，那会儿的泰州也不叫泰州，叫海陵。海陵的得名，取“傍海而高，为海渚之陵”的意思，这海是黄海，传说神农教民稼穑之时，此地的先民已然开始煮海为盐了。古代的中国，盐和铁一样，维系国家命脉，都是政府垄断经营的。素怀大志的刘濞，向东一挥手，广陵遂有了通向海陵的水道，海陵的盐也通过这条水道源源不断地运向广陵，更由此转运过江而至中华的腹地。每年盐利入官时，由此说来，母亲当年所带的这份嫁妆不可不谓之丰厚。

于母亲而言，亦从此有了名分。

刘濞开河的时候，海陵还只是一个仓名，海陵仓是什么样？古人有诗，“九死性命存，乃到海陵仓，海陵何所有，麋鹿画成行”，寥寥数十字，形容而又生动，何所有？只麋鹿尔，这世外桃源一般的画境，何尝不是一种海隅僻地的景象，用当下的语言就该称作欠发达地区了。运盐河的开通，与广陵的连结，使得海陵之地人烟日渐稠密，经济得以迅速开发，及至汉武帝元狩年间，便有了海陵县，之后又有了海陵郡，南唐开国，海陵县因“咸鹾赡溢职赋殷繁”被升为泰州，则是一千年以后的事情了。

“未有泰州城，先有运盐河”，事实如此，名分也就如此而来。

有了名分，称父称母，也就自然而然了。

我随父姓，有十六年时间。

朱自清的名篇《我是扬州人》，回忆了童年时候作家在邵伯镇和扬州城的生活，运河边的铁牛还有福缘庵的桃花，看似貌似平淡，感情的潜流却在字里行间奔实，很容易地攫住读者心田，“在那儿度过童年，就算那儿是故乡”，最让我感动不已。

叔公在世时，都称自己是扬州人。

他与我一样，自然是出生在泰州的，却又是扬州中学毕业，又从那里入伍从军，及至转业留在天津，人们都以为他是扬州人，他也如此自称，“一大堆扬州口音”很正宗，成了最好的证明。小学生的我随父前往津门探亲，叔公与邻人介绍，也是说老家扬州来亲了。

佩弦先生文中说扬州“不折不扣是个有名的地方”，一点不错，与扬州相比，那会儿的泰州可算无名。叔公也曾介绍自己是泰州人，战友及很多人却不知在哪儿，泰山之下还是台州念错了，只能解释在江苏，在扬州东边一点，怕麻烦，于是乎就干脆直接说是扬州人了。

类似的经历我也有过。“我是扬州人！”如斯介绍自己，于那会儿的我习以为常。

尽管这样说，其实内心还是没什么底气。作为扬州人，说来也惭愧，第一次进扬州城，已是自己十岁的辰光了。

那也是我第一次离开泰州，十岁之前，我从未离开过母亲。从某种意义上来说，扬州是我来到的第一座大城市。

小学三年级的一次远足，在一个阳光明媚的春天。

在江都抽水站小休，我们的目的地是瘦西湖与平山堂。除了五亭桥的精巧绝伦与白塔的亭亭玉立，留给我印象最深的就是大明寺牌坊下那长长的山阶了。泰州无山，十岁前的我也就没有关于山的概念，而今看来不算很高的蜀岗，于我而言，已有近乎攀登的感觉了。其时稚童的我犹未知欧阳修苏东坡，可谓“不知有汉，无论魏晋”，与同学们在平山堂上尽情地嬉闹，也曾疑惑“风流宛在”匾额上的错字，仿若发现新大陆一般。二十多年前的往事，一夕想来，如同在昨天一样。

扬州如父，父亲留给的第一印象，首先是高大，接着是俊美，然后就是古老。

第二次进扬州城是在两年之后。该是一个秋天，犹记得路当中有几棵高大的银杏，金黄的落叶翩翩起舞的逸姿。叔公回扬州访旧，我随父亲去看他，就住在离文昌阁不远的一个招待所里。那也是叔公第一次见我这个侄孙，高兴地带我去附近的富春茶社吃早茶，魁龙珠的香气，千层油糕、翡翠烧卖还是三丁大包的美味，对于一个没见过什么世面的少年来说，该是何等的妙不可言。

回味无穷，父亲也是馨香的。

算起来，随父姓的十六年时间里，我就有过这样两次亲近的机会。

十六岁后，父亲母亲分家了。

那年正值我入泰州师范学习，扬泰分治就在之前那个暑假。

也没有人征询我的意见，也没有人问过我的感受。那座在水那边的父亲般的城市，至此和我脱离了关系。摆脱了束缚恢复自由之身的母亲，一夜之间也充满起活力与激情，小城泰州，在区域规划、城市建设、交通旅游、文化事业等方面的发展也走上了快速路，路越来越宽，楼越来越高，人越来越多……用日新月异形容亦恰如其分。与此同时，关于父亲的印记则越来越少，除了一条扬州路外，名已拂拭了无痕。

这也是相对的。在扬州城里，除了一条泰州路，又有多少母亲的名迹？

好在都还有一条路，一点念想还存。

只是再去扬州，于我而言，已不能说是回家，最多就算是探亲吧。

师范二年级，我以泰州地区第一名的成绩，得以参加全省师范生作文大赛，比赛的地点就在扬州师范学校。

带我前去参加比赛的俞老师扬师院毕业，对于扬州有着非寻常的亲切与熟稔。一路西行，听着她讲着关于扬州的趣事旧闻，着实让人向往不已。于我而言，虽然是第三次进扬州城，却仍如刘姥姥进大观园般，一切还是那样新鲜。我是俞师任教的第一届学生，她比我年长七八岁，其实也不过二十五岁上下，梳着两个麻花辫子，邻家大姐姐一样，讲到关于自己恋爱的那段时，爽朗的笑声中还带着一丝羞涩，有种如诗如画般出尘的美丽。

更美丽的是扬州师范学校的校园，时至今日，我犹记得初见时的那刻震撼。站在校门口，鳞次栉比的明清粉墙灰瓦，飞檐翘角的古建筑迎面而来，廊亭迂折连着小桥流水，花木扶疏映衬出近景远景。时值金秋，满园浓郁的桂花香，在摇曳的微风间荡漾开来，所谓“如在画图中”之说，大概就是这样吧。

遇见是一种偶然，无须准备，一次美妙的邂逅，让我怦然心动。这也许就是一座城市的魅力所在，深厚的文化底蕴决定了城市的内涵与品位，扬州如父，任是无情也动人。

是日晚，宿在扬州，主办方安排在离学校不远的二十四桥宾馆。

二十四桥仍在，波心荡、冷月无声。

丰子恺当年课子读学姜白石的《扬州慢》，也因为这句词，油然而生出游扬的冲动，特地而来的一番凭吊，结果是大失所望。宾馆名唤二十四桥，这桥一定就在附近，有心去寻访一睹真容，又苦于无人带领。央告俞师，她也摇摇头，不是不带我去，而是她也不知道在哪儿。

瘦西湖里建了一座新的，有机会一起去看吧。

新的？那旧的呢？

或许只能扬州梦里去寻了——

清夜忆扬州，梦里箫声第几桥。

年久日深，光阴荏苒，待我工作之时，对于扬州也有了如俞师一样的亲切与熟稔。案头的常用书里总不离《扬州画舫录》，鲍参军的《芜城赋》与姜白石的《扬州慢》也早已烂熟于心，李白、杜牧、六一、东坡还有郑板桥、金冬心的风流韵事，随口而出而信手拈来，烟花三月，春风十里，渐都作自家风物。

源于一种本能的依恋，到了可以独行独往的年岁，最常去的地儿就是扬州。

高兴了，去扬州；失落了，去扬州；百无聊赖之时，还是去扬州。

多住在俞师推荐的她母校的招待所。那会扬师院的招待所还是不按房间而按床位收费的，楼下有个侧门开着朝柳湖路。柳湖路紧邻大虹桥，路北的尽头就是瘦西湖的南门了。几百年以来，瘦西湖与扬州这座城市紧紧地维系在一起，扬州如父，她就如父亲的脸面。兴盛的时候，两岸花柳一路楼台，绿杨城郭以园亭胜于东南，即便没落之时，朱自清说的没有顶大的好处，却又不能否定其不同别处的曲折与幽静。

住在招待所里，起个大早进园子，幸运的话还能逃掉门票。湖上春来似画图，慢悠悠地看过一景又一景，努力地去寻找纸上得来的不尽记忆，恰暗合了宋人词句里“对伤心好景，回首旧游，恍然如梦”的意味。也曾带着一根洞箫，按照俞师的指点，找到那新修的二十四桥，登上桥顶，却始终没有胆量吹奏一曲——

生怕惊了这湖，扰了这柳，煞了这风景。风乍起，一水自涟漪。

玉人不在，纵有箫声归何处？

年少的辰光，瘦西湖也见证了我的几场爱恋，一次又一次的乘兴而起与无果而终。

二十四桥仍在，波心荡、冷月无声。

还是白石的词好，历史本就是在周而复始，何况人与情乎？算而今，我已记不得自己去了多少次瘦西湖，唯一明晓的便是早无“重到须惊”的感受了。

亦曾想过在湖边定居下来，弃母从父，两边还都是家。人生一段漂泊经历，一度要在扬州的新东方学校靠岸，却又是因缘未具，家严用先师的“父母在，不远游”命之，《西游记》里“宁恋本乡一捻土，莫爱他乡万两金”，我终究还是被滞留在了本乡本土。

母亲的怀抱是最温暖的地方，说到底，也是泰州这座城带给我的平静与安然，让我不忍离弃。

关于父亲的想象依旧只能梦里去寻。站在蜀岗中峰的栖灵塔上，俯瞰林木蓊郁的扬州城，曾经天马行空地畅想——

把家安在寄啸山庄，将瘦西湖辟为花园，平山堂用来作书房，观音山是家中的佛堂，厨房当然就是富春，大门开在天宁寺的位置，前临熙熙攘攘的东关街，打开后门便是瓜洲渡口，不远处便是滚滚长江……

两个人分开久了，思念就成了一种生活；两座城分开久了，回忆就成了一种寄托。

日久能生情，也能生分。

弹指一挥，二十多年转瞬而过。父与母两座城呢？没了名分的牵绊，彼此渐行渐远，竟也有了非此即彼之叹，连小民百姓也渐分成了两派。扬州有瘦西湖，泰州有凤城河；扬州有个园，泰州有乔园；扬州有邵伯，泰州有溱潼；扬州还有扬州学派，泰州更有泰州学派……自然与不自然的，总在较量个孰高孰低，剪不断理还乱。扬州八怪里的板桥与复堂也被划归了老家泰州，百年寄寓，今朝始作故乡回，只是没了扬州，何来的八怪呢？

向前看，城市未来的发展方向也如此。扬州这些年向西向南，大桥与城际铁路的从无到有，乃至有了与省城一体化概念的提出。泰州则一力南望，横跨长江上已建或待建的四五座大桥，将之与江南诸郡的联系更趋紧密。很少有人再提及扬泰，唇齿相依的两座城市，两千多年的相濡以沫，仿佛一夕之间被人遗忘。

扬州小金山西的钓台，泰州小泰山上的月台，都是弄箫吹笛的所在。

笛声一起，君向潇湘我向秦。

真的有些想念运盐河了。

当年的一水分扬泰，不就是这一水又相连了吗？

坐着一叶小舟，回到运盐河上。水路犹通，潋滟晴波亦在。水上听曲，陈德林的淮剧与李开敏的扬剧，一起唱《十八相送》，“书房门前一棵槐，一对书生下山来……”真的是绝佳的配合，也称得上人间难得几回闻。

乡音土调，只有文化无法割舍。人心因之相连，既有如斯，也就无足多虑。

运盐河沟通扬泰，从汉初一直到民国年间，从刘濞一直到徐宝山。“徐老虎”当年光复泰州，乘船从扬州而来，也是经运盐河在泰州南门上岸。通公路后有328国道，有了高速，宁通与启扬一南一北犹如挽手作舞一样。凭借宁启铁路开通的东风，携手一起告别了“地无寸铁”的历史，扬泰之间，几刻钟便可达。再之后，又有了机场，几乎等距的位于扬与泰两座城之间，名字也好，扬州泰州机场，这下再也分不开了。

交通的便捷辅之，欲拒还迎，想来更是如此。

业师费振钟先生泰州做寿，下午还在仁丰里格桑花忙碌的汤美女晚上开着车能赶上寿筵，江南窗友探望二十四桥边的阙美女，提前下会儿班的我坐着火车也可以按时到那酒桌之上……即便是尘外之人，大初法师在住持泰州南山寺的同时，在扬州城里也还保留着自己的道场。

远近本就不是距离。歌里唱得好，爱上一座城，是因为希望……

天下三分明月夜，二分都在扬州。

扬州如父，我爱扬州。

当然，也爱母亲，天地交泰。

【作者简介】

徐同华，江苏泰州人。江苏紫金文化优青，江苏省作家协会签约作家、海陵区作家协会主席。著有中英文《梅兰芳》及《说泰》《凤凰管》《稻河旧燕》《海陵广记》《泰州先生》《泰州名胜》《泰州道教史话》等十余种。

阳光与秃黄油

陆兮兮

关于食蟹，泰州人公认最好的做法应该是清蒸。秋风起兮，挑几只肥硕健壮的螃蟹，用蒲草扎紧，装在笼屉里大火蒸熟，佐以加了姜丝，兑过梨汁的香醋，就着新酿的青梅酒慢慢品尝，其鲜美程度，真是好到令人顾不得满手膏黄，也要击掌称赞。

然而一年之中，蟹的好时令不过短短俩月。所谓“八月团脐九月尖”，八月的母蟹肉满黄肥，九月的公蟹膏腴体壮，这两个月里，螃蟹是菜市场的绝对主角，也是每家餐桌和大小宴席上的压轴戏。然而螃蟹君对节气和温度特别敏感，一过霜降，立刻各显神通纷纷匿迹。过了时候，再想吃蟹的话只能退而求其次了。好在古人挖空心思想出各种方法来保存蟹的美味，其中最常见的便是将蟹黄蟹肉剔出来，与上好的猪油一同熬制成蟹油，装在密封的瓷坛、瓦罐里，能够妥妥地存个小半年。想吃的时候，挖出一勺来，加上其他食材，可以衍生出无数种花样吃法，着实令人叹为观止。

每年秋末，熬蟹油是主妇们的一桩大事情。从采买到装坛，大小若干个步骤，处处都有讲究。首先是买蟹，本地盛产淡水大闸蟹，大小菜场都有出售，各种品牌的专卖店更是数不胜数。对过日子的人家来说，螃蟹的质量、价格自是相当有讲究。若要物美价廉，最好是到蟹塘边去挑，一只只保准壮实鲜活。但这样未免小题大做了些，若不想费这个力，城中的暮春街倒是值得去的。这里的卖家大多是自产自销的蟹农，每天夜里捕蟹，早上来卖，螃蟹新鲜得很。而且省却诸多中间环节，价格也公道。只要起个大早，在十几家摊头流连一番，不畏凶险去捏捏这些横行将军们，就一定能挑到上好的蟹。公母各半称上几斤，回家先蒸个几只来解馋，余下的蒸熟凉透之后留着拆蟹肉熬油。

过去泰州的殷实人家有句低调炫富的老话：家里没有个一两坛子蟹油怎么过冬呢？如今螃蟹不是稀罕物，寻常人家都买得起，只要舍得花工夫，熬上点蟹油冬日里用来下面、拌饭、炒青菜都是极好的。最喜欢在阳光好的天气里。把蒸好的蟹拿到小院里或是阳台上，母女俩甚至外婆也加入其中，三代女人在暖融融的阳光底下干这份精细活儿。我总是迫不及待地打开蟹壳，剥出橘红的蟹黄和莹白的膏，装在青花大碗里，母亲剪蟹腿，外婆专门用银签子把蟹肚子里绵软的细肉剔出来。三个女人一边做活，一边说几句闲话，甚至玩笑着斗几句嘴，是最有生活情致的。只是这种细活太费工夫，不经意间，日头轻移，光阴蠕动，眨眼就到了傍晚。太阳落山，起了风，桂花树掉下晚开的零丁花瓣，落在装蟹黄的碗里，竟一点儿也分不出来。这些细节当时也许没人注意，但事后回忆起来，又都是丝丝缕缕历历在目的。

刚拆好的蟹肉自是要趁着新鲜赶紧吃一顿。家人通常会买几块不老不嫩的卤水豆腐，削半个垛田的龙香芋，切成米粒大小，做一锅子的蟹黄汪豆腐来吃。或是买上几张绿豆粉皮，加上斜切的新蒜叶子，炒一碗浓郁的蟹黄粉皮，让一家子足足地解了馋，最后才开始熬蟹油。猪油要选最好的板油，洗净切好，在锅里煸出滚滚不断的热油来，直到变成金黄的油渣。猪油渣也是童年记忆中不可多得的美味，不管是蘸上盐花趁热吃，还是炖豆腐、烧大白菜，切碎了用来包春卷、包馄饨，都香得不得了。但最要紧的还是油，要掌握好火候，油不能太“嫩”，“嫩”了香气不足，“老了”又会有股子焦味。须得火候正好时，将蟹肉蟹黄依次放进去慢慢焙，其间还要防止出沫子，防止粘底，须得打起十二分精神来，才能熬出一锅好蟹油。做成了，有肉有黄的统称蟹油，只用蟹黄蟹膏熬成的还有个别名叫作“秃黄油”。这句是苏州话，为“独一份”的意思，如同昆曲中的《牡丹亭》，是细致里的细致，精华中的精华。

“秃黄油”的鲜与普通蟹油相比并无很大区别，但它的色却是令人垂涎的极致美艳。而且可塑性更强，做什么都是“浓妆淡抹总相宜”。极简时，孩子放学回来，而菜还未烧好，此时盛上一碗米饭，挖一勺子“秃黄油”，淋上一点生抽，拌在饭里，便是极上乘的美味，轻易让人吃出浩荡的幸福感来。到了严冬，家里来了客人，挖一点炒经霜的青菜，那滋味如何言语呢？这么说吧，青菜是本就有些慧根的道人，一经“秃黄油”的点拨，立刻就能羽化成仙。隆重些的，还能拌在肉馅里做蟹粉狮子头和小馄饨，在丰美的汤汁中不经意吃到一口艳红的蟹黄，那股浓郁的鲜香足够回味半日。还有更奢侈的是将“秃黄油”存到过年，做成加蟹包子拿来款待亲朋好友，即便正月里大鱼大肉吃得发了腻，这道点心还是算一份难得的情意。

当然，泰州人的日子里，“秃黄油”这样的东西还很多，如果说阳光是生活里温暖的底色，而“秃黄油”是庸常里一点点小体己和小奢侈。虽然没有它日子也能过，但有了它，寻常的生活便如同镶了金边。所以，得趁着阳光还好，蟹还丰饶的时候，赶紧熬一罐子去。

【作者简介】

陆兮兮，本名陆秀荔，江苏兴化人。中国作家协会会员，江苏省首届紫金文化艺术优秀青年。曾获第七届紫金山文学奖。著有长篇小说《秋水》《海棠汤》。

第二单元 姜堰篇

一、历代名家咏姜堰（诗词）

天目山①

宋·李师中

坏壁摩挲少旧题，高情应怪赏音稀。
烟霞正自无今古，云水从教远是非。
丹井金龙藏洞府，杞丛花犬荡霞扉。
登临未学神仙事，老树闲看独鹤归。

【作者简介】

李师中，字诚之，河南楚丘人，举进士，累官中允，提点广西刑狱，摄帅事。宋神宗熙宁元年（1068）拜天章阁待制知泰州。著有《珠溪集》等。

【注释】

①天目山：位于泰州市姜堰区城北，因其上有双井，相对如目，故名天目山。相传东晋时道士王冶隐居此山修炼，最终得道成仙。20 世纪 70 年代，其下发现文物遗存，后经考古发掘，确定为一处西周古城址，2006 年被国务院公布为第六批全国重点文物保护单位。

【导读】

诗人赴任泰州，慕名来到天目山访仙问道，徘徊于坏壁老树、丹井杞丛之间，心中顿生世事苍茫变幻之感，“旧题”不见，“赏音”稀少，唯剩烟霞云水、独鹤晚归。想到自己背井离乡、仕途奔波，禁不住感慨万千。

天目山

明·王栋

见说仙源①合抱琴，篮舆②乘兴上云岑。
天应有目看人世，谷岂无缘听足音。
春雨鹿台迷草色，晓天龙井护松阴。

淹留不敢辞行李，生怕归途起猎心。

【作者简介】

王栋，字隆吉，号一庵，泰州姜堰人。嘉靖三十七年（1558）贡生，授江西建昌南城县训导。后主白鹿洞讲席，至深州学正。著有《王一庵遗集》。为泰州学派创始人王艮族弟，与王艮及其子王襞并称“淮南王氏三贤”。

【注释】

①仙源：道教称神仙所居之地，也借指风景胜地或安谧的僻境。

②篮舆：古代供人乘坐的交通工具，形制不一，一般以人力抬着行走，类似后世的轿子。也说古时一种竹制的坐椅。

【导读】

诗人被道教圣地天目山的风光和传说吸引，一天乘坐篮舆登上云雾缭绕的山顶。一路寻觅天目二井，倾听仙人足音，看春雨中鹿台草色、晨光里龙井松阴，不禁感慨万端。

秦潼①晓发

明 · 黄浣生

两度宿秦潼，苍烟晓望空。荷香半艓②露，柳浪满衣风。

短棹仍鸥狎，愁怀有梦通。自怜归未得，尽醉任飘蓬。

【作者简介】

黄浣生，字位中，号眉房，泰州姜堰人。曾任明锦衣卫指挥、协理两淮盐政，入清不仕，著有《德园诗集》。

【注释】

①秦潼：现作溱潼，古镇名，全国历史文化名镇。境内溱湖风景区为国家湿地公园、旅游度假胜地，AAAAA 级景区。有珍稀动物麋鹿栖息其间。

②艓：小船。唐代杜甫《最能行》中有：“富豪有钱驾大舸，贫穷取给行艓子。”

【导读】

写诗人住宿溱潼早晨离开时的所见所感。溱潼之晨雾色空濛、莲荷飘香、小船半露、风柳拂衣、短棹欸乃、人鸥戏狎，其景美而有趣。然而诗人还是愁绪满怀。因为不能归来，还要如飞蓬样随风飘荡，不禁心生怜惜，只能以醉浇愁，任由漂泊。全诗虽短，可说满眼美景，满怀乡愁，令人动容。

姜堰道中初闻莺

清 · 黄云

半月市井尘扑面，放帆初喜临登潭。
忽闻树杪①有清韵，终觉耳边无俗谈。
柳岸弄音时上下，篷窗度影成两三。
安得闲招戴仲若②，再携斗酒游城南。

【作者简介】

黄云，字仙裳，号旧樵，泰州人。明末诸生，能诗文，善谈论，慷慨负气，屡辞聘召，并拒清朝鸿儒之试。晚年贫苦，康熙二十二年（1683）曾参修省志。著有《樵青集》《康山集》《桐引楼诗》《悠然堂诗》等。

【注释】

①树杪：树梢。

②戴仲若：东晋隐士戴颙，字仲若。

【导读】

该诗通过对潭边柳岸黄莺啼鸣飞翔之景的描绘，表达了诗人对大自然的热爱和对隐逸闲适生活的向往。

中秋杜茶村先生暨诸子集杜来阁①分韵

清 · 黄九河

一秋惟此夜，明月共谁看？人喜来蓬户，天应惜钓竿。
树分三面影，雁到二更寒。明月余清兴，仍来坐曲栏。

【作者简介】

黄九河，字天涛，号浮螺，姜堰人。贡生，以诗名京师。著有《深柳堂诗集》

《玉照堂诗稿》。

【注释】

①杜来阁，清初姜堰著名诗人黄九河在自家园中所建之阁。阁将建成时，适逢诗人杜濬由金陵来访，因名之“杜来阁”。

【导读】

诗人中秋之夜，邀请杜茶村及多位诗友会集杜来阁，吟诗唱和，至二更夜寒，还余兴不减，兴致盎然。由此诗可以看出，当年姜堰诗风之盛。

姜堰遇雨

清·仲鹤庆

断流因就陆，遇雨又停车。果得农功足[①]，何妨客路徐。

叩门寻旧好，下榻借仙居。但问从游子，犹歌食有鱼[②]。

【作者简介】

仲鹤庆，字松岚，泰州人，乾隆年间诗人。

【注释】

①农功足，农人的脚。农功，农事。

②食有鱼，用冯谖客孟尝君“弹铗而歌”典故，说明在老朋友这里受到了很高的礼遇。

【导读】

该诗是一首短小精悍的叙事诗，叙述了作者与友人一起出游，在姜堰遇雨，只得停车，由于路上实在不好走，就找到老朋友家借宿，受到老朋友热情接待的前后经过。写得很有情趣，反映了姜堰人的好客以及淳朴的民风。

由罗塘①之州城夜雨口号

清·黄荔

板桥②西去水潺潺，一雁横空唤梦还。
怊怅橹声灯影里，片帆连雨过唐湾。

【作者简介】

黄荔，字荻生，泰州人。工诗，尤精于词。著有《心退听堂诗稿》《黄荻生先生词稿》《绉春词》等。

【注释】

①罗塘：姜堰别称。1917年出版的《姜堰乡土志》载："姜堰……古名三水，以江、淮、湖（一说为"江、淮、海"）皆积于此故名之……其水由西来，至湾子口，一向东，一向北，相触回旋为罗纹而成塘，故又名罗塘。"

②板桥：老通扬运河（古盐运河）流经姜堰段，河上建有东板桥、西板桥。

【导读】

诗人雨夜乘船由罗塘前往泰州，一路水流潺潺，雁飞惊梦，孤灯橹影，雨打孤帆，处于失意之中的诗人，禁不住生出感伤惆怅的情绪。

微雨行罗塘道中

清·蒋文田

东风扇淑气，水木皆敷荣。微雨霭芳甸，春禽时有声。
兴来方独往，望远若为情。念我同心友，何时酒共倾。

【作者简介】

蒋文田，字子明，泰州姜堰人，太谷学派北宗传人。

【导读】

该诗写景抒情，将微雨中罗塘的景致描写得多姿多彩、生机勃勃。诗人兴致盎然，即景生情，想到与自己同心的朋友，感叹何时能一起举杯共盏，开怀畅饮。

泊溱潼

清·徐信

雨雨风风魂暗销，石头桥下晓停桡。
几千百个打渔艇，七十二家烧瓦窑。
寒水接天秋易尽，湿烟拖地年难消。
飘零到处频为客，独倚蓬窗感寂寥。

【作者简介】

徐信，字小园，江苏泰州人。工诗画，性疏放，嗜酒。行吟得句，每借市人笔砚记之。著有《青藤馆诗草》。

【导读】

这首诗写作者漂泊途中，经过溱潼，正遇刮风下雨，心中生出悲伤愁苦，只得将船在石头桥下停靠。放眼湖面，千百打渔艇在雨中行，远处有七十二家烧瓦窑冒着窑烟，秋天已尽，水冷天寒，烟雨连绵，这样的日子让人们怎么过！想到自己到处飘零，经常寄居他乡，不禁独自倚着篷窗，感到无比的孤独、寂寞。

二、历代名家写姜堰（散文）

天目山记

宋 · 胡昉

海陵东南姜堰北，有天目山，古地钵福地，峰鸠陶隐，居者云地钵临江东，《后汉志》海陵，《真诰》谓五陵地，此一也。海陵涂泥，碱卤土薄，芦苇所聚，无崇山峻岭、茂林修竹，而天目邱聚，土厚水甘，迥异四隅，宜松、桧、竹、柳，所以为福地。

东晋道士王冶隐居于山，修灵宝法，炼丹存神，植性累行。历宋齐梁百余年。功成行满，丹就果圆。双童传召王冶，群仙导引，步虚清，乐之音四比皆闻。白日飞升，世人始知山名天目。二井，公临升举封鐍极密，乃藏灵宝、符杖、履水袜、隐形帽于左丹井。梁昭明太子闻公升举，同邵陵王诣山致礼，导港直至山下。公居山日，有五色鹿产一女于山左草莽中。闻啼声，往视之，见鹿乳焉。公挈养之庵，鹿日三至。女至七岁，造一鹿女台，公飞升后，女欲南渡，邑人饯之横浦。云："后百年复来。"履江水而去。

景云二年十一月，山忽鸣，吼声闻远迩，乃敕遣天台山女道士王妙行，名山大川，洞天福地，投金龙玉璧。王妙行即鹿女，计百年矣。唐永徽中，有道士杨文稜预言逝期，又有王元真绝粒五十年，至八十四逝，就窆空棺只履。山有披头皂角树，合抱，仙翁手植。匠者睨视，山怒木啸，采访使李登以闻。天宇七年赐额"兴安观"，岁更二名，赐田十顷。天复之乱，县尹李瀆欲取山材治县宇，山神梦中现相，瀆立庙于此以祈之。元丰二年，蒋公之奇为大漕，致礼请祷开右井，得鹿角至数十丈，获金龙七，宝璧三十六，与通判何琬、漕属张轩氏、同知观葆光、法师金若水，重治堂庑百余间，具以闻，赐额"集真观"。宣和七年，邑民顾仲文治殿基，得丹炉鼎著，其土艳赤，服之愈疾。

山自地涌，气淳土厚，后人益培于左而山遂成，赘今七百年矣。嗣今继者，虽古木亦凋零，况榱栋乎？他年草梁木拱，人迹屏绝，则隐者至矣。

【作者简介】

《道光泰州志》卷三十一"艺文"所载《天目山记》文末附记云："旧州志作胡纺，下注淮东转运判官，不详何代。新旧府志于天目山下附载此记，仍州志作胡纺，俱作明代人。考明代无转运判官名目，府州志宋秩官内有淮南转运判官胡昉，其为昉作无疑。州志昉误作纺，淮南误作淮东，今正之。"由此可知，胡昉为宋淮南转运判官。其余不详。

送黄童子序

清·杜濬

泰州黄童子虬，年十一即以善弈称下弈秋一等耳。甲辰之岁，余客江都。童子之父忽率童子来谒。皂绨短衫，质犹婴孩。余顾之而笑别。

去五年，余客泰兴。童子之父又率童子来谒。则其年又逾成童。与之语，敏颖可喜。既居然秋矣。察其意，若亲余者。余甚异之。

坐甫定，其父为余述别后尝携童子北走燕市，挟其技谒名王将军。有某将军爱童子，厚赉金帛，留居毳幕，日为潼酪之饮。居一年，童子思母欲南归。将军不忍违，听之。而命工图其形，朝夕以玩如对童子。复厚有所赠，而丁宁童子明春必再至。其爱之至于如此！

方其娓娓陈述时，余左右顾，若无闻者，语既毕良久，余顾童子而叹。座客或戏余："何叹？岂非叹己不解弈，而空遇国手耶？"余默然不之答也。

嗟乎，此岂客所尝知哉！

昔先王爱人必自童子始。故七岁入小学，教之以入孝出弟之节，洒扫应对之事。十五入大学，教之亲师取友，离经辨志，得闻修齐治平之道。是以成就人材，非后世可及。即降而至于汉、唐、宋以来之盛世，虽不能一如先王之教，然童子受书，父师课其诵习，为之讲究。不见异物，不事佚游，以须其通达强立，往往亦得伟人为世道之赖。

今童子彬彬儒雅，有可以学问之质，然其生也仅十六年，则其所习见习闻者可知矣。又以其善弈也，为之父者，以贫故，不得已而鬻童子之技，夺其入学之时，出门而交。千里始发轫，而其所与游处已如此。语云：童而习之。则从此以往吾恐虽有大贤将不能挽回童子而与之谈邹鲁也。其可谓之幸与不幸欤？

夫士生而不幸，天也。然志士伤之矣，曰："我闻有命，不敢以告人。"而凡今之人，乃或不知其为不幸，又甚至以不幸为幸。有靦之颜过于吾前者，无足责焉耳。独惜童子有可学之资，当入学之年，猥来亲余，而余竟无益于童子。昔之人一遇郭泰辄折节向学，率为名士，岂皆虚言哉！

童子自此将南渡江复北之淮，则其所遇者又可知。吾滋为童子惧焉，而莫能挽之。于其行也，聊述吾所以深惜童子之意，且崖略举先王之教以告之，使志之于心。庶几童子虽不暇从事于学，而尚知我生之前固尝有是说，不致汩没讫无所闻，而懵然于孰为幸孰为不幸，然后知余向者之一叹为可思也。

【作者简介】

杜濬，字于皇，号茶村，晚号半翁，明末清初湖北黄冈人。明崇祯十二年(1639)乡试副榜，内避乱流转于南京、扬州，居南京四十年。著有《变雅堂文集》。

三、现当代名家咏姜堰（诗词）

修复曲江楼

管文蔚

曲江楼上风雷滚，血战黄桥万古奇。
革命道路多曲折，须知胜利来不易。

【作者简介】

管文蔚，江苏丹阳人。抗战期间曾任苏中军区司令员，新中国成立后任江苏省副省长等职，多次来姜堰视察，此诗写于 1986 年 7 月 9 日。

蒋垛苏维埃纪念馆

李进

屈指行将五十年，南乡起义满烽烟。
农村破产干柴在，政党兴功烈火燃。
勇对屠刀流热血，常思志士有新篇。
荒原岂灭离离草，待得春风绿又鲜。

【作者简介】

李进，笔名夏阳，泰州人。抗战时期曾任泰县县委宣传部部长，新中国成立后任江苏省文联主席等职。著有长篇小说《在斗争的路上》等作品。

溱潼道上闻子规

高二适

出蜀稀闻子规鸟，回乡初见杜鹃花。
一声肠断溱湖水，何事将归不问家。

【作者简介】

高二适，姜堰兴泰小甸址人，学者、诗人、书法家。

题银杏大树

徐观伯

远望云腾近伞撑，当年设帐课门生。
乡人话旧言难尽，瑟瑟风枝笑语迎。

【作者简介】

徐观伯，泰州人，抗战期间曾任泰县参议长、泰县二中校长。新中国成立后任南京博物院副院长等职，1983 年离休。此作所写银杏大树，是姜堰顾高千佛寺古银杏。抗战时期，抗日民主政权曾在千佛寺创办育英中学，不久改为泰县二中（今姜堰二中前身），为党和人民培养了大批革命干部。

偷声木兰花·过泰县

陈昊苏

当年顽我争姜堰，我让一城收一片。
背水待援，能战不为天下先。
英雄自有回天力，慧眼能分利和义。
岂曰无衣？与众同仇国手棋。

【作者简介】

陈昊苏，陈毅元帅之子。曾任国家广播电影电视部副部长、中国人民对外友好协会会长等职。中国作家协会会员，出版有诗集《红军之歌》《继志集》《走向新世纪》等。此词是作者于 1979 年冬到访泰州时所作。

访溱潼

石林

波光潋滟水回环，红雨纷飞麦浪翻。
莫道江南花似锦，溱潼水国胜江南。

【作者简介】

石林（1920—2001），江苏泰州人。诗人、书法家，江苏省音乐家协会原副主席。

逍遥乐·溱潼古镇吟

顾浩

鹿鸣楼上四眺。水国画中，风高云翻霞耀。一池堆翠，九流涌碧，百里烟波浩渺。遗迹多少！信目处，千年茶树，千秋寺庙。又麋鹿故园，湿地芳草。

溱潼八景竞俏，溱湖八鲜争好。待会船节到，篙林舞，锣雷闹！古镇盛世天，书香漫巷遍道。妖娆！锦绣诗章，没有句号。

【作者简介】

顾浩，曾任江苏省委副书记、江苏省文联主席。

溱潼水歌

孙友田

万朵浪水拥溱潼，千条彩舟踏波行。
水上狂欢年复年，会船锣鼓声连声。

【作者简介】

孙友田，诗人，曾任《扬子江》诗刊主编、江苏省作家协会诗歌工作委员会主任。

溱湖畔夜行在柳絮的温柔中

郑愁予

东风不来
三月的柳絮不飞
而现在是
四月柳絮多情的季节

微风是柳絮的温柔
扑面轻轻而无声
无声的温柔是妻子的
溱湖最知道

溱湖妇女劳动的肢体语言
像托兰一样的美
而引人张望
是隔水呼唤的剖光一样伦理情
溱湖是一家人的屋
是一家人的湖

在溱湖畔柳絮飘扬中夜行
感受微风徐来
轻轻扑面的温柔
啊，那是柳絮在飘飞呢
还是，还是化为溱湖温柔无声的飞歌呢

【作者简介】

郑愁予，诗人，耶鲁大学东亚文学系教授。

春暖花开　诗在姜堰

杨启宗

姜堰披着风和日丽的衣裳
显露着人比花娇的容颜
不亦悦乎地迎接客人

初遇姜堰
姜堰的美丽风景
令人十分惊艳
久久沉醉不已

幽雅如画的溱潼水乡风情
含情脉脉
更是令人留连忘返

古色古香的姜堰老街
街上人们与世无争的诗情人生

令人尤其羡慕不尽

终须告别
将把惊艳带回台北
把思念留在姜堰

【作者简介】
杨启宗，诗人，曾任中国新诗学会副秘书长。

溱湖飞歌

——写在溱湖飞歌国际诗人笔会

林祁

我翻卷昨天的道路寻你
听不见自己的声音
声音很轻
与柳絮齐飞
一张油菜花的请帖
与你一期一会

我只是一片震落的樱花
临终的眼里
你八百年的红茶花
炽烈如初恋
樱花也能是候鸟么
越洋只是轻轻一飘（漂）
风儿回归水
无须一头扑进怀痛哭流涕
一碰就擦出水花
这才叫一见钟情

眼光使水柔美
三水的灵魂醒来
五千年之水是很深的灵魂

你的姓名被淹没
来不及进入文学史
史里漫出绿肥红瘦
史里飞出蒹葭苍苍
一本书打开就能飞

让历史飞
让诗歌飞
让会飞的尘埃落定
让浮华的世俗沉寂

快乐在湿地栖息
落下是为了再次起飞
岁月也能飞么
还有谁比你更了解飞的意义

【作者简介】

林祁，中国作家协会会员，出版诗集《唇边》《情结》等。

红山茶花的绝唱

董培伦

这是一个凄美的故乡
掀起我心海中的重重波浪
波浪拍打着我的心扉
我的心扉挂满了淡淡的忧伤——

传说在很久很久以前
溱潼镇有位美丽的姑娘
在她情窦初开的花季
她竟爱上一位年轻的和尚

她不知这是无望的爱情
惨酷的现实令她羞愧难当

她避开别人的耳目跳进一口深井
用年轻的生命谱写一曲“爱的绝唱”

在她自尽的井边长出一棵山茶树
火红的山茶花年年开放
人们说这就是姑娘的化身
亭亭玉立在溱潼中央
从此年迈的溱潼古镇
因她而变得青春年少
从此年老的溱潼古镇
因她而变得漂漂亮亮

【作者简介】

董培伦，浙江诗人之家副主任、浙江省作家协会诗歌创作委员会副主任，著有诗集《沉默的约会》《浪漫岁月》等。

美丽的错误

冯亦同

溱湖国际诗人笔会上，来自宝岛的著名诗人郑愁予刚刚写就的新作《桥》在传送中“失踪”了，年近八旬的老诗人为登台朗诵而着急……

不在江南，却胜似江南
无数次梦回江南的白发歌者
竟在溱潼古镇丢失了他的吟哦……

是青石小街珍藏他跨海的跫音？
还是被柳絮亲吻缠绕的思绪
在醉人的东风里迷了路？
我问会船的锣鼓、观景的楼台
都说：栖落苇丛的天外飞鸟
也曾传诵“我打江南走过
那等待在季节里的容颜如莲花的开落”

四月的溱湖摇晃着万顷波光

恰似每扇窗帏后都有春的笑影闪烁
当“达达的马蹄”化作十里桨声
浪花也知道：你不是过客，你是归人
那染霜的鬓下依然有相思绽放
你要把心底的憧憬告诉这片水天
为今天和未来的每个渡口系上“中国结”

——多么“美丽的错误”啊
是夜雨中的溱湖悄悄收下了你的诗笺
看！一道彩虹桥，正在波心里升起……

注：引文见郑愁予名作《错误》，该诗作于1954年，诗人22岁时。

【作者简介】

冯亦同，诗人。诗作《莫高窟写意》获首届金陵文学奖。

高二适

——写在高二适纪念馆先生塑像前

刘镇

“一个才子，一个诗人，一个
追求光明的不阿草圣”！
他从流芳的小甸址走出
他从“三水”的姜堰走出
带着一身智水的灵气
书写了与水相融的烟雨平生！

“稀闻子规”的弯弯蜀道
曾“牵丝”国难当头的困顿
临江的燕子矶风中
曾“飞白”他豁然胸襟
《兰亭序》真伪的宏辩
突兀气格的峥嵘——
而“孤桐”“舒凫”之见知
又精致成迤逦佳话

风流所至，错落满纸清韵……

现在，他从南京三条巷回来
执杖听一湾流水之悠悠
举目眺沧桑岁月之无穷
这“高家二爹”、“溱潼女婿”
潜泳诗书墨海“不可以已”
怎不风神飞动灵思缤纷？
于是当月明星稀，春宵沉静
我见先生又含笑走下
仰其项背闻夫子一路朗吟：

“哦哦，上善若水月光若水
‘适吾所适’，乃天地至境！”

【作者简介】

刘镇，泰州姜堰人。诗人，中国作家协会会员，文学创作一级，辽宁省新诗学会副会长。

溱湖的水

庄晓明

溱湖的水
清澈的
可见到湖底闪烁的波纹
见到湖底的水藻，游鱼，螺贝
见到了一个自然，真切
清洗着我们满身灰尘的世界

溱湖的水
清澈的
可见到我们水藻间的清晰倒影
见到鱼儿与云朵的自由嬉戏
见到了一个相溶无间

又相忘于江湖的世界

溱湖的水
清澈的
可一篙见底
撑入了水藻、游云的天地
撑入了螺贝们的无忌乐园
撑入了一个失落已久的纯真世界

【作者简介】

庄晓明，中国作家协会会员。诗集《形与影》获江苏省紫金山文学奖。

栖隐溱湖

潘维

野鸭浮游在午后，
芦根解着河豚的毒，
而空虚，敲着柳絮轻盈的钟，
把寂静，飘入空气的肉里。

只有樱桃流露出忧郁。
只有忧郁是昂贵的，
把事情安排得又旧、又遥远，
如刀鱼绵密精细的刺。

水光缓缓燃烧着，
人生的无常栖隐在一口深井里，
被糖纸包裹的月亮，跳了下去；
到处丛生着一种随意的遗忘。

远处，领袖打断自然的沉思，
他挥挥手，消失在土里，不知哪一粒。
绿色从狐尾藻释放出自己。
风声没有改变我的体态。

【作者简介】

潘维，中国作家协会会员，曾获得中国诗歌网年度十佳诗人奖。著有诗集《诗五十首》《隋朝石棺内的女孩》《潘维诗选》等。

溱湖素描

陶惠林

溱湖水

溱湖的水静静的
静静的溱湖水悠悠的
悠悠的溱湖水腾腾的

溱湖的水柔柔的
柔柔的溱湖水什么都击不碎
什么都击不碎的溱湖水
什么都能击碎

溱湖柳

涓涓溱湖风
十里溱湖柳
摇曳的垂柳碧绿绿的
碧绿了溱湖的春

细细溱湖雨
十里溱湖柳
婀娜的垂柳湿漉漉的
湿漉了溱湖的夏

清清溱湖月
十里溱湖柳
多姿的垂柳妩媚媚的
妩媚了溱湖的秋

轻轻溱湖雪
十里溱湖柳
傲然的垂柳白茫茫的
煞好个溱湖的冬

溱湖船

从铜车战马的鼓角声中走来
从宣纸演绎的水墨画中走来
从水乡的戏台上走来
从农家的灶膛里走来
从渔人的大碗酒里走来
走进溱湖，汇聚溱湖
列列长阵龙腾虎跃
合奏气吞山河的雄浑
浓妆淡抹轻歌曼舞
同抒杨柳轻扬的风情
昂首傲立年复一年
齐展中华民俗的大观

【作者简介】

陶惠林，泰州姜堰人。江苏省作家协会会员、泰州市文艺评论家协会副主席，曾任姜堰区委宣传部副部长、区文联主席。出版诗集《远方的树》、散文集《水乡的记忆》、纪实文学《水乡儿女》（与人合著）等。

四、现当代名家写姜堰(散文)

烟花三月下溱潼

林非

徜徉在碧绿的旷野里，突然瞧见了这面多么巨大的镜子，清清爽爽地躺在前边，不住地闪烁出千点万点的金光，照耀着顶端那一层稀薄的雾气，悠悠晃晃地翻滚了一阵，就渐渐地被驱散开来，终于都完全消失了。于是在蔚蓝的天空里，在火红的阳光下，变得更澄澈，更明亮，更晶莹剔透。

赶快奔跑过去，走近这面镜子的旁边，望见了微微荡漾的浪花，听到了悄悄拍打堤岸的声响。哦，这明镜一般的溱湖，顿时就照亮了我的心，多么想立即消溶在这镜子里面。急匆匆地登上了一艘煞像是楼阁似的画舫，刚坐在洁净的玻璃窗底下，游艇就掠过几条狭长的小船，迅速地驶向湖泊的中央。快看这一条船上，十来个穿戴着黄帽粉衫和青裤白袜的大汉，正撑起长篙，飞也似地冲往远方的波涛；快看那一条船上，整整齐齐地站满了一群身穿红袄的姑娘，正轻盈地摇曳着双臂，唱起了水乡的渔歌；快看好几条纷纷扬扬划过的轻舟，有人穿着雪白的夹袄，有人披起乌黑的长袍；有的手捧着锣鼓，使劲地敲打；有的握住了长矛，指向闪亮的天空。

我身旁的好多游客，都欢欣地观看着，传出了啧啧称赞的声响。还听到背后有位见多识广的朋友，悄悄诉说着这儿赛船的来历。据说是南宋年间，岳飞统率的水军，曾在这里乘着船儿，大胜入侵的金兵；而在明代中叶，溱湖一带的民众，又于此间驾舟出击，大显身手，挫败了倭寇的骚扰和杀掠。这抵御侵略的凛然正气，和高奏凯歌的满腔激情，就一直在此间流传开来。每年的清明时节，都要汇集着上千条的船只，度过这欢天喜地和振奋人心的良辰。据说在两岸观看的游客，熙熙攘攘的，竟拥挤着好几万人。

生活一天天地富裕起来，划船前来参加活动的渔民，打扮得更漂亮了，人数也急剧地增加，因此乡亲们很骄傲地声称，像这样巨大的规模，在全国说来也都是少有的，从而就唱出了“天下会船数溱潼”这样的豪言壮语。真得责怪自己太孤陋寡闻了，竟丝毫也不曾知晓，在长江下游的江苏姜堰地区，这民间的习俗和庆典，还有着如此悠久的历史。等到明年的清明佳节，还能够准时赶来，好好地观摩一番吗？

我凝神张望着这些小船上的人们，多么想倾听他们从心间响起的声音，一定是在歌唱着世世代代都要传承和发扬的美德，温馨地热爱自己的家乡，坚贞地抗击残暴的强敌。这澄碧而秀丽的湖泊，这可亲又可敬的人们，在经过了片刻的接触之后，就已经引起我深深的眷恋。

向着匆匆游弋的小船，高高兴兴地挥手告别之后，美丽的画舫又往前方进发了。眺望着对岸一排排袅袅的垂柳，和一丛丛直挺的芦苇，浓淡相间地映衬着晶亮的湖水，好像也跟随乘风破浪的游艇，在缓缓地移动。这静谧和澄澈的湖水，这茂密和青翠的草木，怎么能不使得人们的心灵，变得异常的熨帖、舒畅和美丽起来？

忽然在苍苍莽莽的万绿丛中，冒出了一座黄墙红瓦的小楼，多么的鲜艳、豁亮和俏丽。我身旁的两位游客，轻轻拉开窗户，一面神往地眺望，一面指着这华美的建筑，说是在它的周围，遍地都青草芊芊，鲜花盛开。如果能够在那仙境一般的宾馆里，度过一个幽静的黄昏，默默地眺望着日落时分的溱湖，淡淡的红霞，洒在清澄的水面，氤氲的云烟，闪闪烁烁，飘飘荡荡，终生都会牢牢记住的。

有个挤在窗口的儿童，奶声奶气地叫喊着，“妈妈，一会儿去红楼里，坐着看湖好吗？”天真稚嫩的孩子，竟也会如此的爱美。人大概都是爱美的，爱大自然的美，爱人世间的美，爱着，爱着，也许就会在自己的周围，逐渐消褪着某些贪婪、凶狠和残忍的恶习？

会是这样的吗？我沉思冥想地询问着金光闪闪的溱湖。这微微起伏的浪花，似乎都在颔首应诺。而在苇塘附近飞舞着的一群喜鹊，却细声细飞地歌唱着；在水里泅泳的野鸭，也拔着野性的嗓子，粗犷地叫喊。这妩媚与昂扬的二重唱，替画舫的靠岸停泊，充当着最好的伴奏。

随着一群游客的步伐，我也行走在两旁铺满了绿草的小路上，张望着池塘里青青的浮萍，河滩葱茏的槐树。这绿色的世界，立即使我的心陶醉了，如果终日都能够在这儿轻轻地踯躅，该会变得多么的安宁、欢快和令人神往。

走着，走着，就瞧见了十余头肥硕的麋鹿，静悄悄地蹲坐在潮湿的草丛中间。这多么稀有的生灵，是属于全世界十大珍奇动物中的一种，哪怕走遍了天涯海角，也很难和它们走对面。我赶紧睁大双眼，贪婪地凝视。它们却歪着脑袋，斜着眼睛，投来冷淡的一瞥，是否因为见到的人太多了，也便见怪不怪，一点儿也不觉得稀奇？

昨晚初到姜堰，已经听东道主说起，在遥远的五六千年之前，就有成群结队的麋鹿，在这儿的湿地与草滩之间，兴旺地繁衍着。据晋代巨宦和诗人张华所著的《博物志》记载，生长于此间的麋鹿，因为“掘食草根，其处成泥”，“民随而种，不耕而获其利，所收百倍”。多么了不得的麋鹿啊，竟帮助过这儿远古的居民，从原始的渔牧生涯，走上农耕文明的途径。我又努力捕捉它们严峻的目光，猜测它们是否在哀悼替人寰建立功勋的始祖，竟纷纷地被捕杀，渐渐地稀少和绝迹？是否憎恨践踏与蹂躏华夏的八国联军，把它们仅剩于京都鹿苑里的祖先掳掠而去？谁说麋鹿不会说话，你瞧它们的那神态，那风骨，数千年的沧桑变幻撑起了群体的铮铮与凛凛。

我出神地打量着麋鹿，马儿似的脸庞，鹿儿似的犄角，驴一般的身材，牛一般的蹄子，真正地明白了“四不像”这精彩的俗称。如今，人们不用再从《封神演义》一类的古籍上寻找麋鹿的踪迹了，它们的父辈，在将近二十年前，终于从遥远的英国，回归了自己的故乡，在这里栖息、饮食、奔跑、繁殖和生长。

绿莹莹的草地，人与麋鹿相对。我尊敬它们，几乎是同华夏民族的历史一起出发，在漫长的发展途程中，作出力所能及的贡献。而它们望着我，也许在想，人啊，你既为万物之灵长，就要把这个世界上的事情干得漂亮，至少，在上帝赐予的这个乐园里，也要做到人与万物共存、共享、共荣。谢谢你的提醒，我在心里说。我仿佛听到无边的旷野，无垠的水波，也在发出如歌如啸的应和。

【作者简介】

林非，著名学者、散文家，曾任中国散文学会会长、中国鲁迅研究会会长，中国社科院教授、博士生导师。

溱潼，水的盛典

高洪波

应学友周桐淦之邀，我先是见识了泰州，然后是姜堰，再然后是溱潼。说到“溱潼”，桐淦认真地告诉我：“溱”字一般读作“真”，但唯独用于地名读作“秦”，字典上专有一条的。

归后查《现代汉语词典》（第7版），果然如此，第926页上赫然写道“溱潼，地名，在江苏”。六个极朴实的字，隐在文字背后的，则是一座古意盎然的苏中小镇，是碧莹莹的水，以及气势恢宏的“溱潼会船节”。数百艘大大小小的船只，高大的楼船，贡船，小巧的花船，龙舟，齐齐聚在万亩溱湖（旧称喜鹊湖）之上，端的是彩旗如帜，长篙如林。沿湖四岸，人密如过江之鲫，呼声似钱塘怒潮，十数万的观光客，把个古镇挤得水泄不通，在惊叹声中掀起阵阵喧嚣，天空中偶或腾起气球，扎成巨龙状扶摇直上，又有滑翔伞掠过助威。水面上的彩船，照我看分明是飘动着的巨型化装游行，让你看得目瞪口呆。南人弄舟的技巧，让我这个北人唯有叹服。

这一天是清明节后的第二天，此地民俗传为纪念当年岳家军与金兀术的一次血战，战后民众祭奠那些民族英雄的灵魂，代代相传，便成为今天这个溱潼会船节，已被国家旅游局确认为“全国十大民俗节庆活动”之一。如此说来，忠勇盖世的岳武穆，留给后人的不仅仅是杭州岳坟、汤阴岳庙，以及荡气回肠的《满江红》和《说岳全传》，他和他的士兵还把一个节日不经意中留给了后人，留给了江苏和溱潼。当万支长篙点水、万把长桨划动，万人高声呐喊之际，溱潼的湖水为之鼓舞，草木为之生色，我还看到一艘龙舟喷火，一艘龙舟喷水，衔枚疾走于水面。龙舟过后是穿旗袍的船女，立在船上撑篙而行，旗袍顾名思义是旗人之袍，旗人均为北人，均为马上功夫了得的民族，可数代之后旗袍成为淑女之时尚，继而演变成今天水上船娘的集体表演，文化的递进与嬗变，由不得你不叹服！

水上盛典结束了。偶遇一位脸颊黑红的汉子，桐淦介绍说这是活动总指挥、姜堰市委副书记高永明。高书记朴实地笑道：“早上四五点钟人们就上船了，为的就是会船节上赛船，荣誉高于一切！这些活动全是各村自发组织的，老百姓高兴得很。”

乡亲们的确高兴得很，从我们吃午饭餐厅的大玻璃窗望出去，各种彩船仍在自发地比赛着，欢笑声随水花泼溅，竹篙起落之际，把浓浓的余兴显示出来。此刻阳光下的溱湖，金波潋滟，鸟声鸣啾，真真是一派进口大片的外景地模样。问桐淦十大民俗节还有哪些？他随口说出云南傣族泼水节。

忍不住笑出声来，原来早在1991年的4月5日，也是在这么一个日子，我们二人在云南畹町享受过水的祝福,水的盛宴,事后同行的汪曾祺先生调侃我们:“被祝福得淋漓尽致。”

水呀水，江苏溱潼的水与云南畹町的水，竟然这么巧巧地融合在生命的时光中，流淌在记忆里么……

水的盛典，船的聚会，人的力量。或许，还有民族文化中那股澎湃不止的生命力吧，我想。

【作者简介】

高洪波，笔名向川。中国作家协会副主席、中国作家协会儿童文学委员会主任。1971 年开始发表作品，2009 年出版《高洪波文集》（八卷本），2018 年出版《高洪波文存》（九卷本）。曾获过全国优秀儿童文学奖、国家图书奖、冰心奖等。

溱潼湿地野为魂

刘心武

2011年暮春曾到溱潼湿地一游，所见的柳林苇丛、野鸭麋鹿仍历历在目。如今已是2012年冬日，那溱潼湿地，会否呈现一派枯枝残荻的萧索景象呢？从网络上搜索，见到“驴友”拍下不久的一组照片，那里的乔木灌木固然存绿不多，芦荻蒲草也果然残花瑟瑟，但是，湿地中却布满来憩的野禽，飞动出一天的音符，嬉戏出一湖的诗句，正是生机勃勃、催人咏唱！

溱潼湿地辟为了旅游地，如何在生态保护与吸引游客上保持良性平衡？看来狠下了一番功夫。像这样的旅游景点，其主要的功能，是向游客普及保护自然环境的观念，人类若不能将日见减少的自然湿地加紧保护，最后将会随地表的干燥化、沙漠化而丧失生存条件。游客到了这里，切莫悍然自视为“大自然的主人”，扬言什么“我们不能等待大自然的恩赐，我们的任务是向大自然索取”，在对湿地的原生态地表及生物链的观察欣赏中，要对大自然生出敬畏之心，懂得我们只能是努力成为大自然的朋友，而绝不能无休止地向大自然索取，得到大自然的恩赐后，应虔诚地向大自然奉献回报。

溱潼湿地景区，努力地维护着原生态的植被、河汊、水生动植物，除了必要的木质栈道、栈桥，在亭台楼阁的点缀上，体现出可贵的克制。如果说苏州园林那类的景观是以意为魂，也就是说，处处体现出人工营造美丽的丰富想象力与技能技巧，那么，湿地景观的开发，则应以野为魂，就是要将人为刻画的痕迹减至最小，处处尽可能呈现出野景野态，以使被过度“现代化”压抑的游人心灵，从大自然的拙朴形态中获得舒张。

溱潼湿地管理部门，约请了国际著名的专业设计师，设计出湿地科普博物馆，整个建筑群的形态与周遭自然环境和谐，内部的布展手段达到国际先进水平，估计投资不菲，这叫作把钱用到了刀刃上，值得为之鼓掌。相信一批又一批的参观者，进馆时可能是一种懵懂的状态，出馆时再到湿地园区去漫步，眼睛会更亮，心会更软，那些野生的树木苇草会显得更有诗意，那些飞翔其上、游动水中的野禽，会觉得格外值得爱怜，再不忍心将其捕捉戕害。

溱潼湿地与泰州的其他景观相连，游人可以在欣赏完自然景观后再去人文景观中流连。到我去参观时为止，我觉得相关部门在两组景观的衔接上处理得不错，不是将它们以商业区勾连，而是令其有一大片田园作为过渡，这是对湿地的呵护。游客们，特别是年轻的游客，他们往往不管到了哪里，都想在观览之隙找些余兴，比如品尝美食、泡温泉、进行带有刺激性的娱乐活动，溱潼湿地理所当然地为他们准备好了度假村、餐饮店，和规模颇大的温泉城，但这些活动空间的布局，都十分合理，无论是品尝当地著名的“溱湖八鲜”，还是享受当地的地热资源泡温泉，那些餐馆和温泉城都适当地离开了湿地的原生态区，不会使游人在湿地中享受诗意时，忽然被烹调的气息败兴，或在苇丛后突现出一大片泡温泉客人的停车场。溱湖最大的水域是喜鹊湖，湖畔正兴建一座很抢眼的佛塔，据说一部分湖面为年轻游客提供快艇、水上滑翔、气球升空一类的娱乐项目，我个人建议，类似佛塔那样的人造景观最好到此为止，切莫再予增添，喜鹊湖最好彻底恢复平静，给野生飞禽们一个更免受惊扰的大环境。

冬日的溱潼湿地尚且有这么多的野禽来亲近栖息，其他季节更何消说。据说有的禽鸟本该再飞往别处的，结果却在溱潼湿地乐而滞留，大有归化之意。看到热心“驴友”放到网上的照片，特别是那些丹顶鹤愉快剔翎的美姿，我不禁心旌摇曳。当春风又绿溱潼岸时，那湿地的野趣一定更浓，诗情画意必定更加自然天成，重游的欲望，在我心中愈加强烈！

【作者简介】

刘心武，作家、红学研究家，曾任《人民文学》主编。长篇小说《钟鼓楼》获得茅盾文学奖。

溱湖心影

卞毓方

旅居姜堰，晚，柳君来访，结伴同游溱湖。

淡月、疏星、微风。坐在湖畔一块大石上，面对清凉幽谧的湖水，突发奇想：假如在这附近结数椽茅庐，安排度假、写作，多好！思维即刻闪回青年时代，杭州西湖，湖边一所雅居，听人说，房主是文采风流的俞平伯，当下便十分心仪，觉得唯斯人也，才有资格享受斯地。西湖是神州大地的尤物，缘西湖而居，几乎就是枕着半部中国诗词史、文化史。转而想起北大未名湖，南侧也有临湖轩，幽泉怪石，水木清华，好一个淡冶相得的所在；依稀记得是和蔡元培有关。旋而又想起粤东五华的汤湖，我刚刚去过那里，远景为一溜攒簇的峰峦，近景为一圈欧式小木屋，这是市场经济的产物，新兴的旅游景点。

柳君问我在想些什么，我据实以告。柳君说，溱湖不能和西湖类比，也不能和未名湖类比，它们一个是在名城圈内，一个是在名校园内，位置优越，得天独厚，而溱湖，不过是在苏北一个小市的郊外，地理、人文环境，都差远了。但作为里下河地区的明珠，溱湖也有其悠久深厚的文化积淀：这一带曾是“中华瑰宝”麋鹿的故乡，有上古时代的化石为证。清末，八国联军把麋鹿掳掠去国外，国内几乎绝迹，20世纪80年代，英国归还一批，落脚点首选就是姜堰，姜堰当时考虑地少人多，你想，养人尚且吃力，哪有余力养动物？所以没要，麋鹿就北上去了大丰。尔后经济发展，实力增强，姜堰开始懊悔，遂于湖边划出一块湿地，转而从大丰“进口”两对麋鹿，饲养起来，如今已繁殖到19头。这一带更以会船节闻名遐迩。所谓会船，就是船会，若干船只在一起交流、比赛。相传宋代，岳飞曾统率水军在这儿大败入侵的金兵，又相传明代，乡民曾在此痛击来犯的倭寇，作为一种庆典，也是纪念吧，从那时起，民间就有了每年清明撑船竞技的习俗。千百年沿袭，流传到今天，已蔚为“天下会船数溱潼”的壮观。今年会船节你也参加了？怎么样？声势很是显赫吧。水面有千舟竞发，空中有直升机航拍，岸上有数万名观众欢呼。从船只种类到水手服饰到队列编排，都十分讲究，凸显了击楫中流、奋发向上的时代气概。会船节之外，日常也安排小规模的赛船表演，主要是为了渲染气氛，招徕游客。围绕溱湖风景区，市政府有大规划，据说是以森林、湿地为主，辅以度假村、娱乐场、会议中心等等，这一切，和你说的那个粤东的汤湖相像。我想，完全世外桃源，做不到。一味开发，也不是好事。这次你们来了不少专家、学者，欢迎多提开创性的建议。

说话间，远处传来欢快的水声人语，朦胧中，有小舟泊向杨柳岸。我一时兴起，提议夜游溱湖。柳君说“行”，他跑过去，用当地话和船家协商。未几谈妥，回头招呼我上船。

这是一艘舢板，舱面窄而尖，掌篙的，是一位年轻女子。女子说她们晚上是不载客的，刚才下船的那位，是她伯伯的孩子，她的堂弟，高考考中了北京的大学，明天要离家远行，出发前，忽然想到要再逛一次溱湖，她就陪他出来耍一耍。女子又说，她堂弟读书的姜堰中学，教学质量是相当高的，今年江苏省的理科状元，就出在他们班上。这么说，是真正的地灵人杰了。我不由想起日间参观的刘氏“状元府”，李氏“院士第”，以及出生、活跃在这一带的古今名人，如施耐庵、郑板桥、高二适、梅兰芳，以及陆文夫、汪曾祺、黄蓓佳、毕飞宇等等，心境立刻变得豁朗而又清灵。须臾船到湖心，四望水天空阔，虚明凝湛，端的有范仲淹笔下“皓月千里，浮光跃金，静影沉璧”的韵味，只少了“渔歌互答”。

又向外撑了一程，临近一处沙洲，我示意女子把篙停下，问她能不能为我们唱一首民歌？我设想女子一定会忸怩推托，没承想她十分爽快，当即清清嗓子，唱了起来。歌曰《拔根芦柴花》，歌词倒有即兴问答的味道：“叫（呀）我（这么）（嘿呀）来（咳）我（哇）就（的个）来（嘘），（拔根那芦柴花花）……”哇！芦柴花？这沙洲不有的是！我朝密密匝匝的苇丛望去，心里想着待女子唱完，撑过去采它一束，权作今晚的奖品。“樱桃（这么）好也，要把树来栽……白米饭（那个）好吃要把秧来栽，（嗯哪哎咳哟）（月下芙蓉牡丹花儿开）……”一曲将尽，自沙洲苇丛，扑棱棱飞起一群宿凫，在清幽幽的月色里嘎嘎乱啼——仿佛天地山川神秘的回音。

【作者简介】

卞毓方，记者、作家。已出版《岁月游虹》《长歌当啸》《季羡林：清华其神，北大其魂》等。

姜堰的水，姜堰的人

石英

我走在姜堰的大地上。

姜堰这地方，对我来说并不陌生。还是在我少年时代就熟悉了它的名字。按说在那个时候它既不是通都大邑，甚至连县城也不是。我清楚当时它就是一个镇，却先是在我喜欢看的解放区报纸上，后来又是在我做机要译电工作的笔端上，它时不时地与我碰面。尤其是在1946—1947年间，在粟裕将军指挥的苏中七战七捷以及随后新四军主力部队北撤山东期间，我对苏中的几个镇子——姜堰、邵伯、仙女庙等，简直就成了相熟的朋友。由于个人的独特经历，我与人民革命战争有着血肉相连的关系，同时对于用自己的一切养育了革命、养育了革命军队的土地和人民，自然也就有了血肉相连的深情。

何况，在近年中我也曾来到过姜堰，亲瞻了它那蓬勃向上、令我感到亲切的神采和姿容。当然，它如今已不再是几十年前的那个姜堰镇，而是新兴的江北名城姜堰市。记得大约是三四年前的会船节，我由北京应邀至泰州讲课，得蒙主人盛情一起安排来姜堰参加这个盛会。说实话，多年来我在国内不同地区也曾参加过诸如龙舟赛、竹筏竞渡等舟船系列的活动，但哪个也不及姜堰会船气魄之宏大、种类之多样，展现在我面前的唯有“眼花缭乱”“目不暇接”这类词语始能略状其势！不仅如此，从其外观的状貌上，我更领略了姜堰人性格之神髓，那就是激昂向上，不甘息后，却又各扬其长，重在合力。谁知在几年之后，我又有幸再晤姜堰之真颜。之所以说是“真颜”，是因为上次已为会船盛况所微醺，且时间短促，远未饱览其盛景之多娇。此次蒙东道主的周密安排，始能尽情体味溱湖湿地的种种佳处。也感知虽说祖国幅员辽阔，类似地貌尽管并不仅见，但如以求知之心，竭诚之情，仔细地观察，必会有新的发现，在内心信服地认定：它正是不折不扣的“这一个”！

我在姜堰深深感知了溱湖的风“味”。其实那一天并没有起风，而且可谓地道的风平浪静，但我却真真确确地分辨出了昨日与今日风“味”的迥然不同。也许我刚从大城市来，便匆匆来到溱湖——一个全新的小世界，未曾观景先闻其味，昨日延续了多少年的“味”，为今日一朝新的风“味”所滤爽。似无风也有风，似无味也有味儿。那就是融合着芦苇和蒲草的清气，荷与睡莲的幽香，还有溱湖水波特有的柔情。慷慨的赐予，无声的交流，使我这个向来对气味特敏感，对真诚特知恩的外乡人，对溱湖一下子就产生了异乎寻常的好感。

唯因其新，愈见其真。溱湖之美，是真美大美。这里所言之真，就我的感受来说是融风景之美与人心之美的典型。我言其大，是这里空间之大与格调之大气相得益彰。我在溱湖景区走路行船，一种突出的感觉就是这里既畅明又迷离，既无乱象杂陈却又纵横交错，但布局分明又有章法。迷离却不会使你迷糊，畅明而又不使你觉得一览无余。繁富而不单调，装点有度而不流于奢华。游遍了溱湖景区，在我心目中形成的总体性“内部语言”是：谐和自如，恰到好处。

而人心之诚之美体现在我接触到的几乎所有人的身上。不论是市里相关的负责人，还是当地的文友，或是船娘和女导游，都可以如下几个字概括之，即真诚质朴又颇富智慧。接待方相关部门的同志话语不多，但绝无虚言客套，能交流，善解人意。有几个细节给我留下了很深的难以忘记的印象。非止一位船娘不仅体现了她们稳练高超的撑船技能，而且会的歌很多，唱得又极认真，更难得的是仪态举止落落大方，对客人尽其所能，胜任愉快。当她们唱罢一曲，得到了客人由衷的称赞，她们大都会自动地“再来一个”，使人觉得分外亲切。我们这些人大都是“北方佬”，她们的唱词大部分听不懂，后来才知道她们唱的多是传说和戏曲中的经典故事、爱情悲剧，也有历史上的爱国英雄传奇等等。总之，在这清漪的湖波里，在桨声欸乃的节奏中，也是一种柔情与人间正气的融合。船娘们本身演绎出的就是一道独特的有形有声的风景线。还有，在这里，我不经意地上了一堂有关莲、藕、睡莲以及芦苇、菖蒲等植物的知识课。那是当我随便向导游姑娘请教一个不解的小问题时，便引出她对如上植物的习性如数家珍般的讲述。譬如荷花、睡莲种植的深度，芦苇、菖蒲的多种用途，等等。这不禁使我再一次印证了一个人生至理：人只要还在生存，求知之心就不能停止探进，随时随地皆有学问，真智属于知不足者。类如以上植物，我幼小时村边湖塘比比皆是，却熟视无睹，竟不知还有这么多的讲究。正所谓：纵是日常荷边转，焉知奥妙在其中……由此看来，溱湖亦是启智之湖。

总之，这里不仅是强度张扬着大自然之魅力，也深含着人文气格的丰厚意蕴，当我离舟“登陆”之际，还不由地回眸环视目力所及的湖区。我觉得它给我的不只是一份非俗的眼福，更是一种久久萦怀的心灵之缘。

随后我们去溱潼古镇，可谓是姜堰行的完美的匹配。如果说溱湖和相关的湿地是地域之肺，那么溱潼古镇应是乡土之根。在当下神州大地上，古镇古村的发掘蔚为壮观，东西南北星罗棋布。应该说，这几年我看了不少。在这种情况下，真实自然、完整保护而特色鲜明者当为上乘。桃李不言，下自成蹊，当然便会使人难忘。溱潼古镇的好处正是这样：它不仅保护了外表的状况，而且充分彰显了传承已久的民间习俗。此点之所以重要，是因为不论时代如何推进，社会如何发展，心灵之根不可切断。与之相互印证还有货真价实的古树，心灵之根与大自然之根相互映照，又是一组辩证的整体。此外溱潼古镇还保留了一条很长的店铺栉比的市街（好像是东西走向）。我对此尤感兴趣，它引发了我对故乡曾在那里上过小学的宋明古镇的回忆，仿佛有一种极为亲切的重合感。我们心中的情感积累和文化积累就是这样长时间反复交错逐渐完成的。基于此，我本想在这条似曾相识的市街上充分体验一下，却无奈时间安排得太紧，我一面依依眷恋，一面又只好向大巴停留的地方奔去。最后，还落得一位年轻的文友因为买烧饼而耽搁了些时间，慌促间误以为丢了手机，但当别的同志拨打他的手机号码，那手机也正在焦急地呼唤它的主人……

我少年时代即知姜堰之名，当时亦不觉其非常遥远；几十年后始与其真的相近、相知。人与地，昔与今，有缘者始能心心相印。即使在今天交通非常便捷的条件下，也不可能凡去过的地方留下的印象都达到如此深刻的程度。而对姜堰，则写下如上小文表之，以遂我自小产生的心灵相通之缘，同时也回报它热诚好客的盛意。

【作者简介】

石英，曾任《散文》杂志主编、《人民日报》文艺部副主任、中国散文学会副会长等职。著有长篇小说《同在蓝天下》，以及《石英美文选》《石英红诗选》等 60 余部，约 1300 万字。

我到过棋圣黄龙士的故乡

红孩

几年前，有出版社约我编一本作家与围棋的书。开始我没底，不知道作家里有多少人精于此道。于是，向朋友们打听，结果，发现有众多的文友都会下围棋，有人还专门写过散文、随笔文章。

我最早看到关于围棋的作品是电影《一盘没有下完的棋》。那时候，年龄还小，对围棋了解不多。后来，长大了，不断看到关于中日韩围棋擂台赛的新闻，那兴奋紧张的心情不亚于看女排决赛。其时，还有足球世界杯，虽然对中国人也极大地刺激了一阵子，终因国足的不争气而逐渐被冷落。

我知道江苏作家储福金是下围棋的高手，他的长篇小说《黑白》就是有关围棋的。我还知道，日本作家川端康成的纪实性小说《名人》也是关于围棋的。围棋里的奥秘很多，棋谱也不少，各地还有很多围棋学校。每年有很多中小学生要参加不同层次的段位考试，据说可以按特长生加分。至于与围棋有关的种种传说，就更多了。

在中国围棋界，聂卫平是一座高峰。他的师父是陈祖德，陈祖德的妹妹是著名女作家陈祖芬，我们是忘年交。聂卫平有个外号，叫聂旋风，其名得来，主要是屡次击败日本、韩国高手而被观众赞誉的。每个时代，都会有每个时代的偶像。最近十年，人们崇拜的偶像是姚明、刘翔。20 世纪 80 年代则是聂卫平、郎平。他们的人气指数超过所有的歌星、影星。

某日，江苏文友约我去泰州姜堰市。泰州是知道的，最早知道那里是京剧大师梅兰芳的家乡。我总觉得，一个地方出了一个或几个名人，不是什么惊天动地的事情。但如果出来一个国家领袖级的人物，那真的是人间奇迹了。

当下，随着旅游经济的发展，各地争名人造名人的事件层出不穷。那么，此次到姜堰是不是也会让我饱受一次名人效应呢？当然。

夜宿溱湖，窗外月光婆娑，微风吹皱一湖碧水。睡梦中，一位历史老人悄然来到我的床前，向我诉说起姜堰的传说——

姜堰始于西周筑城，西汉立县，唐建仓场。其姜堰得名于北宋姜氏父子毁家纾难，除患兴利，筑起百里大堤，后人感其仁义之举，将大堤取名姜堰。至于南宋，岳飞曾屯营于此，抗击金兵，溱湖真可谓战鼓声声不绝于耳。

“可曾有文化遗产留下？”我迫不及待地问。

“不急，不急，且听我慢慢道来。”老人以吟诵的语调对我唱道，“一曲《桃花扇》，孔尚任执古代昆曲之彪炳；一盘围棋，黄龙士开后世棋坛之先路；一篇《兰亭序真伪驳议》，高二适挑战权威，为人景仰。”

哦，一代棋圣黄龙士原来竟然诞生在姜堰。

黄龙士，名虬，乃清代围棋的第一座高峰。他十七岁到京城，与已享誉多年的盛大有对局，七战七捷，从此成为国手。与黄龙士对弈最多的是周东侯，流传至今约有二十多局，黄约三胜其二。其他如谢友玉、周西侯、卞邠原、何闇公、吴瑞徵、张吕陈等亦大处下风。人们将黄龙士尊为棋圣，和思想家黄宗羲、顾炎武等人并称为清朝“十四圣人”。黄龙士对围棋发展的最大贡献，在于他转变了围棋的风格。在他之前，棋风局面狭窄凝重。黄龙士使棋风大变，在他之后，局面开阔，轻灵多变，思路深远。徐星友这样概括黄龙士的棋风：“寄纤农于滔泊之中，寓神俊于形骸之外，所谓形人而我无形，庶几空诸所有，故能无所不有也。”“一气清通，生枝生叶，不事别求，其枯滞无聊境界，使敌不得不受。脱然高蹈，不染一尘，臻上乘灵妙之境。”意思是说，黄龙士在对局时考虑全面，判断准确，力争主动，变化多端，不以攻杀为主要取胜手段。他与周东侯的对局，被称为“龙争虎斗”，与徐星友的三子谱称为“血泪篇”，皆臻上乘之境。据传，日本棋家认为黄龙士中盘有十三段，皆因其算路之深远，让人不得不服。

我对围棋没有研究，以上所记录的不过是有关黄龙士传说之一小部分。不过，我喜欢看这种传说。现在不是有这样一说吗——人的最高境界是：你已经远离江湖，但江湖还在传说你。我们不管黄龙士这个围棋名宿的本事究竟有多大，既然后人都愿意奉他为师，那我们还有什么可怀疑的呢?

我还想到高二适。这位书法大家在世时并不是以书法名世，而是以和郭沫若打了一场关于“兰亭序”的笔墨官司而一举成名。我们在感佩二适先生敢于向权威挑战的理论勇气时，也感佩毛泽东当年对这位非名人二适先生的支持与肯定。比起当下某些名家大腕，不知天高地厚地冠以什么国学大师、美术泰斗、书法大家，对于别人的学术批评动不动就对簿公堂，不让年轻人、非名人说话，实在让人感到乾坤颠倒了。

在姜堰城内北大街文化街区，有一所刚经过简单装修的老宅，当地文化部门的领导告诉我，那里就是总书记童年生活的地方。现在，仿过去的样子想恢复，但总书记的亲属很低调，坚决不让大兴土木，只是让游人知道总书记曾经在这里生活过而已。在朋友们的陪同下，走进不大的院落，想象着总书记当年在这里出出进进的样子，让人不禁留下无限的遐思与畅想。

穿过总书记的旧居，胡同口外便是居民生活区。富裕而悠闲的老百姓们，有的在遛弯儿，有的在喝茶、下棋。我不知道这下棋的人群里是否有黄龙士的后人，如果有，那他的水平一定是不错的。不妨我们坐下来，学上几招，回到北京也好向朋友们炫耀一番，说我到过棋圣的故乡了。我这样想着。

【作者简介】

红孩,作家、学者,中国散文学会常务副会长、中国作家协会散文专委会委员、《中国文化报》文学副刊主编。

姜堰行纪

陈福民

一

说到南方风物，人们往往会脱口而出“上有天堂，下有苏杭”，而通文墨的人，大约都喜欢“日出江花红胜火，春来江水绿如蓝，能不忆江南”这类形容。因为这些说法太过深入人心，于是人们便省略了很多，仿佛其他地方不值一提。例如民间一向有“五岳归来不看山，黄山归来不看岳”的递增排比，本意是用来形容黄山的独树一帜，但渐渐地，黄山似乎就有了碾压其他山岳的骄傲。

因此，泰州市姜堰区这个“水做的城市”，在我第一次探访她之前，她几乎是不存在的——我只知道苏州、杭州、无锡甚或周庄、乌镇、西塘……却从来不知道还有姜堰这么好的一个去处。这里之所以被形容为“水做的城市”，是因为姜堰地处长江、淮河和黄海三个水系交汇之处，千年冲刷沉积，为这里带来了土地和充足的水源。难怪姜堰还曾有“三水”之称。

格非把自己的长篇小说命名为《春尽江南》是有根据的，镇江丹徒确实在长江南岸。而与镇江距离不远的姜堰不属于“江南”，她坐落在长江北岸。但这一点都不妨碍姜堰的风情万种，更无法掩盖她的水患频仍。相传，北宋年间姜仁惠、姜谔父子在此定居，并出资出力建起一条堤堰，疏通水道抗洪保田，使人民安居乐业，三水这个“水做的城市”因此被称为姜堰。尽管这个美好的故事还缺乏扎实的史料支撑，但人们特别愿意相信这个传说，特别希望在财富与善良之间架起一条彩虹，去克服那些平民难以抗拒的人间灾祸。三水——姜堰，最终有了和都江堰、十堰平起平坐的意味。至少，姜堰的命名从始至终都在讲述着她与水与长江的不解之缘。

六月的姜堰，是风流旖旎的；六月的姜堰，是清新脱俗的；六月的姜堰，是氤氲湿润的；六月的姜堰，是温婉动人的；姜堰的六月，也是最热情好客的。从扬泰机场驱车至姜堰，一路上杨柳轻扬，熏风拂面。对于一个北方人来说，用不着去仔细区分什么江南江北吧。这个隐秘的胜境，就是我亲爱的南方，就是我心中的天堂。

二

淮左名都，竹西佳处，解鞍少驻初程。过春风十里，尽荠麦青青。自胡马窥江去后，废池乔木，犹厌言兵。渐黄昏，清角吹寒，都在空城。

杜郎俊赏，算而今、重到须惊。纵豆蔻词工，青楼梦好，难赋深情。二十四桥仍在，波心荡、冷月无声。念桥边红药，年年知为谁生？

南宋词人姜白石的这首《扬州慢》，发思古之幽情，写了金兵两次侵袭扬州，导致城废人亡的“黍离之悲”。他开宗明义写扬州，但所述景象其实并不限于扬州，还包含泰州姜堰以东的大部分江苏北部地区。这一地带虽然是“淮左名都”，不输“钱塘自古繁华”，但在长江与淮河的统领下，河湖港汊水网纵横，又是水患无常民不聊生的。所幸值此盛世，六月姜堰暮春初夏，正是云蒸霞蔚、柳绿鹅黄时节，堤上农夫河下渔人，处处盎然生机，与一千多年前白石道人笔下的凄凉萧条完全不可同日而语。

溱湖国家湿地公园与溱潼古镇，是姜堰区的两个著名观光区，犹如两颗明珠。前者是国家AAAAA级旅游风景区，后者则是一个保存了不少明清建筑的古镇子。在我印象中或者认知里，此类景观在长江沿线或者更南一些的地方，并不稀缺。姜堰人似乎也并没有特别卖力地“吆喝”，它们就风轻云淡平平常常地安居在那里，一如古镇老街上来来往往的行人。按照常识，为了申请AAAAA级，很多地方政府都会声嘶力竭不遗余力，申请下来往往大张旗鼓夸耀。比如他们会搞一些伪民俗，再编造一些稀奇古怪的民间传说去碰瓷历史，最后在仿古一条街上兜售大部分是从义乌进货的各种旅游纪念品。但是姜堰人以及他们的两颗明珠，却完全没有沾染这种流俗。溱湖湿地公园像个安静贤淑的小家碧玉，她拒绝浓妆艳抹与精雕细刻，只凭借清澈的湖水和湖面上掠过的几缕清风，就散发出了自己优雅的气质。而古镇老街上洁净与井然有序，与每天都在那里过日子讨生活的民众融为一体。也许，这份难得的恬淡从容，正是姜堰人引为骄傲的吧？

三

泰州姜堰的名头虽然不及南京、扬州、苏州这些城市来得那么大，但对于围棋爱好者来说，却是令人敬畏的圣地。从2011年起，作为“黄龙士杯世界女子围棋团体锦标赛”的承办地，姜堰迄今已经连续成功举办了九届杯赛。借此东风，由《中国作家》杂志社主办的首届“金姜堰杯”中国作家围棋赛也在姜堰溱湖湿地公园举办。

中国作家中热爱围棋的“一小撮”人，除了储福金、李洁非因为身体不适而缺席，大部分人都跑来共襄盛会了。非常幸运的是，六月份这个时间，刚好是第九届“黄龙士杯”最后一轮中韩对决，我们在此见到了围棋界如雷贯耳的职业大师：聂卫平棋圣、林建超主席、华以刚八段、华学明七段……而那些娇小玲珑的中韩女国手个个英姿飒爽，小姑娘们就坐在研究室里关注着对局，我们偶尔能溜进去表示一下敬仰与钦佩。除了向国手们索要签名，还可以用生硬的“阿尼哈塞哟”跟韩国棋手打招呼。

杜甫曾经形容诗人的甘苦是“为人性僻耽佳句，语不惊人死不休”。而此刻下围棋的中国作家们，已经顾不上“佳句”，他们苦于寻找“妙手”而不得，频频长吁短叹抓耳挠腮。只有唐晓渡先生，无论胜负自始至终不失其端正儒雅风度，为作家们保存了一些斯文。

由于“金姜堰杯”中国作家围棋赛的机缘，我“结识”到三位黄先生，尤值得在此一记。

第一位黄龙士，清初大国手，棋圣。他竟然是姜堰当地人，古镇上有他的纪念馆。他与徐星友的著名十局“血泪篇”成就了中国围棋史上的一段佳话。过去听惯了烂柯山的神话故事，觉得古者大师都是飘在云端的仙人。而黄龙士虽距今已有三百多年，但他的铜像就坐落在纪念馆，像一位平常的贤者近在咫尺触手可及。

第二位是金姜堰旅游发展有限公司的黄跃华先生，一位平和而干练的人，总是笑眯眯的模样。作为企业老总他公务繁多，却酷爱文学写作和围棋，且棋力十分了得。

第三位是黄坚先生。这位高大帅气的小伙子是当地数一数二的业余高手，他是黄跃华先生的学生，被临时拖来帮办作家围棋赛的会务兼做技术指导，往往三言两语的点评就能令人茅塞顿开。

在姜堰这个地方，竟一日而遇三位通晓围棋的黄先生，岂非冥冥中有什么定数吗？这么想着，不由得下定决心：姜堰，我还要回来的。

【作者简介】

陈福民，批评家，文学博士，中国社科院文研所副研究员。著有《我们还能坚持多久》《消费时代的文学观》等多部。

溱湖：养眼养身养心

叶延滨

五月初夏去泰州姜堰参加溱湖笔会。朋友相约，又能再见老朋友，甚喜。笔会由江苏省作家协会和中国散文学会的朋友参加，主人是姜堰文化局，由头之一是溱湖风景区升为 AAAAA 级国家风景区。溱湖我来过一次，参加泰州一位散文家的研讨会，会议结束后，从泰州来此小酌和泡温泉。挑灯而来，披星而去，不识溱湖真面目。此次溱湖笔会，有机会畅游溱湖，有不一般的感受。溱湖风景区，是长江北岸低湿地区，水系密布，河渠纵横，湖塘星聚，水草丰茂，是典型的湿地生态。因为地势低洼，在种植业为主的时期没有能充分开发，于是留下一大片生态湿地，转身变成了生态旅游的新贵：国家 AAAAA 级风景区。

来溱湖以前，刚参加过一次国家旅游局一次旅游高峰论坛。会上一位教授关于生态游的讲话，给我深刻印象。他的讲话大意是：过去的旅游就是观光，观光者，看风景也，就是养眼；生态游，不仅要有风景给人看，还要有好的生态环境，有养生的项目，还要有提升游客精神境界的东西，养心。我以为他讲的很有道理，养眼是观光者的初级阶段，生态观光游不仅养眼，还有养身、养心，大大提高了旅游的品质，同时也大大扩大了景区的发展可能。带着刚学到的这一理念，我的溱湖之旅成了一次养眼养身养心的实习。

先说养眼。溱湖风景区的主体景观是形如玉佩的十里溱湖。玉佩形的湖面南北走向，四周有九条河流注入其中，当地人称“九龙朝阙”。湖水清澈，据导游讲达到国家二级饮用水标准。一盆清水，在四周都是城市化的人口密集区域，这不能不成为一块好招牌。天蓝水绿四野开阔，不禁让人眼前一亮。导游却为我们惋惜：“你们来晚了，每年清明节第二天，这里有名的溱湖会船，那才真热闹，真的好看呢。”溱湖会船是溱湖一张最有民俗色彩的文化名片，也是此次的水上庙会。这是溱湖有历史文化的民俗活动，相传起源于南宋岳飞抗击金兵。这是一个流传了 800 年的故事，南宋绍兴元年，山东义民张荣等率义军到此投奔时任泰州知府的岳飞将军，在此与进犯的金兵展开大战，双方伤亡都很惨重。当地百姓殓葬了抗金将士，并从此在清明的第二天都来此祭祀，从此开有成清明会船民俗。每年的会船是一次盛大的节日。四乡来的数百只船云集湖面，上万船民彩装出游，湖岸观者超过十万之众。旌旗如云，篙桨如林，鼓乐喧天，赛船如蛟，贡船、花船、拐妇船各有风情，秧歌、社戏、龙狮灯大显身手。随着导游的介绍，一幕幕都浮现在我的眼前。云飞霞散后，一泓清清的溱湖水，湖光水色，天水合一，恬静而养眼！

又说养身。溱湖是湿地公园，总面积 26 平方公里，河流湖泊占三分之一面积。进到园区，导游告诉我们，全部行程约需三个小时。三个小时处在一种天然绿色的生态环境中，不能不说是一次养生之旅。我平时锻炼身体就是走路，每天开车到天坛公园里走一圈刚好一个小时。三小时的时程会不会疲倦？溱湖之旅的行程不能不让人折服，舒适而科学。先是坐船游湖，然后是湿地林中木道，中间又有乘坐船娘的摇橹船观光，三个小时不知不觉很快过去了，神清气爽，不感疲倦。在观光中，给我留下深刻印象的有三，一是麋鹿，二是禽鸟，三是船娘。麋鹿又叫四不像，原产于这一地区，后来野生绝迹，精心养于宫中园林。清末八国联军攻入北京，皇家林苑中最后的麋鹿被劫于西方，从此在中国绝迹。20 世纪 80 年代英国政府决定向中国提供麋鹿，1986 年 8 月 39 头麋鹿从英国皇家动物园回到江苏大丰的滩涂，1996 年有 4 头麋鹿回到溱湖，现已发展成 30 多头的种群。在这些美丽的动物身上演绎着中国近代史的故事。禽鸟是这里的骄傲，珍禽园里有白天鹅、丹顶鹤等名禽，值得一看，我更喜爱的那里在河湾林草中生活的小鸟，它们的鸣啼，让我们分享它们的快活。船娘的歌声也很美，我虽然听不懂这些浓重方言的歌曲，便那些传统说唱的旋律里，传达着里下河地区悠久的渔耕文化。夕阳湖影，桨声欸乃，绿荫禽啼，清风习习，一生几多此番情境？

再说养心。养心也就是有，一是文化，让心有向往，情有归宿。养心的去处，一是向上，一是向下。向上者，多是有宗教有寺庙，溱湖之畔有名寺，古寿圣寺，始建于宋代，是佛教界“十四大丛林”之一，此寺也与文化名流有渊源，据说清人郑板桥，民国的于右任都曾在寺中驻足。“文化大革命”此寺被毁，现重现，并修了一座高大的药佛大塔，香火更旺。向下者，寻访古镇老街旧址，也是寻根。溱潼镇是溱湖所在的古镇，2005 年入选中国历史文化名镇，小镇古色古香，黛瓦灰墙青砖地，麻石铺街古槐荫，古镇上有一株大茶花树，树龄 800 年，树高 7 米，至今开花，花期两月，花开万朵，据说国际茶花协会主席格里高力盛赞其为人工栽培“茶花王”。这株古茶花让古镇区别于许多“人工旧城”，有了鲜活的历史证人。

溱湖笔会在慢下来的两天里，我体会到生态旅游“养眼养身养心”，算是初试的“实习”，却也真是难得，难得的是境界……

【作者简介】

叶延滨，作家、诗人。曾任《诗刊》主编，中国作家协会全国委员会委员。2020 年获得第三届博鳌国际诗歌奖杰出成就奖。

父亲说溱潼山茶

池澄

我的孩提时代，五岁至八岁的四年间，随父母亲生活在苏北水乡溱潼。六岁开始上私塾，塾师王仲华家的巷口，有两棵槐树，一棵称唐槐，一棵称官槐，春夏之间一片青翠，看久了又感觉有点阴森森的。有一年清明前后，父亲带我到一古宅内看了一棵高过屋檐的古老的大山茶树，满树红花，让我眼中灼然一亮。那一树嫣红，在我童年的心目中虽然只是刹那一瞬，70多年过去了，岁月匆匆，印象也渐渐模糊，但却挥之不去，令人久久萦怀。

1937年，父亲带着母亲妹妹和我，乘船迁回老家泰州，他摸着我的头说，过两年再来溱潼，看会船，看看你王老师巷口的老槐树和古宅子里的山茶花，我点点头。人生的憧憬、向往多半是不确定而又多变的，溱潼——泰州之间，当时要走水路，路程不算长，也就是60多华里，父亲那一年35岁，直到他88岁谢世，竟没有再去过溱潼，但对溱潼旧事的忆念，却常常挂在嘴边，有一两次就说到古宅内那一棵山茶树。

父亲是生意人，雅好文墨，也可算是一位儒商，除了做生意，还有几样爱好。一是逛旧书店，二是逛裱画店，三是听艺人说书。为了对我有些文化熏陶，也常常携带我同行。一日，走进城内王家桥畔一家裱画铺子，墙上刷贴了一张吴昌硕画的菊花，三四朵红菊，靓丽夺目，又画了两根青竹竿撑插其间。在画页的右下方有一方印章，父亲说这是一方押角的闲章，他端详了片刻说，印文五个字是“鲜鲜霜中菊”，为唐代韩昌黎的句子。寓意此画中的菊花傲霜而开，这当然是贴切的。他说人们只知菊花迎霜而放的艳丽，却很少知道山茶树历寒而孕的成长历程。他曾经仔细观察过山茶树，在我们长江下游一带“冬至”前就现花蕾，经历九九严寒，花苞渐渐生长像一颗颗小樱桃，苞尖露出一点殷红，煞是娇艳迷人。他记忆中仔细观察过的就是溱潼的那棵山茶树。有一次，他到城外坡子街北的海陵茶社听说书人说《皮五辣子》，茶社门外有一棵紫藤，这一古藤长势蓬勃，盘旋缠绕，浓荫覆盖长过了街，此处地名就叫“紫藤花架”。此时书场的说书人尚未开讲，几位听书的就攀谈起古藤来了，一位老人庄重地说，他常听长辈们谈及，这棵紫藤是宋代一位叫徐守信的道士手植的。我父亲接着就插话说，大家可知道溱潼有棵山茶树是南宋时种植的。大家说紫藤，议山茶，掐指头算年代，说这两棵“老祖宗”差不多都已经生长了800多年了。他们的对话，时在1944年的春天。书场散后，父亲携着我的手边走边说，紫藤开紫花，山茶开红花，他似乎有点偏爱，说山茶花比紫藤花更好看。又兴冲冲地说，溱潼那棵大山茶树，每年春天开花延续两个多月，一开就是几百朵、上千朵，年年开，开了八百多年，这宝贝，泰城咯有？全江苏省咯有（“咯有，是泰州的方言”，相当于时下流行的“有木有”）？他像问我又像自问，我没有摇头，也没有点头，因为我不知道。还是他自问自答：没有，恐怕全国也少有。他又说，世间最好的宝贝是“活”的。生长800年的嘉木，就是人间的稀世珍宝啊！

近日，在电视荧屏上，看到著名作家阎肃光临溱潼，他在山茶树下指着满树红花动情地说，我就是为这棵山茶树来的。这位前辈远居京华，耄耋之年，千里迢迢，为一次神奇的异乎寻常的观瞻而来，令人敬佩。这令我想起父亲对山茶树的思念以及我童年的久久萦怀的模糊印象。何日有溱潼故地之行，伫立于久违的古茶树之下，对我，这是久藏心中的一个多么诱人的美丽悬念。

【作者简介】

池澄，作家、诗人、收藏家。先后在新华日报社、江苏省作家协会工作，从事雨花石收藏研究。著有《中国雨花石图典》三卷本。现为南京雨花石协会名誉会长、南京雨花石研究所所长。

约会溱湖湿地

傅晓红

船尖划破平静的水面，在蜿蜒曲折的河道中滑行。葱绿、翠绿、黛绿色的植物墙矗立在河两岸，相看不厌，情意缠绵。水路弯弯，看不见水的源头，也不知流向何方。过滩过桥，又是一个弯，如捉迷藏。满世界的绿洇染了一湖碧水。除了湛蓝的天空与白色的云朵，四周都是绿，绿得让人心悸、让人窒息，让人如痴如醉，仿佛那就是灵魂的颜色。那时，小船上的我们是安静的。浮躁、惶恐、焦虑缓缓消失，换来天堂般的宁静与安详。草丛中，树林里，视线之外，鸟儿在唱歌，小虫们在吵闹，“咕咕”“啾啾”声此起彼伏，间或还会有一两声大鸟的长啸，多么神秘、多么神奇。

鸟儿中一定有身穿绅士礼服的喜鹊，否则为什么这儿又叫喜鹊湖。三块碧玉般的水面，串联成一块玉佩，加之四面八方九条河的汇入，形成河网纵横，洲滩岛屿密布的湿地，方圆二十六平方公里。这儿没有丁点的污染，水质达到国家直接饮用水标准。世人称湿地为“地球之肾”，它独特的生态系统，帮助地球排毒解毒。如此宝贵的溱湖湿地，离喧闹的南京不过两个多小时的车程，真像换了人间。

船娘们穿着蓝印花土布衣衫，都是黑黑壮壮的里下河劳动妇女。竹竿撑水，摇橹行舟，动作娴熟，姿态优美，还人人都有副甜美洪亮的好嗓子。一曲曲水乡小调，惊飞了多少野鸭与苍鹭；浓荫树下打盹的麋鹿，警觉地抬起头竖起耳；水中菖蒲和芦苇频频点头，笑弯了腰。

初夏的湿地，据说有一百多种植物，我认识得不多。别人指点，步道两旁半人高开着美丽黄花的茅草，是菖蒲，嫩芽时可吃，叫蒲菜。炒鸡蛋、做上汤蒲菜，我在饭店都吃过，今日才见到长在水中的样子。如今过了季节开了花，摇曳着的枝干晒干可编蒲包，真全身是宝啊。那遍及整个湿地最多是芦苇，嫩绿色细长叶片随风发出“嗦嗦”如鼓掌般的欢迎声，用它来包粽子，清香无比。因为太好吃了，每片叶子上都有三个牙痕，不知道吧？“莲叶何田田，鱼戏莲叶间”，大片水面的荷叶，再过俩月，就会“映日荷花别样红”了。那慈姑叶我可认识，我抢着让北方朋友认。

四年前的深秋我曾邂逅过她，那又是别样风景。如果说初夏的溱湖湿地是恣肆奔放的，深秋的她就是含蓄内敛的。苍黄的芦苇在夕阳的照耀下，有了金色的轮廓，倒映在明镜澄澈的水中。水倒像是静止的，而水中的芦苇却不停地摆动，像金色的丝缎在水里漂洗，美不胜收。鸟儿们南迁了，可叽叽喳喳的麻雀却在落了叶的枝头蹦跳欢歌，毫不畏惧湖边的寒风。暮色中的湖边村庄，袅回着缕缕炊烟。枯枝、寒鸦、风中芦苇构成了她萧索苍凉的美，让我心动。我曾悄悄告诉她，我喜欢她，我还会再来。

为再见的相约，为看到不同的她，初夏的日子，我又一次来到了这里。

我惊奇她的多变，惊奇她的美丽、惊奇她的富有——波光粼粼的湖面、郁郁葱葱的树林、丰美茂盛的水草、盘旋放飞的水鸟、自由奔跑的麋鹿——五月是恋爱、繁衍的季节，湿地一派生机勃勃。据说有七十多种动物在此生活。这里是自然、纯净、幽美、和谐之地，是动植物们天堂般的栖息地，也是人们朝思暮想的休息处。红尘中滚打累了，挤轧竞争中倦了，各种废气包围够了，人们何不常到此处，消除你的浮躁，净化你的心灵！

【作者简介】

傅晓红，中国作家协会会员、中国报告文学学会会员。曾任《钟山》杂志社执行副主编。在全国报刊发表散文随笔数百篇，著有人物传记《冰心》《沈从文》等。

溱湖的船

施晓宇

如果有人把思念故乡认为“儿女情长”，我坦率地承认，自己就是这样一个“儿女情长”的人。尽管我长得较为文弱，见过我的人，十有八九说我有点“书生气”，但了解我的人则十有八九认定我乃一血性汉子。偏偏，再是热血不冷的铮铮汉子，我仍然得承认，我确有时时将故乡梦萦魂牵的“儿女情长”。而且，我从不认为这有什么见不得人的耻辱。尤其我最见不得如今那些“一阔脸就变”的宵小之流、那些从泥土里拔出脚丫没有几天就不认身在农村的父老乡亲的数典忘祖之徒。

我的父母都是姜堰俞垛镇茅家庄人，虽然他们都是过了八十高寿的离休老人，虽然他们离开故乡定居福州已经56年了，仍然“乡音无改”——开口闭口都是百分之百的“里下河方言”口音。大约是从小听大了的缘故，对父母总是把睡觉念作“须高”，洗澡念作“死枣”，鞋子念作“嘿则”，下河口念作“哈湖口”听起来已经很习惯了。特别是我回到江苏老家，乡亲们用乡音奔走相告说：“小娘家里的大相公家来了！”听起来总是倍感亲切。也因为故乡自古是像《沙家浜》一样河沟港汊纵横的水乡之故，尽管我自己也已是年近半百之人，却仍然对我小时候几次回返故乡都与坐船有关的记忆深刻。

1958年夏天，我第一次回返姜堰，是随父亲回老家奔丧——我的奶奶去世了。作为长房长孙，那时我才两岁半，按理说尚不到会记忆的年纪。但是待到几十年后我说起当时回老家奔丧的情景，让父亲很是大吃了一惊——我说的一点都不错。那时候从福建回江苏一路非常不方便，火车坐到镇江，得换乘轮渡渡过长江，再乘坐长途汽车到达泰州，再换乘短途汽车到达溱潼，然后在溱潼下汽车再上一条早已等候着的双桨小船划着回茅家庄。到达村庄岸边时已是掌灯时分，在一盏高擎着的马灯的照映下，我懵懵懂懂被人抱下船来，耳边仍旧回响着欸乃不绝的动听桨声。

1986年冬天，我家又一个被人称作“大娘”的老人去世，我作为年迈父母的全权代表回老家奔丧。其时我刚从一所大学调入福建省文联担任主持工作的《故事林》杂志副主编，恰是风华正茂的“而立之年”。当我由在泰州肉联厂工作的堂姐陪同下从溱潼下汽车，又一次坐着小船渡河回到茅家庄时，那熟悉的一叶扁舟，那熟悉的欸乃桨声，那熟悉的名字叫作溱潼的著名古镇，从此深深烙印在我的脑海里。时常的，故乡的菱角、莲藕、螃蟹、鱼虾也便随着溱湖的涟漪一同荡漾在我的梦境。

毕竟，地球上的一切生物都来源于大海。孕育我们人类生命的摇篮自然也由大海提供。所以，本能地，我总是对水怀有膜拜的亲近感，更对故乡水乡泽国式的地形无比热爱。既然故乡远在关山万重之外，故乡的河流湖泊我无法一亲芳泽，早些年，每到夏天，我只能就近“解渴”——一定会去闽江奋臂击水，畅游渡江。那种“自信人生二百年，会当水击三千里”的豪情也曾汹涌于胸间。

因于此，故乡的“忘情水”每每在眼前澎湃。

俗话说：“美不美，故乡水；亲不亲，故乡人。”只要一提起姜堰故乡，我的脑海里便是一幅十里溱湖水草丰美的“鱼米之乡”图景。但是，清明时节，风情万种的十里溱湖上会船荡漾的热闹胜景我却一直无缘得识。所以，红旗猎猎锣鼓声声，万篙齐撑万桨齐划，千船竞渡千舟竞赛的红火场面只能凭借个人的想象来加以描摹了。不过，年年会船时节，形容家乡万人空巷齐汇溱湖两岸，观看热烈竞赛的古老《港口竹枝词》我却是耳熟能详的：“专练会船架竹篙，一声锣响滚银涛。各争胜负分前后，不亚金焦训水操。”

总有一天，我会看见故乡清明会船节的胜景。我相信。

【作者简介】

施晓宇，泰州姜堰人。中国作家协会会员、福建阅读学会副会长、福州大学人文学院教授。曾任《福建文学》常务副主编、《散文天地》杂志主编。

姜堰与姜氏

姜琍敏

至今记得，多年前我初到姜堰时，天空正飘零着雨丝。星罗棋布的小村落，密如蛛网的河湖渠，全都浸润在水泠泠而雾朦朦的静谧中。待到溱潼古镇，甫一下车，鼻息中又钻进淡淡的晚炊气息，和一种诱人而又特异的油气香——街边的许多摊点上，正炸着这一方水乡特有的名产：鱼饼和虾球。

恍惚之间，一份油然而至的亲切感，浓浓的水汽般氤氲我的身心。那份温馨而熟谂的感觉，仿佛我早已在这里度过顽皮嬉闹的童年，而今又回到了故里——眼前的景致和我真实度过童年的苏州城郊几无二致：小桥、流水、密集的人家；青砖、老屋、深幽的古街……

生出这种感觉是自然的。姜堰和苏州虽地隔长江，春秋时却同属吴地。在形态和韵致间确乎有着很多的神似。“君到姑苏见，人家尽枕河”。而姜堰素有“七水穿城的风情古邑，万水交织的美丽水乡”之誉。

而此日，我心中浮漾的，更多的是一种说不清道不明的，依稀回到祖辈身边的神秘感。盖因此地名姜堰，而我正姓姜。莫非这里是我千百年来某一支先祖同宗们聚居的地方？果如是，这地方真亦可视为我的故乡，而这一族姜姓者，应该是当地的旺族，姓姜的人一定很多。可是我好奇地向当地人打问，得到的回答却让我意外而不无欣慰：姜堰并无多少姓姜之人。但姜堰的命名，确又缘于一户姓姜的望族，只因其有功于当地，遂以其姓而名之。正所谓“山不在高，有仙则灵”；而人不在多，有功则名呢。

原来，姜堰的历史由来已久。早在六七千年前，其先民便已繁衍生息于此了。而其地名，原先并不叫姜堰。据民国六年（1917）《姜堰乡土志》：“姜堰市者，姜堰镇之改称也。古名三水，以江淮湖皆积于此故名之，其水由西来至湾子口，一向东，一向北，相融回旋为罗纹而成塘，故又名罗塘”。姜堰这地名，最早出现在北宋泰州军范围内。因系水网纵横地带，向多水患。北宋仁宗年间，当地富商姜仁惠、姜谔父子先后出钱出力，带领民众在天目山南侧筑坝治水，保护农田。后又因大水，两次南移堰址，最后迁堰至罗塘港。终于成就了当地水利建设的一块丰碑。百姓们为纪念姜氏父子，不忘他们散财出谋，率领民众筑堰的丰功，遂将大堤命名为“姜堰”，日后更将其命为地名，永志千载。

令我颇觉骄傲的是，我的姜氏远亲姜仁惠，姜谔父子的善举亦非偶然。史载“姜氏在宋固大有闻于时”。都以乐善好施而为人称道。难能可贵的是，姜仁惠这位在某种程度上参与创造了姜堰历史的梓里先贤，并非天生富豪。其少时亦贫家子，不能读书而发愤经商，经过20多年苦心经营，始成积钱所值数十万缗之巨富。而其富而不忘其本之精神，于今犹有特别的讽世价值。除出钱筑堤之壮举，父子两代日常还建老人堂，供养孤鳏终身；建孤儿院，成人后为之婚配。每遇荒年、时疫，则开仓赈贫，施药施棺。还购《全监书》藏学宫供士子阅读，购《全藏经》，藏金山、泰州丛林供僧人念诵……

不过客观而论，筑堤壮举还有另一面精神价值存焉：首义者姜氏父子固厥功至伟，姜堰这方水土的子民们，也大可尊敬。因为要成就一项大水利，资金外，更重要的是劳力、意志诸多因素。没有百姓的踊跃出力，众志成城，和日后的精心养护，“姜堰”云乎哉！而堰成之后，百姓却将其功劳全然记于姜氏父子一身，铭传不足，且以地名纪之。人心之善，民风之厚，亦可见其一斑也。

【作者简介】

姜琍敏，中国作家协会会员、江苏省作家协会小说工作委员会主任、江苏省散文学会会长，文学创作一级。曾任《雨花》杂志主编。

四季溱潼

周桐淦

进入溱潼的溱湖大道上有条很有灵性的广告语：古镇溱潼，与众不同。的确，溱潼是个很有点个性的中国历史文化名镇，专为溱潼量身定制的汉字就可列出长长一串。譬如溱，所有字典皆注音为 zhen（音珍），惟用于镇名为 qin（音秦），那就是江苏溱潼。再譬如簖，百度称此字专为溱潼而生，有词组：溱湖簖蟹。等等、等等。就连四时景色，溱潼的春夏秋冬，也有着与其他地方不同的内涵。

花红

清明前后，本是风如剪刀，雨似泪丝，华夏大地到处都在书写怀念与祭奠的苍白时节，可是溱潼却是另一番景象，溱潼人忙碌得像过春节一样，守着如火如荼的一树茶花，在筹备着他们一年之中的第二个重大节日——溱潼会船节。

溱潼会船节一般在清明节的次日。这一天，溱潼周围四乡八镇的人们闻鸡起舞，盛装打扮，分乘千条船只向镇南的万亩溱湖集结。船大致分为三类，贡船、篙子船、划子船。贡船似长安街国庆阅兵式上的主题彩车，可以是地方重大成就或产品的模型复制，也可以是龙舞狮舞或其他演出的水上舞台。篙子船是水乡男儿飒飒雄风的激情展示，每条船在 20 至 30 人之间，除舵手、锣手外，人手一篙，雄壮威武。划子船多为女性选手，大红大绿的艳丽着装，使她们更像天安门广场游行队伍中游弋着的一个个舞蹈方队。日上三竿的时候，溱湖南岸观礼台和观礼台两侧，十来万观众次第排开，岸上、水面，都在翘首期待着一个激情的时刻。三声枪响，三颗彩色信号弹从湖面上空划过，短暂静寂之后，万羽信鸽、万只气球和鼓乐烟花一齐让十里溱湖沸腾起来。贡船方队特色各异率先从观礼台前通过，划子船选手因以女性为主，多为表演性质和穿针引线式的垫场，篙子船比赛最具溱潼特色，也最被各参赛队伍重视。参赛选手或披古代兵勇战袍，或着现代军队服饰，动作规范，整齐划一。比赛时四条船一组排成一排，观礼台前预先划定四条千米比赛水道，一声锣响，四条船上的百条顺溜青竹篙像排剑一样戳破蓝天，直向宽阔水域的指定终点穿去。组与组之间一般相隔 50 米左右，比赛时，千米赛道上四条船一排，数百条战船列队前进，你追我赶，兴风踏浪，呼啸向前，一时间湖面上白浪滔天，湖岸上人声鼎沸，其排山倒海之势远胜好莱坞大片的模拟场面，恰如民国诗人陈二指当年的精彩现场速写：专练会船架竹篙 / 一声锣响滚银涛 / 各争胜负分前后 / 不亚金焦训水操。

2005 年，原国家体委主任伍绍祖参加会船节后感叹道，一千条船，两三万名运动员，十多万观众，这应是当今最大的水上奥林匹克运动会。如今，溱潼会船节这一始于宋代抗金时期，既带有祝捷、祭奠，又融进踏青、竞赛性质的民俗活动，已被列为国家级非物质文化遗产项目，和云南泼水节、哈尔滨冰雪节、桂林山歌节等民俗节庆一样，并列为全国十大民俗风情旅游节。

当然，记录溱潼个性春天的不仅仅是红红火火的日子，溱潼还有着自己的火红火红的特别花市，其代表作就是“千年——万朵——茶树王”。

镇上一所明清老宅内，有一棵种植于北宋时期的古山茶树，树高 11 米，据测已有 900 年历史（号称千年），年年三月，满树繁花，昂首怒放。小年过万朵，大年竟达两三万朵。花开时节，树上灿若朝霞，树下人流如织，人面茶花，相映成趣，成为古镇溱潼的一道亮丽风景。现已查明，溱潼古山茶树是中国人工栽培的茶树中树体最高、基径最大、花开最多、长势最盛、树龄最长、地界最北的“神州第一茶花王”。美国花卉专家、国际茶花协会主席戴维斯先生来此考察后评价，“这是世界茶花文化遗产和国际山茶树的一笔巨大的财富，是全球人工栽培的茶花之王。”

槐绿

溱潼槐绿是夏日送给你的一方顶上绿荫，溱潼槐绿是酷暑中送给你的一杯冰镇酸梅。溱潼槐绿不仅仅是物理和化学意义上的视觉审美，她更讲究一种心灵上的感受和回味。

夏游溱潼，最佳路线选择是从小巷深处的绿树禅寺开始。一条麻石街的尽头，黄墙黛瓦上方恣肆纵横地伸出一篷蔽日浓荫，一把将你搂进清凉的怀抱。这是寺内的一棵唐槐，已经千岁了，老树 70 多年前遭遇雷劈的不幸，分为两半顽强地活了下来。如今，一半失去支撑，趴在古寺的院墙上，身子伸到巷内，极像位躬腰含笑，遗荫于人的老公公，伸向空中的一半则像公公手中紧握着的一柄直立的龙头拐杖。这就是古镇奇观：槐树公公。

槐树公公阅尽小镇的千年沧桑，如果投缘，你会在清凉恬静的氛围中，听他娓娓说几段槐树公公版的小镇故事。

槐树公公会告诉你，树身东侧不远就是古山茶院，沿山茶院穿过小巷就是远近闻名的院士旧居。院士旧居是座明末清初的平房建筑，前后十进，堪与昆山周庄的沈厅张厅、吴江同里的退思园、吴中角直的万盛粮行比美。甚至，院士旧居比它们更值得留连。因为，后者记载的都是些前天、昨天的人物与传说，而院士旧居向你讲述的是身边的人和今天的故事。现职中国科学院、中国工程院院士李德仁、李德毅兄弟会在视频中向你介绍他们的卫星遥测和北斗全球卫星定位工程。

槐树公公会告诉你，人称书圣的大书法家高二适的故居就在前院，这本是他的丈母娘家，但他在此临池读书十年有余，留下不少墨宝佳话。院内院外的响砖很有意思。溱潼黏土经湖水浸泡，柔似水，坚如钢。制成砖块后，色如绿豆青，声如小鼓响，北京故宫、上海城隍庙、南京中华门的砖瓦都有“溱潼制造”。“溱砖”竖着铺路，不用水泥砂浆勾缝，遇人行走，砖与砖似金属撞击，于是，砖谓响砖，巷谓响巷，再加上溱潼人夏天有穿木屐的习俗，木屐走在麻石大街上与行人走在响砖小巷内有一样的自然防盗功效，响砖巷与石板街是溱潼的两大地方特色，所以，溱潼历史上夜不闭户，道不拾遗。

槐树公公还会告诉你，镇上有几座牌坊可读可赏。钟楼牌坊联云：“千年毓秀槐无贵贱茶无恙，百代留芳桥有雌雄井有灵”，横批：“仁里可风”。说的就是小镇民风淳朴，崇尚礼仪。公平办事，契约治镇。镇上有座颇能代表地方民俗文化的民间契约馆，房券地券应有尽有，典当合同名目繁多，颇为少见的是竟有两份咸丰和光绪年间的典妻和卖妻契约，还有一份民国年间的“改嫁营业执照”。

槐树公公兴之所至还会哼起黄梅调，告诉你《天仙配》中董永七仙女和他的佚事。他说他就是在这里为董永和七仙女做媒的，董永家离这里七公里，有董坟、董庙和董家村为证。但现在山东博兴、湖北孝感、安徽当涂、江苏丹阳都在争董永故里的铜匾，那就让他们去争去抢吧。其实，信者自信，董永家就在附近的东台乡下，你看，到这里求婚、求子、求福、求安的善男信女，我天天为他们祈祷，树下栅栏上一捆一捆显灵还愿的红丝带就是最好的证明。

…………

老街、深巷、古树、浓荫、禅院、黄墙、梵音、香火、牌坊、楹联、湖风、涛声、水波、石板、响砖、木屐、月色、星光、飞萤、蛙鸣、花香、鸟语……在槐树公公的娓娓叙谈中，这组互不关联，渐次出现的古镇街景和千年古槐的新枝连在一起，若隐若现在你眼前的是否是一片只可意会难以言传的溱潼槐绿？

蟹黄

溱潼有一桌名为溱湖八鲜的套菜，名闻遐迩，冠绝江淮，有食客将其编为顺口溜口口传诵：簖蟹肉嫩壳红黄，虾球味美好营养，鱼饼青菜烩高汤，甲鱼野生胶汁香。老鹅三宝配葱姜，螺贝滋阴性温凉，杂鱼鲜美品种多，银鱼如玉细嫩爽。从顺口溜中也可看出，八鲜只是个概数，溱湖物产丰饶，真要一一列出，何止八鲜、十八鲜？一百八十鲜也不能穷尽满湖满地的名菜佳肴。以八鲜中杂鱼来说，就有大四喜、小四喜。大四喜一般指青鱼、白鱼、鳢鱼、鳜鱼，小四喜指昂刺、鳑鲏、罗汉、鲹条。所以，八鲜是溱湖菜肴的概指，春夏秋冬，都可以根据时令开出甲乙丙丁各不相同的“溱湖八鲜”菜单来。但是，不管哪道菜单都有个讲究，“溱湖八鲜蟹为首”，无蟹不成八鲜宴。

现在该来说说簖字了。簖是将毛竹剖成篾条后，再编成栅栏插立在河中的捕鱼捉蟹工具。栅栏在水深处回旋成一个之字形鱼篓，过往鱼蟹就成瓮中之鳖了。秋风响，蟹脚痒。每年秋末，螃蟹要回游至江海交界处产卵，必须要翻过这道栅栏。簖又为何是专为溱潼而生的呢？因为从地理区位上讲，溱湖历史上是长江、黄海、淮河三水会旋的要冲，是江河湖海的“锅底洼”亦即“鱼篓”，从江海边爬行到此的蟹苗，历练之后要想重回江海，就得具备从“井底”攀援回平面的超强体力。就像能与刘翔同场竞技的跨栏运动员一样，能翻栏越簖的，个个都是健将。翻过栅栏的，个头一般都在半斤上下，蟹市上说的“南闸北簖”，就是指常熟的阳澄湖大闸蟹和溱潼的溱湖簖蟹。江湖上关于“南闸北簖”还有一个传说。香港市场上，溱湖簖蟹比阳澄湖大闸蟹价位要高一个档次，怎样鉴别呢？放到玻璃台板上比试。阳澄湖大闸蟹一上台板立即龇牙咧嘴，八爪直立。溱湖簖蟹则先是八爪直立，继而“嘎嘎”爬行。煮熟以后，溱湖簖蟹壳色红黄，腿肉成丝，膏腴黄满。

所以，一定意义上说，溱潼的秋天是簖蟹的秋天，簖蟹的红黄代表了溱潼的秋色。每年秋天，“桂拂轻风菊带香”的时候，都有热心食客驴友专为追逐溱湖蟹黄而来。如果在溱湖湖东湿地公园里的农家乐摆上一桌，你还可以一边把酒剔蟹谈天说地，一边极目纵览 26 平方公里湿地溱湖的浓浓秋色，一边遥看远处麋鹿奔突候鸟起落，一边静观螃蟹爬篓越簖表演“跨栏”。

不过，其他季节来溱潼的朋友也不必失望，溱潼一位儒商开发了商标为麻石铺的系列蟹肉制品，秋天之外的八鲜宴上，你同样可以品尝到用正宗溱湖簖蟹原料制成的蟹黄豆腐、蟹粉狮子头、蟹粉虾球、蟹黄大肉包……

雾白

溱潼的冬天是跟雾连在一起的。

溱潼原来是座孤岛，水中有镇，镇中有水，也可算是君到溱潼见，人家尽枕河。宁靖盐、启扬高速公路交叉穿过溱潼之前，溱潼的交通以轮船为主，水上面积与陆地面积几乎各占一半。所以，昼夜温差较大的溱湖地区，冬天早也是雾，晚也是雾。夕阳在暮雾中早早退隐，旭日迟迟到中天才露出笑脸，岸上湖中大半时日白茫茫一片。“雾锁溱潼，航班延误”是那个年代冬日小报上常有的新闻标题。冬雾潮湿阴冷，还给人们的生活带来了极大的不便。

而今，冬日仍是雾锁溱潼，但此雾已非彼雾，“雾上溱湖”紧随时代发展悄然升值了。

这也许是个高科技时代的童话。1998 年 6 月，时任美国总统克林顿访华时送给中国国家主席的礼品中有一卷图纸，说贵家乡有眼堪与法国依云比美的温泉。后来，京城到泰州挂职的一位科技副市长在中国科学院图书馆复印了这份资料，按图索骥，依图标的经纬度和图标深度在溱湖湿地丛中钻探打井，1655 米，分毫不差，54.8 度的地热矿泉随着腾腾雾气冒了出来，经省级权威部门检测，除一般地热温泉常含的矿物质外，此温泉还富含锶、锂、偏硅酸等多种较有医疗价值的稀有元素。其中，锶对人体骨骼形成、牙齿和心血管病的保健作用极为有效。

于是，由深圳华侨城投资开发的、富含医疗保健功效的三元温泉——云海温泉在溱湖西南岸诞生了。

于是，围绕着温泉开发，一个集休闲运动、酒店商务、佛学文化于一体的泰州华侨城综合旅游度假区在温泉四周落成了。

于是，2012 年春天，经全国旅游景区质量等级评定委员会审查批准，溱湖湿地公园、溱潼古镇和泰州华侨城三位一体，统称为溱湖旅游景区，被评为国家 AAAAA 级景区。

国家 AAAAA 级旅游景区中的云海温泉又称中国湿地第一温泉，占地四万平方米，依湖而建，湖泉相邻。特别是室外浴区，除了 50 多个特色温泉泡池散布在花丛和草地外，更有漂流河、冲浪地、游泳池等动感水上游乐和水上运动项目。倘若置身其中，远处湖雾飘渺，身边热气升腾，脚下芦花共湖水一色，头顶白鹭与灰鹭翻飞，假如池内漂过来的木托盘上有一壶溱潼大麦烧和几根附近农业生态园的奶油黄瓜；假如池边音箱里放一段乡伶梅兰芳大师的《贵妃醉酒》或雷佳的《芦花》；假如再遇上雪花飘飘的冬日黄昏，那绝对是一段此景只合溱潼有的 4D 白色浪漫！

【作者简介】

周桐淦，泰州姜堰人。曾任《雨花》杂志主编、《扬子晚报》副总编、江苏省作家协会副主席。文学创作一级。著有报告文学《啊，多难的公理》《法与“法”的较量》《西飞的云鸟》《常州进行曲》等多部。

了不起的高二适

徐忠志

“金陵四老”中的高二适先生，1903 年出生在江苏姜堰兴泰镇小甸址村。他睿智渊博，识见精绝，淹通古今，在文史、哲学、诗词、歌赋以及书法艺术的研究与创作方面成就卓越，留有煌煌专著《新定急就章及考证》，被尊为“当代草圣”。他在 20 世纪 60 年代与郭沫若先生进行“兰亭论辩”时表现出的严谨治学、求真求实、大胆直言、不畏权威的学者风范，令世人叹服。一介寒生，敢与大儒较真，凭的不仅仅是勇气胆识，更重要的是真学真知和人品艺德。因对高二适仰慕已久，这次作家曹学林邀请到姜堰参加溱潼笔会，我便雀跃地答应了。故意比同行作家早到了一日，只为探访高二适纪念馆。

我与诗人叶延滨先生是 5 月 15 日晚到的姜堰，第二日上午便去高二适纪念馆参观了。进入纪念馆，首先映入眼帘的是集唐太宗书法的金色横匾“高二适纪念馆”。据说高二适对唐太宗书法十分推崇，用其集字作为馆名，表达了设计者对高二适的尊重。匾下是陈大羽先生题写的篆书对联：“文如其人，真知灼见。”精辟地概括了高二适的人品、文品。踏入馆门，便见主人公的塑像在迎门而笑。高二适左手持杖，目光如炬，深情刚毅，一身正气，卓然而立。塑像是大雕塑家吴为山的作品，据说他是高二适的外孙，这就不难理解这幅作品的形神并茂了。第一陈列室的门楣上有书法家尉天池先生的题字“天下一高”，饱含对高二适的赞誉之情。陈列室西墙上便是毛泽东主席的行草横幅，是 1965 年写给郭沫若先生的一封信，著名的“笔墨官司，有比无好”就出自这封信。这封信也使高二适的《〈兰亭序〉的真伪驳议》得以公布于世，更使高二适的名字天下周知。30 多年后，在南京东郊发掘的六朝墓葬中，出土了东晋名臣高崧墓中一方楷书砖质墓志，这给高二适论证的东晋已有王羲之书体提供了有力的佐证，真正确认了高二适在“兰亭论辩”中的地位和价值。但当年高二适就《兰亭序》的真伪与学术权威郭沫若抗争，却引来无数唏嘘声，尽管得许争鸣，仍备受舆论压力，个中甘苦不言而喻，这在高二适与友人书信中可察见。然而，这并没有影响他的研究和探索，他历时十年用章草写就的遗作《新定急就章及考证》就是例证，这本书被学界公认为是继唐代孙过庭《书谱》之后，又一部文论和书法完美结合的专著。高二适学问高深、坚持真理、刚直不阿的精神为学界敬仰，可见熊秉明先生评其“书风激荡，人品峥嵘”并无虚言，章士钊先生之诗“天下一高吾许汝，家门月旦重如山”又是何等意切。在学术自由深入人心的今天，又有多少人能像高二适那样，不迷信专家权威，唯真理是从呢？多年来，我们看到许多具有良好潜质的天才学子、青年才俊，因为对一些所谓著名学者、大家大师等的盲从、畏惧，最后沦落为庸常，以至泯然众人，不能不说是憾事。高二适先生不懈地求真知、问真理、讲真话、抒真情，始终葆有探索和批判精神，是当代学人的榜样。

高二适先生天资聪颖，悟性极高，有人说他是天才，这些长处别人下力气也学不来。但天才不是坐享其成的“望天收”。凡读书人都知道，真正厚实博大的学识的积累与获得，必然经过极大的努力。这种奋斗不息，远非一般人能做到。“天才来自勤奋”，高二适的一生就是典型的注解。高二适虽出生寒微，然其对学问事业从不稍懈，读书、治学、治艺达到了“诚勤广深”的境界：“吾素不乐随人俯仰作计”，可谓“诚”；“一日无书则不能生”，可谓“勤”；“出入千数百年，纵横百数十家”，可谓“广”；“若草法从章法来，则高古无失笔矣”，可谓“深”。高二适为学必追根穷理，其读书随感随题，许多书经过反复摩挲，一题再题，眉批、评注、题记、跋语使其书页空处殆尽。做学问完全到了如饥似渴、如醉如痴的地步，而且终其一生如此。这就是说，我们很多人尽管学不来高二适的天分，但可以学习他的勤奋、执着。这种忘我的痴迷，我想是大学问家都多少具有的。对于当代学人来说，这点似乎尤其重要。

钱锺书先生曾说：“大抵学问是荒江野老屋中二三素心人商量培养之事，朝市之显学必成俗学”。又说：“读书人如叫驴推磨，若累了，抬起头来嘶叫两三声，然后又老老实实低下头去，亦复踏陈迹也。”这是大学问家持有的一种淡泊宁静、沉潜坚韧的人生态度，高二适先生也是如此。无论是默存自守，还是荣名加身，他都宠辱不惊，专心于艺术。他于事刚正不阿，不依违两可，坦荡一生。为人傲岸耿介，落落寡合，厌恶世俗应酬交往，但对友却襟期坦诚，良实忠纯。他与同为“金陵四老”的林散之先生的友情堪称文坛佳话。高二适悦字约人，1963年1月11日，春寒料峭，下着冷雨，两位老人一见如故，相逢恨晚，倾心谈至深夜。高二适有诗记录了这次见面：“书到酣时千万字，情投深处两三更。时事风雨今宵月，只欠心事作画声。”林散之作诗曰：“……于人不虚誉，于己能专责，平生青白眼，未肯让阮籍，人皆谓之狂，我独爱其直，实为君子徒，恺悌神所悦……”两人的相知相敬可见一斑。对口味相投的知己朋友他高谈阔论，泼墨挥毫，一张接一张地写字，但对自己看不顺眼的人，就会不客气地拒之门外。纪念馆的同志介绍，一次高二适去看牙医，医生听说有名的书法家来了，特别关照奉承。高二适戴上假牙十分舒适合用，医生对他说，假牙不收费了，请高老给写幅字吧。高二适一听就火了，立刻从嘴里把假牙摘下来，往桌上一摔，“怎么能拿这个做交易呢！”20世纪60年代，收藏家方智铠认识了高二适，他们的交往真诚而平和，前后10多年成为至好的“亦师亦友”。方智铠喜欢写古诗词，每每都要请高二适指正。方智铠收藏的高二适的字，大件作品不多，大多是诗稿、信件。他虽和高二适交情甚厚，但却从来没有开口向高二适先生要过一张字。在纪念馆的陈列室，我看到了这些特别的书法作品，发现高二适把每封信都当作书法作品来认真完成，自鸣得意的字，还自己画起圈来，又加盖了引首、压脚和姓名印。纪念馆的同志说，高二适一生成就书法为最，存世作品中其真、行、草、隶的结构之搭配与运笔之贯气，稳健生动双飞，天真妙趣独步，他继承历代文人书法法脉，将诗情书意融会贯通，独创出自己奇矫纵横笔随神驰的独特风格。他 70 岁以后的草书有一种古拙而灵动、苍劲而洒脱的风韵。我的书法知识浅薄，看不出其用笔的精到和技法的高深，确从这些大小不一、尺寸不整的作品中似乎品出了其字典雅隽越、风姿独特、不媚俗气的韵味。高二适先生书法造诣深厚，却从不以书炫世，以艺取财，尽显大家风范。这与时下那些“市场红人”、沾满铜臭味的书法家、美术家形成了强烈反差。刚正高洁、狷直耿介的人生风骨，对真善美的热情追求与对假丑恶的无情鞭挞，成就了高二适德艺双馨的美名。

高二适先生是中国传统文化熏陶出来的一代大家，也是姜堰这块土地上成长起来的当代书圣。他是姜堰的骄傲，是知识界的骄傲，是我们民族的脊梁！

了不起的高二适，人杰地灵的姜堰，让我痴迷、难忘……

【作者简介】

徐忠志，作家，曾任《文艺报》总编室主任。

北大街：寻踪与倾听

曹学林

一

你，静卧运盐河的臂弯，听三水汇流、奔涌千载的涛声；你，偎依金姜堰的怀抱，观罗塘回旋、激荡长天的风云。

多少人被你吸引，多少人把你探望，多少人在你斑驳幽深的古巷老屋间盘桓。那石隙里露出的一丝青苔，那瓦檐上长出的一株蓬草，那墙角边发出的一声虫鸣，无不让人心动。

你的名字叫北——大——街！

二

在你的东南角，有一座青砖黛瓦、前后三进的小院，不华丽，不张扬，不高大，简洁朴实得如一个布衣平民。然而，门头上一方汉白玉石额，却令人顿生景仰之情。

“王氏宗祠”，一座始建于440多年前、重修于200多年前的明清古建筑；一座走出过一位有着“淮南王氏三贤”之称的泰州学派代表人物王栋的传道讲学之所。

普通的民居，不凡的身世。数百年落寞于此，低矮着身子，却仰望着星空！

泰州学派产生于资本主义开始萌芽、封建统治日趋腐败的明代中后期。它的创始人是王栋的族兄、泰州安丰盐场的一介盐民王艮。从小就“奋然有任道之志”、梦想成为“圣贤之人”、能够“救民于水火”的王艮，一生不懈追求，呕心沥血，奔走呼号，创立了以“百姓日用即道”为核心的、极具平民色彩的“泰州学派”，并使其广泛传播，开启了中国启蒙思想的先河。

遥想当年，当王栋追随族兄，求学泰州安定书院，精研儒学经典之时；当王栋在王艮去世，挑起安定书院主讲重任，擂起继承和弘扬王艮儒学思想的钟槌之时；当王栋古稀之年辞官归乡，创办“归裁草堂”，乐学不倦、开门授徒之时——北大街，你见证了一个三水贤哲的成长；你见证了一个伟大思想的飞翔！

是王栋让“百姓日用即道”的学说更加深入人心；是王栋让高深的儒学经典平民化；是王栋让泰州学派的思想得到传承和发展！

哦，北大街，如果光阴可以倒流，如果时空可以穿越，漫步在你的麻石小巷之中，徜徉在你的老墙古藤之下，一定可以听到那悠渺而清晰的先觉之声。

三

毗邻王氏宗祠，是黄龙士纪念馆。

黄龙士何许人？清代围棋国手。

黄龙士，原本不在你这里，原本出生在天目山下。只因那里经常遭受水害，不得不移居北大街。谁知，移居而来的，是一个另类，一个围棋天才，一个身世扑朔迷离的传奇人物！

明末清初，姜堰围棋，其弈手之多、影响之大，可以说极一时之盛。天资聪颖的黄龙士，从小对围棋就产生兴趣。父亲发现儿子独具的禀赋，就专心教子习棋。在梓里崭露头角后，父亲带着儿子走出北大街，走出姜堰，北上京城，寻访名师高手，研修古今棋谱，终日沉醉棋枰。未出几年，棋艺独出机杼，穷极变化，日臻上乘，在清初棋坛纵横捭阖，所向披靡，最后竟登上了棋坛霸主的位置。

黄龙士成才，功在其母。黄龙士从小身体瘦弱，母亲为让他既能习棋，又能强体，就在自家后院地面铺成一个大棋盘，捡来黑白石头当棋子，每天陪儿子搬石头下棋。这样一种独特的训练，不仅使黄龙士练好了身体，而且让他及早产生了对“大格局”棋风的感悟。

黄龙士成才，功在其父。黄龙士父亲出身书香门第，书画之余尤通弈棋。在时人都视习棋为小技、非成才正道之时，他却认为习棋并不低人一等，有一手好的棋艺照样能走遍天下，照样能出人头地。只有走出姜堰，走到更广阔的天地，方能使儿子的才能得以施展，使儿子成为有用之才！

是的，一滴水只有汇入河流，才能保持流动的姿态；一条河只有汇入江海，才能产生奔腾之势。这是三水的涵养！这是北大街的馈赠！

从你这里走出的黄龙士，称雄棋坛、独领风骚二十年，棋艺出神入化，棋品磊落超群，颠覆棋坛旧习，开创一代新风，著成《弈括》书，留下“血泪篇”，终成一代“棋圣”！

北大街，你呼唤他回来！

北大街，你希望能一睹棋圣的风采！

然而，你想不到，正当巅峰之时，他却在棋坛上突然消失了！他才四十多岁呀，是去世了，还是退隐了？谁也不知道，一代棋圣，留下棋坛千古之谜。

也许，棋人，奇人，就是创造传奇的！棋坛的千古之谜，却给你留下千古佳话。黄龙士那“龙飞九天”、横绝当世的骄傲和神奇，已经永远留在了历史的天空，也永远铭刻在你的青砖碧瓦之上。

四

你，北大街，有许多条小巷。

可最出名的，是刘家桥巷。

刘家桥所以出名，是因为在它的巷头，有一座老屋，是徽州茶商胡氏的故居。

这里，曾经氤氲着茶香。

姜堰并不出产茶叶，然而姜堰的茶叶市场却很繁荣，姜堰人对茶也尤其钟爱，追根溯源，其根脉在哪?

——根脉在徽州，在徽州茶商。

当一百五十多年前，徽州茶商身背茶篓，不远千里，踏上这一片三水交汇的灵秀土地时，姜堰就注定了在她以后的血脉中，会融入一股来自高山的灵溪玉泉，姜堰人就注定了在她以后的生活中，会与一脉奇香结缘。

结缘的还有你——北大街!

结缘的还有你——刘家桥!

徽州，地处皖南山区，山灵水秀，土质肥沃，茶树遍布，是闻名中外的茶叶之乡。大概在明代，徽州商人就开始四出经营茶叶，他们走出大山，把茶行、茶庄开到全国各地。而其中最为杰出的代表，安徽绩溪的胡氏家族，就这样来到了姜堰。他们在这里创下名店，历经百年，传承四代，其艰苦创业、苦心经营的历程和乐善好施、奉献社会的义举，令人赞叹!

北大街，你自豪呀!

刘家桥，你自豪呀!

是的，刘家桥自豪! 北大街自豪! 姜堰自豪! 泰州自豪! 一个根在徽州的家族，一个融入姜堰、泰州的家族，在徽州文化与三水文化的共同滋养下，成长出一代共和国伟人!

刘家桥，茶香依旧。

五

你的名字叫北大街。

你，如一卷卷古书，记录着岁月的沧桑；你，如一道道血脉，流淌着历史的回声。

你，姜堰北大街，我的北大街!

【作者简介】

曹学林，泰州姜堰人。中国作家协会会员、姜堰区作家协会主席。著有长篇小说《船之魅》、中篇小说集《杨柳叶子青》、散文集《一条游向老家的鱼》等。曾获得泰州市政府文艺奖、中央电视台电视散文奖、“今古传奇文学奖”长篇小说一等奖。作品曾被《小说选刊》等多种选刊转载，散文被收入《中国高中生阅读年选》。

溱湖断想

缪荣株

世人都夸溱湖美，我更赞创造美的溱潼人，是他们改写了溱湖的历史。

姜溱河和泰东河在溱潼交汇，把苏中古镇溱潼揽在怀里，再加上镇中间流淌着夹河，让小镇四周成为一片泽国，家家户户尽枕河。1969年12月，生活在高沙土地区上河的我毕业后去溱湖西边的村插队，第一次走过溱潼麻石小街，周身有一种湿漉漉的感觉，怪不得溱潼两字都水滴滴的呢。小渡船从镇西码头向三十间（地主大宅院名）摆渡时，那漂浮着的小船，船帮离水面也就半寸左右，我生怕满船的人随时会翻入那宽阔、激流的泰东河中。1972年夏，老家的土坯房在狂风暴雨中倒塌后，我好不容易批到了湖西庄砖瓦厂的两百片瓦和三千块红砖。我和家人背着纤绳拉着小船装着沉重的砖瓦，在溱湖中迷了路。暮色笼罩着溱湖，深秋的芦花在夜色中瑟瑟发抖，几只孤雁和离群的野鸭传来几声彷徨和凄厉的叫声。满眼四望，芦荡更芦荡，何处是归程？严重负载的船儿在夜色中找不到回家的路，只得停在荒村野水芦苇丛中，那苍苍茫茫波涛滚滚的万亩溱湖像要随时一口吞没小船，情景十分可怕。我在孤寂和煎熬中等待黎明。

沧海变桑田。如今，这片湖水变美了。

溱潼有句歇后语：湖西庄（溱湖畔的村庄）失火——窑烟。新中国成立前后湖西庄有一百十四座窑。那满面尘灰烟火色的窑工在挑着沉重的砖瓦，沿着陡峭的窑顶向下一步一步捱时，为了减轻肩上的重负，吼出了古老、低沉、苍凉的劳动号子。如今，那生活在苦难的最底层的窑工号子搬上了舞台，唱起来、舞起来竟是那样威武雄壮，充满了阳刚之气。那些历经千年沧桑的秦砖汉瓦进了博物馆、科学馆，成为海内外游客解读溱潼历史的名片。

四十五年前，横跨在溱湖河湖港汊上的许多桥是用草绳捆绑成的几根毛竹篙子或丁字槐，走在上面“咯吱咯吱”作响，晃得行人心发慌。有的桥为了行船，中间高两头低成拱形，我们只有爬过桥去。现在，溱湖大大小小的河湖港汊上有许多美丽的画桥，有梯形、弧形、拱形，有栈桥、浮桥，一座座都有着好听的名字：秋芦桥、喜鹊桥、七孔桥、走在上面晃荡的充满趣味的浮桶桥……它们或用水泥，或用木板，或用毛竹制成，掩映在翠绿丛中，倒映在碧波之上，别有一番野趣，有的桥名还流传着千古传奇美丽动人的故事。

溱湖上的女人们撑船的姿势美极了：那沉重的毛竹篙在她们手上那么乖巧，柔软的双臂轻轻地往碧水里那么一点，那船儿就像离弦的箭一样在碧波荡漾中飞了起来。难怪，每年会船节，一个个参加划船的妇女是那样英姿飒爽，吸引着人们的眼球。我桥头中学朋友的老伴是原来的村妇联主任，已经七十六岁了，十五年来年年是参加比赛船上的司锣手。

也许，近代历史上，由于溱潼地处水乡，交通不便，才远离战争。镇江丹徒明清两朝唯一的状元李承霖因洪秀全案，举家逃到扬州、江都、泰州、姜堰、溱潼等地，并多次从泰州到溱潼，关注他们家的经营，才留下了后代一门两院士的佳话。溱湖水还孕育了省部级领导、知名艺术家、作家、大学校长、共和国的将军等三十多位名人。从美丽的大自然到人文精神，都得到了展现。原先深藏在小巷深处的千年山茶树和古槐也向世人露出了她们的美丽面容。

同样的天，同样的地，同样的水，在溱潼人的手上怎么就打造了这闻名全国的5A风景区等四块金牌？是改革开放激活了人们的思维方式，政策变了，溱湖苏醒了，芦花挺直了腰，像翩翩起舞的少女，像新疆姑娘晃动着脑袋迎接远方的客人，那成群的雁在蓝天中排列着表演各种队形，那稀有的麋鹿也从英国皇家动物园回到了它们最初的家园，那哼着扬州小曲的船娘，就是当年那些撑篙老把式的后代。

一泓湖水，一条小船，一支竹篙，凭借这些，在解决温饱后，溱潼人向文化生活的更高层次探索、创新、突破。溱潼人构筑了水乡民俗文化自然景观的大舞台，舞到了极致，舞到了全球。可以满怀信心地预言：这方水土的吸引力一定会与日俱增，在全国众多的旅游“明星”中脱颖而出，更加灿烂夺目。

溱潼人，真的很神！

【作者简介】

缪荣株，泰州姜堰人，江苏省作家协会会员、姜堰区作家协会副主席。先后在《人民日报》《中华散文》《福建文学》等报刊发表文学作品500多篇，多篇获全国、省、市级奖，出版小说、散文集5部，主编《泰县金融志》《姜堰名人》，纪实文学《胡锦涛和姜堰》共55万字，在加拿大多伦多《大中报》连载。

水蕴姜堰

黄跃华

江苏姜堰古称‘三水”。

姜堰位于广袤的苏中平原，数千年前，江水北上，海潮西溯，淮水南下，在此激荡回旋，奔涌汇流，其涛声水势蔚为壮观。北宋年间，姜氏父子在此筑堰，揽三水于怀，从此，江水、海水、淮水在此和谐相融，造福一方百姓。

姜堰属水，水就是姜堰人的骨血。

姜堰境内两大水系，上河为长江水系，下河为淮河水系，滋生大小河流近千条，犹如遍布全身的毛细血管。因三水，姜堰水利交通便利，自古便是粮油集散地，天南海北的商贾来这里进货发货，安家发家，一个个小村庄就这样变大了；农耕文明和商业文明在这里交织碰撞，一个个小集镇就这样繁荣了，成千上万的姜堰儿女从这里走出去，足迹遍布海内外。

逐水而居，是自然生物的求存本能，水是新的，也是旧的，新旧合一的水，在姜堰混装成一个大大的湖——喜鹊湖（又称溱湖）。喜鹊湖，多好的名字！有人说，只要心中住着一只喜鹊，每天都艳阳高照。姜堰人拥有一湖喜鹊，他们的日子该多滋润！

姜堰人爱水，早上支包水，晚上水包皮。姜堰人的生活从早晨一碗热气腾腾的鱼汤面开始，那一碗碗鱼汤面色白如牛乳，细滑柔韧。晚上百家浴室人头攒动，酒足饭饱的人们躺在热气腾腾的水中，洗去一天的疲劳。姜堰人爱水的自由、奔放、包容，他们的生活处处与水有关。婚嫁要备水礼，面条称作水面，就连请客喝酒也很君子，开场白便是一句：水酒一杯，不成敬意。有水就有船，姜堰人懂水，他们把一个小小的会船办成了世界闻名的盛会。每年清明节的第二天，上千名篙子手破晓雾，折三两枝桃花，早早从四面八方向喜鹊湖集结。日上三竿时，盛会的礼炮鸣响，鼓乐齐鸣，数千信鸽翩然腾空，水上赛船浪花飞溅，沿岸人声鼎沸，上千名竹篙手整齐划一，向人们展现出齐心协力、一往无前的磅礴之气。

姜堰人惜水，水给了姜堰人丰厚的回报，带给他们五谷丰登，同时还馈赠给他们一份子孙后代享受不尽的特殊礼物——“溱湖八鲜”。“溱湖八鲜”出自水域宽阔的溱湖，那里湖水清澈，水草丰茂。八鲜中最具代表性的溱湖银鱼，通体透明，如晶似玉；溱湖青虾，壳坚色青，体肥肉厚；溱湖鱼饼、虾球色泽金黄、浑圆如珠；更有那簖蟹，个个皆蟹中健将，青眼红毛，膏厚肉腴。舌尖上的姜堰再次告诉人们，唯有爱和美食不可辜负。

姜堰人不敢暴殄天物，他们尊重自然、顺应自然、保护自然，创成国家级节水型社会建设达标县（区），关停污染企业、实行河长制，让青山常在，绿水长流。

姜堰是水做的。水做的姜堰沉稳内敛，开放包容。姜堰人勤劳善良，温和敦厚，这是水的秉性，也是姜堰人的秉性。

【作者简介】

黄跃华，江苏泰州人，中国作家协会会员、泰州市作家协会副主席。1986年开始文学创作，发表小说、散文共100多万字，出版长篇小说《四月天》以及中短篇小说集《诱变》《软肋》等。作品获泰州市政府文艺奖、《小说选刊》最受读者欢迎奖、紫金山文学奖、江苏省精神文明建设“五个一工程”奖等。

第三单元　高港篇（含医药高新区）

一、历代名家咏高港（诗词）

归渡柴墟①江口

宋 · 宋伯仁

白头浪裹叶舟轻，全靠樯桅寄死生。
唯有青山无一事，不忧风雨不忧晴。

【作者简介】

宋伯仁，字器之，号雪岩，浙江湖州人。曾举宏词科，理宗年间在泰州栟茶鹾场任场官，卸任后寓居临安。嘉熙元年（1237）、二年（1238）两次北游海陵。《全宋诗》收录宋伯仁作于泰州和两游江淮期间的诗 60 余首。

【注释】

①柴墟，位于泰州城南，今口岸镇古称。清康熙《扬州府志》云："南唐析济川镇置泰兴县，创治于柴墟。宋初徙治延令村，是为今县治。"

【导读】

宋诗有一个很大的特点就是理趣，即寄寓在诗歌形象中的人生哲理，其文化根源不是理学，而是佛门的禅机。人若青山，能够"不忧风雨不忧晴"，自可怡然自得而看淡生死，其境界似比东坡"也无风雨也无晴"更高一筹。

柴墟岳武穆公祠①

明 · 王稚登

落日荒祠古道边，断钟无虡鼎无烟。
金牌不是班师地，铁骑曾经破敌年。
折戟洗来沙半蚀，残骸耕出镞犹穿。
山僧好护阶前树，留待春风泣杜鹃。

【作者简介】

王穉登，字伯谷，祖先江阴人，明苏州长洲人，号毗陵山人，后移居吴门（今苏州市）。明代文学家、书法家。常客居靖江朱正初家。少有才名，名满吴会，万历年间与屠隆、王世贞等组南屏社，人称“侠士”。嘉靖末入太学，在秘阁校书。万历二十五年应县令陈继畴之聘，在泰兴修县志。文徵明逝世后，继主吴门文坛三十余年。晚年召修国史，未赴而卒。著有《弈史》《燕市集》《吴郡丹青志》等。

【注释】

①岳飞于宋建炎四年（1130）为通泰镇抚使兼知泰州，不久因承楚二州沦陷岳飞以“泰州无险可守退保柴墟”，在南坝桥大败金兵。乡人为纪念岳飞，在柴墟建岳武穆祠。

【导读】

岳武穆祠在柴墟建成后，历代往谒者络绎不绝，诗人们于此写下了无数颂歌，王穉登这首七律，便以构思新巧、感情深厚而为人传诵。所云“留待春风泣杜鹃”可称名句，虽断钟冷鼎，然对英雄的景仰之情千古犹在。

柴墟道中

明 · 何南金

桃源何处问？此地野人家。竹里鸡栖树，篱根犬吠花。
平欺双鬓雪，淡抹晚江霞。好共谋村醉，青帘映白沙。

【作者简介】

何南金，字许卿，号丽泉，泰兴人。明万历三十五年（1607）进士，与泰州储巏、泰兴张京元号称“淮南三俊”，曾任福建莆田知县，政绩斐然，著有《十笏斋集》《悲华馆诗草》等。

【导读】

寻找桃源是中国士人的一个永恒梦想，而崇尚自然也是这些诗人们诗歌。时已黄昏，人已老去，诗人在村庄里的朋友家一起饮酒，看鸡栖树，听犬吠花，诗句质朴实在，不娇柔、不造作，很有感染力。

柴墟怀古

清·恽格

金牌旧恨泣鲛绡，江岸荒祠尚寂寥。
自昔河山征战地，至今风雨鬼神朝。
涛翻白马东来急，天接黄龙北望遥。
极目寒烟凭吊处，长虹中夜出云霄。

【作者简介】

恽格，字寿平，号南田，别号云溪外史，江苏武进人。明末清初著名书画家，常州画派开山祖师，兼工诗书，书法俊秀，画笔生动，时称“三绝”，为“清初六家”之一。遗著有《瓯香馆集》等。

【导读】

恽南田少时正值明清易祚，十三岁便与兄随父参加义军抗清，兵败被俘后回乡定居，开始艺术生涯。尽管生活清苦，然始终保持高尚节操，坚持“大节所在”，多次往柴墟岳飞庙凭吊怀古，涛翻白马，天接黄龙，如同其凌云壮志！

海陵道中阻雨夜宿白马庙①

清·姚湮昉

急雨停空棹，荒村农亦归。烟深迷去道，林黑辨孤扉。
神马何年立，禅灯永夜辉。无眠仍薄醉，鸦语送风威。

【作者简介】

姚湮昉，字恭士，清江苏江都人，流寓泰州。茅茨瓮牖，诗酒怡情，以节自高。著有《康山草堂集》等。

【注释】

①白马庙，地名，在泰州城东南，因有白马将军庙而得名，今名白马镇，曾是中国人民解放军渡江战役指挥部驻地。现建有中国人民解放军海军诞生地纪念馆，为全国重点文物保护单位。

【导读】

姚湮昉为邓汉仪之婿，其诗也得邓汉仪之味。所云“禅灯永夜辉”，夜宿寺中却又薄醉，可见心情是舒畅的，而写景之“烟深迷去道，林黑辨孤扉”，则生动逼真。

柴墟岳王祠题壁

清 · 姜任修

荒祠古柏乌夜啼，战场日落风沙迷。
鄂王遗像犹生气，二帝蒙尘犹惨凄。

【作者简介】

姜任修，字自芸，晚号退耕，清泰州如皋白蒲人。康熙六十年（1721）进士，授直隶清苑知县，因执法得罪大吏，被劾罢职，任期仅五个月。归里筑三以园，从事学术研究，著有《楚辞绎》《汉魏六朝诗绎》等，辑有《白蒲子诗钞》等。

【导读】

这首绝句在艺术上的一个显著特色就是直白，诗人将拜谒岳祠时所激发出来的由衷的仰慕之情，以“生气”二字直抒，点出“二帝蒙尘”之惨凄，既为题壁，人人可观读，也就成了对世人的一种劝诫与警醒，强烈之震撼顿见。

周公铺[1]

清 · 沈龙翔

出州南门，沿运河折而东十五里为塘湾。两岸空阔，漭泱无人迹，为萑苻渊薮，往来舟车，久成畏途。如皋令周公鼎鉴[2]，摄州篆甫三月，即捐俸建屋四十余间，募民夹河居之，行人恃以无恐，遂呼为周公铺云。

晓发茱萸湾[3]，晚宿周公铺。铺上有人居，不是当年路。
五月海陵官，千载周公铺。立功贵及时，何用终年住。
西有召伯埭，东有范公堤。中有周公铺，芳名千古齐。

【作者简介】

沈龙翔，字兴之，号让斋，江苏泰州人。康熙进士。曾参与修州志，志中不能载入者，乃家刻《发幽录》记之。著有《清芬堂集》《桴客卮言》等。

【注释】

①周公铺，在塘湾，即今凤凰街道，位于泰州东南，曾名普福桥。

②周鼎鉴，镶黄旗人，康熙三十七年（1698）任泰州如皋知县。康熙四十二年（1703）帝南巡曾御书朱子五绝诗行书赐周鼎鉴。其知如皋近三十年，及至雍正初年（1722），其间一段时间泰州知州未曾到任，州印即有周鼎鉴执掌。

③茱萸湾《重修扬州府志》载："汉吴王刘濞开此通海陵仓"，因此地北有茱萸村，并遍植茱萸树，故以茱萸立名，且此处又有弯道，故"茱萸湾"始得名。

【导读】

周鼎鉴代掌泰州知州之印，到任不过三月，即捐俸于运盐河之要道修建房舍募民居之，使得其地渐成市镇而盗贼远遁，畏途自此不再，此为德政而永流芳名，诗人将之比作召伯埭与范公堤，极称颂之意。

口岸①阻雨

清·孙继登

板桥茅店旧人家，几历星霜玩物华。
满目春光萦柳絮，一时风雨妒桃花。
溪边古树围僧院②，江岸残红恋客车。
独怪西窗檐溜③急，五更支枕彻啼鸦。

【作者简介】

孙继登，字汲山，清江都人，著有《山啸集》。

【注释】

①口岸，即柴墟，宋时泰兴县尝徙治于此，明初改称口岸镇，置巡检司于此。

②僧院，即寿胜寺，始建于宋淳熙十年，规模宏大，香火鼎盛，是柴墟及周边地区的佛教圣地，以"寿胜疏钟"名著南北。

③檐溜，从房檐流下的雨水。

【导读】

一夜难眠至五更，窗外雨声甚急，春色物华让人流连。不尚藻饰，不事雕琢，这首七律以自然的语言与疏淡的笔法描绘了口岸古镇的雨夜，朴素之中见绮丽，几历星霜不过一时风雨，艰难辛苦是暂时的，内心的平静在鸦声中更显难得。

口岸观桃花

清 · 严爵

此地桃花好，芳菲望不穷。千村人似醉，两岸水俱红。
艳接云霞色，情移杨柳风。渔郎如问讯，有路武陵通。

【作者简介】

严爵，字修亭，清靖江人。诸生。

【导读】

旧志有载，柴墟江边原遍植桃林，并建有赏花亭、闻香阁、桃叶渡等，有“江头无处无桃花，千树万树知谁家”之广，历代于此赏花题咏者不断，严爵这首五律即为其中一首，诗云“有路武陵通”，流露出对隐迹尘世喧嚣的向往。

环溪①舟中坐雨

清 · 吴存义

篷背秋声碎，溪边倚醉听。荻摇低岸白，山失隔江青。
柳重鸦难起，桥喧屐不停。谁家临水住，烟外昼常扃。

【作者简介】

吴存义，字和甫，号荔裳，江苏泰兴人，清道光十八年（1838）进士，历任云南学政、顺天府丞、太仆寺卿、通政使等职，官至吏部左侍郎。著有《榴实山庄诗文集》，教育家吴贻芳为其曾孙女。

【注释】

①环溪，刁铺古称，因旧镇区有回曲如环一溪而得名，1928 年至 1953 年，

其地称泰兴县环溪镇。

【导读】

历代诗人之笔下，绵绵不断的细雨总是和愁思难解难分，吴存义此诗与前诸调不同，乃于舟上听雨，然一律四句全无悲意，“荻摇低岸白，山失隔江青”清淡写生，表现出单纯自然、浑然清新的真切之美，为诗人心胸的真实展示。

二、历代名家写高港（散文）

柴墟集

清 · 夏荃

储文懿公《柴墟集》，张海房太史称有两刻本。考初刻十五卷，乃公从子平甫先生（洵）官台州贰守时所梓，邵二泉序称刻于沔阳郡斋者是也。开雕之岁，距公没十三年，时为嘉靖乙酉。此刻久无传本，海房生康熙初，盖犹及见云。其二刻乃公曾孙寅宾（耀）因旧板漫漶重刊，取顾华玉《灵征记》、赵叔鸣《灵征诗》、郑澹泉、欧桢伯所撰传，及文懿轶事散见诸书者，合邵序为一卷，共十六卷。邵序后有宜兴族人储昌祚、公曾孙壻刘宏宇两序，卷末有寅宾自跋，皆重刊时所增，时为万历甲寅。所可疑者，昌祚序称文懿为伯曾祖，自称侄曾孙，则视耀为兄弟行，顾序中又称“今叔祖寅宾，自捐百金，更其枣梨”云云，其称呼特为舛谬。及考储氏族谱世系，耀与昌祚皆二十七世，其误益明。余家藏《柴墟集》，是己丑客吴门，从滂喜园书肆购得者，阙邵、储、刘三序及耀跋，而卷首反有康熙十九年公六世孙沄（字山涛）序。其序大率铺陈文懿文章德业，略不及刊刻颠末及作序之由。此本疑康熙时所印，沄序即印书时增入者，板则仍是寅宾二刻，盖《柴墟集》未闻有三刻也。然二刻颇恶滥，且脱误讹舛不可枚举，惜无初刻本正之。在耀自称，缮写校刊阅二岁而竣，不可谓不慎重，何缺略尚多。甚矣，校雠审定之难也。窃论文懿在当日负重名，硕德伟度，天下仰望丰采。迄今三百余年，海内读书论古之士，皆慕公为人，愿读公所著书，词翰之美乃公余事。即词翰已足衣被天下，允为吾邑人物文章之冠。公《集》再刻于胜朝，板久无存，欲求全集完本，如觅宋椠之难。今公裔不乏贤而有力者，尚于先集少加意哉！

【作者简介】

夏荃，字文若，号退庵，泰州人。曾任江苏丰县、湖南桃源等地训导，退居返乡后专事纂述，著有《退庵文钞》《退庵笔记》《宋石斋笔谈》等，辑编《梓里旧闻》《海陵文征》《海陵诗征》《辟蠹山房丛书》等。

三、现当代名家咏高港（诗词）

咏雕花楼

丁芒

江流已是柳摇空，更见柴墟一点红。
凿栋雕梁钟秀气，镂花织锦发玲珑。
回廊环抱庆元井，湖石斜映水天穹。
最是悄然书画院，尽邀彩笔舞虬龙。

【作者简介】

丁芒，笔名轶明、岑中逸等，江苏南通人。诗人、作家、文艺评论家、散文家、书法家。著有新诗集《欢乐的阳光》《枫露抄》，诗词集《苦丁斋诗词》，散文集《酿熟了的怀念》，诗论集《当代诗词学》，小说集《蓝色的征途》等。

高港二首

王加珍

白马庙海纪馆

毛泽东以豪迈的
伟人气概
把白马楼写进
中国革命的史册
从此人民海军
从泰州白马庙
启航

历经七十年风雨
从闭关锁国
到走出国门

从被人欺凌
到海上长城
潜艇护卫舰驱逐舰
到航空母舰
一朵朵
一簇簇
在万里海疆
一路绽放

在东海在南海
在亚丁湾
还有西太平洋
和印度洋
在走向深蓝的征途中
一路劈波斩浪
牵引着世界
看中国海军的
目光

迎来日出
送走晚霞
在辽阔的海防前线
人民海军
已挺起钢铁般的
脊梁

泰州长江大桥

一座用中国人的尊严
焊接起来的大桥
落户在一个叫泰州的地方
粗大的桥桩
把江水搅起了漩涡
远处是万吨巨轮
还是一叶搁浅的

小舟

岁月悠悠
滔滔江水曾在这里
折断过无数桅杆
那时庄户人家的心思
是有一只海鸟
能驭着他们飞越
这滚滚大江

中国人不胆怯
不犹豫
昨天柏油压榨的路基
刚刚疏通了村民的物流
今天横空出世
又一座铁桥在泰州
飞越长江

【作者简介】

王加珍，江苏泰州人，江苏省作家协会会员，曾任泰州市诗人协会主席，地级泰州市成立以后任江苏省泰州中学首任校长、党委书记，兼任泰州市文联副主席。著有诗集《最初的跋涉》等。

四、现当代名家写高港（散文）

柴墟遗事

邵军

柴墟是泰州高港一带的古称，岳飞当年抗金时“退保柴墟”，大战金兵，就是在这个地方。不知是不是这个原因，明代一位泰州人“柴墟”作为自己的号，并将自己的文集称为《柴墟文集》，这位明人就是储巏。

泰州历史名人中，民间传说最多的便是储巏。储巏为明中叶人，生于1457年，卒于1513年。据《明史》记载，他少年聪明好学，九岁能写文章。他的母亲王氏患重病，年少的储巏为母割股疗疾，但母亲还是死了。为寄托哀思，他力营墓域，尽量把母亲的后事办得好些。母亲归葬后，他白天在墓地哭母，晚上依然读书不辍。后来，乡试、会试都考第一，成化年间以廷试二甲第一中进士，做了主管官员考核的官员。他为官正派，一丝不苟，最后做到南京吏部左侍郎。卒于任上。

这么一个好人，死后却留下一些莫名其妙的传说，甚至说他的母亲是东海里的一只猴子。他幼时喜欢登上城东的一座望海楼读书，就传说是为了眺望海中的母亲。更有甚者，把这座有记载建于南宋的古楼，说成储巏专为望母而建。储巏体貌清羸，弱不胜衣。人较瘦小，也有人将此作为猴子的证据。泰州的许多有识之士，早就撰文斥其荒谬。

然而，如此荒谬的传说能流传，原因何在？明代早已过了产生神话的年代，我看只能以鬼话视之。这种毫无美感、毫无褒义的鬼话，无疑起源于诽谤，是源于别人对其成就的嫉妒，抑或源于他得罪过的某位官员的攻击，都无须去考证了。我们从中获得警惕是，当你取得成功的时候，总会有些小人躲在你的身后，制造流言、恶话诽谤，暗箭伤人。这种人古时有，今天仍然有。不过，我们也不必太当回事，流言止于智者。

现在让我们读几首柴墟先生的诗，也许可以从此认识一个真实的储巏。1504年前后，在南京做官的柴墟先生回泰州老家探亲，正值迎春日，迎春日就是立春的前一天，泰州旧俗，这一天州官要亲率部属到城东门外的迎春桥，称为迎春，然后宴请地方士绅。这年，正好储巏在家，被邀请与州官一起参加迎春活动。为此，他写诗抒发了对家乡的情怀：

共迎春去出东门，报道春从海角生。青盖日消浮酒晕，彩鞭风细袅吟声。

物华温说灯期好，岁月先占谷日晴，十载宦游常记忆，故乡风俗少年情。

年届不惑、离家十余年的储巏对故乡依然一往情深。

在《自柴墟归海陵》中，我们可以欣赏到当时泰州的水乡风光。

北望江乡水国中，帆悬十里满湖风。白苹无数依红蓼，唯有逍遥一钓翁。

诗风清新可爱，从中也可看到一个清新可爱的人。

尝鲥鱼是泰州人的一桩美事，储巏在一次品尝之后，写下了这样的诗：

江南四月笋蒲清，海错时鲜亦有声。玉骨箸横犀角细，素鳞盘映水晶明。

官船载去唯充荐，渔网遮来不算征。此日尝新增感慨，野人芹曝愧平生。

口之于味，有同嗜矣，古今亦同。前四句对家乡时鲜的赞美并不错，后四句同情渔民，又检讨自己贡献太少，似乎受之有愧。这种矛盾心理，很有点普遍性，能有这种感慨，说明他是一位严于律己的人。

我们再看看朋友眼中的储巏。王守仁小储巏 15 岁，是明代心学宗师。储巏曾与他一起探讨学问，很虚心，1507 年，王守仁在被贬到贵州时，想到与储巏一起研究学问时的情景，给储巏寄来怀旧诗："忆昔与君约，玩易谈玄微。君行赴西岳，经年始来归。方将事穷索，忽复当远辞。相去万余里，后会安可期。"他们谈了些什么？从王守仁诗中，我们知道，他们谈到了人生与自然的问题，公与私的问题，治学和修身的问题等等。王守仁还好为人师地忠告柴墟，学习要精专，下棋作诗，但不要丧志。

王守仁既然以师自居，想必储巏亦会以师相待，这个年长的朋友和学生，谦和得令人尊敬。可是，十几年后，王守仁将会遇到另一位来自泰州的学生，这位学生的风格，可与储巏截然相反。当然，成就也比储巏大得多。他就是王艮。

【作者简介】

邵军，江苏扬州人，曾任中共泰州市委副书记、江苏省委统战部副部长。

口岸水景街区记

孙建国

口岸重镇，三水交汇；古称柴墟，县治南唐。沧海桑田，新邑高港。江东明珠，堪称物华天宝；水陆辐辏，当属人杰地灵。庆元古街，始于南宋。商贾云集，绵延千载。近代战乱，古街凋敝。改革开放，百废俱兴。公历二零零九年春，高港区重建古街，增其旧制。历时五年，倾心打造。开街之际，主事者嘱予作文以记之。

予观夫街区胜状，盖在于水。长江支流，贯通口岸。南官河流淌南北，柴墟河穿越东西，街区枕水而居，宛若梦里水乡。近水台桨声灯影，雕花楼池馆水榭，此乃亲水也。古民居青砖黛瓦，庆元桥夕照倒影，此乃乐水也。幽巷深处，竹篁茂密，戚世光进士第苦读，李信昌过载行经商，此乃智水也。更有城隍、财神、关帝三庙，晨钟暮鼓；朝阳、正阳、纳阳三门，三阳开泰，此乃善水也。

临斯街也，逸兴遄飞。遥想当年，街区有市廛交错，行栈纷如；熙熙攘攘，游人如织。远瞻未来，街区必商业繁华，胜友如云；千里逢迎，高朋满座。旭日东升，市井叫卖惊雁阵；夕阳西下，渔舟唱晚响江滨。古人云："仁者乐山，智者乐水。"岂不快哉！嗟乎！集观光、旅游、商贸、居住于一体，历史与时代际会，文化与生活融合，街区之旨，莫过于此。朋友来兮，可买卖，可闲逛，可品茗，可焚香。不亦乐乎？语人曰："此乃宜商宜居之福地也。"是为记。

【作者简介】

孙建国，笔名顺和斋，泰州高港人。教授，中国作家协会会员、泰州市有突出贡献的中青年专家。曾任泰州市梅兰芳研究会副会长、泰州市文艺评论家协会常务副主席。著有《欢乐号飞船》《往日时光》《蕙风如薰》等。

第四单元 兴化篇

一、历代名家咏兴化（诗词）

赠施耐庵

元·顾逖

君自江南来问津，相逢一笑旧同寅。
此间不是桃源境，何处桃源好避秦。

【作者简介】

顾逖，字均仁，号思邈，元末明初兴化人。至正进士。张士诚割据东南时，顾逖历任松江知府同知、嘉兴路同知、嘉兴路转运使司副使，受封奉政大夫。

【导读】

康熙《御选元诗》曾收顾逖诗《赠马敬常》，其中“南越封王属尉陀”之句，有讽张士诚之意。战乱之中，顾逖与吴中四杰之一徐贲、昆山郭翼同等友善，诗酒唱和也属苦中作乐，此赠施耐庵之句“何处桃源好避秦”，可见归隐之意。

答顾逖

元·施耐庵

年荒世乱走天涯，寻得阳山①好住家。
愿辟草莱多种树，莫教李子结如瓜。

【作者简介】

施耐庵，名子安，字彦端，号耐庵。元末明初兴化人。相传为元至顺二年(1331)进士，曾为官钱塘，后弃官还乡，迁居兴化白驹镇，闭门著述。著有《江湖豪客传》，后名《水浒传》，被誉为“中国长篇小说之父”。

【注释】

①阳山，指兴化昭阳山，亦称阳山，在兴化城西。

【导读】

明景泰四年（1453）杨新撰《故处士施公墓志铭》中云：“世居扬之兴化，后徙海陵白驹，本望族也。先公耐庵，元至顺辛未进士，高尚不仕。国初，征书下至，坚辞不出。隐居主《水浒》自遣。” 可视作施耐庵“阳山住家”之证。

和李克约东皋[1]杂兴

元 · 成廷珪

一春开遍雨中花，几向东园管物华。
老去始知身是客，愁来空拟醉为家。
江楼帘箔霏香雾，野寨旌旗绚彩霞。
曳杖归来还自笑，夕阳原上数残鸦。

【作者简介】

成廷珪，字原常，一字元章，又字礼执，元末兴化人。一生不仕，奉母居市集，植竹庭院，匾其燕息之所曰“居竹轩”。“昭阳诗派”创始人，著有《元诗选二集》《居竹轩集》等。

【注释】

①东皋，兴化东门外高地。

【导读】

成廷珪是兴化第一位在全国有影响力的诗人，他的作品曾入选《四库全书》，其诗继承田园诗清静淡泊的风格，面对社会之动荡不安，常借叙事寄兴感伤，有语淡而味不薄之特色，昔人有评曰“变化寻常之言为警拔之句，终归于适其性情”。

得胜湖怀四义士[1]

明 · 杨果

几年不到西水头，今日重来访白鸥。
尊酒不辞明月夜，诗人偏爱艳阳游。
何烦短笛招仙侣，却忆金戈殪虏酋。

庙祀不崇乡俗陋，悠悠遗恨咽东流。

【作者简介】

杨果，字实夫，号鸥溪，兴化人。弘治十五年（1502）进士。授户部主事，官至南京右通政摄刑部事。掌铨选，黜陟明允，自处恬退。

【注释】

①四义士，宋绍兴元年（1131），张荣、贾虎、孟威、郑握率山东梁山泊义旅，转战江淮间。时金监军达赖驻泰州，四人邀敌于溱潼，佯走兴化率头湖，结寨湖中，金人战船不能行，死者甚众。义军俘获金驸马葫芦巴并达赖亲弟破辣椒等300余人，达赖北遁。邑人在兴化城东建四义楼作纪念，改称率头湖为得胜湖。

【导读】

得胜湖水面辽阔，河港交错，芦苇丛生，方圆数十里，以胜湖秋月之名入昭阳十二景。此律以写景开篇，叙得胜湖之日色夜景，颈联才转怀古，流露出对张荣等人虽有报国之忠心，无奈大厦将倾，如之奈何的感叹。

辞程邑侯父母乡饮

明 · 韩贞

鄙野山人鄙野怀，谁人诬我是贤哉。
既无孔孟传心学，那有伊周济世才。
性率烟霞疏礼度，心宜水月远尘埃。
生成不是衣冠客，蓑笠渔樵归去来。

【作者简介】

韩贞，字以中，号乐吾，明嘉靖年间兴化人。泰州学派哲学家，王艮之弟子，聚众讲学，从游甚众，被誉为“东海贤人”，著有《韩乐吾集》等。

【导读】

韩贞继承了泰州学派的传统，坚持以诗为教，弦诵林野之间，以平民自由自在的意象和精神去解释，韩贞的诗山林气、渔樵话颇多，却又不是反对入世有为，其对于伊周济世之才也是羡慕的，人称“东海贤人”，自觉为“诬”应属谦辞。

访宗考功①百花洲②

明 · 李春芳

美人卜筑向蒹葭，载酒相过坐日斜。
莫欲逃禅先辟社，岂思负海故横槎。
溪莲叶叶铺青荇，岸柳枝枝俯碧沙。
共羡少年能奏赋，莫将勋业误烟霞。

【作者简介】

李春芳，字子实，号石麓，兴化人。嘉靖二十六年（1547）状元及第，隆庆二年（1568）升任内阁首辅，隆庆五年（1571）致仕归乡，谥号文定。著有《贻安堂集》等。

【注释】

①宗考功，即宗臣。宗臣曾任吏部稽勋员外郎，故称宗考功。

②百花洲，兴化城南沧浪溪中小岛，古有通文桥可达，为宗周、宗臣父子读书处。宗臣殁后葬于此，立有专祠。

【导读】

李春芳与宗臣之父宗周为同年进士，交谊深厚。嘉靖三十一年（1552）宗臣解职返乡养病，恰逢李春芳也省亲归来，出于对年侄的疼惜，李春芳过百花洲访之并赠诗，对恃才傲物之宗臣予以劝诫，“共羡”之余，也道“莫将”。

山子庙①

明 · 禹龙

将军遗庙貌，游子剧春情。水殿焚香入，楼船载酒行。
雨晴闲社燕，花暗醉红莺。千古沧浪曲，相将此濯缨。

【作者简介】

禹龙，字子化，号凤河，兴化人。庠生，负奇气，富于才，而天性峭直，于物无所容，与李春芳、宗臣等过从甚密。擅诗，其作《九日登高》曾入选《明诗综》。孙禹之鼎为宫廷画师供奉畅春园，受康熙帝赏识。

【注释】

①山子庙，即山子府君庙。山子为昭阳将军坐骑之名，相传为周穆王八骏之一，昭阳战功显赫，楚王以山子赐之，庙原址在兴化城西南郊。

【导读】

《兴化县志》记禹龙有“出言有章，动以古人自期待”之句，这首春游怀古之作，水殿焚香，楼船载酒，形象而又生动，雨晴花暗则有一种凄然气氛，有了这句铺垫，沧浪濯缨这句独白也就十分入情，表现出不得志后坦然的心境。

九月登高蒯墩①

明 · 魏应嘉

鸿门虓虎樊将军，当年壮气干层云。
淮阴吠犬蒯辩士，空睆鼎镬无死生。
君不见，八里亭东水绕墩，是樊是蒯竟谁论?
秋风洒酒酹抔土，荒原宿草还古今。

【作者简介】

魏应嘉，字示周，号宾吾，兴化人。万历三十二年（1604）进士，官至兵部左侍郎，兴化四牌楼为其立“右省名卿”匾。著有《伙坏封疆录》《纲目纂元》等。

【注释】

①蒯墩，蒯墩河上的小岛，在兴化城南八里铺。县志载:“汉蒯通之墓在其下，故曰蒯墩。”

【导读】

兴化南官河八里铺一带已渐成城区，蒯墩又称樊哙疑墓的高土堆也已不再，志书中对这座墓的记载也很含糊，只剩故事还在这里流传，“是樊是蒯竟谁论?”几百年前魏应嘉就已然在问，几百年后我们依然没有答案。

春游阳山①

明 · 吴甡

春风春雨见春华，春水春山春景佳。
荫柳恋莺莺恋柳，好花迷蝶蝶迷花。
寻芳子入群芳境，买酒人投卖酒家。
斯路来时斯路去，马头相对日头斜。

【作者简介】

吴甡，字鹿友，号遡愚，晚号柴庵，兴化人。万历四十一年（1613）进士，官山西巡抚、兵部侍郎、礼部尚书兼东阁大学士，为兴化明代三宰相之一。著有《柴庵疏集》《潭西草堂忆记》《寤言》等。

【注释】

①阳山，昭阳山，在兴化，以楚将昭阳葬于此得名。

【导读】

同为兴化人，生在明末的吴甡已不像宗臣那般以复古为倾向，这首七律正如时任所提倡诗歌应“出于己之所得，而不窃于人之所尝言者也”，多有新意，首联叠字连用六个“春”字，颔联回文余味悠长，可见性灵之说的影响。

过泰州茅山①

明 · 徐改之

飒尔蒲帆疾，茅丘欠一游。寺藏深树里，僧立古溪头。
矫矫孤飞鹤，飘飘不系舟。欲修玄豹②业，舍此复何求。

【作者简介】

徐改之，名来复，字名上，明末清初兴化人。补诸生，试于有司，数见赏拔，屡以他事黜，黜即更补，乃易其字曰改之，遂以字行。著有《素翰堂集》。

【注释】

①茅山，位于泰州东北、兴化东南，传说此地产有香茅，故名。

②玄豹，刘向《列女传》有记，“南山有玄豹，雾雨七日而不下食者，何也？欲以泽其毛而成文章也，故藏而远害”，后喻怀才畏忌而隐居的人。

【导读】

风吹着蒲草编织的帆，诗人随舟来到乡野深处的茅山，遥望寺藏深树，一时有鹤飞过，而知客僧早已在溪头迎候……，泰州茅山旧有联句“人文有富弼，山水小蓬莱”，既然想隐居，还有比茅山更好的地方吗?

兴化道中

清·董讷

莽莽连沧海，风吹一叶轻。村从烟际出，草逼浪头生。
地阔无山影，天空有雁鸣。最怜釜低处，何日奏平成?

【作者简介】

董讷，字默庵，号俟翁，又号兹重，山东平原人。康熙六年（1667）进士。由翰林院编修累官至左都御史，迁两江总督，因故降职，改督漕运。著有《柳村集》《督漕疏草》。

【导读】

兴化地处里下河腹部，四周高中间低，形貌似釜，俗称锅底洼，千百年来饱受洪水泛滥之灾难，旧时其地多常年浸泡水中的老沤田，一年只能种一季庄稼。此诗尾联“最怜釜低处，何日奏平成?”直至今日才告平成小康已至。

游百花洲暂息圆通庵①

清·李鱓

隐宅花丛里，扁舟唤即迎。书声劳想象，梵韵独幽清。
石磬分禅脉，荒城振祖英。僧庵惟道守，岂在室多楹。

【作者简介】

李鱓，字宗扬，号复堂，别号懊道人，江苏兴化人。著名画家，为“扬州八怪”之一、康熙五十年（1711）举人，以绘画被召为内廷供奉。后被黜，任山东滕县、临淄县令。以忤大吏罢归，卖画为生。著有《浮沤馆诗集》。

【注释】

①圆通庵，位于兴化城南，庵南隔水为百花洲，建于明朝，今已废。

【导读】

这首诗看似随笔挥洒，却意有旁指，诗外有味，诗人往游百花洲拜谒宗臣，中途在圆通庵小息，其尾联“僧庵惟道守，岂在室多楹”看似说与僧听，出家人重在道风而不在庙舍多少，其实也是自勉，为人需守住内心寻找一方宁静。

渔家

清·郑燮

卖得鲜鱼百二钱，籴粮炊饭放归船。
拨来湿苇烧难着，晒在垂杨古岸边。

【作者简介】

郑燮，字克柔，号板桥，江苏兴化人。乾隆元年（1736）进士，历任山东范县、潍县知县。诗书画均旷世独立，人称三绝。尤擅写兰竹，风枚劲峭，做官前后均居扬州卖画，为“扬州八怪”之一。著有《板桥集》等。

【导读】

此诗描写的是一幅渔民平日的生活场景，板桥是一位画家，诗句亦具画面感。短短四句诗将渔民有些艰难也有些悠闲的生活呈现出来。2017 年此诗获评“致我亲爱的家乡——最美江苏诗词大会”泰州第一名。

平望①道中

清·任大椿

出郭星已阑，解缆潮将歇。烛灭蒲塘深，去棹何忽忽。
宿酒破余醒，西风吹残月。乍别易怀人，欲寐屡搔发。
如何将客心，一棹雨丝白。

【作者简介】

任大椿，字幼植，一字子田，泰州兴化人。乾隆三十四年（1769）进士，授礼部主事，累迁御史。曾任《四库全书》纂修官。工词章，潜心经学，尤熟于《尔雅》《说文》《广雅》。著有《字林考逸》《小学钩沉》《子田诗集》等。

【注释】

①平望，地名，在兴化城北，现名平旺。

【导读】

《清史稿·儒林·任大椿传》言其“诗尚清远”，袁枚《随园诗话》曾引用其《别友诗》中句“无言便是别时泪”，徐世昌《晚晴簃诗汇》评曰“英光沉思，远追鲍谢，近攀韦柳”，并收录了这首《平望道中》。

同任子田夕步兴化南郭

清·王念孙

青天澄暮晖，片月出林莽。言期素心友，揽衣同一往。
憩足面回渚，众电寒苍苍。一水寂无声，菰蒲自生响。
隔浦闻棹歌，清思落双桨。夜深群象阒，空林散余爽。

【作者简介】

王念孙，字怀祖，号石臞，江苏高邮人。乾隆四十年（1775）进士，著名音韵训诂学家，少受业于戴震，探究古书文义，于训诂造诣最深。著有《古韵谱》《丁亥诗钞》《广雅疏证》《读书杂志》《王石臞先生遗文》等。

【导读】

同为乾嘉学派中坚，高邮与兴化地理相近又人文相亲，任大椿与王念孙自是交谊深厚，后者曾帮任大椿校订所撰《小学钩沉》，对于这位浮沉郎署、仕途偃蹇的知己与老友，王念孙内心是怜惜的，故有“言期素心友，揽衣同一往”之句。

将去兴化登城北拱极台

清·魏源

倾城竞赠送行文，不饯朝阳饯夕曛。
穷海见闻惟白浪，下河忧乐在黄云。
去年争坝如争命，此日调夫如调军。
不是皇仁兼宪德，那看台笠偏菑耘。

【作者简介】

魏源，字默深，又字墨生、汉士，湖南邵阳人。道光二十五年（1845）进士，曾任兴化知县，河湖盛涨时保坝有功。鸦片战争期间参与浙东抗英，受林则徐嘱托编《海国图志》，主张“师夷长技以制夷”。著有《圣武志》《古微堂诗稿》等。

【导读】

魏源于道光二十九年（1849）任兴化知县，率十余万民众日夜护堤守坝，于民有“拯饥拯弱之功”，除此善举外，魏源“以教养相表里”诸多县务，皆筹拨闲款而不捐于民，如此在其将离兴化升任高邮州知州时，才会出现诗中所言送行之景象。

二、历代名家写兴化（散文）

兴化城拱极台记

明·向琪

维扬据淮海之间，领东南财赋，以北输于漕，盖国家咽喉地也。越自岛夷弗戢，寇我南土，沿海郡邑，遂为绎骚，维扬以东，且日益警矣。岁丁巳乃武陵胡侯以进士来令兴化。兴化为扬郡瘠邑，距海不二百里，寇可旦发夕至，时南北通泰、盐城先后被兵，羽檄旁午，侯临之叹曰：寇势如此，兴无完城，虽有河北之勇，将安所用御哉！乃召乡父老定为城守之久计，上其议，皆曰“可”。侯遂尽力经画，凡得境中尚义者若干人，相与谋度。计旧城蹲塌，土垒不可恃，亟为增置，易卑以崇，益圮以坚，严启闭扃关，更坯堘以砖石，诸所取给，不官帑，不编民，公庭力牍之外，惟民义输而已，不逾月功用告成，侯临其上；又为之叹曰：有城如此，使民不知义，虽金荡谁与守哉！乃又迹旧城有拱极台遗址，深维其义，益图隆构之，磻其下以石，而洞其中；覆其上以宇，而轩其外。夫磻其下，而洞其中，示有守也；覆其上，而轩其外，示有望也。仍匾其名为“拱极”，又所以示有思也，侯之虑益周且备矣。台既成，邑之人或诣余，次第其说，且求所以为拱极之义。予曰：嘻之！所以警于有位以示兴民者，岂其微哉！夫极在天为枢，星为繁星之所旋，向世儒举以象君位焉。盖以君道比天道也。拱极云者，固所以尊朝廷明有君也。揭此以示，俾凡莅官于兴者，宣德布惠。无背此极，以率诸民。俾民之有怀者，皆知所以归诸。维皇之极，居常则出粟、丝麻以给其公上，有事则修戈矛、执挺刃相与捍一方之保障，而不恤其私，是则拱极之义大明于上，人心固于下，将使江淮之地，人人自固。维扬扼要且赖以无患矣。然则斯城与台，固独为守兴化拒倭夷尔乎。是则侯所以教示斯民之深意也，问者曰：我侯德惠在人耳目，政绩在台司章疏；其成城治邑、约己爱民之道，在乡士大夫。城祠碑记中，至拱极之义乃见诸今说，不可无传也，请贻此以为之记。

【作者简介】

向琪，生卒时间不详。明嘉靖年间任刑部员外郎。

胡公碑碑文

明 · 宗臣

兴化在扬东北，去海仅百里奇。地瘠民虚，自古号称难治。然来令兹土者，往往崇祀焉。则何故哉？凡有功烈于民，皆在祀典。即举往政，如范，如张，如詹，如傅，皆著功表业，深入民心，则然也。继惟胡侯来令兴，甫三年，兴之士大夫凡民，醵建生祠祀侯。走幣征宗子记其盛。宗子则奉书起曰：嘻乎！侯之德政，驾侔往昔，宜祀哉！宜祀哉！

嘉靖丁巳春，予时为天卿郎，乡中士大夫书报予，愿得仁人君子为苍赤主。又悉父老子弟焚香告天，愿欲之意。视来书，予乃请之冢宰。冢宰精遴得侯焉。命下之日，予翼而接之，意烝烝喜谓：兴之保障在侯矣。及予外补省家，而侯已任兴三月。

无何，倭寇通泰，抵高邮及宝应，下盐城，吾邑居其中。城且圮，邑中人惶急，状如釜鱼。侯乃下令，积薪粟，精器械，募邑中人几千，时时督练，为战守计。且自登城，衣戎带剑，气肃肃扬扬，环四隅周视，每夜分方罢。漏夜五鼓，则又束带坐堂上理簿。书吏持盈案，一一发如流。如是者，几两月。即督府兵司，调之兵，不得而兵也；调之饷，不得而饷也。兴之人，恃侯比长城云。未几，寇退。则率邑之父老子弟至庭下。侯愀然太息曰：曩寇不来，畏尔城高池厚哉。亦幸耳！寇再至，将安恃耶？于是父老子弟咸欢欣鼓舞，匍匐上言：愿从事。是日，命工区画，富者出金，壮者出力，贫而弱者听其综理。又偕邑人之长厚有行者，工之作也。侯日来省之。每来每出俸，市牛酒劳之，勤者厚劳之，又多温言以劝勉之。故人人沃德，风驰云集，未届期而告成。成之曰：尔心谓今日费，或我怨尤，即遗利后世，怨当少休矣。后一年，倭复寇通及扬，声势视昔为甚，乃邑中人安堵如昨。且对妻子感畴，昔仰天呼日，即寇至城下，奚虑哉？我君所谓后世利，今已见之！

嘻乎！兹侯之有功于兴，至大至大者欤！盖侯之立心本廉，而才尤长，于治事不私而刻，不暗而愚，至于可罔，故众服之而不敢犯，爱之而不忍离，惴惴焉，惟虑寇之不能偕也。未几，侯果膺命为南畿司马郎。兴民德之，弗欲忘也。乃建祠于文明门内。门有题，门后左右有亭，中有堂，后有正堂。中即侯像在焉。像为金碧，众犹虞其弗坚也，最后更构堂，而更铸铜像之光仪俨然。嘻乎！兴之人所切切于侯如此，他年或苦于刑罚，或迫于征求者，岂不奉香泣诉于侯之庭，又或走侯前而遥诉之，则侯又安忍忘念于兴而不假手一援也？嘻乎！然则是祠也，岂但岁时伏腊祠侯哉？将于侯重有望焉！

侯名顺华，字宝甫，号龙岗，丙辰进士，湖广武陵人。

【作者简介】

宗臣，字子相，一字方城，兴化人。嘉靖年间进士，文学家，“嘉靖七子”（后七子）之一，被誉为“中原才子”。所著《报刘一丈书》被选入《古文观止》。

答问海子池

清·刘熙载

兴化有海子池焉，相传其水虽大旱之年不竭若海然，故以名也。邑人问曰：吾闻大川光泽，其扶舆清淑之气，蜿蜒蟠屈，必有伟人生其地以应之。吾邑北去河三百里，南去江、东去海率二百里，势皆纡而不能径达，若城之中混混有本者，池而已矣。而生才之盛，非一州一郡所易有，岂地脉之灵异在斯焉？余曰：子之重本似也，然恃乎才之所以生，洙泗未闻常有圣贤也。呜呼，才之所以成，凡地有圣贤之徒，即洙泗也。夫成才之本在学，君子诚务学，则其息愈深，其出愈薄。虽川之方至，不足喻也。不然，挟微末以自足，袭近似以为能，往者不虑其穷，来者不思其继，非独无以充之日盛，且从而消耗淤塞之，可不为大惧乎！是池果为灵异与否？当惟形付诸形家之言，顾吾邑之伟人，流声余思，足以兴起后来者自在。愿子姑置地脉而凭人事也。

【作者简介】

刘熙载，字伯简，号融斋，晚号寤崖子，江苏兴化人。道光二十四年（1844）进士，授庶吉士，官至左中允。晚年主讲于上海龙门书院，主要著作为《艺概》。

城南旧游记

清 · 李详

吾邑南城之外，有地一区，广袤愈亩，环水浮浮，沦为灌莽，老屋数椽，支离撑拒，前明乡先生宗子相读书处也。墓委其左，倾圮就夷。余昔在弱岁，与同学王子奏云、顾子石孙、徐子丹评觅游此所，沟若萦带，一越而过，披草求径，搴萝得门，鸟吓人声，虫噬衣影，招魂像前，啸清风而四回；谈诗荒阶，起沉魄而共语。争其流派，或祧于鳞；慎其裁量，至诋锡鬯。裾裾焉，浩浩焉，穷天地之廓，驭古竞趋；忘姓名之贱，执衡自卫，当此之时，亦一乐也。

岁阅十稔，余客袁浦，寓书邑令，规其修复。乃匿余赫蹄，讬之宿旨，敛钱资力，秉算非规，洪潴易漱，拓宇绝隘，倾义始明，棂楣斫以栎材，廓簃局其躐步。平原之祠既落，不征谯国之文；南阳之窾虽封，妄剔安平之碣，好事如何？噫嘻陋矣！

念余二十载，谋重乡间，攘羭不归，隙驹疾逝。同游旧好，罕与周旋。奏云化为异物，顾徐远客秦方。下泉款款，谒梦如生；长风飕飕，诒音数梗。于是，周家墓道，奚啻黄垆；洛中綦迹，坐更白社；代兴之诺，荡为垂天之云；后游之期，思广缩地之术。追记始末，扬榷而陈，匪独流连随会，过九原而抚然；庶几隐轸元瑜，重五官之太息。境之废兴，又其筌蹄焉尔。

【作者简介】

李详，字审言，晚号辉叟，江苏兴化人。国学大师。工诗赋，著作丰富，著有《愧生丛录》《学制斋骈文》《枫园艺友录》等。

三、现当代名家咏兴化（诗词）

兴化一日

沈鹏

北雁南飞里下河，秋风送爽蟹鱼多。
板桥渔鼓道情曲，劳者茅山号子歌。
湿地森林真气满，晴空云影淡然过。
宽裕今日等闲度，归去身心轻载舸。

【作者简介】

沈鹏，江苏江阴人。曾任中国文联副主席、中国书法家协会主席。著有《沈鹏诗词选》《三余吟草》，主编《中国美术全集·宋金元书法卷》《故宫博物院藏画》等。

昭阳端午

朱思愚

五月榴花红似火，乌巾荡上竞龙舟。
波沉箬粽千层碧，心奠诗魂万载秋。
欣看中华路先筑，不忘世纪战无休。
昭阳大将今犹在，赞许中枢足智谋。

【作者简介】

朱思愚，江苏泰兴人，1961 年毕业于扬州师范学院，在江苏省兴化中学执教四十余年。工诗，著有《一得集》《双犁集》《金秋集》等。

李中水上森林

舒贵生

幽径花开二月兰，水杉林里鹭飞旋。
清波倒影雾森幻，幽梦一帘白云闲。

【作者简介】

舒贵生，笔名舒诚、啸风等，湖北黄冈人。曾任《江海诗词》副主编兼编辑部主任，著有《啸风集》《啸风吟》等。

水上森林

王干荣

如仪仗集合在水之上
你的景之魅诱惑我靠近

我不做那个检阅者
我轻移莲步
滋润地走进你偌大的肺子里
在你绿草野花铺就的路径上
悠游 沐浴清心的气息
喂我缺氧的身子

在喧嚣的小城
我没有情侣 在你这里
我与水杉俨然是我一个个的恋人
一会儿握手 一会儿拥抱
缠绵和亲密无比
被鸟儿的脆鸣嫉妒
被潜游的跳跃的鱼们妒忌

走进水杉和碧水合一的世界
我也变成了一株水杉

完成了一次重塑

徜徉在秋雪湖湿地

是你呀勾勒我的梦
走进芦花放飞的天地
多想再举一次芦笛
把你的晚霞星芒朝露以及蓝天
谱成曲调吹个够

芦花漫天无声地飘飞
鸟鸣清脆 蟋蟀在草丛和吟
这些天籁让我陶然
与这些小精灵们
轻轻相遇相牵
我的欲望美丽又无邪

远离红尘和浮躁的寥廓下
阳光流淌 细流轻唱
绿树摇曳 曲径幽静
碧水莲花 秋色连波
写意着大自然质朴的原色
我醉扶着一棵小树
望你秋雪飘飞的撩人风景
我还想在月夜里
酣适地卧在你的绿毯上
美美地做一个长梦

【作者简介】

王干荣，江苏兴化人。江苏省作家协会会员、泰州市诗人协会主席。在《扬子江》《青春》等报刊发表作品千余篇。曾获《诗刊》社全国微诗赛一等奖、郑板桥文艺奖等。著有《流光遁影》《走不出的河岸》《暖河流》《红帆船》等。

故土正以麦田启动一场蓬勃

高友年

阳光真好！那些陌生人
正走在街头
我将于此用柔软刻上高于零上 17 度的温度
故乡，亲人和灌木丛里传来的鸟鸣

我的手指不再沾染夜霜，拒绝了刀剑
那些陡峭当成悬崖上的荒谬
是的，是的！
向田野要过温暖的南风。在九点
撑开石头、冰层与未知的事物
城南，搁置的旧事也在其中
向北，故土正以麦田启动一场蓬勃
几只麻雀最先到达树下五间老屋

我会手持故乡的声音。在陌生城市
听新邻居反复唠叨着：
“十二月以后，新春大吉”

有梅花褪尽苦寒，新生儿呱呱坠地

【作者简介】

高友年，江苏兴化人。江苏省作家协会会员。作品发表于《星星》《扬子江诗刊》《中国诗歌》《诗歌周刊》等报刊。曾获扬子江诗刊征诗入围奖等奖项。出版诗集《寻找一朵落下的云》。

里下河平原上的颂歌

金倜

里下河平原，母亲的平原！
沉默寡言的母亲，青春永驻的母亲，
我们爱你，我们依恋你，

你是我们的过去，也是我们的未来。

两千三百平方公里的锦绣平原，
四千五百多年的文明历史，
母亲，你是激情的赞歌，
你承接天地晶莹碧透的纯净，
你托举岁月浩瀚无垠的稳健，
你又呈现着里下河平原的钟灵毓秀。

得胜湖水奔腾万年，
滋养着先民的村庄，
哺育了平原上不息的生灵，
南荡文化，就是江淮大地上最初的火种，
从此，这片水网如织的大地，
这片沃野无垠的大地，
在母亲的翼下日夜兼程，
为未来奉献圣洁的天粮。

芦花年年盛开，
湖水永不干涸，
田野跳动起丰收的舞蹈，
夕阳、炊烟以写意的方式歌颂和平安宁。

吴楚共生的大地呀，
金戈铁马在深邃的记忆中时隐时现，
只有魁梧而又仁厚的昭阳将军，
在那个寒铎如诉的夜晚，
听到了平原深处忧伤的叹息。
用玉帛收藏起号角，
让牛羊拥有肥美的青草，
教冬天围绕着火炉，从此，不再征战。

里下河平原，母亲的平原！
你长袖之下是盈盈的湖水和丰沛的河流，
你挥手之间是万顷葱绿和四季吉祥，

母亲，你膝下的一草一木都是对你的颂扬。

岁月的河流奔腾浩荡，
你背负着你的儿女生生息息。
煮海为盐，黄海的潮汐作证，
在大汉帝国的版图上，
先民的号子振聋发聩，
生活才变得有滋有味。
昌兴教化，长江的涛声作证，
在盛唐治下的光环里，
儒雅之风扑面而来，
温良恭俭让书写着祖先的高贵。

为了你呀，母亲的里下河平原，
一代又一代儿女总是把歌声奉献给上苍，
把快乐奉献给广袤平坦的大地，
把不朽的祝福敬献给充满诱惑的明天。

往事如烟，往事并不如烟！
范公堤绵延一千年，
丰收的歌舞也就狂欢了一千年。
梁山泊已经谢幕了刀光剑影，
而一百单八将仍然威震世代江湖。
旗杆荡里鼓声依稀，
精忠报国的鲜血浇灌着疼痛的土地。
清王朝的歌舞升平
覆盖不住山野竹林的一片呻吟，
板桥先生是一个民族的气节，
更是一个时代的良心。

里下河平原，隐忍的母亲，
月光如水，光阴如幻，
是先人的骨头强劲了我们的体质，
是先人的智慧丰富了我们的思想。

太阳依然每天照耀，
照耀着水牛和风车的村庄，
照耀着奔流不息的幸福河。
歌声照常在天空传唱，
感恩上苍数千年的慷慨赠予，
祝福大地一如既往的无私奉献。
里下河平原，我们的母亲，
你是田田的荷叶，
你是浑厚的城墙，
你是古老与现代完美的聚集。
里下河平原，我们的母亲，
你承载着水乡泽国幽幽千年的文明梦想，
你谱写着世世代代共同期待的华丽乐章。

【作者简介】

金倜，江苏兴化人。中国作家协会会员、泰州市作家协会副主席、兴化市作家协会主席。出版《倾诉》《慢慢弯曲》《跫音》等多部诗集。

一棵桑树的事情

王桦苍

桑椹，就像是桑树发生的一点点的事情
被桑树记忆着，它没有掉下来
因为记忆着，它没有掉下来
一棵桑树，它让它的事情由红变黑
就像它的事情必须来个急转弯
它的颜色，它的性格，它有它突变的理由
它只属于一棵桑树的事情
请不要打听它的味道，它的心情
甚至它的叶子，也属于一些很坏的事情。

一些桑椹从树上掉下来，它使一棵桑树的事情
被大地上更大的事情所吸引，从而脱离了

这件事情的本质。

【作者简介】

王桦苍，笔名峰上风，江苏兴化人。江苏省作家协会会员。在《诗刊》《星星》《诗歌报》《诗歌月刊》《诗选刊》《中国诗人》《文学港》等报刊发表诗作三百多首。诗集《北窗临美》获泰州市精神文明建设“五个一工程”奖。

明月里的故乡

赵成武

明月里的故乡
像一幅水墨丹青
村庄是一座吃水码头
泊着千门万户的灯光

明月里的故乡
住着我儿时的亲人
妈妈那青花瓷一般的肌肤
父亲有一座山的刚强

明月里的故乡
有我出生时的那座小屋
水路弯弯留下父亲的足迹
灯光如豆里妈妈浆洗衣裳

明月里的故乡
有我童年快乐的时光
总想起小伙伴们天真烂漫
忘不了父老乡亲们勤劳善良

明月里的故乡
是我魂牵梦绕的地方
灯明路平里楼宇接天
风轻月朗中绿树红墙

明月里的故乡
是我终生难忘的地方
勤劳致富花开似锦
幸福路上我们引吭高歌

【作者简介】

赵成武，江苏兴化人，中国诗歌学会会员、《词坛》杂志执行主编、兴化市诗词协会理事。曾在《星星诗刊》《诗选刊》《中华诗词》《中国诗人》《扬子晚报》《文学月报》《作家报》等报刊和网络平台发表作品五百余篇（首）。

水韵刘泽

朱舒亚

你的名字
注定了你的润泽灵动
水，是你的魂
是祖祖辈辈生存的根
润物无言，生生不息
繁衍了一代又一代淳朴的乡民
临水而居，饮水思源
是世世代代刘泽人不变的情怀
烟波上舟桨撩拨的水声
讲述着多少渔人的过往故事
老树上饱经风霜的鹊巢
见证了多少悯农寒耕的艰难苦辛
芦花飘飘，竹叶萧萧
天与水相接相连
风与心相伴互动
炊烟升华里的白墙黛瓦
碧波荡漾，虹桥沉醉
惊苇而飞，鸥鸟浅唱
构成了一幅巨大的水墨丹青
这里有自然赐予的冬的宁静
这里有夏荷盛放时的蛙鼓喧天

鲜鱼、活虾、河蟹
茭白、芡实、莲蓬
你用水的柔美与温情
慰藉着一个个思乡的游子
吸引着南来北往的文人墨客
你用勤劳智慧
和成人与天然的合奏
谱写起一首首动人的诗篇
鞠一捧河水
让闲适心灵在你的水岸停泊
握一支轻笔
写你经年累月的落寞与繁华三千
大河流淌是你幸福的希冀
风调雨顺是你虔诚的祈望
让我们满怀信心
赋一曲五谷丰登的华章
为水乡的明天
唱响更加祥和富足的辉煌

【作者简介】

朱舒亚，网名萧萧竹，江苏兴化人。中华诗词学会会员、江苏省诗词学会会员，作品散见于《中华诗词》《江海诗词》《诗词月刊》《诗词中国》《中国教师报》等多家报刊。出版诗合集两册，作品入选《青春诗歌读本》《中国当代名家诗词三百首》等。

兴化，一首水做的诗

杨玉贵

几千年了，宛如一柄荷叶
撑开的精美图案，舞动的曲线
凝聚奔腾，生命的绿色
都浮出自己的苍茫，不停起落

历史的风车，或许更喜欢水的响声

泥土、庄稼、树木，风云里
也会把时间细细抽流，与天地
耳鬓厮磨，共守沧桑

时光的褶皱，从一滴水到一滴水
凝重多少云烟，站立
水的上方，朦胧着身影
嗅着天地灵气，极目远眺

一滴水的清冽，一滴水的虔诚
不一样的树木、土地、河流
不一样的风云、传说、新剧
一点点小下去，成为城邑、街道、房屋

一首水做的诗，水的深度
交错多少生态人文，居住
多少内心的安宁、喜悦和感动
不停地在起伏、涌动

【作者简介】

杨玉贵，江苏兴化人。江苏省作家协会会员、中国国土资源作家协会会员、中国散文家协会会员。作品散见于《诗潮》《文学界》《散文选刊》《文学月刊》《中外诗歌》《世界华文作家》《国土资源文学》《中国国土资源报》等报刊，以及美国《新大陆》诗刊。

四、现当代名家写兴化（散文）

过往今来说兴化

范小青

记得是在2009年的秋冬之间，冬天还没有真正地来临，却已经提前来了一场瑞雪。踏着这2009年的第一场雪，我们来到了兴化，虽然这里已是天寒地冻，我们却感受到这片土地充满了生机，感受到它的辽阔的气魄和神奇动人的气韵，感受到从它的地底下传递上来的温暖。

我们把逼人的寒气关在了窗外，相聚在温暖如春的会议室里，参加一个叫作“兴化文学现象研讨会”的会议。

这是一个经济社会正在迅速发展的地区，她的方方面面，应该都是值得研讨和重视的。但是我们这些人，却是冲着兴化的文学来的。因为兴化的文学，随着社会发展和历史进步，已经不仅仅是个人的写作了，许许多多的人，兴化的人，走出兴化的，留在兴化的，出生于兴化的，在兴化生活过的，凡是和兴化有关的写作的人，这许多人的写作，已经逐渐地形成了一种气候，酝酿成一种现象。而且，还不仅形成气候、成了现象，又引起了广泛的关注、得到了各方的评价，还不仅引起了关注和得到评价，大家更觉得应该坐下来了，应该安安静静地认认真真地来龙去脉地研究探讨这样的文学现象。

于是，就有了这样一个值得记录更值得记住的“兴化文学现象研讨会”。

研讨一个县的文学现象，这可能是鲜有少见的，但其实并不奇怪，因为兴化的文学现象，本身就是一个奇特的现象，正如兴化这个地方，就是一个奇特的地方。

兴化有着特殊的地理位置，她处于长江与淮河之间，又是里下河地区中心部位，使得兴化的中间地带的特色尤其鲜明和突出，既展示着苏北的豪放和大气，又渗透出苏南的精致和悠扬。在今天的兴化，我们仍然能够看到，一个文脉深厚的故里，先贤们高山仰止的光芒，他们的人性的光辉，他们的生命的光彩，始终照耀着，始终传播着，郑板桥，施耐庵，刘熙载……他们曾经辉煌的道德文章，始终在兴化这片土地上流动飘逸，发扬光大，影响和感染了后来的一代又一代的兴化人。今天的兴化写作者，是文化传承中的最为重要力量，他们曾经或者正在兴化这个地方生活，他们被这芬芳浓郁的土地滋养，被这清澈纯粹的流水哺育，然后，他们又用自己的文字，将这种滋养和哺育，反馈出去，传递给了更多更多的人。

这个地方魅力四射，早已经超越了本地区，投影到整个的里下河地区甚至更广远更辽阔的地方。

我一直觉得里下河是一个很和暖的名词，就像是自己的家乡，就像是自己生长的地方。在我们周围的一些朋友中，有许多人都曾经和里下河有着多多少少，远远近近，深深浅浅，长长短短的联系，他们对于家乡的挚爱和眷恋，他们回报以家乡的深情和硕果，以至于使得我们另一些其实与里下河沾不上边的人，也感觉自己和里下河有了亲，有了缘，有了许多的过往今来。

这块本来似乎与我们无关的土地，就这样深深地烙印在我们心头，久远地存在于我们的内心深处了。

想起了更早前的一个春天，我们来到兴化，去看千垛菜花，看那神奇而独有的垛田，感受那一种特殊的熏陶，正如兴化这个特殊的地方，它的口音是苏北的，它又有着江南水乡小桥流水般的诗意。眼前的一大片又一大片的菜花，一垛又一垛地飘浮在水中的田，它既是水淋淋的，又是沉甸甸的，既空灵飘逸，又厚重沉稳。自然和历史，上天的造化和人的努力，真是将兴化这个地方，调适到了最恰如其分的位置呵！

【作者简介】

范小青，作家，江苏省作家协会名誉主席。著有长篇小说《裤裆巷风流记》等多部作品，短篇小说《城乡简史》获第四届鲁迅文学奖。

垛田花海

艾克拜尔·米吉提

天上飘着细密的雨丝，接待我们的博物馆工作人员，给我们一行送来雨伞。其实，下车到博物馆门口也就二三十米，这一点雨是淋不着人的。但主人一一为我们撑开了雨伞，足见兴化人的真诚与热情。

在这个博物馆里，浓缩了兴化的历史文化。应当说兴化是文化之乡。在这里留下范仲淹的足迹（做过兴化县令），四大名著中有三位作家与兴化有关。“扬州八怪”之一、清代著名画家、书法家郑板桥便是兴化人。他的那幅“难得糊涂”的著名墨迹与他明码标出的润笔价目同悬一室，糊涂与清醒相映成辉，成为那段远逝历史的无声注脚。而当代作家中毕飞宇、王干等都是兴化人。不得不让人惊叹这方神奇的水土，养育了一代又一代人杰。

晚上冒雨观看兴化菜花节水上晚会。2000 年 5 月我曾在美国拉斯维加斯在当地华人陪同下观看过 Mirage 音乐喷泉水帘，被他们称之为“水跳舞”，是当地一道夜景。也就十年光景，世界的距离在缩短，这种“水跳舞”——音乐喷泉几乎遍及大江南北。兴化今夜的音乐喷泉，成了一道亮丽的风景，那巨大连体水幕喷射而起，气势非凡，被五光十色的激光灯照射其上，更是华丽无比，点缀着兴化节日的夜空，给这一方百姓带来欢乐。

这里是著名水乡，有独特的水乡垛文化——在水泽中挖沟取泥，垫出一个个土垛——形成垛田，在垛田上耕耘收获。眼下正是垛田油菜花盛开的季节，由此形成了今日的菜花节。我们此行目的，就是应邀专程前来参加兴化“千岛菜花节”，观赏春季里盛放的菜花为这方土地编织的美景。翌日，我们便在李中水上森林和缸顾千岛菜花风景区采风。

其实，李中水上森林也是植于垛田之上的，那一垄垄的水杉被一湾湾的静水隔开来。成片的水杉林之上，一群群的水鸟在嘎嘎鸣叫着，舒缓地飞来飞去，自由自在，择枝而栖。那些筑于树杪的鸟巢，更是给这水上森林平添了生机与活力。在垛下水湾里，水杉根须如盘蚺交错，其状毕现；又似伏于水边渴饮小憩的活物，一个个形态各异，倒映在水中惟妙惟肖。偶或遇见倒伏的水杉像一弯拱月，连接着隔水的垛田，自成一景。无论是泛舟水上，抑或是弃舟穿行于垛上林间，决然会被这里的幽静与清新湿润的空气深深陶醉。不经意间，发现有几只洁白的小山羊在林间安闲地食草，恰似神来之笔，成为这片绿色世界的点缀。而在水上森林尽头，依然遮不住油菜花飘逸的金黄倩影。

有言道兴化菜花看缸顾，缸顾菜花天下无双。有趣的是，缸顾正是我“鲁院”学员顾坚的原乡——兴化顾氏的发祥地。据说缸顾的老祖叫顾六三，他的一代代后人在这方湖荡沼泽中辛勤劳作，繁衍生息，开辟出大片垛田，传延至今。

不过，由于今年南方春季阴冷，季节延后了大约两周。今日游走于垛田间，油菜花才刚刚开放，油菜花怒放盛景在我镜头中未能全然释放。但是，兴化不愧为“昭阳采邑、淮左名区”之美称，环境优美、人杰地灵，人们的脸上洋溢着无限春光，节日的气氛就在那里荡漾。金灿灿的油菜花终究要在水上垛田盛开，镶嵌出一片花海。

【作者简介】

艾克拜尔·米吉提，作家，中国作家协会全委会委员，著有短篇小说集《存留在夫人箱底的名单》等多部作品。

水上行路

毕飞宇

说起行，我的故乡顶有特色了。我们的“行”其实就是行船。

我的故乡兴化在江苏的中部，所谓里下河地区。它的西边是著名的大运河。因为海拔只有负一米的缘故，一旦大运河决堤，我的故乡在一夜之间就成了汪洋。这样的事曾多次发生过。

一次又一次的灾难严重影响了兴化人的文化基因，兴化人不太相信这个世界，兴化人更相信的是他们自己。

兴化人对教育有一种恋爱般的情感，柔软、绵长、坚毅，这一点和犹太人很像——只有装在脑袋里的财富才是真正的财富，恺撒、强盗和洪水都带不走它。

洪水一次又一次地冲刷让兴化的地貌变得很有特色，兴化成了一个水网地区。河流就是我们的路，水也是我们的路。我们兴化人向来是用手走路的，两只脚站在船尾，用篙子撑，用双桨划，用大橹摇。运气好的时候，换句话说，顺风的时候，你就可以扯起风帆了。

我的朋友、诗人庞余亮写道：“天空打满了补丁。”诗人总是伤感的，庞余亮还写道：“天很疼，浑身都是膏药。”——无论是补丁还是膏药，庞余亮所描绘的都是我们家乡的风帆。

风帆意味着好运气，你赶上顺风了。也许是兴化人的缘故，在我还很年轻的时候，我对“运气”就有了非常科学的认识，有顺风的人就必然有逆风的人，有顺风的时候就必然有逆风的时候。

在一条河里，好运的人和倒霉的人相加，最终是零；在你的一生里，好运的时候和倒霉的时候相加，最终依然是零。零是伟大的、恒久的。零的意义不是它意味着没有，相反，它意味着公平。是天道。都要归零的。

说起来真是不可思议，我在六七岁的时候就会撑船了。也没有学，玩着玩着，自己就会了。我的父亲非常吃惊，他在乡下生活了那么长时间，很想学撑船，每一次都无功而返。其实父亲用不着吃惊，只要牵扯到人的本能，孩子们大多无师自通。说白了，人的一生其实就是无师自通的一生，除了课本，又有几样东西是老师教会的呢？老师不会教我们接吻，只会禁止我们接吻，可我们都会，做得也蛮好的。

不会撑船的人都有一个习惯，一上来就发力。这是人在学习的时候常犯的错误：努力。

老师们常常告诫我们，要努力！可努力有时候是最愚蠢的。以我撑船的经验来看，在学习的过程中，尤其是初期，“感受”比“努力”要重要得多。

过分的“努力”会阻塞你的“感受”。就说撑船吧，在掌握正确的方法之前，“努力”的结果是什么呢？船在原地打圈圈，你在原地大喘气。好的学习方法是控制力气的，轻轻地，把全身的感受力都调动起来。在人、物合一的感觉出现之后，再全力以赴。

我现在来讲一个撑船的故事。

在我很小的时候，我曾经把一条装满了稻谷的水泥船从很远的地方撑回打谷场。以我的身高和体重来说，那条装满了稻谷的水泥船太高了、太大了、太重了，是力所不能及的。可事实上，我并没有费多大的力气。奇迹是怎么发生的呢？

水泥船在离岸的时候大人们推了一把，笨重的船体开始在水面上滑行了。这是极其重要的。巨大的东西有两个特征：巨大的阻力和巨大的惯性。这就是为什么泰坦尼克号在停火之后还会撞上冰山的缘故。事实上，在巨大的惯性之中，你只要加上那么一点点的力量，它前行的姿态就保持住了。问题是，你不能停，一停下来你就再也无能为力了。

我经常告诉我的儿子，无论多大的事情，哪怕这件事看上去远远超出了你的能力，你都不要惧怕它。“不可能”时常是一个巍峨的假象。在它启动之后，它一定会产生顽固的、取之不尽的、用之不竭的惯性，你自己就是这个惯性的一部分。只要你不停息，“不可能”只能是“可能”，并最终成为奇迹。

农业文明的特征其实就是植物枯荣的进程，一个字，慢。每一个周期都是三百六十五天，无论你怎样激情澎湃，也无论你怎样“大干快上”，它只能是、必须是三百六十五天。在农业文明面前，时间不是金钱，效益也不是生命。为了呼应这种慢，农业文明的当事人，农民，他们所需要的其实就是耐心。

农民的“行”也是需要耐心的。

这就牵扯到农业文明的另一个特征了，它和身体捆绑在一起。工业文明之后，文明与身体才脱离开来，所以，工业文明又被叫作“解放身体”的文明。农业文明不同，它是“身体力行”的——还是回到撑船上来吧，既然是身体力行的，你在使用身体的时候就不能超越身体，这一点和竞技体育有点相似了，它存在一个“体力分配”的问题。

在我刚刚学会撑船的时候，急，恨不得一下子就抵达目的地。它的后果是这样的，五分钟的激情之后我就难以为继了。

一位年长的农民告诉我：“一下一下地。”是的，农业文明不是诗朗诵，不是“我要上春晚”，五分钟的激情毫无疑义，五分钟的激情在任何时候都可以忽略不计。

“一下一下地”，这句话像河边的茇茇草一样普通，但是，我决不会因为它像茇茇草一样普通就怀疑它的真理性。“一下一下地”，这五个字饱含着农业文明无边的琐碎、无边的耐心、无边的重复和无边的挑战。有时候，我们要在水面上“行”一天的路，换句话说，撑一天的船。

如果你失去了耐心，做不到“一下一下地”，那么，你的处境将会像一首儿歌所唱的那样——小船儿随风飘荡。这可不是一个诗情画意的场景，它是狼狈的，凄凉的。这件事在我的身上发生过。

最后说两句：

一、有人问我，如何成为一个作家。我说，坚持写三十年，不要停止；

二、我从没有怀疑过自己的能力，即便如此，我还是要说，我最大的、最可以依赖的才华是耐心。

在水上行路的人都有流水一般的耐心。水从来都不着急，它们手拉着手，从天的尽头一直到另一个尽头。

【作者简介】

毕飞宇，江苏兴化人。作家，南京大学教授，江苏省作家协会主席。曾两度获得鲁迅文学奖，长篇小说《推拿》获得第八届茅盾文学奖。2017 年获法兰西文学艺术骑士勋章。

刹马乌巾荡

徐坤

兴化诸多风景名胜中，我独喜欢乌巾荡。乌巾荡，这个名字好听，豪迈。想想看吧：极目楚天，湖汊湿地，宛如古代男子头上一团软裹的巾帻，裤褶，黢黑，扭结，散漫蜷曲，极度伸展。偶尔，风起处，巾帻的某一角被吹乱，狂舞。霎时，天地昏暗，轰隆隆，沙啦啦，芦苇与水泊的阵仗。车辚辚，马萧萧，地动山摇。好一幅古战场的鏖战时光！

乌巾荡在传说中真就曾是古战场。在这里，抗金名将岳飞大败金兀术，一箭射下金兀术头顶的乌巾落入水中。芦苇荡因此而得名。乌巾荡，这个兴化城北紧贴城边的湖泊，如今叫“乌巾荡湿地公园”的所在，据说，还是《水浒传》作者施耐庵笔下梁山泊的原型。

眼前的乌巾荡，这团南方的、温婉的、黏稠的、甜糯的、荡漾着浓重春天气息的湿地湖泊，已无法再现宋金大战时的激越，也无从想象它能衍生出北方剽悍的水泊梁山。或许，也只是“乌巾荡”这有古战场意蕴的三个字，才激起了施耐庵脑中英雄豪杰上天入地的想象？水浒里那些豪杰一百单八将里，哪一个像兴化南方人？我所认识的兴化后裔里，费振钟像吗？毕飞宇像吗？王干像吗？顾坚像吗？如今他们都已经上墙了，在兴化文学馆里，业绩占了好大一块地方。要说像，他们也只能像智多星吴用，再不就是浪里白条张顺也说不定，呵呵。或许，这几个白脸文人，他们根本上就应是现世和未来的施耐庵，预备着笔底千钧，流芳百年呐。

兴化人施耐庵，隐居家乡作《江湖豪客传》（即后来的《水浒传》）。乌巾荡给了他灵感，金兀术头巾被岳飞射落的地方激发了他的想象，他以史为据，出神入化，就在这南方湿润之泽里，以七十回、一百回或一百二十回的气势，雄兵激荡，终于成就中国历史上第一部伟大的白话文小说。

乌巾荡，造就了一代作家的伟大和神奇。今天的乌巾荡，又能奉献给人们什么呢？

清明方过，夜晚的乌巾荡湿地水面上，细雨霏霏，寒气袭人。一场大型水上实景演出《水韵兴化》即将在湿地公园开演。水面上搭起了临时景台，分成几个演出区域，宏伟、阔大。激光灯束赤橙黄绿青蓝紫，刺穿了夜幕天空，眼前晃着一道道耀眼亮光。坐在临时搭就的木板苫顶的导播室里，看着灯光音响师紧张忙碌，听着身后那个体操学校老师模样的小女编导一刻不停从耳麦里向场地上的演员喊着口令，从头到尾她嘴就没停过。那个紧张聒噪程度，比打仗还忙，真不亚于指挥乌巾荡的古战场。

细雨斜风，不断地从敞开的窗口抽打进来，撩得面部濡湿，冻得人瑟瑟发抖。

台下，湿地中央那些为观众奉献美感的演员们更显不易。他们在雨中穿衣单薄，短裤裙装，踩着湿滑地面，蹦跳穿梭，做出各种编队和造型。他们要用两个小时的时长，让观众将兴化的自然美景看遍，也演绎完兴化两千多年人文之乡、英雄豪杰辈出的故事。

……炮火齐鸣，真就出现了岳飞大战金兀术的场面；鼓声激昂，真就有施耐庵挥毫摹写《水浒传》……景板一转，一片片歌舞升平中，出现满台满场的黄色，灿烂、炫目、耀眼。那是千岛的菜花园吧？那个位于兴化市缸顾乡东旺村东侧的千岛菜花风景园，人一走进去，就会蓦地眼前一黄：像被什么人用黄颜料泼了一般，满眼都是醉人的黄！那是春天里第一抹微黄，是嫩绿衬着的鹅黄，是小鸡雏刚孵出时的娇黄，是刚出壳的雀儿嘴角的一丝丝嫩黄。船行水中，铺天盖地，周围是满世界的嫩绿；驻足岸边，横扫千军，眼下是一宇宙的俏黄。

难怪清人陈维崧在《咏菜花》诗中写："极目离离，遍地蒙蒙，官桥野塘。正杏腮低亚，添他旖旎；柳丝浅拂，益尔轻飏。绣袜才挑，罗裙可择，小摘情亲也不妨。风流甚，映粉红墙低，一片鹅黄。"

千岛的垛田菜花，也是人造的奇观。水乡泽国，田地奇缺，低洼湿地里，人们靠挖河泥垫高农田，形成小块小块的高地和密如蛛网的河汊沟渠，在没有地的地方造出了地，在没有田的地方垛成了田。从高处望去，垛田菜花，呈现八卦阵、太极图诸种形状，像摆成的积木一般。真乃天工开物，人定胜天啊！

……那一片片铜棕色的人群方阵，演示的是兴化水上森林公园吧？走在李中水上森林公园湿润的木板栈桥上，一排排、一列列密漆漆的水杉、池杉排列有序，蔚为壮观。林梢上空百鸟朝凤，啁啾啼鸣。林鸟呼应，一地的清寂和热闹。今年天气冷，到了这会子，杉树的叶子还没有绿出来，见不到蓬天的绿意，却见一棵棵紫红铜色的光溜溜树干粗壮、笔直，从天空俯降下来，直直扎入水里，就仿佛旭日阳刚，嚎叫着春天里最后的冲动。杉树的根系深深扎进沟渠的油泥里，有些露出水面的气根，牵拉纠结成"猴子望月""佛手观音"等千奇百怪的根雕的形状，让人不得不赞叹大自然的鬼斧神工。沟渠的一脉脉流水，环绕着杉树的路径。每每小船儿掠过，便会有鱼儿跃起。好一幅林、垛、沟、鱼相伴生的景致！这里不是天然林，而是 30 多年前种植的人工生态林，面积达 1500 亩。据说，当年的知青也参与了种树的劳动，最初只是对于这块湿地的废物利用。没想到，前人栽树后人乘凉，当初的简单劳作，却是为后人积下了功德。

……那一声高高地吟哦："衙斋卧听萧萧竹，疑是民间疾苦声。些小吾曹州县吏，一枝一叶总关情"。当是郑板桥出场了吧？没错！是郑板桥。兴化，这个远古时的犯人发配流放地、中古时期供人避灾躲难的泽国小城，如果没有了郑板桥、施耐庵、刘熙载这些名人大家的杰出，仅有自然美景，兴化和别处还有什么差异？

板桥故居，位于现今闹市一隅，门楼方正，瓦黛墙青，素净简朴。窄小的院落，意韵清幽。那间小得转不过身来的卧室里，书家自题“室雅何须大，花香不在多”仍挂于墙上。透过气窗，见外墙下萧萧兰竹，阶上一盆海棠。从前认定书家的这两句自况是心高气洁，眼前此景，于实在的逼仄之中，看着，怎么都像个自嘲。然则，那体恤民生的“衙斋”情结，已经传继于后人心里。

郑板桥作为“扬州八怪”之首，人们多扬其“怪”，不知其“正”。板桥的楷书行书都相当端正，每一条都可以当字帖。这次，在兴化博物馆，有幸见到郑板桥的真迹，从年轻时的临帖周正、中年时行草的工整精致，到老来时大化革新、字体变异成“怪”，皆令人叹为观止！跟我在西班牙毕加索展览馆看到的情形几乎一模一样，看到了又一个艺术家从年轻时的精致的临摹现实主义、走向年老时的怪诞反现实的过程。毕加索前期的画作也中规中矩，是功底深厚的临摹写实基础上的精湛的传统画风。后来摇身一变，以抽象变形取胜，果然一怪冲天！由此得出一个道理：艺术家到老了，一定要造自己的反，造现实的反。艺术上的中规中矩是没出路的。尤其，老来，一切都无所谓了，此时不反，更待何时？如果一味继承，按前人的路走下去，哪一天才是个头啊？几时才能凸显自己？

……一阵鞭炮声响　水上打渔撒网耕地娶亲等乡俗表演开始了。台上穿红戴绿的新郎新娘演绎着甜蜜，激光束打出喜艳艳的红色笼罩景台。人群队伍跟着队形变幻，敲锣打鼓，歌唱欢腾。不管古昭阳兴化是怎样险峻一个地方，也不管是什么朝代，老百姓吃饭穿衣传宗接代奔好日子的念想是不变的。活着才是硬道理。元末施耐庵回归故乡时，面对乌巾荡美景，曾吟诗一首：“昔人曾去桃花源，我辈今到芦苇荡。蓝天白云映碧波，绿树丛中是故乡”。

兴化的故事，始于乌巾荡，止于乌巾荡。本来，千里下江南，只为看菜花。却不想被引进了乌巾荡，于泽国水乡《水韵兴化》光飞灯舞间饱览一脉盈盈人文景观。古之昭阳今之兴化，五代设县时意为“昌兴教化”，今番扬名天下时，应是“繁荣昌兴，教化振邦”了吧？

【作者简介】

徐坤，作家，中国作家协会全委会委员，《小说选刊》主编。短篇小说《厨房》获得第二届鲁迅文学奖。

故乡的水路

梅国云

我的家乡兴化是水网地，水把陆地切得一小块一小块的。

或许是家乡人祖祖辈辈生活在水边的缘故，与人说事聊天总爱拿水打比方，这就形成了丰富的水的俗语。不知不觉中，水就有了很深的文化意味。这独特的水文化，滋润着一代代兴化人，慢慢就形成了顺其自然、以柔克刚的性格。

我十岁以前没听过什么是公路，只知道弯弯曲曲的河道才是一村人出行的路。那个时候我坐船去得最多最远的地方是安丰镇。十几里地，父亲一篙子一篙子撑，再快也需要半天光景。我清晰地记得，父亲在这一路上总爱拿河道里的水唠叨。

安丰镇在我们家的东南方向，如果那天刚好刮西北风，船比较好撑，父亲就会说，顺风顺水，看撑船不要用多大的气力。做事也一样，顺时而动，就省气力。但人不可能总顺风顺水，遇到困境一样要向前，逆水行舟，不进则退。

这一路上，我们要过十多座桥，过桥时父亲常说，船到桥头自然直。有一次我反对说，这话不对，船怎么会自己直？还不是人把船撑得很直。父亲笑了说，这话是说做一个正直的人，是规矩逼出来的。这船好比是人，桥就是规矩。你不直着行，桥就不让过。

有一年夏天刮很大的台风，河里的浪足有两尺高，把小木船掀得忽上忽下的，船舱里还打进了不少水。我很害怕。父亲把船撑到岸边避风的地方说，别怕，这点风浪没事。那年我参加渡江战役，看到长江里的浪才大。海里的浪就更大了，无风还三尺呢，有风的时候听说有丈把高。晚上回到家里，父亲问我还怕不？我摇摇头。父亲说，经几次风浪就好了。俗话说，行船走马三分命，水可载舟，亦可覆舟。走水路虽然危险，但风有风的性格，水有水的脾气，只要摸准了就不会有事。

岁月就在父亲这样唠叨中慢慢流淌，我也在父亲的唠叨中慢慢长大了好几岁。

几年后，我们村子西头修了一条叫西大圩的大路，人们出行走陆路就方便多了。再后来，西大圩通了汽车，我才知道走汽车的路叫公路。村里人到安丰镇就快了。我记得爷爷常捏着烟杆说，一锅烟都没抽完，车子就到镇上了，这么大一个铁壳子，也不晓得吃了什么东西，跑这么快？从那时起，我就没有再跟父亲坐船走水路去过安丰。而父亲带着我走水路时说的那些关于水的俗语，却伴着我踏踏实实地走在陆地上。

在父亲自创的俗语“活水通长江，心宽走四方”的鼓励下，19 岁那年我当兵到了大西北。临别的时候，父亲就叮嘱了一句：人往高处走，水往低处流。

一个人在外面，脚下的路怎么走，自己拿主意。

在外最初的几年，确实挺难的。但每在内心纠结之时，就自然地想起父亲带着我走水路时说的俗语。工作中着急上火时，会想到“小心行得万年船，蛮来肯定翻阴沟”。而面对诱惑就会想起“金钱女色是祸水，心无旁骛得安宁”……

一次次渡过难关，我终于明白了曾用心良苦的父亲，为何在我幼年的时候就带着我走水路经风浪，并用直观形象的俗语潜移默化地印证了给我看。

在我当兵的第十个年头，父亲因病去世了。没有见到父亲最后一面，成了我永远的伤痛！

这近 30 年，天南海北，我先后在五六个省市工作生活，足迹几乎遍布全国。路越走越多，离家的行程也越来越远。汽车、火车、飞机成了经常乘坐的交通工具，而承载了父亲无限希望的故乡的小木船却成了我最深最深的回忆。

有人说，十岁以前记下的道理会一辈子印在脑子里，十岁以前的启蒙关乎一个人的全部人生。这话我信。父亲去世后的这么多年来，每到夜深人静，总有一种力量拽着我回到小时候，斜躺在小木船的船头，行走在波光粼粼的河道，听着父亲一篙子一篙子哗哗撑船的声音和父亲那关于水的俗语。那从时光隧道传来的温暖悠悠的声音，成了我最能强烈感受得到的父亲真切的存在，也成了我精神上的一种依赖！

【作者简介】

梅国云，江苏兴化人。作家，著有长篇小说《第 39 天》等多部作品，现任海南省作家协会主席、海南省文学院院长、《天涯》杂志社社长。

我们为什么要看油菜花

鲁敏

我很喜欢电影《立春》，很大的原因是被它的开头所感动。一片雾蒙蒙的小城景色之上，树枝摇动，偶见星绿，女主人公的声音，一个有些粗鄙的方言口音：春天来了。不知道为什么，一到春天，我就感到心神不宁，总感到好像有什么事情要发生一样……

每年的春天，大部分的人，即使不算太多情但尚存一点幻想的人们，都会跟《立春》里的这位女士一样，在内心深处感到一种蠕动着的朦胧渴望。而且我相信，从古代开始，从诗人们那里，就有了这种欲望的传统。这是一种正当的美好的渴望。

排解渴望的渠道之一，便是到陌生的地方，看别人的春天。俗称春游。

对城里的人们而言，何谓陌生的地方？上海不能算、深圳不能算、香港也不能算，因为那里都差不多，都是酒店、地铁、生意与漂亮姑娘。并且城市的春天总是模糊、相近和虚假的，除了奢侈品橱窗的展示会发生一些小小的变化，你还能指望什么？上班做的还是那些，头脑里想的还是那些，端上餐桌的还是那些，大家谈论的也还是那些，所得到、所得不到的，也都还是那些。

必须的，要选择一个陌生的地方去看春天。想来想去，对城市而言，相对的陌生只能在乡村。

乡村的春天才是货真价实的。闻到的、看到的、摸到的、尝到的、梦到的，甚至包括清晨的露水与鸡鸣……具体的就不能展开描述了。田园的含义，在春天里是最让人欣喜和天真的。

但匆忙的饥不择食的游客，最先注意到的、最容易为之欣喜和天真的，总是油菜花。

……所以这些年，到比较远一点的地方去看油菜花，成了一个雅致到有点俗气的春游形式。有到安徽的，有到江西的，有的甚至跑到青海的。其实呢，也不必跑得那么辛苦，在兴化便有，它的垛田、千岛菜花、湿地公园、水上森林……这个也不要多说，摄影师们自然会比我说得好一百倍。

我稍微想说两句的只是：为什么我们要看油菜花。

油菜，说起来，它只是一个最具普遍性的，也极为泼辣的乡村经济作物，作为植物，既然春天来了，出于繁殖的权利与义务，它只是顺便开了花，顺便还是呼啦啦地那样开着的，顺便它还具有最为通俗的广受认同的颜色，再顺便，还有那么点迷人的香气……这些，作为某些构成元素，也就差不多了——我们有时候所需求的，倒也不是特别多，更何况这可是大地的无害产出与免费赠予。

可能，还有一些油菜花之外的东西在安抚、兴奋着我们，并在神经末梢里促成了微妙的满足感。

比如，那种一大片一大片的宽广，似乎带给人一种重归天地的微渺感，走在那中间，仿佛是单调的、没完没了地一直往下走，以一种无可奈何的自我放逐的心情，把一切左右两难、五马分尸般的生计问题、人际问题、理想问题统统忘掉！你所要的陌生、他人、偶然、激情、幻想、不可能……都在油菜花摇曳的缝隙间找到一点去处了。

我们会自觉自愿地进入那样一种情境，小儿戏蝶般的痴纯劲儿，与同伴嬉戏，与泥巴玩耍，让智性、欲望等降至为零，反正不过是农田么，不过是油菜花么，它们是粗鄙而朴素的，也是实用的最原始的浪漫主义——我在小学时期的许多照片，一个非常重要的背景就是油菜花。因为都是在每年四五月间、小学里拍毕业照时，我“蹭”照片的。我记得很清楚，我、许多老师，以及更多的毕业生们，大家都是站在小学校边上的油菜田附近，取其为背景，手上卷握着报纸或是电影画报，然后，身体微微侧着对着镜头，头抬起来，做出恬静但憧憬未来的表情。

油菜花与照相机的姻缘至今还是热烈无比、情深意笃，所有奔走在油菜花之间的旅行者，几乎每人脖子上都会挂着一个相机，人们对美景的占有欲是那么强烈、对稍纵即逝的春光的疼爱是那么真诚，以至于似乎只有在取景器里才能注意到那些美好脆弱的部分。

似乎扯得有点远了。还是回到开头的那个意思。当春天慢慢地，又是飞快地来了，当你感到内心的渴望，当你明知什么都不可能发生却仍然期望着发生什么，让我们到陌生的地方去，让我们把渴望与欲念去交付黄色的大地。

【作者简介】

鲁敏，作家，江苏省作家协会副主席。著有长篇小说《六人晚餐》等多部作品，《伴宴》获第五届鲁迅文学奖。

儿时的江湖

朱辉

兴化无山川之形胜，多的是水，各种形状的水。衣带形的是河，不规则圆形的是塘，更大的、只能从地图上看出形状的是湖。当然不管大水小水，死水活水，都是一个个水滴汇聚而成的。我们小时候，就像是兴化的一滴水。

童年是快活的。虽然穷，但是穷快活。我父母都是教师，有工资，吃饱饭似乎没问题。多年后母亲告诉我，她其实多年来一直是八成饱，但我们当时不知道。我们吃饱了，主要就是玩。游水。夹黄鳝。捉蝉。打鸟，用弹弓打，打不到就上树掏鸟窝。钓鱼，没了耐心就转过身来钓田鸡，总之不空手。如此等等，别的孩子玩过的，我件件不少。既然是玩，就少不了玩伴，少不了合作与竞争，也少不了打架。

故乡是我儿时的江湖。我们最有兴趣的是学军。露天电影里的战争片是取之不尽的范本。记得父亲带领高中生进行过一个项目，十分类似于现在的定向越野，大概是先在田野村庄河流里设置一些标记，很不好找，然后各队开始寻找，沿着标记比赛，看谁找的标记多，谁先到达终点。父亲何时出发我不知道，回来时已是深夜，一身烂泥，但因为他的班级得了第一，十分高兴。但这样有趣的学军项目我们小孩子可没机会参与。我们学军基本是自发，主要就是打仗。孩子们分成两边开战。谁当解放军，谁当反动派，这个必须计较。有的时候尚处于分派角色阶段，大家就先打起来了。这个打还是真打，一方必须压服另一方。被压服的一方最后认输，当反动派。多年以后回忆起来，我们的争斗一般分为两种模式，一种是角色扮演，是假打；另一种就是为了什么事，真的动手。为了分派角色，常常从假打演变为真打，打出结果后，角色也就分派好了，又从真打变为假打。我们在这样的转换中乐此不疲，锻炼成长。

这其实是人生的初步历练。领袖和跟屁虫，或者实力派，都在淘洗中产生。这是人生的初步定位，也许会长久地影响人的一生。儿时的江湖锤炼了我们的身体，也磨炼了我们的意志。好玩的是，分派好的反动派有时实力不凡，或者“不争馒头争口气”发挥超常，倒成了最后的胜利者。这时候往往就会开始打嘴仗，互相挖苦攻击。但打嘴仗不易分出胜负，双方就会放大自己的实力，用嘴“亮肌肉”。这个说我哥哥厉害，他来了你们一定抱头鼠窜；那个说下次叫我叔叔来，他是退伍军人，他一到你们肯定屁滚尿流。最后往往连三舅八叔都算进来了，也不管人家肯不肯来助拳。这是“精神胜利法”的好样本。

父母毕竟是有见识的。在那个非正常的年代，他们想到了我和弟弟的出路。家里还有些书，老版的《收获》和《莽原》，“破四旧”后残存的一点世界名著，我和弟弟半懂不懂的都看了。印象更为深刻的是，父亲竟然订阅了杂志《化石》，买来《少年科技制作》和《天体的来龙去脉》，父子谈天说地，一起动手做望远镜和简易的直升飞机模型。这是我们在“闯荡江湖”之外的文化和科学启蒙。父亲学的是中文，但琴棋书画样样都会，我和弟弟都学过素描和二胡，虽未有成就，但父亲的初衷是让我们以后插队时，能有一技之长，不至于去种田，其心可悯。父亲以他的爱，扶持引导了我人生的每个关键时刻，我爱我的父母。我弟弟现在是清华大学教授，主持多项国家重大科研项目，我也写了一些“拙作”，父母的苦心算是没有白费。在我内心，父母就是故乡。

参加“毛泽东思想文艺宣传队”的日子是最快乐的时光。我们拎着锣鼓乐器，到田野演出，农民们累了半天，倒也欢迎。宣传队里有很多淳朴美丽的女孩。她们最早拨动了我懵懂的心弦。记得有个女生，长辫垂腰，美丽窈窕，引许多男生竞折腰。多年以后，我在去南京上学的车上，遇到了她，她显然也认出了我。我惊喜交集，刚搭了几句话，她身边的男人就虎视眈眈地盯着我。这才知道，那是她丈夫。

宣传队是小江湖。每个人的天赋特长不同，性格各异，家庭出身不一样，岁数也是有大有小，明争暗斗在所难免。老师总是喜欢唱得好跳得好，乖巧漂亮的，但那时老师的权威也有限，上面还有校长、“贫宣队”。有背景的孩子更有机会得到重要的角色。有个同学就曾对我说：我爸爸说，我们高干子弟，要带好头！他爸爸是公社革委会副主任，我也认为是高干。我和弟弟当时都是台柱，很出了些风头，多年以后一个“队友”告诉我，他们那时是多么羡慕老师的孩子啊。我没有想到，老师的孩子也曾是令人羡慕的。

在故乡的十七年，给我的生命和创作打上了底色。我有时会想：我怎么就变成了现在这样一个人呢，如此简单，又如此复杂？但显然，故乡的影响是确凿的。我曾给儿子讲过一个故事，说的是我的一个同学，他偷了家里的鸟枪，让我和他一起逃学去打鸟。他开出的价码很诱人，一是我们向他舅舅家进发，可以到他舅舅家吃饭，吃好的；二是虽然枪只能打一枪（我们不会填装火药铁砂），但这一枪让我打。为了防走火，枪他扛着。我一路心痒难熬，又战战兢兢，走了大概十里路，看见一个打谷场，有不少野鸽子。就是这儿了！我端着枪，指头搭在扳机上，瞄准。瞄啊瞄，突然我又退回来了。我想起了他吹嘘他家的枪时说过的话，他说，如果火药和铁砂装得太实，扳机一扣，铁砂会从后面喷出来！我手直抖，把枪捧给了他。“砰”一声巨响，地上蓬起一团烟雾。我硬撑住没捂耳朵，但眼睛是闭了的。睁眼一看，鸟毛都没一根。但他敢打枪，无疑比我高了一筹。江湖规矩是：敢下手的就是狠角色。从此我崇拜他。

这个故事让儿子赞不绝口。在我的记忆里，它已简化成一个孩子盼着打枪，长途搜寻后，终于没敢扣动扳机。类似的况味被我写到了小说《看蛇展去》里。由此可见，故乡是我的资源。现在已声名遐迩的垛田、中堡湖和“水上森林”，已经过整修，但在我作品里，她们永远是原生态的。《白驹》写的就是戴窑，我让垛田和芦苇荡移到“白驹”，成为环绕小镇的背景。《红花地》里无边无际的红花草，说得酸一点，是从我记忆中剪下来的。我脑子里还有一个好地方，可以叫“兴化渔事博物馆”，里面保存了不计其数的捕鱼方式和工具，它展现着故乡昔日生活的精髓；如果在中堡湖上设立体验设施，也可让外来的客人享受水乡的捕钓乐趣。授人以鱼，不如授人以渔，此之谓也。我希望有一天，它能真正出现。

【作者简介】

朱辉，江苏兴化人。作家，教授，江苏省作家协会副主席、《雨花》主编，文学创作一级。著有长篇小说《我的表情》《牛角梳》《白驹》，小说集《红口白牙》《我离你一箭之遥》等多部作品。短篇小说《七层宝塔》获第七届鲁迅文学奖。本文选入时有改动。

梦中的亲人

顾保孜

我的家乡在江苏兴化，史称里下河地区，也被誉为鱼米之乡。准确地说，那里只能称为我的衣胞之地。我还在襁褓中，就被妈妈抱到了陕西省咸阳市，在秦始皇之都的渭河边，一所西藏驻内地的高等学府里，我像蚕，变成一个水灵的小姑娘。

我从咿咿学语，到背着书包上学，眼瞳里唯一的大人——妈妈（爸爸在我没有出生就加入了援藏大军）向我讲述家乡的亲人，有外婆、舅舅，还有伯父、姑姑……这一串串亲切的称谓，使我的童年变得充实，犹如一颗颗斑斓的彩石嵌在我稚嫩的心头。

我一天天地长大，亲切的称谓却一天天地遥远。这时我才知道，家乡是多么的遥远，遥远得没有一个亲戚能光顾我们在北方的家。外婆在家乡去世，妈妈只能终日泪水洗面，却不能亲手为她送终。

虽然我梦幻里的亲人只是偶尔飞来的薄薄信笺，与父亲寄来的养育我们子女的汇款单，但我仍能从妈妈越来越沉重的思念中感到故乡的重要与温馨。

终于，在我12岁那年，离开我们六年之久的父亲，从西藏的“牛棚”里解放了出来，准许他回到孤苦伶仃的妈妈身边休假。爸爸要回来啦——顿时，留给我们面目严威印象的父亲，成了我们最快能够见到的亲人。我和妹妹兴奋不已，拿着爸爸六年前的照片到火车站等待这激动人心的时刻，一天、两天、三天，我们一直没有看见爸爸……第四天，我和妹妹还是没有等来父亲，只好垂头丧气往家走，还没到家门口，就听见屋里传来了男人的说话声。我们急切跨进门……啊，我愣住了，这不是刚才从我们眼前走过的老头吗？这个胡子拉碴，背脊弯曲的人就是我们的爸爸！

父亲这时也用陌生的眼光打量我和妹妹，他看了一会，尴尬地对我们笑了笑，点点头表示认识我们。我妹妹早已吓得躲在妈妈背后，就在父亲想拉一下她手的时候，发出了一声尖锐的啼哭。这哭声让我禁不住打了个寒颤，一颗斑斓的彩石从心头上抠了下来，盼望亲人的感觉一下消失得无影无踪。原来与父亲长达六年的分离，已像一把利剑将亲昵的情感割断，剩下只有梦中美丽的幻影与现实残酷的陌生。

爸爸回来后决定回一趟兴化老家，因为他一人精力有限（男人对待孩子的精力永远比不上女人。我母亲在我们小时候，竟然一人带着四个孩子由兴化到陕西咸阳，这期间要转换火车、汽车与轮船，过南京长江，还要转乘轮渡渡江，可想当年我母亲一个人带着最大八岁，最小两岁的四个孩子由南到北跋涉的艰苦，估计与今天难民逃离家园的也差不了多少），只能带两个孩子同行，经过父母缜密商量，决定带长子与长女回去，于是我和大哥有幸去“梦里水乡”的兴化老家看看，零距离地接触与我们有着血缘关系的亲戚们。

经过4天长途跋涉，轮船终于停靠兴化县城的码头，一下船，水乡泽国的湿润与灵动扑面而来。不大的县城如荷叶一般漂浮在水面上，居民、乡下人与渔民将城里大街小巷“灌”得满满的，熙熙攘攘，川流不息，到处回荡着我似懂非懂的乡音。靠城边的河岸停靠着大大小小无数的渔船，那些我见都没见过的鲜鱼活虾、河蚌蚬子在这里十分便宜，一毛钱就能抓一把小鱼回家烧烧，解决一顿午饭。我再将目光投向那些靠打渔为生的渔民们，我暗暗一惊，女人们都是头抹香油，戴花坠金，红衣绿裤，十分抢眼，而男人却赤着蒲扇般的黝黑大脚，扛着丈把长的船篙，背着湿淋淋的鱼篓，一看就知道他们经历过风雨沧桑。而我从小已看惯了北方街头那些头顶方帕，素色装扮的女人与身穿黑袄，盘膝大坐，啃吃烙饼的男人。突然看见乡亲们是如此装扮，让我好一阵子无法适应。

一到兴化，父亲带我们第一个看望的是姑姑，她长相与父亲很像，说着一口难懂的家乡话。尽管在我耳朵里，家乡话都是一个味，难听难懂。可当地人却以说城里话为荣，他们认为乡下人讲话很土。我估计我的姑姑就是讲的乡下话，不然怎么这么难懂呢？

我矜持着望着姑姑，试图从她身上找到我“梦里寻她千百度”的影子。这时爸爸却在一边半洋不土地指点我：“叫啊，叫姑妈！”

姑妈？这不是藏语的“小偷”之意吗？我怎能将心中神圣的亲戚称为“小偷”。我紧抿嘴唇，默不作声。爸爸难堪极了，一个劲责怪我不懂礼貌。姑姑并不计较，拍拍我的脑袋，说：“这丫头在外头长大，认生。”这句话我听懂了，一下子觉得与姑姑亲近了许多。

第二个去看望的是舅舅。这次我兴致高涨。舅舅，在妈妈的嘴里充满了传奇色彩，在我记忆里，绝不逊色于“平原游击队”里的李向阳。没想到目睹了舅舅的形象，他却丝毫与电影里的英雄搭不上界，是个极普通极普通的中年男人。但我还是从娘亲的血脉感情上接纳了他，洪亮地喊了声“舅舅”，接着我又胜利冲昏头脑，对着舅母热烈地呼唤了声“嫂子”，全屋的人惊诧无声。爸爸呵斥我“要死！你怎么没大没小……这么没有规矩……啊！”我觉得父亲毫无道理。我指着妈妈的嫂子，万般委屈地说：“妈妈就叫她嫂子的。我为什么不能叫？”

大家这才明白过来，因为我们常年不和亲戚打交道，竟然连亲戚辈分称呼都分不清。

舅舅仰面大笑：妹子养的侉女儿，可爱可爱！

当时，我只朦胧地理解亲戚不只是一种称谓，更不是梦中的幻影，可能还有家庭关系的远近，辈分大小。渐渐我长大了，随母亲回到兴化居住，梦中的亲人变为了现实里的亲人，亲人的称谓也随之褪去斑斓的色彩，对亲戚称谓也有了进一步的理解，它不仅标志一个家族的血脉与社会关系，亲戚的存在也意味着一个家族命脉的延续。

后来不久，我又离开了兴化，到更远的地方去工作去生活，在外头成家立业、生儿育女，直到最后把家定在了北京。这一晃就是40载。

随着现代化的进程加快，交通便利，“梦里寻回千百度”的家乡，如果愿意“蓦然回首”，它马上就在“灯火阑珊处”。然而就在回家乡之路越来越方便时，自己“人在江湖，身不由己”的工作状态却越来越不方便，现代化的步伐也成了我们的繁重工作，羁绊了我们回家的脚步。但乡思却在年龄增长中变得越加浓烈，如同珍藏在内心的一幅画，任何时候都在心头上挂着、坠着，沉甸甸的又美滋滋的。

嗳，写到这里，真想放下笔回家走走故屋前的石板小路，闻闻扑鼻绕香的乡菜味，听听大河里挂桨机船的“突突”声，看看那些活蹦乱跳的鱼虾们……

故乡，你在我梦里，更在我的生命里！

【作者简介】

顾保孜，江苏兴化人。中国作家协会会员，文学创作一级。现供职于第二炮兵政治部文艺创作室。著有《红墙里的瞬间》《纳粹集中营的中国女孩》等。

春天到垛田去看花

刘春龙

"春天到垛田去看花吧！"这是一个多么诱人的提议。去过的会油然生出几分激动，那种重逢的急切溢于言表，似想找寻丢失的遗憾，或是回味曾经的收获。没有去过的会有几分好奇，几分向往，垛田是一个什么样的地方，又会有什么样的花呢？于是，约上三五知己，选择一个阳光灿烂的日子，我们到兴化的垛田去。

说实话，垛田的春天应该是从垛岸边那一丛丛紫白相间的蚕豆花开始的。可垛上人似乎把它给忽略了，固执地认为只有油菜花才是垛田的特有。先是田头沟畔的麻菜花开了，星星点点，像刚破壳的鸡雏，像认生的小孩，胆怯而慌乱地打量身边的陌生世界。乍暖还寒的春风缓缓吹着，不经意间，白菜花开了，该是有了春的气息，但也只是散散淡淡，很随意地混杂在一片葱绿之中，成是成不了气势的，倒有几分委屈与无奈。不过，这只是暂时的。猛然，那个有着很好听的名字，叫作"甘蓝"的油菜花开了，蓬蓬勃勃，漫天遍野，垛田的春天才真正来临。

到垛田去看花，就该选择这个时候，就该看那盛开在这块块垛田上的油菜花。可面对蓦然而至的风景，我们竟无所适从了。是远眺，是漫游，是细品？陪同的垛田人说，怎么看都行。我倒一愣，垛田的油菜花有这么耐看吗？隔岸望花，走马观花，把酒赏花，三种境界兼而有之？我是不会相信的。我曾经在江汉平原上看过连绵不断一望无际的油菜花，那种震撼人心的壮观美景，至今铭刻心头。垛田的油菜花能与之相比吗？

我们乘着快艇来到兴化城东一个叫张皮垛的村庄。主人邀我们去一栋临河而建的农家小楼，说这里是看垛田油菜花的最佳位置，如在梅峰上观千岛湖。登上楼顶，放眼远望，果如其然。那一个个长满油菜花的垛子似从天外飞来，不可思议地呈现在眼前。那是什么样的垛子，大小不一，形态各异，错落有致。那是什么样的花，因垛而妖，因水成韵，自得其趣。心不由得一颤，一种游子归乡的亲切扑面而来，一种近乎宗教的虔诚弥漫全身。金黄的花，碧绿的水，黝黑的土，浑然天成，相映成辉，令人赞叹不已。恰似无声的诗，犹如立体的画，更像流淌的曲。是造物主有意在浩浩湖荡中堆垒起了块块垛田，还是鬼斧神工的河流把田冲洗成了垛？同行的谁不禁大喊了一声，随即引来一阵笑声。看来，在千姿百态的垛田菜花面前，想要不做诗人还真是件困难的事。陪同的主人笑笑说，我们到田里去看看吧。

小船在垛田的沟沟汊汊间慢慢驶过。好心的主人故意放缓了速度，让我们从容地观赏流动的景色。垛与垛是独立的，平安相处着，默默守望着，原本是水帮着传递相互间的信息，而现在，蜜蜂则在垛与垛之间忙碌着，把单个的垛的信息发布给满野的垛。油菜花倒映在潺潺流水中，垛上花、水中花倒是分不清了，那蜜蜂似在水中飞了，那鱼啊虾呀也在花中游了。我们呢，也好似在无数花岛组成的迷宫里徜徉。在垛田，找不到完全相同的两个垛子，就像世上找不到完全相同的两片叶子一样。尽管花的品种是清一色的油菜花，有点单调，甚至乏味，但由于每个垛子都是不一样的，那垛上花水中花也就显得风姿绰约，仪态万方了。

在垛田深处的一条堤坝下，我们弃舟上岸。那长长的伸向远处的圩埂上，有桃花的红，有梨花的白，当然也有菜花的黄。在一片开阔的坡坎上，我们仰面躺下。天上淡淡的云，身下嫩嫩的草，周旁艳艳的花，还有河岸上款款的柳，河沿下清清的水。我们零距离地面对这些花，面对自然，和它们作一番灵魂深处的私语。我们都屏住呼吸，聆听寂静，聆听天籁。

恋恋不舍往回走的时候，我忽然有些明白为什么那么多人喜欢春天到垛田看花了。江汉平原上的油菜花固然壮观、辽阔，可壮观的尽头是平庸，辽阔的背后是枯燥。虽说垛田的油菜花有些乡气，可这是一种独特的风格，小巧、精致、平实、野朴。其实，江汉平原上的油菜花和兴化垛田的油菜花是宋词中的两种风格，豪放与婉约。前者如关东大汉般粗犷，后者似江南村姑般清秀；前者如钢琴般华丽，后者似芦笛般朴实；前者如怀素狂草般流畅跌宕，后者似板桥乱石铺街般和谐雅致。

我们重又乘着快艇往回走。主人像是特意安排的，快艇在一个个村庄的中间驶过，如同行走在村庄的街巷上，张皮垛、仇家垛、何家垛……那么多叫“垛”的村庄啊。船儿溅起的浪花，使得洗衣的村妇略略慌乱地站起来，给你一个不易察觉的嗔怪，那是一种叫人惬意的表情。垛田的水巷虽没有江南古镇那种幽静的意韵，倒也有几分垛上人家特有的淳朴与野趣。你看谁家的老鸦船系在垂柳下静静地泊着，谁家的窗台上那个不起眼的花儿放肆地开着，谁家调皮的孩子从这条小船跳到那条小船，全然不顾桥上大人半是责骂半是迁就的呵斥。

在又一个叫垛的村子翟家垛，主人挺神秘地叫我们上岸。我们不知何意，但也只好客随主便。原来这是一个花卉村，家家户户都养花。我们只随意走了几家，就被这种平和而安然的生活方式所感染，这是一种什么样的生活啊。布置精巧的庭院里到处都是花，似乎每一寸土地每一分空间都利用起来了，似乎每一种花都恰到好处地找到了应有的位置。那长满藤蔓的回廊下，围着石桌，颐养天年的老人悠闲地喝着茶。那生意盎然的花圃里，戴着红领巾的孩子老练地给花儿浇水，妈妈是不允许的，但孩子执意要帮忙，于是正在往担子里摆放盆花的妈妈就有了醉意般的微笑。这微笑在花的映衬下，越发生动了。

在村头，我们看到为数不少的花农挑着担子到一河之隔的城里去。也许明天，城里人的阳台上案头上就会有垛田的花了。那花儿带着垛田的土,带着垛田的风,带着垛田的情,给这座虽说是历史悠久但也略显浮躁的小城带去些许春的生机吧。

路边早开的麻菜花已结荚了。花儿谢了还会再开的,春天去了也会再来。当春天再来的时候,我会问一声,朋友,到垛田去看花吧。

【作者简介】

刘春龙,兴化垛田人。中国作家协会会员、泰州市作家协会副主席。著有长篇小说《深爱至痛》《垛上》,中篇小说集《无意插柳》,散文集《乡村捕钓散记》。曾获汪曾祺文学奖、江苏省紫金山文学奖和精神文明建设“五个一工程”奖等。长篇小说《垛上》被改编成电影搬上荧幕。

我的成甫

罗国明

你是说成甫吗？是成甫。

成甫当然在苏北水乡的兴化，是兴化市安丰镇所辖距安丰还有五六里路的一个小村子。

不，成甫在我的梦里。

成甫在我梦里是初春的清晨。在后来的那场撤乡并镇运动前，成甫就坐落在原中圩乡的西南端，坐落在那一道道大圩和河汊分割成的纵横里。初春的清晨从熟睡中醒来，东方的天际刚透出些橙红，村四周小河里那伴随黎明而起的晨雾在聚集、升腾，漫过了小桥，漫过了那些至少在新中国成立前就有的青砖铺成的小巷，终于，将整个村子都浸在其中了。才是“七九、八九赤脚下田走”时节，还没有真正忙起来，许多人家刚开门，烟囱里开始冒出了炊烟。这时，第一个在村上出现的常常是住在村南头的养牛人姚家哑巴，背了满满一大草夹青草，牵着他那头牛踏雾往滩口上去饮水。

成甫在我梦里是盛夏的子夜。六月里，顶着烈日劳作了一天的人们回到村上，40度的高温让他们屋不敢进，薄粥也喝不下去。芭蕉扇和凉席从家里拿出去了，连小饭桌也抬到了门外，男女老少，巷子上、村头的晒场、小桥上，三五成群躺于其上，仰面满天星斗谈古论今，每每彻夜不归，这是一份消遣，一种喘息，更是一道故乡夏夜独特的景致。另有在几个村上出了名的半截头，干脆将船撑到村西大河中间泊住，到下半夜，光着屁股潜到对岸西瓜田里先用绳把看瓜人的棚子门从外拴了，偷了瓜又潜回船上，把瓜一拍，围在一起“哈哈”大笑着吃将起来。

成甫在我梦里是金秋的“晚茶”。这里说的“晚茶”并不在晚上，也根本不是什么“茶”。所谓“晚茶”，只是在一年之中最忙碌最劳累的秋收季节里，在从中午直到晚上天黑这段劳作间的一次小憩，时间一般在下午三四点的样子。平常，一般人家是很难想象吃白米饭的，而多以萝卜、红薯等各种代食品，偶有几颗米粒下锅，那粥也必是薄得照见人影。繁重的田间劳作，中午过后，用不了多长时间肚子里早又饥肠咕噜，人实际上很难坚持到天黑。这时候，有人中午就从家里带了个冷红薯，最奢侈也就是半碗冷饭，或者什么都没有，只是从河里捧几捧凉水灌进肚子里，在河岸上那一棵棵树荫下，纷纷从田里爬上来稍作歇息，以便能应付一直还要到天黑的繁重劳作，但是，又从不把这说是“歇气”或“充饥”，而说“晚茶”，甚至有“晚茶时候”这种特定的时间称谓。无论生活多艰辛，大田里那一片片金黄的稻子已被放倒，男人们把那些稻把挑上船，正一趟趟地运到晒场上，田埂上饱粒的黄豆早脱了叶还腾不出手去拔。一句“晚茶”，饱含了成甫人对生活的多少期盼和憧憬。

成甫在我梦里是冬月的“小年”。“过年”通常都指正月初一，但整整一年的辛勤劳作，365天的漫长期待，只一天时间“年”就过了，总让人觉得有点太快，有些意犹未尽，况且，蒸团划糕做米酒，即使境况差的人家，称两斤猪肉，再买包油酥果子敬菩萨，敬过后用纸和压岁钱包在一起放到孩子们的枕边，以便让孩子们过年一清早躺在被窝里就能先摸一两颗红枣或油酥果子塞进嘴，这也是无论如何都省不下的，这些都要提前准备。于是，不知究竟从何时始，“年”被拉长了，即从冬月二十四就算过年，称这天“小年”，正月初一被称为“大年”，再往后一直到正月十六舞过火把“年”才算结束。于是，约定俗成每年只要到了这一天，人们就暂停了田里所有劳作，把家中平常舍不得吃的好东西和新衣服都拿出来，尽管，用父亲早就承诺的压岁钱去商店买两张白纸回来裁32开订个漂漂亮亮写字本子的愿望，总还要等到过大年那一天。但是，没有小年，大年又从哪里去指望呢?

成甫，就这样一幕幕在我的梦里定格，三十多年里说不清究竟有多少回。世事变迁更迭，时光的流水冲刷，这张底片不仅未曾稍有模糊，反倒比昨天愈加清晰。

是的，转眼三十多年过去了，自我当兵跨出成甫的那一天起，先后在山东北京广西四川，往越南参战期间，按部队规定，有近半年时间未与家里通信，母亲因担心我在前线而且没有一点消息，竟把眼睛哭坏了，直到在一次公社大会上当干部宣读了我在前线作战勇敢的立功喜报，知道我没有牺牲才稍稍好些。81年冬，部队批准我回乡探亲，那是我当兵五年后第一次探亲。我从四川坐火车经过整整两夜三天的颠簸到南京，又从南京换乘汽车到兴化，到达黄庄时，外面早已漆黑。从黄庄到成甫的那条路没有车，当兵前我也记不确切是否走过，而此时，我未曾有任何犹豫，一下车就背着行李顺着桥西大圩一直往北走，一切在我心中似乎熟悉不过。很快到成甫地界了，前面该是闸了，过了闸，沿着一条坑坑洼洼的牛道往东走。在我当兵第二年与父母的通信中早已得知，村中间的老屋已给了哥哥一家住，村西头原我家自留地上，父母现已在那里新盖了座草屋。那也是我这次回家探亲新的去处。过了一截坝头，来到那座我也是第一次见到的草屋后面：“妈妈，妈妈……”“是国明，国明回来了……”父亲的声音。随之，小窗里的灯光亮了，父亲很快起了床，连衣服都来不及扣忙打开院门把我迎了进去。待我进到屋里，母亲也从床上起来了：“是国明啊！”妈妈手里端着煤油灯凑到我面前，先是把我仔仔细细地打量了好一阵，眼睛里有惊有喜又满是泪。然后就忽然说：“这么晚才到家，肯定饿了，我这就给你做吃的去。”说着，把煤油灯放在桌上，从家神柜里摸出几个鸡蛋，忙不迭地另点一盏煤油灯往厨房里生火去了……

如今，爸爸妈妈都已经故去，就连村西头我家的那座草屋也已经倒塌，没有人要了，而我自己也早在成都成家工作，选择留在了成都，但我依然利用各种机会，一次次地回到成甫。每一次，在我都是一次新的期待，一种按捺不住的迫切，每一次，我都无一例外地要在村子里那些青砖铺的巷子上、小桥旁转了又转，包括在我当年曾劳作过，流淌过汗水的一块块田、一条条小河边流连徘徊，就仿佛当年有什么重要的东西遗落在那里一般，而稍有时间，我又喜欢到位于村中巷口上同春家的小卖部里去坐坐，和平素也总喜欢聚集在那里的长辈、同辈，包括那些三十多岁以下我根本不相识的村上人在一起交谈，许多人都说："国明，你出去这么多年，又做了官，怎么还和原在家里时说完全一样的话，一句洋泾浜的京腔也听不到？""你难得回来，怎么总要到田里去，那些田对你还有什么用？"每听到这些，我只能轻轻地笑笑。怎么会呢？不会的，我是成甫人，我是从成甫出去的，无论我将来走到哪里，或在何处停留，我属于这里，属于成甫。成甫也将永远属于我。

【作者简介】

罗国明，江苏兴化人。中国作家协会会员。著有长篇小说《菩提树下的诱惑》《苏门》，中篇小说《当你活着的时候》等。

在水一方

喻红

在我出生的壮族小村，有着这样一条河流，飘带一样从远方缓缓走来，河水四季清幽幽，河岸一丛丛千娇百媚的修竹，迎风摇曳，水中倒影，清晰得能见到竹子细致的纹路。一条小溪从村中央流过，溪水很浅，刚及小腿肚，溪里有小鱼虾，小溪是孩子们的天堂。在溪边，一茬一茬的孩子长大，老去，祖祖辈辈在这里休养生息。我很小的时候就离开了那里，再回去时，河水仍静静地流淌，而小溪已不在。一直以来，乡村成了我的梦中水乡。有山有水，有田野有池塘，虽少了杨柳，却有修竹。那美的神韵不同罢了。兴化李中水上森林公园，与我的梦中水乡是另一种风格。我想我是多么幸运，在水一方，与那伊人遥遥相望。相望那来自水乡里关于童年的美好记忆，和在水乡行走中由远及近，由浅及深的美景与内心无法抵达的那种恍惚感交融着，纠缠着，让人不得安生。

李中水上森林公园，是里下河地区规模最大的人工湿地森林生态系统，也是江苏省最大的人工生态林。这片人工生态林面积1500亩，采用林垛沟鱼的立体模式，水杉参天，树梢益鸟欢聚，沟内鱼儿跳跃，林内一片生机。这里是野生动物的天堂，野鸭、白鹭、黑杜鹃、草鹦鹉、山喜鹊、猫头鹰等在此筑巢生息。林中鸟平时有3万多只，最多时有6万多只。黄昏时分，百鸟归巢，遮天蔽日，景象蔚为壮观。而我去的时候是12月初，这里已是浓重的初冬色彩，不见了绿色，也不见了鸟儿的踪影。如果刚巧有一场雪飘至，则可领会浓妆淡抹中水杉的俏模样。此刻，秋色尚未走远。

记得有一首歌《梦里水乡》，歌中唱道：春天的黄昏请你陪我到梦中的水乡 / 那挥动的手在薄雾中飘荡 / 不要惊醒杨柳岸那些缠绵的往事 / 化作一缕轻烟已消失在远方。歌中的黄昏，水乡，杨柳，轻烟般的往事，在薄雾中飘荡的那件粉色的衣裳，构成令人神往的梦境。

或许，朦胧的梦般感受，正是致命的诱惑？不得而知。

一个初冬的日子，我坐在车里，看着车窗外四面环水的田野，那一块块田宛如仙女不经意遗落的一方绣帕，恰巧落在了水中央。田埂上纤纤杨柳褪尽了色彩，一幅素净的姿容淡淡水墨画一般，一幅一幅从车窗外翻过。水乡泽国梦泽之地闯入心田。这才知道梦与梦是有区别的，境与境是各有洞天的。

带着浓烈的情感，我走进了兴化，走进了兴化李中水上森林公园。

对于李中水上森林公园我并不陌生，这个地方我神游过无数次，那是在朋友的文章里，朋友是兴化人，他写有一篇美文《奇特的水上森林》，从文中，我知晓了水上森林的来龙去脉。想不到的是自己可以走进这个奇特的水上森林，并与之亲密接触。

我们站在李中水上森林公园的木桥码头准备登上木排的时候，岸上一位工作人员说：广西作家你好！这几个字不抵于一声惊雷，他怎么知道我来自广西？几位一同前往的朋友也都惊奇地问：你怎么知道她来自广西？我们全都是兴化的。我忍不住乐了：因为我有名气啊！其实，哪来的名气呢？只不过在大自然里心情放松，顽皮的本性暴露无遗。在一旁的兴化朋友早已忍俊不禁了。原来是他捣的鬼。公园的工作人员也笑了，说：是的，你很有名，很高兴你来到我们水上森林公园。在一番善意的调侃中，大家哈哈笑着登上木排。

撑木排的是一位将近七十岁的大叔，身体壮实硬朗，古铜色的脸上挂着纯朴的笑容，让人感到亲切。老人告诉我们，四十多年前这里原来是一片沼泽地，那时候生产队把树苗分到各家各户，这里就有我种的树呢。老人的说法，引起了我们的兴趣。

这是一个水的世界，这是一个水杉的世界，这是一个水杉和水共同营造的世界。让这个世界诞生的不是上帝之手，而是由于一场对于中国人来说都是前所未有的运动。

运动往往会产生许多事物。地壳的运动，产生了五大洋七大洲。这场叫“抓革命，促生产，促工作，促战备”的运动，发生在20世纪60年代。那时候以粮为纲，备战备荒，产粮的田地是不能作他用的。有一批杉树苗就在这个年代，由于某种原因来到了李中。弃之可惜又无山无坡地可种植。充满智慧的李中人民把这些水杉种植在一片沼泽地中，任其自生自灭。水杉有着顽强的生命力，它们遇土而生，遇水而润，不知不觉地在岁月中悄然长大。

社会像一条河流不断地往前走，有多少磨难，有多少曲折，都能沿着河流而来沿着河流而去，并具抗污染的自洁能力。社会充满了水的可塑性和包容性，不论走得多远多离谱，总能找到回归的坦途。人依赖自然而生存，自然因有了人类而显得生动。人又是一种贪婪的动物，他们有无穷的欲望。好在人也善于遗忘，就这遗忘，让一片水杉得以生存下来并茁壮成长，这才有了今天的李中水上森林公园。或许水乡人都稔熟郑板桥的“难得糊涂”？老人看着我们惊呆的神色，憨厚地笑了。他古铜色的笑容，融化进水杉枣红色的身影中。

木排无声地划破如镜的水面，载着几个寻找自然慰藉心灵的人，进入树影、云影的天光水色之中。

撑木排的老人说，夏天的时候才美，满世界都是绿色，满天满树都是飞鸟。你得戴着帽子才能进来。笑问为何？老者言说：飞鸟施肥！我等乐之。想那漫天肥料自天而降，一不小心把你的头顶当成一片荒野，想要把这方荒野点染成一方沃土，或者把你的花衣当成了花园。这是鸟儿的乐园，是水杉的天堂，人如能像鸟儿一样单纯，如水一样纯净，如树一样无私，这个世界该是多么美好。人要走进自然，首先应去掉的便是贪婪的心性。福泽福泽，一定与水有关。可惜只有一个郑板桥悟出“吃亏是福”，更多的人不肯吃一点点亏。

这是一个有太阳高挂天边的冬天的下午，太阳很努力想要像夏天一样释放自己的热气，无奈它的热情似乎被春、夏、秋贪婪地采尽了似的。此刻，照射在身上的阳光少了常在热天被形容成的毒辣辣的滋味，有一种慵懒的味道而显得温厚，暖融融的，让这个季节披上一层暖系列的色调。

水在冬阳下也如一只慵懒的猫，静静地躺在阳光里，任岸上的景物尽情地对镜梳妆，要在往日它可是会顽皮地偷偷笑，笑容荡起波浪一层一层，一圈一圈，让树木、小草、蓝天、白云在它的笑中，全都成了哈哈镜里的模样。现在，水不想捣蛋了，它是真心实意想做一面镜子，好让穿上彩衣的植物们好好看看自己的俏模样，或许是水被岸上的景物多彩的模样惊呆了也说不定，一时凝神静观惊讶得把笑容凝固。

要说见多识广莫过于水了，它们流淌着循环往复在天地间。触摸大地触摸蓝天。再高的天，再深的海，再隐秘的角落，再缜密严实的大地深处，无不有水的身影。水汇集在一起成了溪，成了河，成了湖，成了大海。水在兴化这个地方汇集成了一个水乡泽国。水让兴化有了“楚水”的美名。水乡兴化是流淌的、线条状的、融合状的。这种状态，在李中水上森林公园表现得淋漓尽致。

我居住的南方城市，一年四季绿意盎然，满目皆是热热闹闹的绿，从没见过如此绚烂的初冬景色。蠢蠢欲动的心，被展现在眼前浓重的色彩撩拨得燃烧了起来。那一排排水杉身姿亭亭玉立，身着橘红的橙黄的淡黄的棕红的铁锈红的彩衣依次排开。绿的浮萍绿的草，在水杉的身旁围绕。让你感叹：大地是画布，蓝天是背景，自然四季是调色板，自然的神奇之手把所有水杉树都染成了沉甸甸的、厚实的色泽。就连河道水影中掩藏着不曾走远的秋色，全都成了浓墨重彩的油画。这是一曲水天酿成的歌，这是一首自然天成的诗。这等美景，与一首古老的歌是那样相近：

蒹葭苍苍，白露为霜。所谓伊人，在水一方。
溯洄从之，道阻且长；溯游从之，宛在水中央。
蒹葭萋萋，白露未晞。所谓伊人，在水之湄。
溯洄从之，道阻且跻；溯游从之，宛在水中坻。
蒹葭采采，白露未已。所谓伊人，在水之涘。
溯洄从之，道阻且右；溯游从之，宛在水中沚。

这个下午，整个1500亩的李中水上森林公园，只有我们四五个游人。老者把我们送到景区便撑着木排返回码头了。在偌大的水和水杉的世界里，有一条人工修筑的木桥在其间曲曲直直蜿蜒着。不知是谁学着野鸭叫，引来远方一阵阵的和鸣，愈是显得林深水旷了。

我们在林间木桥上穿行着。逆着阳光而去，阳光穿透树林，光斑迷离跳跃。

树林空旷，水无声，只闻野鸭声，不见其踪影。

迎着阳光而行，树木全都浴在金色的光中，燃烧的火焰般，一株株，一排排，一片片被水包围。在木排上看，是水包围着树林；在树林里看，是一方方阵容整齐的水杉包围了水；树在水中生，水在树间流。水连天，树影连天。水上有一个红彤彤的森林，水中有一个红彤彤的森林，天地相连，宛如秋水共长天一色。

顺流、逆流、顺光、逆光，美丽的景色总在水天相连处，总在你目光能穿透的远方，却只能遥望无法抵达。心里不由怅然那伊人啊，在水一方。

走在这水杉世界，水的世界，有一种滋味我无法表述出来，景色太精致，笔力无法抵达，内心也无法抵达。何时，我能再来水乡泽国一游，一睹这在水一方的李中水上森林公园夏日的风采？在告别这片世外桃源般的净土时，我萌生了另一个欲望。

【作者简介】

喻红，广西作家协会会员，鲁迅文学院第七届中青年作家高级研讨班学员。荣获宝石文学奖 2004—2006 年杰出新人奖、2009 年第四届宝石文学奖等。

文墨幽香访兴化

陈颖

畅游水乡的梦怕是每个人都做过的。虽然也到过不少地方，可再美的景致伴随着人山人海的游人，总不能让我把眼前那个闹哄哄的地方和美丽清幽的“梦里水乡”联系起来。清明刚过，正好借着朋友邀请到江苏兴化。距离南京 3 个小时车程，转眼就到了。

看惯了电视里照片上漫山遍野的油菜花海，兴化千岛油菜花却是种在一块块四面环水的垛田上，站在高处可见望不到边的油菜花田阡陌纵横，还有船只往来其间，仿佛在数不清的“岛屿”间穿梭，怪不得命名为千岛。登船再看，淳朴的渔家女不紧不慢地摇着，摆荡的小船蜿蜒在油菜花丛中，周围景色或是曲径通幽或是豁然开朗，倒有些园林景致的味道，心中暗暗佩服水乡人的心思细巧。

原先只觉得看着黄灿灿的油菜花让人心花怒放。到了兴化才知道，道边上、家门口到处都是一簇簇的油菜花。油菜花是最容易栽培的农作物之一，农民休耕期间在田里撒上油菜籽，春天便开出朵朵黄色的小花，而开花后结的果实，就是制作菜籽油的原料。这垛田也不只是摆着看的，再过一两个月收了油菜籽，这就会恢复成各家各户的大田，撑船的也是地道的渔民，不过是趁着花开时来帮忙的。没有客人的时候，几个人聚在一起聊天，每个手里都娴熟地织件毛衣，仿佛那织网的手艺已经让她们的手停不下来。水乡人说话的腔调也是温吞吞的，不疾不徐，大家忙着自己的活计，我倒觉得更自在，仿佛自己就是来她们这里串门的。欣赏美景和过日子，在这里和谐地共生着，连挣钱的精明都透着一股温婉。

听说兴化沙沟镇遗存着完整老街和明清古镇风貌，大家就一起去看看。这沙沟镇，本是水运枢纽，曾经兴盛过好一阵子，曾三度建市设县。在刚够两三个人并行的街道上，俯首皆是古旧的石板地，随便进到哪家的院子，就能看到木头雕花的窗棂和老家具。在一人多粗的古银杏树下，古镇的人们还在有条不紊地生活着，手里织补着手编渔具或者抡着大锤打造着鱼叉、鱼钩，活脱一幅水乡风情画。直到抬眼看到黑板报上的“沙沟进士榜”已经连载到了第五期，我才惊异于这个小镇的气魄。回去一查才知道，岂止沙沟，兴化自南宋至清末就出了 103 位进士，还有三人位居首辅。这气魄实在是来源于天时地利造就的文墨流脉。

兴化是个两千多年的古邑，古称昭阳，是战国时期楚国将军昭阳的食邑。五代十国时取振兴教化之意，更名为兴化。这里地势低洼，加之河网纵横、湖荡密布，是地地道道的“鱼米之乡”。因四面环水，交通不便，地处偏僻，向有“自古昭阳好避兵”的说法。还有范仲淹在兴化任上修建了造福百姓的范公堤，更使万顷泻卤之地复为良田。有诗云：“吾邑独少宛马来，大泽茫茫不通陆；外人羡作桃花源，万钱争租一间屋”，土地肥沃、气候舒适，使不少富户将此作为休养生息之地，那富商修建的李园船厅，就极像一泊在水上的画舫……

百姓安居乐业之地又有文人雅士居住，各家名流交往际会，自然文风昌盛，施耐庵、宗臣、刘熙载，兴化的文人大家出得不少。在兴化的板桥纪念馆门外，还有一处始建于明代的四牌楼。可能是历代做官的人多，抬头一看，顶子上居然挂满了数十块追思前贤的牌匾。数着一个个“九世一品”“状元宰相”“五朝元老”“万邦总宪”的牌匾，才发现扬州八怪代表画家郑板桥和李鱓获得的匾额不过是“才步七子”“诗画名家”。虽说心里为文人抱不平，可这四牌楼却也证明了兴化人曾领袖于中华的辉煌。历史当然不会止步于此，今天的兴化人更加出色，两院院士朱亚杰、李德平，著名作家毕飞宇、王干等，青年棋手、国际象棋特级大师谷笑冰、侯逸凡……

我本是为着油菜花的清香而来，反倒见识了兴化绵延不绝的文墨幽香。小城兴化如今已经在全国百强县中位居中游，香葱、河蟹、红皮小麦成为国家级品牌，综合实力日渐壮大，看得出小城的志向不止于此。源远流长的人文血脉和传承有序的丰厚底蕴足以让兴化把自己的香气送得更远。

【作者简介】

陈颖，作家，《今晚报》编辑。

游郑板桥陵园记

谷怀

几年前中秋季节，天高气爽。扬州友人到兴化，欲瞻仰郑板桥墓，邀我同往。

郑板桥墓在大垛镇管阮村，距兴化城三十多公里。路上，友人问，郑板桥死后为什么葬于管阮？没听说过他在那儿生活过或坐过馆嘛。我敬仰郑板桥，喜欢他的艺术作品，但缺乏研究，对他的平生了解也不多，只是听人说，郑板桥所葬之地是一块风水宝地哩。

车子很快进入大垛境内，打转车头沿着一条西侧傍河的公路向南驶去。这条河叫塘巷河，二三十米宽，夹岸长着树木，葱茏一片。映绿了的河水，亮丽丽的，彩绢一般在眼前飘展，于是，水乡的清丽、隽秀便满满地注入了心田。放眼东望，千畴良田，稻浪滚滚，却被纵横交错的绿化带分割成棋盘一般。那天数道绿线嵌入金黄之中，更加显眼夺目，使人感受到一种雅致、宁静和健康的乡村气韵。

我指着不远处掩隐在一片墨绿色中的村庄向友人说，那就是管阮村。接着，便介绍我所知道的管阮村。20 世纪 80 年代，管阮村实施农田林网化，用意杨打框、水杉织网，使耕地绿化率达 16% 以上。树木成荫，群鸟栖息，保持了良好的农业生态。1989 年，管阮村被列为全国千家绿色生态示范村。友人说，郑板桥墓葬之地，就应该是绿树环绕、碧水长流之地；因为只有一片宁静和幽雅，才能使这位怪贤的灵魂得以安息。可见，这儿的父老乡亲是谙熟了板桥秉性的，为先生造出了这样的绿，装扮了这样的美！

穿过高大水杉树构成的绿色通道，车子一直开进管阮村。下了车，一座高大的石坊便耸立在面前，石刻嵌绿的“郑板桥陵园”几个字赫然入目。门前虽没有郑板桥塑像，但我们恍然觉得，一位老人正傲然地站立在台阶上，用那犀利的目光正视着人世间。我们不由肃然起敬，久久地伫立在石坊前，接受历史的质询……

穿过石坊，跨进园门，竟是另一番天地：杂花生树，一片葱茏。郑板桥墓掩映于绿色屏障之中。一条笔直的砖路，牵引我们向一位历史名人走去。路西旁盛开着五颜六色的鲜花，黄色的孔雀花、紫红色的千秋菊、白色的玉簪花、鲜红色的一串红，代表着我们最纯洁最真挚的崇敬之情；四周生机勃勃的树木，伟岸的雪松、宝塔松、龙柏，飘逸的红枫、木槿、天竺、龙爪槐，灵秀的桂花、绣球、蜡梅、紫荆，寄托着人们“一枝一叶总关情”的哀思。踏过一方草坪，我们伫立在一座并不算高大的墓前。墓碑上镌刻的“郑燮之墓”4 个字，为著名文学家周而复所书，笔法遒劲而又透出几分洒脱。看着被青草覆盖的土墓，不知怎的，我大脑屏幕上闪现出这副对联：“三绝诗书画，一官归去来。”这 10 个字，多么精妙地概括了一位先哲平凡而又崇高的一生呵！

友人最为关注的是郑板桥墓是否被河水冲刷过，因为在扬州有过关于这方面的传言。“扬州八怪”之一的郑板桥，与扬州有着不解之缘。扬州人惦记他自然是理所当然的事。为了寻找答案，我们从墓的东侧沿小路绕到墓后，只见河水泱泱泛着绿波，细浪拍打着混凝土浇铸成的河工，发出道情般小吟唱。看守陵园的夏德隆老人告诉我们，1995年修建郑板桥陵园时，政府投资了21万元，建竖了石坊，砌了花墙，为了护堤岸，还用水泥石砂浇筑了河工。我们俯身而看，河工不仅坚固，而且还向河滩拓展了三四米，使得郑板桥墓距河水至少八九米远。友人大为感慨：“眼见为实，扬州的文友大可无虑了。”

郑板桥先生为何葬于此地？我们自然要寻找原因。夏德隆老人便介绍起来。他说，这儿原叫郑家大场，是郑家祖上买来做墓地的，由于常年空闲，收割时，村里人就用来打稻谷。郑家原有三个祖坟，位于郑板桥墓东北侧，现在没了。郑家买这块地，图的是风水，因为这儿地势有五龙戏珠之说。夏老边说边用手作指示，这儿地势外突，三面环水，而且连贯东南、东北、北、西南、西北5条河流，活水环绕，形同游龙戏珠状，在风水学上来说，当属风水宝地。不过这是传说罢了。教过多年书的夏老，也有他的文化见解。他说，郑板桥祖上信风水，可信；而郑板桥并非笃信风水。墓葬于此，大概是一图省简，郑板桥晚年穷困潦倒，已无钱再置墓地，不如从了祖上；二图安逸，穷乡僻壤，交通闭塞，正好安息灵魂。你想，劳碌了一生的郑板桥，除了安息灵魂外，死后还能有什么希求呢？不幸的是，郑板桥灵魂并没有因此得到安息。“文化大革命”期间，破“四旧”的造反派，曾挖开此墓，想有所收获。孰料，墓中除了几块朽骨，仅获一瓦罐而已。罐内盛有纸灰，上面盖着一块罗底砖，上面刻着字，可惜罗底砖散失掉了。殉葬如此简俭，可见郑板桥的清廉！听夏老介绍，当时曾有好事者拾几块棺木运至兴化北公园，主张重葬。岂不知此举实乃有违板桥先生之愿，想先生在天之灵定然拂袖而去。所幸，天道难逆，几块棺木后复回故墓，先生英灵才得以安归其所矣。

夏老领我们游览全园。整个陵园占地4亩，不算大，但因花木竹林的分割，呈层层叠叠状，则显其深矣。墓两侧，两块竹林，青枝绿叶，繁茂郁郁，日影不泄，处处流溢着清高俊雅的神韵，与镶嵌于围墙上的大理石石刻兰竹图相映成趣，相得益彰。走出竹林，沿幽静小道而行，不时被鸟的吱啾声所吸引，还有三五成群翩翩起舞的彩蝶，将我们款款诱入一幅繁花似锦的图画中。赏心悦目之时，一阵清香随风而至。夏老说，这是桂花香。八月桂花香，正当时哩！这时，夏老指着一旁的绣球说，这花本是春天开的，你们看，它现在竟然盛开着哩！可不是，那由若干个小花朵缀成的花团，白绒球似的，映在绿叶中，粉嫩嫩的，可爱极了。夏老折一枝桂花送我们，近鼻一闻，香气馥郁，沁人心脾，感觉醉了一般。想来，板桥先生晨钟暮鼓间，徜徉于园里，闻鸟赏花，不知该有多少“三绝”作品泻在那飘逸如神的笔下……

末了，我们邀请夏老合影留念。我们感激这位热心社会公益事业的老人，是他日夜陪伴着郑板桥，是他用汗水和心血培植出了陵园的花繁枝茂，也是他把退休后的余年默默奉献给了家乡的文化事业。夏老1946年参加革命，当过村长，教过书，退休后月薪不菲，但他不安享老福，却乐意在此守墓，实属文化性情中人！

郑板桥陵园，一树一竹，一花一草，一鸟一虫，还有一老人，皆有特别之处，此乃受郑板桥才气及人品之影响也！

【作者简介】

谷怀，原名钱国怀，江苏兴化人。江苏省作家协会会员，曾任兴化市作家协会主席。曾获得施耐庵文学奖特别奖等。著有《青青黄豆荚》《日月之梦》《水流千转》《梅花三弄》等。

秋声

李明官

立秋甫至，虫鸣盈耳。

幕天席地，草台苇柱，整个秋季如同一出盛大的音乐会，大自然的名家优伶不甘落寞，纷纷整妆理袖，鱼贯登场：蝈蝈，蟋蟀，油蛉，蚱蜢，纺织娘，蝉……或粉墨或素裹，或民族或美声，诜诜洓洓，极具声势。

精致的蟋蟀双翅裹挟着千年的古风，从典雅的《诗经》中趯趯而下。《豳风·七月》，《唐风·蟋蟀》及《召南·草虫》，一部线装古书，对这纤小生灵的精摹细刻竟达五六处之多，其渊源之深幽，可以想见。形体娇小的蟋蟀，名头却非常之多，比较古雅的是蝍蛆，青蛚，吟蛩，鲍照“秋蛩挟户吟”当指后者。其别称星繁，王孙，秋虫皆是。因其鸣如急织，故又有趋织，趣织，促织的行头。《古诗源》有“蟋蟀鸣，懒妇惊”句，寥寥六字，毕述光阴之急迫，可谓传神妙极。蓄养蟋蟀以听秋声，是一种古风，可以直溯汉唐。时宫闱庶民之家，皆逮闭这灵物于笼中，置之枕函畔，夜聆那略带金属质地的鸣叫，聊解漫漫秋宵之凄清。

蟋蟀种类极多：蟹壳青，拖肚黄，锦蓑衣，色金铃……俱依其形色分之。我们这里，多是一种黑褐色，须长过体，后腿粗硕善跃者。

秋露初降，蟋蟀之鸣有点怯怯的，小试嫩音的蟋蟀在经过了一段时间的吊嗓子后，仿佛找到了感觉，亮相属于自己的舞台，把憋闷了一暑日的歌吟和盘托出，那如水般的唧唧涵泳便让人如置身高洁的秋宇之下，丰硕的园圃之中，情移神旷，襟怀若水。

蟋蟀似乎总保持着一种低调，隐士般栖身于丛草，颓室，缺墙，砖堆，土壁间。然，其暑则在野，寒则依人的禀性是永远无法改变的。“七月在野，八月在宇，九月在户，十月蟋蟀入我床下”，朝夕的寒气中，檐下窗前，墙角门槛，直至桌凳床脚，都传来蟋蟀不绝的吟唱。尽管霜寒凛凛，家却给这小小昆虫带来了温暖和生机。

庞杂的虫吟中，蝉声略欠协调。其实秋风一起，寒蝉已尽，准确地说，抓住最后一息光阴嘶鸣的已不是我们常见意义上的蝉，它似蝉而小，名曰螗蜩，又称螗蛦，胡蝉，螓，古诗“螓首蛾眉”是之谓也。虫背青绿色，有纹身，鸣声清亮。蟋蟀类民歌，螗蜩类美声，师承各异，流派不同。螗蜩一改夏日热情洋溢的欢欣和从骨子里沁出的喜悦，在飒飒西风中，它有了一种紧迫感，局促窘逼，惶然慌乱，鸣叫也少了暑日的圆润从容，变得嘶哑烦躁，甚至有一种压抑和隐忧，那种悲凉凄怆的生命状态其实就是为自己行吟着一曲挽歌。

唯有一脉秋声美到极致，于纤细中流淌出金声玉振，听得人如痴如醉。这种透射着生命全部内涵的音符，无蝈蝈之聒噪，无蟋蟀之琐碎，无螗蜩之颓伤，抑扬婉转，有板有眼。这便是金铃子，又叫金钟儿。鲁迅先生《从百草原到三味书屋》里唤作油蛉。虫身粒米大小，于黝黑中隐现着古铜色的清亮。这虫小则小矣，然其鸣铿然，如铜钹颤音，响铃晃荡，清流淙淙，月华四溢，音韵之美，难以言表。

白露时节，庭院中的向日葵花盘低垂，像羞涩的新嫁娘，一任秋风的抚慰。我静静地坐于黄昏的檐下，听一只金铃子在其上“铃铃玱玱”地吟出一串水音儿，明润朗畅，如一声欸乃橹音自澄碧的河面摇曳远去，让人如临瓜棚豆架，如品天籁绝响。金铃子柔曼亲切的浅唱低吟，为萧萧之秋添了一抹亮色。这一串串稀世之音是如此强烈地撼动着我的一颗迟钝之心，令我眼前幻化出遥茫的天宇，洒脱的巧云，浩淼的秋水，辽旷的田畴，胸次顿开。

唧唧秋虫中，最堪入画的当数纺织娘。书名络蟒、莎鸡的纺织娘，乍一听，仿佛一位勤劳秀美的织女，娉婷袅娜地向我们轻移莲步。纺织娘是草虫中的西施，与之相比，蚱蜢太过瘦削，蝈蝈偏于臃肿，油蛉失之纤细，寒蛩略输肥大。劲捷的纺织娘在晨昏出现居多，豇豆架上，葫芦茎上，荆条篱上，都闪过它颀美的身姿。

我与纺织娘接触最近的一次是在庭院东花墙下的扁豆架上。其时，凉月如眉，夜露初降，一簇簇向上举起的暗红色的扁豆花间，忽然传来了一阵嘁嘁如纺车之声，音量之大，持续之久，真使人不敢相信是一只小小草虫所为。我立在豆架下，只能辨得它在淡淡月色里振羽棱棱的剪影，而那一声声讽诵，却彻夜未停。

和低吟而有韵致的蟋蟀不同，蝈蝈之鸣又是一种秋声，而这种秋声最可耐听。遥忆乡野间，黄豆畦边、玉米地里，山芋藤隙，南瓜花上，树丛墙隅，沟渠河畔，天地盈旷，万籁俱静，惟这小小生灵不甘落寞，清音绝响，撼人心扉。

蝈蝈的身世并不逊于黑瘦的蟋蟀，“螽斯羽，诜诜兮。宜尔子孙，振振兮。”我难以亲睹古人所描述的蝈蝈薨薨揖揖，绳绳蛰蛰的浩浩之势，但这并不妨碍我的思绪萦回在最初刀耕火种的幽古旷寥的田畴上，我甚至觉得屋后那条长长的河坝，就是古江汉千里沃野上一条田埂的灵性蜕化。那是一条蜿蜒向田垄深处的土坝，坝沿长满了杂草，昆虫集聚，鸣叫之音此起彼伏。大肚子的蝈蝈，给人一种憨厚淳朴感，蜻蜓的苗条逸柔，螳螂的威武神勇，蟋蟀的娇小灵动，都是它难以比拟的，它颇像泱泱虫类中的布衣。在众多虫草中，蝈蝈是最趋向阳光的一种，秋阳熙熙中，这小小生灵骈足颤须，阔首扬面，叫得愈发起劲了。音域或粗浊响亮，或尖脆清越，或急迫紧凑，或舒徐从容。这种声音，如丝如缕，常常驱使我们怀着一颗好奇之心前去探寻。

不仅在河坝上，我们还去远远的田间，在茂密的玉米地或芦席间仔细地搜寻这令人心热手痒的尤物。但大田距村庄较远，来回一趟十分累人，故，我们常在就近的房前屋后人家园地里循声而觅。最多的是在黄豆地里，那是庄后的王家尖上，三面环水，我们从东边一脊窄窄的坝头过去，有时是要蹚水的。上得畦子，便满地逮蝈蝈了。那是一种晚秋作物，豆荚还不甚饱满，倒是墨绿的叶片把豆行遮盖得密不透风。我们便在闷热的豆地里猫着腰，凝神屏息地追寻那欢鸣不已于秋阳下的蝈蝈。但真正逮得，殊非易事。明明近在咫尺，却又仿佛远在云乡，初听极切近的扑翅声，再听时却又十分飘渺，恍若从远古的历书中溢漏出的遥茫歌音。俄顷，甫在一丛叫得热闹的黄豆叶处蹑手蹑脚地站定，那瞿瞿之音刹那间便一个陡刹，静可闻针，而不远处的鸣叫依旧在作弄人。几个回合下来，直如在梦里一般。

处暑的阳光下，黄豆地里，几个晒得黑泥鳅般的乡村孩童，全神贯注地扑逮着蝈蝈的清癯之吟，彼情彼景，足可在人生的忆念中定格。

也有孩子能交上好运，逮回一两只蝈蝈，央求父母做了精致的笼子，挂于门楣檐下，成为村巷一道质朴而特别的风景。闲暇驻足，静心聆听，那清音便如凉月如澄碧的河水，让人真切地感悟自然的慰藉。蝈蝈不是草虫中的贵族，无骄奢之气，好侍弄，不需特别的恭维：数枚黄豆叶，几盏南瓜花，或是一把青草便足矣。但它带给我们的是怎样盎然的秋歌。庭除村居，有了这系人心灵的所在，触目皆生机，人生的种种不幸际遇也便在一回首，一注目，一谛听间冰释云散，仿佛整个身心都融入了这理性的绝响和神秘的自然之中。

秋分时节，昼夜相平，露凝苇草，帘卷西风，秋声如水，凉月似霜。在节气的促迫下，虫类的合奏达到高潮：蟋蟀的小提琴，金铃子的铙钹，纺织娘的定音鼓……如汛起，如雨骤，如瓦格纳的交响曲，丝竹管弦，群响毕至，灵趣各抒。这样的秋声，贴墙可听，临窗可听，欹枕可听，废词失弦，却又调兼古今的唧唧嘈嘈中，流溢出的分明是对造化的动情歌吟和对微渺短暂生命的无限依恋。

【作者简介】

李明官，江苏兴化人。江苏省作家协会会员、江苏省评协会员、泰州市作家协会副主席、泰州市评协副主席。2017 年获第六届江苏省紫金山文学奖。作品散见于《人民日报》《文汇报》《解放军报》《散文》《安徽文学》《朔方》等报刊。著有《范家村手札》《衣胞地》等。

卤汀河往事

毛家旺

我生于水乡，生活里自然不会缺水。钓鱼，拾螺蛳，掏螃蟹，游泳，摸河蚌，跳桥……这些河边的活动，这些水中的游戏，一直与我的成长相伴。我知道哪条河的鱼最多，我知道哪条河的水是甜的，我知道哪条河里曾经闹过鬼，我还知道哪条河有一段神奇的传说……我熟悉她们，正如熟悉我父母的欢喜和忧愁。

但是，一条卤汀河终于给我带来了流淌不息的陌生、神秘和遐思。记得那时，我大概只有六七岁，因为家里穷，父亲就带着我到百里之外的姑妈家过年。我跟在父亲的后面，步行至周庄的轮船码头，我们站在瑟瑟的寒风中，等候一班开往兴化的轮船。在幽暗的灯光下，我初见卤汀河，对岸很远，远得听不见一丝人声。河中的航标灯毫无生气地亮着，一闪一闪的，在波浪中摇摇晃晃，鬼火一般。河面上不时有大船往来经过，行得并不快，“突突突”的机器声有些沉闷，突然响起的汽笛声会使人心惊。从此，这条通往父亲的衣胞之地的大河便流进了我的生命里。我常常暗自发问：它究竟流自怎样的世界？又到底会流向怎样的远方？

我尚懵懂，根本没有能力去寻得一个答案来。好在，一位长我五六岁的麻花姐姐会经常带给我那条大河的讯息。她家是开茶食店的，就住在我家前面。我刚刚读小学的时候，她已经离开学校了。她腿子很长，个子比她妈妈还高一点。脸颊上总泛着红晕，就像熟透了的桃子一样。我觉得她是村里最好看的姑娘，一笑起来就是满脸阳光。她父亲每天炸上百十根麻花，大的五分钱一根，小的两分钱一根，让她挎着篮子到镇上去卖。麻花姐姐每天都要到轮船码头上去，到轮船上、候船室里喊几声“卖麻花——”。有时候，会有运货的船队暂时停靠在轮船码头附近，船上的工人舍得花钱，常常会把她篮子里的麻花全部买走。我放学以后，常常会在村口遇见她，她刚刚从镇上回来，总是把篮子里破碎的麻花抓给我。那一把碎麻花又脆又香，让我倍感享受。她还会兴奋地讲述在轮船码头的见闻，诸如有个船队的驾驶员京剧唱得很好听、有个上海的女人请她去当保姆、城里的饼干比麻花好吃……每天放学我都要故意绕到村西头去，还不就是为了等到那位麻花姐姐？

我读三年级的一天黄昏，天空飘着细雨。我照例拐到村西头，朝着通往小镇的大路上望去。路上空空荡荡，连一个人影也没有。我躲到一棵大树下，不愿离去。直到天快要黑下来，我才看见她挎着篮子匆匆走过来。等她走近时，我见她满脸通红，眉毛上沾着细细的水珠，呼吸有些急促。她笑笑：“今天没有碎麻花了，姐姐明天给你多留些。”我有些失望，只好咽了咽口水。我问：“怎么回来得这么晚？”她不答，两眼紧盯着我：“姐姐求你件事，你不许告诉任何人，行不行？行不行？”我点点头：“行！”她从裤袋里拿出一条红色的纱巾，递给我：

“你放在书包里带回家，好好藏起来，别让人发现，更不能对别人讲。”

过了好长时间，麻花姐姐跟我要回了她的红纱巾。那天早上，她照样挎着篮子到镇上去了。但是到晚上，我再也没能在村口等到她。她的父母，先是骂了几天，后是哭了几天，再后来就只有叹气了。村里有人说，她是跟船队上的一个男人跑了。村里还有人说，她是坐轮船去江南了。谁知道呢？唉！我的麻花姐姐突然不见了，是卤汀河把她带走的呀。从此以后，我再也没有尝到过那么好吃的麻花。

我成为一名中学教师后，便经常往来于卤汀河上了。进入船舱，便仿佛进入了喧闹的集市：有为争座位大声吵闹的，有抱着鸡鸭前后转悠的，有邂逅的几个人热情招呼的，有怀中幼儿号哭不止的……每每在嘈杂渐止的时候，就会响起手风琴的声音。一位男人胸口挂着一只比《新华字典》稍大一点的玩具风琴，出现在人行道上，他五十岁多岁的样子，身材魁梧，身姿挺拔，梳理着纹丝不乱的大背头，他的容貌真可称得上“方面大耳”，脸上也没有丝毫猥琐、低微和卑怯的表情。一个戴着眼镜的男人一瘸一拐地走过来，递给他一个茶杯，他也不看那个瘸子，接过茶杯浅浅地喝了一口。接着，便说道：“我今天给大家唱一段《隋炀帝下扬州》。”

他拉动风琴，随着琴声唱了起来：

有一位无道君王下扬州，
平地里无水他要行龙舟，
选点了童男童女各五百，
一个个脱光衣服穿兜兜……

这段唱词很长，不粗俗，有文气，他一口气唱了下去。他唱得流畅而平静，但我却听出了卤汀河水一般的苍凉和幽怨。

他合上风琴后，那位瘸男人便端着个搪瓷的盆子满船舱收钱。我曾见一位老奶奶挤到他面前，笑盈盈地说：“我是扬州人，没有少看琼花。你唱得好，比我在扬州听到的好。”说着，递给他一毛钱。他也没看钱，轻轻说道：“你留着。”说完，就在我对面的位子坐了下来。

他闭着眼睛，悄悄地把周围的一切挡在身心之外。我久久地打量着他，心中疑虑如溢：这个人有着怎样的过去，如何沦落到卖唱的田地？他那清高的神情、沉稳的举止又是如何养成，为什么能够保留至今？唉，真想知道，以器宇轩昂之身躯行沿河卖唱之营生，这其中隐藏了多少故事！

不久，我在这条客船上就再也没有见到过他。他去哪儿了？还在卖唱吗？但是，我在兴化的轮船码头上见到过那个瘸男人，他摆了个书摊，目光在眼镜里躲闪。

水路式微，我也离开了水乡。但是，卤汀河还一直在我身边汩汩吟唱，我会经常记起它，经常关注它。三年前，我寻访过卤汀河边一个小村庄，据说，那里的许多人家都曾经是靠水吃饭的。那个小村在周庄镇南边几里路，卤汀河在村子的西南访拐了个近乎“S”形的弯，河中间孤零零地站着一个几间屋大的土墩，土墩上常年间杂草浓密。村子里有一个特殊的习俗，就是避讳说“灯”，凡用“灯”处皆以“亮”替代，比如不说“点灯”而说“点亮”。何以为之？

一位年过八旬的老人告诉我，他的父亲是卤汀河上的一名纤夫，他曾听父亲说过，土墩上有妖怪，不说“灯”是为了避开“墩”，在方言里，“灯”与“墩”就是一个音。他父亲亲眼见到过那个妖怪，有扁担那么长，牛腿那么粗，就是一条大蛇。卤汀河的水由南向北，流到这个小村时，就拐弯了，就打起了转。土墩四周的水特别溜，仿佛是围着土墩在打圈。若遇到大风，土墩周围就是漩涡连连，有许多船行到这里就翻了，淹死的人连尸首都找不到。有一天，他父亲拉着一条稻船行到土墩子旁边，突然就拉不动了，一会儿狂风大作，眼看着船就沉了下去。落水的大人都拼命望岸边游去，一个刚满月的婴儿在波浪里出没，仿佛一片树叶忽上忽下，他父亲跳进河里就抱起小孩。这时那条大蛇驮起他父亲的身体，把一大一小送到岸边。老人突然笑了起来，露出满嘴黄牙：“那个小孩就是我。”我说：“那条蛇不是妖怪，而是神灵。”他说：“是啊。”他站起身来，对着土墩的方向合起手掌。

如今，我当然很容易就能查到卤汀河的资料了：卤汀河是一条半自然半人工的河流，南起泰州北至兴化城，原名南官河，全长40多公里。其南与长江相连，其北与山东相通。为何名之卤汀？一说是，由于海水倒灌，河面上白沫浮游，河水咸似盐卤，人们便称之为卤汀河。另一说是，明朝末年，盐民张士诚贩运私盐的木船行经南官河的中段时，遭到泰州盐局的围堵，张士诚听从岸上一老渔翁的指点，凿穿船底，让私盐化入水中，终于逃过一劫。张士诚在高邮建立大周政权后，就把老渔翁所在的那个小渔村封为周庄，把原来的南官河改名为卤汀河。直到20世纪末，卤汀河一直是泰州境内的主要航道。近年来，卤汀河的疏浚拓宽又被纳入国家南水北调的重点工程。至此，我算是认识了卤汀河吗？不是。

因为，卤汀河上演绎着永不落幕的众生故事。卑微如麻花姐姐、卖唱的男人、拉纤的船工，他们人生遭遇中的种种奥秘，他们在命运面前的不甘和抗争，怎不让我们唏嘘和沉思？

【作者简介】

毛家旺，江苏兴化人。江苏省作家协会会员。在《中国青年报》《雨花》《十月》等报刊发表作品100多万字。短篇小说《村祭》被《中华文学选刊》选载，已出版专著《泰州方言例解》《庶民的礼俗》和中篇历史小说《盐场的反叛——张士诚传》。

故乡的艾菜

曹峰峻

除夕的晚上，我在思乡的情绪中打开家乡捎来的艾菜罐头，烛光在年饭桌上诗一般地摇曳，倏尔一阵麻辣的气味窜进鼻孔，我经受不了寒噤，眼圈开始温暖起来，朦胧中我看到透绿的艾菜叶在我颤动的筷子上闪着忧郁的光，仿佛向我传递故乡的云霓流逸，使我感知故乡冬季的田野，空中的月华以及月华中母亲的音容，若冰似玉。

一颗泪珠悄然滚落下来，在洁白的桌布上漫延、扩展，最终培育成一棵寂寞生动的艾菜，随着晃动的红焰开始摇摆起来。

艾菜又称苦艾，苦艾其实不是菜，只是一种野草，它总是在冬寒中长于冰封的田埂，深藏沟槽之角。春天的群芳斗艳不属于它，连似花非花的油菜也能渲染黄潮角逐花市，只有待春夏、秋冬在退潮中冲淡，在丰满中憔悴，苦艾才在乡间田埂上角逐飞奔，在很清静一角梳理阳光，很有分寸地开出淡淡的黄花。不管风暴和冰雪，它总能坚忍不拔地点缀幽黑的泥土，很有耐心地独守一方风景。

最先认识苦艾草并呼它为艾菜的是我母亲，最先把艾菜入汤、入药并以此制成特有风味的辣菜也是母亲，那时我们在乡下政治避难，家境惨淡，每当在外上学的兄姐回家过节，母亲总熬上一锅汤分给我们喝，同时也送一点给左邻右舍那些并不差“关心”的小孩，母亲总是在一旁默读我们被热汤滋润得油亮而有生机的嘴唇，母亲总在生硬的微笑中红着双眼，对我们说起艾菜能祛毒保平安之类的话。兄姐返校时总要带很多母亲腌制的艾菜，他们说自修至深夜吃几口艾菜，即使喝冷水也辣乎乎的，那时我不明白他们说的确实是真话，并没有半点虚妄。春节将至，母亲便将晾在屋檐下腊了一个腊月的艾菜用水洗净，放在锅里用文火翻炒，加上她认为必不可少的佐料，她亲自控制的炉火在她脸上飘动，母亲不忍心让我幼小的心灵，感知这种感动，母亲用双手捂住脸，我看到晶莹的亮点从母亲手缝间顽强地溢出来，我就去掰她的手，那双温润的手就移到我不懂事却很乖巧的脸上，直到锅上蒸汽开始弥漫，我听到她说艾菜气味直辣得呛人，我看着她的眼睛，我陷入了一种迷茫，我幼小的心灵还不能透过艾菜的辣味嗅到人生五味。但这也阻止不了我对艾菜初次麻麻的酸酸的感觉和记忆，而今每当我在无休止的奔波中感到疲乏，我的心就潜入它的气质中，痴痴地啜饮它的甜蜜和苦辣。

当最后一粒谷子将秋天毫不犹豫地收藏，初冬就会招引母亲把我的手牵到原野上，让我感受北方气质与母亲的宁静，在天光熹微，星星开始淡化的时候，田野上的冷风就一个劲地拂动母亲置身于银白的寂静中，母亲很有节奏地起伏身子，重复着尽善的方式下对艾菜尽美的语言，使我感到一种琴音从心里缓缓上升。如果找到艾菜，母亲就让我坐在她铺在地上的头巾上，示意让我看她怎样把艾菜的激动不已移到掌心。直到月沉西山，星星稀疏，母亲小心而不厌其烦地将一棵棵透绿亮现的艾菜唤进精巧的菜篮，母亲就把我揽进怀里，我们就会在彼此温爱中吟唱那首她教我的儿时时常背诵的歌儿：“大青龙汤桂艾黄，杏草石掌姜枣藏，太阳无汗兼烦躁，风寒两角北为良”。那种感觉是无比果青的，已不知有我了，我便是清淡的星星，我便是朝来的露珠，便是月光拂动的竹叶，一缕清风吹来的鸟唱……把月送走，我和母亲徘徊在归返的路上，向北回首，小镇灯火就会簇拥关押的爸爸款款走来，再看我们的家园缥缈也在鱼肚之中了，这一刻总不会忘记黎明前教我采摘艾菜，光明中我却时常把手指弄破，母亲总是把我嫩嫩的手指衔进她温热的嘴里，用舌尖溶化易于凝固的疼。

母亲的真知灼见是无懈可击的，母亲的理论令周边的很多“草医”及大院楼里的科医们羞愧难当，我弄不清清贫动荡的日子竟能让兄姐们健康平安地度过，我在大学图书馆曾翻遍所有的医科药典以及所谓的医学课题成果，我咀嚼那些草药叙述：野菜可以入药，元胡活血利气，牵牛子泻水通便、利尿杀虫，马齿苋和荠菜可以清热解毒，黄蒿则是治黄疸、祛肝毒的好药。其中，“三月茵陈四月蒿”，是说农历三月份的时候叫作茵陈，可采集入药、四月唤着蒿可以直接食用……但我始终没有发现与艾菜相关的文字，直到我坐在大学欧式的教学楼里开始欧化我的创作时，我才在匆忙不迭中整理母亲的儿歌，试图以纯中式的风格献给母亲带有双重告别意义的礼物时，发现母亲的目光深远而独创，由此推论苦艾草只有母亲才能认识它，也只有母亲才有理由才有资格把它唤为“艾菜”。

当春光一次次逼迫冬日返青，母亲就把一粒粒收藏的艾籽播种到用甜秆围成的菜园里，母亲的惊喜说明了艾菜发芽了长成了芽菜，母亲就把芽蕊在早晨的阳光下重新编队，依次排序到她弹过三遍棉絮般的松暖湿润的土里，母亲种上一排就向后挪动一下，向后挪动一下就回头向朝阳下的我微笑一下，母亲的目光是肯定的，肯定我已经是一棵幸福的艾菜，母亲的微笑是主动式的，以此证明她又一精辟论断：艾菜不只是冬天有，春季也会有，只是没人认识它，只是春花异草挤压它的空间，只是它原本无意争春。母亲的主动肯定，使艾菜在她希望里年复一年地疯长，成为四季常绿的景观，同时母亲精深的理论和技艺也传遍了村里村外，每逢腊月，风蜡的艾菜就在各家庭院里的晾衣绳上蹿来蹿去，翻墙走檐。整个腊月，母亲的神奇在风中荡来荡去，母亲银色的笑十分纯粹得一望无际。

二十年后，母亲在我城里的小院里腌制辣菜，她遵循在月下解作的方式，先用小剪刀梳理它来自乡下的根须，尽管夜阑很深，院子里仍飘浮着乡下那桑田埂上的呼吸，那是遥远而亲近的声音，轻柔而恬淡，有亡兄亡父的呢喃，有浸润人心的天籁，是母亲生命中的抒情韵文。母亲不让我破坏这种情境，母亲在深入的情境中身子微微震动了一下，我就看到冷色中一滴红色的热液溢出母亲的指头，我突然有一种冲动，很想把母亲的指头放在嘴里，但动作毫不坚决，母亲用一只手捂住我的嘴，笑了笑，说我一声傻孩子，就轻而易举地把她的手指从我的手里要了回去，她从地上捡起一叶艾菜包住指头，她没有让我到楼上取药和纱布，此时，楼上温暖的房间，我即将满月的儿子正甜睡在我正在坐月子的妻子怀里，软软的灯光从楼上阳台上披下来，披在母亲的身上，我不知怎么已把头靠在母亲的身上，母亲用受伤的手抚摸我的头发，母亲在我睁开眼睛时轻轻微笑了一下，我心中就感到很平静，我的平静使我意识到自己的虚伪，当我再一次凝视母亲对我微笑时，我突然发现母亲真的老了，那透绿的菜叶上的血珠，在月光下晶莹剔透，闪着忧郁的光，怜爱地看着我，仿佛向我诉说母亲的幸福和苦难。

我明白艾菜可御风寒治感冒，而且是馈赠的上乘佳品，但我不敢相信那次院里是母亲最后一次月夜制辣菜，我仿佛把握到母亲的预感，那次让我坐在她身边，让我看她掌火，亲自制出很多瓶辣菜。第二天她就坐船很平静回乡下去了，再也没有回来。当村里的辣菜罐头厂开得如火如荼时，母亲已安息在村西头的高坡上，苦艾菜从村口顺着田埂和小路争先恐后地延伸到母亲的身边，在墓周簇拥着围了一圈又一圈，冬季来临苦艾竟然在冰天雪地开出艳艳的花，阳光下我和儿子拜祭母亲，儿子站在奶奶的墓前，头顶蓝天，向着墓前齐胸的苦艾花一遍遍高声朗诵：天光光 月光光 / 苦艾花开似骄阳 / 大雁南飞往哪方 / 春夏秋冬排成行 /……/ 清脆的童声在风里穿行着，在旷野上狂奔着，蛐蛐蝈蝈和鸣着，苦艾花轻弹曼舞着……

我知道苦艾其实不是菜，但在寒风中照样长得矫健，苦艾花不能算花，但在阳光下却开得异常绚烂，毫不逊色。

【作者简介】

曹峰峻，江苏兴化人。中国作家协会会员、江苏广播电视总台报刊中心期刊总编辑。著有《错过的爱》《生命不息》《带血的郁金香》《故乡的艾菜》等诗歌、散文、小说、纪实文学、音像作品多部。

永远的秧歌

戴中明

“一片片水田白茫茫，大姐姐小妹妹栽秧忙，啊哩隔上栽，啊哩隔上栽，啊哩隔上栽呀，栽得那个好啊栽得快……”当这浸透了岁月风雨的声音淌在心底的时候，我总要站在千年的河流上遥遥相望。老家兴化林湖是苏中有名的秧歌之乡，我在秧歌的天地里一眼望不到头。我抓一把秧歌放在手上，感到异样的沉。父亲告诉我，秧歌是老家的人从很远的地方一路栽过来的。我的父亲，就是这栽秧的人。

田里的秧苗换了又换，秧歌就是秧苗不变情谊的延续。老家的大人小孩，个个都是要做这侍弄秧苗的人的，伴着秧苗走下来，自己也便成了歌。我说不清自己是从什么时候开始阅读秧歌的，我把自己穿行在秧歌里，发现这秧歌其实本身就是一株株大大的秧苗，带着千年的亲切，在乡亲们心怀里飘飘摇摇。

父亲是秧田里的“老把式”了，样样活计都在行。一辈子与秧田为伴，我想他也早已长成田里的一棵活动的秧苗了，挑秧、抛秧、栽秧，样样都是歌。

村子里最能唱秧歌的，要数住在我家斜对门的汤大婶了。汤大婶最拿手的当然要数栽秧号子《啊里隔上栽》了。“林湖是个好地方，前有湖来后有荡，啊里隔上栽，啊里隔上栽……”一人领唱，众人应和，她们把自己结结实实的声音撒在秧田，长成秧苗一片片。这林湖秧歌中最经典的曲子，原来就是这样被她们唱响千年的。我蓦地明白了，原来汤大婶们是用打号子来絮絮叨叨说着自己的事的，把自己的情趣和话语一路栽下来，她们就成了自身生活的歌手。

汤大婶不光栽秧时能唱，做任何活计都有相应的号子和小调。听说，汤大婶最大的本事就是拾秧歌，她把生活里一样样事儿拾起来，就有了秧歌一大把。她把这些歌放在岁月里风干，整条巷子整条河都会流动浓香。我从小就用景仰的心情看汤大婶，汤大婶却说，她只是个做活计的。

家乡的风光很美，老家的人喜欢面对着自己的水土讲讲话说说事儿。他们是一些很朴实的人，他们就像泥土一样实实在在。他们把自己豁达开朗的性情翻晒在家乡原野上，晒上一百年，一千年，晒出了歌的韵味。

说劳动，话桑麻，吐露爱情，倾诉喜乐，他们是一些栽种梦想的人，他们一代代就这样走过去了，留下的话语就横贯在乡野，成了穿透历史的声声秧歌。他们是农家的艺术家，每样劳动形式都能唱出号子和小调，千年的秧歌在他们中间长得枝繁叶茂。20世纪50年代，汤大婶们还把秧歌一直唱到北京城，让更多的人知道苏中有个林湖秧歌。不过，农家人就是农家人，他们本不是什么歌手，他们说出了自己的事自己的话，他们，便成了农家真正的歌者。

秧苗带着老家人的期盼渐渐长高了。农家人过日子，图的就是个平安和好收成，乡亲们已经开始为丰收而歌唱了。灌满了喜悦的浆，秧歌开始结结实实撒落在他们心里了。父亲更忙碌了，把饱满的心情撒下去，秧歌也便把这祈望丰收的心愿结了进去。当秧歌把金灿灿的喜气飞扬开来的时候，一季的收获也就到来了。

听说为了庆贺丰收，父亲还和汤大婶一起组建了一支秧歌队。在自家的生活里唱唱跳跳，自己演给自己看，村里的人都说，这样子真好。

村里人纷纷去城里打工了，有人说，现在谁还稀罕那几亩田。父亲的秧歌队濒临解散了。父亲也随打工的人流来到了我生活的城市。繁华喧闹让父亲感到不适，他说，他又怀念起以前那悠闲自得的日子了。

父亲回去了。他又去找汤大婶和他的秧歌队了，他又要唠唠叨叨对着他的黑土地说着一辈子也说不够的话了。

是的，百姓只要有话儿要倾诉，秧歌就不会消失的。这老家的歌，会永远把那绿色的情谊跃动在乡野……

【作者简介】

戴中明，江苏兴化人。中国作家协会会员，文学创作二级。作品曾获文化部全国第三届“蒲公英”儿童文学奖、全国第六届优秀少儿图书奖、孙犁散文奖等。

第五单元　泰兴篇

一、历代名家咏泰兴（诗词）

淮民谣

宋 · 尤袤

东府买舟船，西府买器械。问侬欲何为，团结山水寨。
寨长过我庐，意气甚雄粗。青衫两承局，暮夜连勾呼。
勾呼且未已，椎剥到鸡豖。供应稍不如，向前受笞箠。
驱东复驱西，弃却锄与犁。无钱买刀剑，典尽浑家衣。
去年江南荒，趁熟过江北。江北不可往，江南归未得。
父母生我时，教我学耕桑。不识官府严，安能事戎行。
执枪不解刺，执弓不能射。团结我何为，徒劳定无益。
流离重流离，忍冻复忍饥。谁谓天地宽，一身无所依。
淮南丧乱后，安集亦未久。死者积如麻，生者能几口。
荒村日西斜，破屋两三家。抚摩力不给，将奈此扰何。

【作者简介】

尤袤，字延之，号遂初居士，南宋无锡人。绍兴十八年（1148）进士，官至礼部尚书。初任泰兴知县，当金主完颜亮进犯泰兴时，亲率军民防守，使泰兴得以保全，此诗即作于泰兴任内。尤以诗著，与杨万里、范成大、陆游并称“南宋四大家”。著有《梁溪遗稿》《遂初小稿》等。

【导读】

《淮民谣》是南宋诗人尤袤的作品，是一首为民请命的诗作。诗采用了乐府歌谣形式，语言质朴，格调苍凉。起首四句写实际情况，以问答表明主题；中间一段通过主人公的控诉，展开矛盾；末尾加以评论，指出不合理现象的症结所在。诗人通过描写淮民生活的艰难辛酸，深切地表达了民困难纾的忧虑之情。

泰兴道中

宋 · 韩驹

县郭连青竹，人家蔽绿萝。地偏春事少，山迴夕阳多。
暗水披崖出，轻船掠岸过。传呼细扶柂，吾老怯风波。

【作者简介】

韩驹，字子苍，宋仙井监人。学者称其陵阳先生。政和年间获赐进士出身，南渡初知江州，卒于抚州。他早年曾从学于苏辙，苏辙说他的诗似储光羲，因此知名。后其与黄庭坚之甥徐俯交游，遂受知于黄庭坚，也学黄庭坚作诗。吕本中作《江西诗社宗派图》，就把他列入其中。

【导读】

《泰兴道中》诗当写于韩驹赴泰看望友人的途中。地经战乱故有“地偏春事少”之咏，人因离乱故有“吾老怯风波”之叹，此道中可见为舟上，漂泊之意溢于句间，锤字炼句亦为可见，如其诗论“诗作必先命意，意正则诗生”。

御制孝子顾忻①诗并序

明 · 朱棣

子之事亲，贵乎有孝爱之诚也。是故，致其谨于起居饮食之间，顺其欲而不咈其志，致其忧于疾痛昏眊之时，忘己之所自养而尽诚以祈其安，此君子之孝也。顾忻其庶几乎！鸡鸣而起，冠带以适其母之所，问所欲而敬进之，至于五十年之久，未尝少违，固可谓孝矣。初以母病，绝滋味且十年。及母老而失明也，则又昼夜号泣以祈天，诚感如此，母目复为之开明，至能缝纫于烛下，康宁寿考九十余而终，此岂勉强于朝夕者之所能哉？盖孝爱之至也。忻既尽诚于事生，则能慎其终可知矣。彼于生事有未尽，而徒于送死加谨焉者，岂不有后时之痛哉。故于斯有取也。

鸡鸣冠带谒慈闱，所欲遵承志不违。
五十余年如一日，油然孝敬世间稀。

母疾荤腥忍自供，母盲号泣诉苍穹。
终令母目重开朗，端为纯诚故感通。

【作者简介】

朱棣，即明成祖，朱元璋第四子，初封燕王，镇守北平。建文元年（1399）起兵“靖难”，建文四年（1402）在南京即皇帝位，年号永乐，在位22年。

【注释】

①顾忻为泰兴载入国史的第一人，其事可见《宋史》：“顾忻，泰州泰兴人。十岁丧父，以母病，荤辛不入口者十载。鸡初鸣，具冠带率妻子诣母之室，问其所欲，如此五十年，未尝离母左右。母老，目不能睹物，忻日夜号泣祈天，刺血写佛经数卷。母目忽明，烛下能缝衽，九十余无疾而终。”

【导读】

《御制孝子顾忻诗并序》系明成祖朱棣亲书，由皇帝御制诗文昭彰孝行，这在泰州一带甚为少见，足可引以为榜样，昔人有云“以风后之为子者仪型于奕无穷也”。

乞休出泰兴

明·吕烱

朝出柴墟里，暮下广陵舟。名求销吏籍，心遡越江流。
几年愁懒出，今日喜知休。归计惟图史，闲情付海鸥。

【作者简介】

吕烱，明浙江崇德人。举人，万历五年（1577）泰兴知县。

【导读】

乞休意为自请辞去官职，诗人仰天大笑出门去，将一片闲情付与海鸥，归去来兮，用最直白的话语描写了自己辞官归家途中愉悦畅快的心情。

泰兴郊行

明·朱南雍

春日行行江上程，麦田初秀午风轻。
树留残雪三分白，水入寒潮一带清。

风俗变迁悲古道，闾阎凋敝惜苍生。
何当慰我观民志，桃李阴中鸡犬声。

【作者简介】

朱南雍，明浙江山阴人。进士，隆庆二年（1568）任泰兴县令。

【导读】

作为县令春闲下乡“观民”，“桃李阴中鸡犬声”取意于《桃花源记》，然又不时可见“闾阎凋敝”，这些诗句用写意的手法，把郊行的点滴写得诗意盎然，丰富了读者的想象，树留残雪，水入寒潮，描摹了一幅意境深远的画面。

思乡即景

明·何棐

槐荫绿遍柘荫浓，梅子黄时杏子红。
缫轴有声林院静，桔槔无事野亭空。
登场辫麦如京积，刺水秧禾竟亩同。
故国风情频梦寐，江湖牢客一田翁。

【作者简介】

何棐，字辅之，号笃斋，明泰州泰兴人。弘治十五年（1502）进士，知浦城，擢监察御史，正德中以监军随征蜀寇，调广西副使，迁太仆寺少卿，调九江兵备副使。有《九江郡志》《笃斋遗稿》传世。

【导读】

何棐嘉靖年间因病乞休，归于故里后，以“田翁”自居，每日与宾朋饮酒咏诗以自娱，一切言行遵守礼度。此事写于其归乡之前，然槐绿、柘浓、梅黄、杏红、林院、野亭、辫麦、秧禾……历历在目，可见思乡之情浓烈。

西园[1]春晓

明·张羽

二月东风晓逗寒，西园刚借摽梅看。
幽人兴落春华外，不奈新红上竹阑。

【作者简介】

张羽，字凤举，号东田。明泰州泰兴人。弘治九年（1496）进士，初授淳安知县，官职河南左布政使，后辞官返乡。著有《东田遗稿》二卷，是泰兴唯一被收进《四库全书》的文集。

【注释】

①西园在今泰兴镇西园生产队一带，明代即为泰兴著名花园，明末清初归季寓庸，为季开生、季振宜兄弟读书处，康熙年间归张茂枝。

【导读】

张羽为人性仁爱，好教化，以清介名于海内，自言“纵人言之未及，亦内省之未安”，律己甚严可见一斑。春游西园，寒梅绽放，然其兴却不在此，忍受不了“新红上竹阑”，你道为何？

腾蛟阁[1]

明·申时行

峥嵘杰阁倚江皋，鳌极孤撑蜃气高。
曙色遥分沧海日，秋声长挟广陵涛。
窗中雾雨含飞动，槛外风雷起怒号。
万仞宫墙[2]原在望，天门骧首待时髦。

【作者简介】

申时行，字汝默，号瑶泉，明苏州长洲人。嘉靖四十一年（1562）状元，官至首辅、中极殿大学士。著有《纶扉奏草》《申文定公赐闲堂遗墨》等。

【注释】

①腾蛟阁，建于泰兴县城东南角城墙上，明万历二十九年（1601）知县陈

继畴拆县署通明楼移建于此。

②万仞宫墙，一般书于孔庙之前，围墙有万仞高，用以称颂孔子学识渊博高深，一般人无法领悟其中的奥妙。

【导读】

腾蛟阁初建原为军事用，季承式《泰兴县敌台记》记“可以不必远斥候勤侦探，远处寸波尺浪百里外无不在目中”，后来人们也常登临于此眺远沃野，或设宴同游，或对月高歌，以“腾蛟啸月”名渐成泰兴名胜。

庆云禅院八月开桃花一枝

清 · 王令树

三月桃花八月开，为言林鸟不须猜。
灵风吹落曼陀雨，点缀秋枝护讲台。

【作者简介】

王令树，字树人，别字桐孙，清泰兴人。康熙十八年（1679）进士，历官四川富顺知县，礼部主事，刑部郎中，山西道监察御史。著有《映日堂集》六卷。

【导读】

春花秋放，也可以释为吉兆，在诗人看来，这是佛寺讲堂“天女散花”所致，倒也可以视作一解。王令树为官以正直朴诚著称，康熙曾御书“池花春映日，窗竹夜鸣秋”以赐，也是有天子恩宠，吉兆频仍。

妃子墓①

清 · 朱景淳

歧路苍黄出宋都，香销南国惜亡珠。
苔尘不记春风怨，环佩虚随夜月孤。
废垒荒江经铁马，新蒲细柳乱烟凫。
镇南塔下千年恨，翻羡遗簪墓草枯。

【作者简介】

朱景淳，字厚蕴，号粹原，清泰兴人。乾隆三十年（1765）选贡，朱金诏子。少负隽才，屡摈有司，益肆力于诗。著有《芝沙集》《循陔集》等。

【注释】

①妃子墓，即三妃墩，原位于泰兴延祐观东，相传宋室南渡，有三个妃子卒葬于此，县人传说，每逢春天墩边流水中多会浮流桃花，乃应妃子意也。

【导读】

宋室南渡之际，有三妃葬于泰兴，此事并不见志书记载，历代却多有诗人吟咏，有云“问是何年墓，人言宋代妃”，有云“六陵皆芜没，此土骨犹香”，有云“幽灵飞夜水，芳草怨春风”，其实都如朱景淳一样，故事衍说而已。

发黄桥[1]遇雪

清·周广业

纡轸岁方献，饬装腊向残。风吹冻草冻，雪压寒林寒。
舞絮望中尽，飞花空际盘。此时跨驴背，郑綮[2]壮诗澜。

【作者简介】

周广业，字勤补，号耕厓，浙江海宁人。乾隆举人。清藏书家、刻书家。著有《蓬庐诗文集》《孟子四考》。

【注释】

①黄桥，旧称永丰里，宋时即以建镇，有“百川交汇、八方杂居、商贾云集、名殷其实”之称。

②宋人孙光宪《北梦琐言》记载，唐代有人询问诗人郑綮近可有新诗，郑綮答道：“诗思在灞桥风雪中驴子上，此处何以得之？”

【导读】

诗人骑着毛驴去黄桥路上遇到漫天大雪，“风吹冻草冻，雪压寒林寒”中叠字之用颇为巧妙，于舞絮飞花间，骑驴寻诗且本为唐宋掌故，时值腊残，却又欣喜之意，全诗着一“壮”字而境界全出。

晚秋自黄桥归

清·颜驯

归途镇日喜尘清，雨足千村放嫩晴。
卖酒旗高遥见影，纳禾车重远闻声。
长风送雁有底急，落日向人无限情。
闲到山僧闲不得，短衣驱犊事秋耕。

【作者简介】

颜驯，字仁卿，清泰州人。同治六年（1867）解元。品学纯粹，诗亦清隽拔俗。著有《蠹余草》。

【导读】

颜驯终其一生，只是个授课为业的贫苦举人，他的诗多反映战乱给百姓带来的苦痛和官员对百姓的苛政，表达对乡亲、对乡土的深情，如此诗中“纳禾车重远闻声”，连出家人都要下地干活以缴纳赋税，可见政之苛重。

晓发东阳①

清·方濬颐

疏星几点月沉西，渐吐濛光路不迷。
将叶作花孤蝶舞，因风成阵乱鸦啼。
纵然春小无寒信，还觉松青俨嫩荑。
绝胜去年归趁冻，万梢芦雪正开齐。

【作者简介】

方濬颐，字子箴，一字饮茗，号梦园，别号忍斋，清安徽定远人。道光二十四年（1844）进士，改庶吉士。同治七年秋调任两淮盐运使，光绪二年九月（1903）调任四川按察使。工诗词，著有《二知轩诗钞》《古香凹诗余》等。

【注释】

①历史上泰兴除济川之称外，另有东阳之别名，《宣统泰兴县志》言此名出自《江南通志》，谓“泰兴汉属东阳”。

【导读】

方濬颐被誉为“战后重建扬州第一人”，年老致仕后又留居扬州，开设淮南书局校刊群籍，与文友诗酒唱和。此诗即作于泰兴访友之路，昔人评价其诗“如空车走峻坂，着靴行旷野者”，只一句“万梢芦雪正开齐”即可见不虚。

广福寺看黄叶

清·桂敬顺

大地凉深木叶干，偶来翘首暮云端。
处高未免风霜早，垂老方知物色难。
入世忮求心渐泯，浸入眉宇水俱寒，
迟流好作幽居伴，莫遣山僧一扫残。

【作者简介】

桂敬顺，字昭翼，号介轩，泰兴人。附贡生，乾隆二十二年（1757）底任山西浑源州知州。著有《介轩诗钞》，纂《恒山志》《浑源州志》等。

【导读】

黄叶不扫以壮秋色，现已成为很多城市的秋景之一，谁知早在清代诗人就已写出“迟流好作幽居伴，莫遣山僧一扫残”的句子，此诗借黄叶说人生，以写景而说理，“处高未免风霜早”是千里为官后的内心独白。

重过觉华禅院①

清·戚诒仕

断桥犹自锁枯藤，别后松门开未曾。
三载风尘仍故我，一生旧识是山僧。
诗残粉壁虫边字，阁掩荒台佛背灯。
满目云烟浑不改，雨花深处碧层层。

【作者简介】

戚诒仕，字丰孙，清泰兴人。邑廪生，工诗古文辞，书法精到，乾隆二十一年（1756）修通州郡志。著有《四书说约》《古狂吟》等，辑有《历朝诗选》《玉汝堂文集》等。

【注释】

①觉华禅院，在西门吊桥外，明永乐时建，清顺治八年（1651）季开生重葺，僧竹浪主持，一时颇盛。

【导读】

戚诒仕与祖父戚维京、父戚珍，三世以笃行著称，督学刘墉赠有“文章卓绝古尝有，孝弟完全世所稀”之句。颔联“三载风尘仍故我，一生旧识是山僧”既是叙事，又是感叹，见壁上题诗未笼碧纱，虫边已残，可见不得志之憾。

寒食舟中

清·季振宜

青雀如飞意欲迷，谁人令我与君违。
襟痕不是残冬酒，身瘦都非旧日衣。
傍水梦魂难得去，满关风雨奈何归。
骊歌欲向花间唱，着眼荒坟杨柳稀。

【作者简介】

季振宜，号沧苇，泰兴人。顺治四年（1647）进士，官监察御史，巡按山西盐课，弹章数十上，以风节著名。著有《听雨楼集》《静思堂稿》等，用十年时间编纂《汇编全唐诗》，康熙《御定全唐诗》以此为底本校补而成。

【导读】

清明时候，满天风雨，飘飘洒洒下个不停，如此天气，如此节日，着眼荒坟杨柳稀而唱起骊歌，欲迷的能有何意，故人不再，谁人令我与君违？

登腾蛟阁①故址

清·张丕扬

江城百里尽平畴，数点遥岑望里收。

襟带川原凭杰阁，销沉劫火叹荒陬。
飞虹马迹依稀觅，广福钟声汗漫愁。
独上废墟聊纵目，晴峰如故思悠悠。

【作者简介】

张丕扬，字北溟，号木田，清泰兴人。康熙年间禀贡，官内阁中书。工于诗，与江都殷誉庆、顾图河交，王士禛尝于顾图河座间见其诗，尝叹不止，以为金石之声，芳兰之韵，非掇拾长庆剑南可比，著有《木田诗钞》八卷等。

【导读】

张丕扬在中国文化史上做过一件大事，即将季振宜编纂之《全唐诗》誊清本进呈给康熙皇帝，进而曹寅所主持之扬州诗局以此为重要底本编纂《御定全唐诗》。张丕扬进呈的这套誊清本现收藏于国家图书馆善本部，读诗可晤其人。

二、历代名家写泰兴（散文）

泰兴儒学

明·欧阳德

泰兴儒学在隆兴桥之东。盖自宋绍兴间县徙今治，学与俱徙，徙所自莫可考矣。元季兵燹荡尽，明兴，复创建，嗣而葺之，规制犹湫隘。正德丙子，知县郑君浙撤而新之，稍移易位置，加宏敞矣。嘉靖癸巳，朱君篪复辟地，为讲业肄射之所。增故所无顾地势下，或劚之多洼，三面环渠，潮汐日再至啮岸，岸故善崩。丙申夏大雨雹，屋瓦毁落，柱欹墙圮日甚。越四年己亥春正月壬午，有事重修，秋八月既望告成。大率用旧学，门稍东移，夷高堙洼，培甃以当潮冲，筑土为冈，树木其上，殿厥后。于是学基周正，负山临流，陂陀起伏之势，视旧观为伟，师生欢然适攸居，若工有肆矣。夫肆以成艺，学以成学，艺弗修，肆为虚。学弗讲，学为虚。士无学，国家为虚。今天下郡邑莫不有学，大夫士莫不曰：予学博诵广演，探赜钩元，道称尧禹，文规周秦。谈政之经若凿凿可绩曰：学于古训云尔，而其志或异然矣。天地之性人为贵，仁者人也，亲亲为大，亲亲至矣。亲亲之至，匹夫不获。若恫厥躬古之人，所以格于皇天，由此其志也，古训训之者也。利徇功谋，式贼厥志，将父子寡恩，矧有能念于邦人胥戚。格言闳论，则足以自文而已矣。故志不可不慎也。《说命》曰："尔惟训于朕志。"予惟克迈乃训，是故匪志曷训，匪克迈虽训无训，曷云能。学训无乃为言说，学舍无乃为谈场，矧曰其以敝终。是役也，盐法御史觉山洪君垣，允学谕陈子九逵之请，出赎金百两为费。御史疏山吴君悌来代，允县令高子策之请，使任人而督之成。高子殚厥心，视如其家之塾，费不啻再倍，皆出高子画，凡诸君惓惓，其亦曰：为国兴贤育才，譬为百工肆将取器乎，是而督学御史午山冯君天驭，身迪诸士，成其器时而出之。嗟乎，多士念诸其以是学为谈场，使继今者谓无益而弗之省也，厥惟多士其以为藏器之肆，使求利用者必之焉，相与时葺而不忍坏也。厥亦惟多士志哉，可不慎欤。从予学者蔡生绩，将高子陈子之命白，愿有诏策辈将率诸生允蹈之，予曷敢多言。惟是上诚能率诸生，诚能蹈志，若是古训，不啻足矣。

【作者简介】

欧阳德，字崇一，号南野，江西泰和人。明代理学家，江右王门主要代表人物之一。明嘉靖二年（1523）进士，累官至礼部尚书。著有《欧阳南野集》三十卷，《南野文选》四卷。

来鹤亭记

明·吴与点

龙飞丁未，律协姑洗，适百辟朝宗，奏绩之余侯也。泰兴邑侯，盖山谢君，自京师奉嘉命复旋辙焉。时有归侯以鹤者，鹤以孤处而长鸣，侯欲求其侣，而未之得。不数日，有翱翔从西北乘彩雾，驾云轩，振羽衣，瞿然降于公庭，踯躅焉，徘徊焉，若素拊驯然，侯命畜之，遂与前所归交颈合舞，和声齐鸣，旁观者讶焉。客异以告于余。余曰：是故天机之相为感动者也，夫羽族得气之先，要皆煦育于太和者也。气本于德，德敷于政，政和则气和，气和则感召之和应焉。瑞凤仪韶，野雉驯化，衔鳣豫祉，双鹣报擢，长于故实，有明征矣。况羽族三百六十，而鹤尤其性之最灵者乎。夫鹤之取珍于寰区，德凡有六类，处毛虫，而弗妄攫搏，弗覆巢，仁也；轩昂特立，无混鸡伍，介也；馁莫即腐，且渴不饮盗泉，洁也；秋霄零露，鸣于九皋，闻于天外，矰缴靡及，高也；昼夜十二时，鸣中律吕，和也；因金气，乘火精，全九七之数以自养，寿也。侯咸备是焉，仁普则枯壑回春，介修则嚣尘伊遯，操洁则覆盆思戢，声高则风誉四达，治和则阖邑内外，弦歌不辍，天寿平格则民乃引考，系去思于无穷矣。夫惟有若德也，故政符之；惟有若政也，故鹤应焉。不然，公庭非所栖之渚，而凌虚冲霄之翮，又非可羁縻者也。胡为乎？感而来，来而舞且鸣，而可驯可久如许耶？昔赵清献入蜀，莅部必以鹤为随。盖取其清高简易，足以自况也。而和靖林公泛舟西湖，客至必放鹤，促公以归，则鹤能解人意，自昔然矣。侯景仰先哲，素有二公风度者也。今所感适其所玩，因于邑治北构小亭，时观焉。则因鹤而思感，因感而思步武古人，裨益良多矣。耳目玩好云乎哉，然则斯亭也，不可以不构也，因取《来鹤》以为名，志感也。夫志不忘也夫。余既答客之问，乃述厥事之颠末，纪实也，俟观风者采焉。

【作者简介】

吴与点，乾隆《直隶通州志》中《来鹤亭记》作者为吴与默。点的繁体字“點”与“默”近似，“黙”为“点”误。

嘉靖二十六年（1547）三月，正是三年一次的朝觐考察之期。泰兴县令浙江上虞人谢说获得嘉奖后载誉而归。友人馈赠了谢知县一只仙鹤，这只仙鹤因为没有伴侣，孤立独处而常常引颈悲鸣。谢县令想给它寻找伴侣，而没有成功。过了几天，有一只仙鹤从西北方向乘着祥云彩雾，回旋飞翔而至，令人惊喜地降落于泰兴县衙的公庭之上，从容漫步，徘徊流连，就像家养的一样熟稔、驯服。

遗带亭记

明 · 焦竑

南昌舒侯曰敬以壬辰进士高等令泰兴。明年八月，上以使者论侯政近猛于民，弗宜其置之散地。于是邑民皇皇，群千人赴阙诉侯枉，乞假贤令以卵翼民，当事者执不可。侯滨行，贫不能无宿逋，于是解带易镪偿之。环见闻者哭声震市，潜出赀以偿，留其带，相与鸠材负甓，为亭荫之，又走千里谒余为记。呜呼！侯之于民何如哉！语曰：民归平易。使侯峭刑峻法，束民如湿薪，且谋抉去之为快，何惓惓至此也。又曰：民慢则纠之以猛，纠慢且不废猛，况以锄奸宄而剔巨蠹乎！芒刃婴髋髀，举知不可而，若固髋髀之属也，奈何病侯猛，而致侯以去哉！豪者必兼众弱以成私，而植弱扶倾则难骋；强者必眯上目以噬下，而察渊洞微则难立。愚弱适心，间右削骨，此不足达爱戴之心。彼已肆嗡张之口，此侯所为去也。呜呼！今之为令者亦难已，民以安葺求豪，既以恣睢而蠢之；下以循良求上，复以强项而夺之。千人之誉，不足胜一人之毁；闾阎之情，又不足回尊膴者之意。欲以弛张如意，安位而行志也，其可得乎！孔子曰：斯民也，三代之所以直道而行也。盖三代而上，上下皆直道。而其衰也，直乃在民。侯得民若是，而冀以兼得乎，上宜其难也。虽然孔子、子产之初政，民不能无谤，迨久而颂声作焉。然则治民与获上，其难易较然已。侯既行古人之所难，而顾终阻于今人之所易，殆不其然。余故次序其语，勒之亭，以俟采风于兹者观焉。

【作者简介】

焦竑，字弱侯，号漪园，江宁人。明万历十七年（1589）状元，授翰林院修撰，皇长子侍读等职。晚明思想家、藏书家、古音学家、文献考据学家，著有《澹园集》《焦氏笔乘》《焦氏类林》《国朝献徵录》《国史经籍志》等。

嘉树园记

明·姜宸英

予尝谓园亭之胜，唯勋戚豪右之家，其力大者优为之，而结构之善无取焉。若夫山人墨士之一丘一壑，固不足以语于天下之极观也。而读书工文章之士，旁出其力，以与彼有力者争胜，非不可喜，然常苦于其力之所不继。故必士大夫之贤而能文者，其力始足以备经营。其气象之魁梧奇伟，与夫意思之规画曲折，始足以尽江山之美，而极登眺之乐。然荐绅先生之所处，多在通都大邑间，车骑往来，稠杂纷沓。稍遇事变，则废复无常处。故予自江东祖道千里以来，及于大江之南北，见所遇富贵家亭池余址，所不湮为茂草，而弃为牧马之悲嘶，寒风之萧者，恒十不一二。其间所号为士大夫，则结绶数千里外，水陆奔走，视所居如传舍，求其狎鱼鸟、友猿鹤，如古所谓游方之外者，抑又难矣。延令去维扬不二百里，其风俗之韶丽，与扬为近。而僻介一隅，无过客之扰、戎马之患。吏部季公用文章取高第，家食优游者垂三十年，故得以其闲，治园于其邑之东偏，日累月积，而维扬嘉树之园遂甲于天下园。广袤三里许，凿石以为山，疏流以为池，高有台，下有亭，回有曲廊。暑有临风之榭，寒有负暄之室。开广之基，辟以为堂。其亭廊堂室之属之可名者，恒百十处。皆依山临水，以相萦带。凡位于山水之侧者，皆如其自然者焉。佳水灵草之蒙茸而森蔚，芙蕖菱荇之芬郁而延蔓。凡托乎山水以生且植者，亦皆如其自然者焉。青帘白舫，红栏绿竹，与夫风鸳雨燕、啼莺乳鹊之间关。而上下于烟霭寥廓之间，可以倒山简之接篱，折谢公之屐齿，及其岩洞窈窕，水流汩汩，清风之飒然，则阮籍、孙登所以长啸而不返，而凤鸾鸣、而虎豹嗥者也。然而远望极目，则长江明灭其外，江南诸山恍若可睹。而予顾有不能尽述者噫。是非所谓贤而能文者，而又以其力致之，且不役役于富贵利达，以其魁梧奇伟之气，而尽其规画曲折之善者耶。予虽不工于文章，顾足之所涉，目与心会。虽其力不足以致之，而倦游偃蹇则反，如仕宦之奔走于声利，而日不暇给者。然常南望旧庐，忽忽自慨，以为无益。盖自吾之得游于此，而喟然忘其身之在远也。闻公居园中，常日为诗文以自娱，暇则更留意于翰墨声律之事，无不精到。而一不以营其心，盖其所寄者近，所托者远，后之览者固不徒求之区区泉石之间矣。而读予之文，抑可以见时世之盛衰，风土之夷险，与夫士之遇合之难易。其幸而得遇，其为之不苟，又如此而。于是乎，适值之也，故记。

【作者简介】

姜宸英，字西溟，号湛园，浙江慈溪人。明末清初书法家、史学家，与朱彝尊、严绳孙并称“江南三布衣”。康熙十九年（1680）以布衣荐入明史馆任纂修官，分撰刑法志。康熙三十六年（1697）七十岁始成进士，以榜眼授翰林院编修，越两年为顺天乡试副考官，因主考官舞弊，被连累下狱死。著有《湛园集》《苇间集》等。

三、现当代名家咏泰兴（诗词）

满庭芳·黄桥琴湖

严荣德

曲径幽亭，长桥小岛，白鸥旋翥蓝天。花秾草细，傍岸柳如烟。谁把神琴抛却？犹注入、浩渺清涟。东风起，潺潺汩汩，音律动心弦。斜阳依树尽，星随月出，俯视尘寰。看人山人海，共赏飞泉。雅乐雄歌交汇，频幻化、光影奇观。忘情处，抬望水幕，笑脸簇云边。

【作者简介】

严荣德，笔名丁言，江苏泰兴人。泰兴诗词楹联协会名誉主席，著有《格律诗词写作入门》等。

千年银杏树

周培礼

千年银杏树
月魄松魂蕴萃生辉
或缄默或构思或狂舞
总是挺立 高昂着头颅
以阳光的眼睛纵横观照
用想象俯瞰每一个季节
碧玉枝 是一种滚滚风烟里舞蹈的火焰
鹅黄叶 是一种战火流云中翻飞的旗帜
舞出许多往事的灿烂辉煌和希冀的缤纷美丽
翔出许多惊世的悲壮传奇和续篇的神话故事
这是最古典现代的舞姿
正以一种 底蕴和精神 意境和象征
把家乡十月

潇洒成 艺术的节日
浪漫成 永恒的花期

【作者简介】

周培礼，江苏泰兴人。诗人，中国作家协会会员。曾任中国艺术研究院特约研究员、泰州市诗人协会名誉主席。其作品曾荣获中国作家优秀图书金奖等。著有《红烛魂》《走在梦里梦外》《满月圆梦》等。

梦回黄桥

刘鹏春

行吟在神州大地，
回荡在华夏时空。
属于辉煌的红色史诗，
属于民族的复兴之梦。
我是一支壮美的乐曲，
人们叫我：天籁的《红旗颂》。

我问过自己，
你从哪里来？
哪家的龙种？
哪片天空下的高山流水，
哪块大地上的大吕黄钟？

我的宿世有着史诗的慷慨，
我的前生也有着歌谣的朦胧。
星火燎原处，我是迅雷和狂飙，
松涛啸唱时，我是巨浪和悲风！
革命者的热血染就我灵魂的颜色，
从南湖到金水河，是我的去脉来龙。

史料和记忆告诉我，
传说可以有一万种。

黄桥和我的缘分，
最是在情理之中。
若不是命运的精心安排，
那便是岁月的情有独钟。

五线谱上最初的梦幻，
一定源于陈老总的诗句：
“红旗十月满天飞”，
旗帜的天空，温暖着大地的感动。

1940年的十月红旗，
照亮了一个十岁少年明亮的眼瞳。
那时他刚刚参加新四军，
投身革命熔炉的烈火熊熊。
他跟着红旗一路放歌，
他与红旗一路相拥。
我是他灵魂里的旗帜梦，
开始了破茧化蝶的殊勋奇功！

今天，我来到当年的战场，
寻觅昔日新四军的英雄。
每个音符栖息他们的宿营地，
每个乐句追寻他们曾经的行踪。

也许，关于红旗的创作动机，
就源于指挥部的马灯，
源于烧饼店的炉火熊熊，
源于血色黄昏的冲锋……
我灵魂里的所有品格，
在这里找到了红色基因的图谱种种。

有一种力和美的融合，
源于大刀英雄的战场造型。
凌空劈下的，是呼啸的刀刃，
飞出战壕的，是俯冲的鲲鹏！

有一种爱和恨的分明，
源于支前小车的车辙：
碾向顽敌，织成绞索，
驶向胜利，化为彩虹！

有一种血与火的辉映，
源于战地服务团女兵的坚勇，
生死线上，如旗帜般昂立，
青春芳华，如捷报的飞红！

是的，重返当年的战场，
我更相信我的执著寻梦。
我甚至觉得拥有一种穿越的本领，
穿行在浩荡的队伍之间，
穿越于岁月的茫茫时空。
盈耳不息的是欢呼的喊叫，
迎面而来的是带泪的笑容！
我们以红旗的名义，
八十年后又一次相逢。

野屋基的玉米红缨，
把我的故事插成胸前的花红；
挖尺沟的夕照芦花，
把我的诗篇挥舞成火焰的激动。
粟裕将军和他战友的灵魂栖息处，
护旗老兵还在岗位上，
挺胸立正，五指并拢，
中指对准裤缝……

呵，黄桥，
我就是陈毅将军诗句里，
诞生的孩子啊，
我就是军史经典战役中，
走出的那个会唱歌的神童！

而你，就是我的一行壮美的乐句，
你就是旗帜上的一抹中国红！

黄桥，让我们互道一声珍重。
珍重我们的遇见，
我们曾经的海誓山盟！
我的壮阔美妙的抒情，
固然需要你的大提琴小提琴，
更需要千家万户的欢乐吉祥，
田埂花街的千紫万红！
我金属光泽金属音响的音符，
需要汗水热血的擦拭，
需要精神和物质的前呼后拥！
让我们一路同行，
向着未来的辉煌，
我们永远的光荣！

【作者简介】

刘鹏春，江苏泰兴人。中国戏剧家协会会员、国家一级编剧，曾任江苏省作家协会理事、扬州市作家协会主席，长期从事戏剧、文学创作，代表作有剧本《皮九辣子》《刽子手世家》《史可法》等，歌曲《梅兰芳》等。

外婆的葬礼

沈浩波

外婆的葬礼办得隆重
母亲哽咽着朗读她连夜写出的长达好几页纸的祭文
二舅从遥远的宁夏赶回
小姨请来了做法师的和尚和唱戏的班子
刚刚做完手术不能动弹的大表哥躺着也要家人把他抬回一百公里外的老家

这些都是母亲回北京后向我描述的

其实我知道母亲在心里埋怨我和弟弟
只是她没说

我甚至能感受到遥远的家乡从小对我特别好
也是最重亲情的大表哥的埋怨
他当然也没说

我终究没有回去
确实是因为太忙
但奶奶去世的时候
我可是想都没想就抛开一切匆忙飞回

母亲的失望我心知肚明

可是有些东西强求不来
很小的时候
我多病
父母为了带我求医
把弟弟托付给外婆
他被绑在一辆童车上
嚎哭了整整一周

我记得这件事情
并不意味着我恨我的外婆
她那时的难处我当然知道

但是有些感情就是这么慢慢流失了的

【作者简介】

沈浩波，江苏泰兴人。诗人，著名出版人。2004年始出版诗集《心藏大恶》《蝴蝶》《文楼村记事》等多部。曾获得《作家》杂志诗歌奖，《人民文学》诗歌奖和中国首届桂冠诗集奖等多个奖项。

长江在这里拐了个弯

张海

长江在这里拐了个弯，
就丢下一块花手绢。
绣上青青银杏林，
绣上静静仙鹤湾，
绣上圆圆西瓜城，
绣上甜甜三井泉。
长江长江你回回首，
越来越美的家乡，
是否让你迷了眼？

长江在这里拐了个弯，
就留下一张甜笑脸。
笑看大道似游龙，
笑看高楼插云天，
笑看沃野瓜果香，
笑看广场舞翩翩。
长江长江你扭扭头，
愈来愈靓的家园，
花开四季福无边。

长江在这里拐了一个弯，
抖落了多少浪花，
洒下多少甘甜……

【作者简介】

张海，江苏泰兴人。词作家，中国音协会员、中国音乐文学学会会员、江苏省作家协会会员、泰兴市音乐文学学会主席。1994 年致力于歌词创作，发表 800 余首，在国内各种征歌活动中获奖（入围）80 余项，著有《抬头看青天》《跟你走》。

四、现当代名家写泰兴（散文）

银杏树下

陆文夫

泰兴是银杏的故乡，也是我的故乡。我的家从泰兴搬到靖江，又从靖江搬回泰兴，搬来搬去都离不开银杏树。这倒不是说我家的宅基上都种着银杏树，人家宅边都没有银杏树，因为银杏树的生长期很长，爷爷种下的树，要到孙子才收果，所以银杏树也称祖孙树。那时候，家乡的银杏树好像不仅仅是为了收白果，似乎是一种神树，大都种在庙堂和祠堂的旁边。土地庙、关帝庙、城隍庙；张家祠堂、李家祠堂……这些地方都有高大的银杏树，大的数人抱，高耸入云。在平原上行走时，只要看见远处有高耸的大树，那便是一座庙宇。

所以说我没有离开过银杏树，那是因为我要读书。那时候农村里的学校，校址大多是借用庙堂和祠堂，稍加改建便成了学校。我从小学读到初中，从私塾读到学堂，大多是在庙边和祠堂里。启蒙时是读私塾，塾址是在一座土地庙的旁边。那座土地庙建在高高的江岸上，庙的前面是一片平地，庙的四周有许多高大的银杏树，最大的那一棵我们五六个孩子手拉着手才能合抱。每天放学后我们都在那树丛里捉迷藏，把土地菩萨面前的供品埋进香灰里。

夏天教室里闷热，塾师允许我们把凳、桌搬到银杏树下自习。十几个学童坐在树荫下，迎着习习的凉风，大声朗读。那是抗日战争的前夕，课本里选进了一些抗日救国的文章，我在银杏树下曾经大声地背诵着一篇散文，写一只孤雁在沈阳的上空盘旋，眼看着在日寇铁蹄蹂躏下的东三省，人民在水深火热之中，妻离子散，家破人亡，惨不忍睹，孤雁凄叫着向关内飞去。这篇文章写得很动人，读得我热泪盈眶。

日寇随着孤雁的哀鸣占领了大江南北，泰兴沦陷了，日寇经常下乡扫荡，烧杀掳掠。我的求学生涯也是到处流浪，一会儿跟塾师到更偏僻的穷乡去读《古文观止》，一会儿又去两个老师兴办的学校读四年级。读高小的时候到了张家桥小学，这是一座很有名的小学，在我入学的时候，大礼堂和实验室已经被日寇放火烧了，可那高大的银杏树却仍然高耸着。因为学校是在一条公路的边上，日寇下乡扫荡时都是从这条公路上过来，学生们便在一棵大银杏树上建立了一个瞭望台，从高处监视着公路上的动静，见远处有人奔跑，便知道是鬼子来了，立刻从银杏树上溜下来敲警钟，学生和老师们听见钟响便涌出校门，四散奔逃，躲进各自事先远定的藏身之地。大多是在荒野中河坎的下面，那里没有村庄没有东西可抢，也抓不到鸡。

初中三年我读了三个学校，第一年是在唐家港瑞祥寺的旁边，教室外和操场上都有很多银杏树，我们那简陋的教室窗户上都没有玻璃，秋冬季节那银杏的黄叶纷纷飘进教室，连小操场上都铺满了落叶，打篮球时要首先清扫场地。后来我到泰兴城里的延令中学和扬陋学塾读初二和初三，城里的学校教室外面没有银杏树，可那公园里和公园边上的一座庙里却有很多高大的银杏树，我放学时常常穿过公园，看着夕阳下的银杏树，听着日寇军营里的号角声，不由得想起了“国破山河在，城春草木深……”的诗句。在故乡的银杏树下我获得了知识，也终生难忘日本侵略者的种种罪行。如今家乡的银杏树早就走出了古宅、庙堂和祠堂，布满了田野和村庄，泰兴成了国内外著名的银杏大市，泰兴白果获得了“国家原产地保护产品”的称号，行销国内外，成了泰兴农民重要的收入来源。当今在银杏树下成长的青少年，再也不会像我们青少年时代那样惶惶不可终日了，而是在安定、小康的环境下茁壮地成长。

【作者简介】

陆文夫，江苏泰兴人。曾任江苏省作家协会主席、中国作家协会副主席。在五十年文学生涯中，陆文夫在小说、散文、文艺评论等方面都取得了卓越的成就，他以《献身》《小贩世家》《围墙》《美食家》等优秀作品享誉文坛。

黄桥旧时光

黄蓓佳

20世纪60年代末，任职于县教育局的我父亲带着全家来到黄桥古镇。从初二年级到高中毕业，在那个破旧、安详、烟水氤氲又热气腾腾的苏中小镇上，我从懵懂少女到知识青年，度过了最难忘的青春时光。

黄桥中学向来是苏中地区伸一只手数得过来的好学校，不仅仅校园广阔，校舍整齐，还聚集了上至省城名校的毕业生，下至县中的教学骨干。一个人有了知识和没有知识是真的不一样啊！那些小镇中学的老师们，他们布衣布鞋，面庞清癯，白发飘飘，双肩微耸，夹着厚厚的备课笔记和作业本从校园中疾步而过的时候，连他们自己都没有意识到文明和理想是怎样从他们的身体中穿透而出，像一股气息和一道清风飘荡在学校的空气中，使这里的每一块砖瓦和每一棵树木都变得端庄和厚重，使坐满了教室的汗气蒸腾的农村孩子们学会静默和思考，而后一点一滴地、潜移默化地在精神的世界里向他们靠拢。

出校门，过小桥，便是当年纵贯古镇的一条大道。现在想起来，说是“大道”委实汗颜，因为碎砖铺成的路面弯弯扭扭宽窄不等。宽处恐怕两丈有余，走卡车，走拖拉机，走各种板车独轮车自行车，还走着成群结队挑担子上街的郊乡农民。窄处至多两米，两边是挨挨挤挤的开水炉、烧饼铺、竹器店、裁缝摊、卖大头菜和萝卜条的酱园子、卖金针菇木耳红枣莲子和茉莉花茶的南北货店、卖桃酥脆饼和金刚脐的茶食店。酱园子的气味最难闻，黄豆蚕豆之类煮熟腌晒再晾在太阳下发酵，大绿头苍蝇绕着酱缸嘤嘤嗡嗡，那种味道至今想起来都要皱眉。茶食店在我们的心目中最可爱，混合着猪油、芝麻和蜜糖的烘焙焦香飘荡在街上，闻起来多么令人陶醉！只可惜，在黄桥生活的那几年中，我去得最多的是酱园子，一毛钱打一瓶酱油，或者两分钱买一包下粥的萝卜干，而可爱诱人的茶食店，印象中总共去过不到三次，可见在那个时候，茶食点心是我们生活中的稀缺物品，比较如今的燕窝海参还要珍贵许多。

顺着这条宽宽窄窄弯弯扭扭的大道往南走，印象中要走过一个百货商店和一个正经八百能办酒席的饭店，而后到丁字路口。对这两家黄桥镇上的“高大上”的场所我印象不深，是因为当年总是从门口一经而过，而少有进门消费的机会。倒是每年初春，饭店里会搬出一个硕大的炭火炉在门外，当街制作黄桥名点“草炉饼”，我奉父命去买过一次。那种“草炉饼”，其实就是现如今遍街出售的“黄桥烧饼”，小孩子巴掌心大小，猪油酥馅，密密地撒一层芝麻，刚烘出炉时，趁热咬一口，滚烫的猪油从开口处溢出来，顺着嘴角、手指缝一路流下去，稍不注意就污脏了衣襟。那种浓厚肥腻的油酥香味，用一句黄桥话说，叫作“打嘴不丢”，有两块草炉饼下肚，真就有了“脑满肠肥”的舒服，仿佛整个人，整副饥饿的肚肠，一瞬间变得滋润和舒展，如花朵绽放一样，流光溢彩。

从镇上的大道往两边延伸，仿佛蜈蚣肚皮下长出的百脚，一条又一条逼仄的小巷，以更为浓重的人间烟火气，更加活色生香的家常小景，构成了黄桥古镇的生息轮常。小巷里没有秘密，一家炒菜，家家闻到油香，巷子两边的人家，脚一伸，这家的台阶直接就能跨进对面那家的门槛。卖针头线脑的、纺纱织老土布的、打烧饼的、弹棉花的、修雨伞钉鞋掌的，多集中在这样的巷子里。当地的风俗，过年家家户户都要打糕做馒头，馒头分咸菜馅的、萝卜丝馅的、豆沙馅的，大致这三种。主家自己备馅，拿脸盆盛着，一盆盆端到小巷里的馒头店，由店里出面粉、老酵、蒸笼炉灶，加工完成之后，主家再去人一篮又一篮地挑回家去。整个正月里，这是黄桥人家过年待客的上好主食。每年到腊月底，到了做馒头的那一天，我和父母通宵守在小巷的馒头店里，心惊胆战地等候第一笼馒头出锅。如果面发得好，馒头雪白饱满，预示着下一年和和顺顺，大家就都眉开眼笑，父亲忙着给伙计们散烟，感谢他们尽心劳作。也有的年头，因为种种原因，发面的伙计会失手，馒头出锅时坑坑洼洼，白一块黄一块，全家便心事重重，惶惶不安，生怕来年有什么厄运降临在家人头上。

有一天我做过一个很奇怪的梦，我仍旧住在少年时代的那种简易平房中，长长的一排，有带檐的走廊，墙和地面的色调灰暗沉闷，无风无雨，却莫名地有一种阴冷的瑟缩。我接到母亲的电话，要我把她的存折找出来送给她。在那个梦境中，我的存折，我母亲的存折，我所有的毕业证结婚证房产证身份证，都被我谨慎地藏在平房走廊下的麦地里，在那些茂密生长的油菜和麦苗下面，和庄稼的根须缠连在一起，成为土地的一个内容。我拿铁锹挖，怎么都挖不着，无论如何挖不着，所有我的珍贵物品都不见了踪影，它们像渗入泥土的空气，像麦地追施的肥料，像土壤中的化学元素，就那么在我的脚底下倏忽而去。

我知道，是我把我的宝物丢失了。我把宝物丢失在故乡，在我少年生活过的地方，在古镇黄桥。

是的，我应该回去一次，看看那些宽宽窄窄的街巷，那座书香弥漫的校园，那些快乐的勤劳的灵巧的鞋匠、篾匠、铁匠、锡匠，那些烧开火炉的、贴烧饼的、弹棉花的、推车挑担子的，那都是我的乡亲，是坐在街边上一天一天看着我成长的人。

只是，我害怕他们都不在了。温暖的旧日时光不过是一帧墙上的照片，有色彩，无气味，能够看见，却不能触摸。唯愿故乡长存，古镇长存，踩上新时代的节奏，留下老日子的醇厚。

【作者简介】

黄蓓佳，文学创作一级。曾任江苏省作家协会副主席、中国作家协会全委会委员。曾获得中宣部精神文明建设“五个一工程”奖、全国优秀儿童文学奖等，著有《我要做好孩子》《今天我是升旗手》《你是我的宝贝》等多部。

黄桥烧饼

顾寄南

黄桥是苏北平原上的一个镇子，早先并不怎么出名。自从1940年陈毅和粟裕同志率领新四军从江南挺进苏中，在这里胜利地指挥了黄桥保卫战以后，这个小镇，连同黄桥烧饼和黄桥烧饼歌才出了名。

那时候，日本侵略者的魔爪伸到了苏北。腐败的国民党遭殃军一路溃逃，一路抢劫。在苏北流传着一首民歌，强烈地表达了群众对国民党反动派的愤恨："天上有个扫帚星，地下有个韩德勤，放下鬼子他不打，专门欺负老百姓。"韩德勤是当时的国民党江苏省主席，是个反共摩擦专家。1940年10月间，他纠集了一万五千人，进攻新四军苏北指挥部所在地黄桥。他狂妄地扬言，要把新四军赶到长江里去喝水。

陈毅同志决定在黄桥狠狠地教训国民党顽固派，打开苏北抗日的新局面。黄桥人民意气风发地配合新四军作战。那时候，抗日根据地初创，人民的生活还相当艰苦。但是，为了抗日保家乡，为了子弟兵吃饱肚子打胜仗，黄桥人民家家赶做烧饼，支援子弟兵。

在珠巷支前委员会，白发苍苍的贫农张奶奶拎来了粑子野菜饼，她生怕冷了，就在饭碗下面铺上麦秸，上面盖上棉衣。工作人员小王激动地指着堆满十多间屋子的各种食品说："张奶奶，你这是送第五趟了，留着自己吃吧！"张奶奶揩去眼里的泪花说："孩子，一家人不说两家子话，我儿子前天参了军，也在陈司令部队里，收下吧！等胜利了，奶奶请你们吃夹肉饼。""不！"小王哽咽着解释："陈司令说，群众生活相当艰苦，不能再收了！"

"收下吧！就送这一次了！"陆续到来的群众纷纷请求。"不，不能啊！"小王激动得哭起来。结果，张奶奶就带领群众冒着枪林弹雨直接把烧饼送到了火线。

那天中午，忽然传来消息：敌顽离黄桥东边的小二房庄只有三四里了。战士们丢下饭碗就走。怎能叫战士们饿着肚子打仗呢？于是，姑娘、媳妇、老人、小孩都赶到东大街，一双双手向跑步增援前线的战士递烧饼，这个送两块方饼，那个塞三片涨烧饼……随后，又提着水，挎着烧饼篮，跟着支前队冲上前线。

就这样，迎着枪林弹雨，《黄桥烧饼歌》诞生了。而且随着黄桥保卫战的胜利，随着国民党八十九军军长李守维淹死在挖尺沟，随着满天飞舞的胜利红旗，《黄桥烧饼歌》唱遍了江淮河汉，唱遍了华东根据地——

黄桥烧饼黄又黄哎，
黄黄的烧饼慰劳忙哎，

烧饼要用炉火烤哎，
新四军要靠老百姓帮。
同志们呀吃个饱，
多打胜仗多缴枪。
哎嘿哎嘿噫哎嘿，
多打胜仗多缴枪，噫呀嘿！

新中国成立后，黄桥的人们继续唱《黄桥烧饼歌》。唱起它，老战士不减当年勇，发扬革命传统，争取更大光荣；唱起它，新一代不忘掘井人；唱起它，人们更加怀念陈毅同志和老一辈无产阶级革命家的不朽功勋。黄桥镇上，许多家都一直珍藏着从报纸上、画报上剪下来的陈毅同志的相片。

一九七二年一月六日，我们敬爱的陈毅同志与世长辞了。噩耗传来，黄桥人民一下子沉浸在巨大的悲痛之中。哀乐未停，人们就含着泪水唱起了《黄桥烧饼歌》。这天，几乎家家调面，户户做涨烧饼，做着做着，止不住的泪珠扑簌簌地朝下滚。黄桥人民知道，陈总最喜欢吃我们黄桥的涨烧饼，“大跃进”期间，我们请去北京参加群英会的代表带去一些黄桥的土产，陈总只收下了两只涨烧饼，并说：向黄桥人民问好。同时，亲笔为黄桥本地的报纸《黄桥大众》题了刊头。

这天，在黄桥文化馆——当年的珠巷支前委员会所在地，络绎不绝的人群越聚越多。屋在人去，睹物伤情，满屋子的人都放声痛哭起来。人们含着眼泪讲述：当年陈总在黄桥做了个报告，当场就有一大半青年参加了新四军。霎时，人们眼前似乎出现了陈毅同志那叱咤风云的形象，耳畔仿佛响起他那铿锵有力的声音。

人们记起：黄桥保卫战打响以后，有位开明士绅觉得胜负难料，心中无底，到指挥部去见陈毅司令。陈司令见他心神不宁，朗声大笑，请他坐下来下棋。中间写了一张条子，叫通讯员送往前线。那位先生一看，上写：“叫各连多准备五大锅子饭。”他疑惑不解。陈毅同志告诉他，这是准备给俘虏吃的。一局棋罢，俘虏押下来了。战后，这位老先生逢人便说：陈司令成竹在胸，指挥若定，真是个了不起的军事家！

人们回忆着，讲述着，情不自禁地又哼起了《黄桥烧饼歌》，仿佛又回到了战火纷飞的一九四〇年十月。当“四人帮”向陈毅等老一辈无产阶级革命家大泼污水的时候，黄桥人民眼中喷火：你泼吧！我们心中的陈总的光辉形象，你永远泼不黑！

现在，春回大地，万象更新，毛主席的伟大旗帜高高飘扬。英雄的黄桥人民又拿出了当年打李守维的那股劲，深揭狠批“四人帮”，大干快上向前闯。

原先的指挥部，现在的东进中学，书声琅琅，老龙河畔，厂房巍峨，烟囱耸立，昔日旧战壕，今日新战场，汇成了“工业学大庆”的壮丽诗篇；挖尺沟两岸，红旗招展，稻海金碧，支农大军正和贫下中农一道战天斗地，为一年建成大寨县挥汗苦战。老根据地人民当年能把李守维淹死在挖尺沟内，今天一定能把“四人帮”破坏造成的损失夺回来。人们用《黄桥烧饼歌》的曲调填上新词，欢快地唱起来：

黄桥烧饼黄又黄哎，
黄黄的烧饼慰劳忙哎，
一曲黄桥烧饼歌哎，
今天唱来更激昂。
……

抚今思昔，人们纷纷说：要是陈毅同志还健在的话，一定会和我们一起欢呼：

万里江山今谁属，
红旗十月满天飞！

【作者简介】

顾寄南，江苏泰兴人。曾任泰州市作家协会副主席、泰兴市作家协会主席。曾获得全国副刊优秀散文奖、江苏报纸副刊奖等。著有《鬼子六熏烧》《黄桥老家》《黄桥漫步》。散文《黄桥烧饼》曾编入全国中学语文统编教材和《江苏文学五十年》散文卷。

银杏·故土

黄毓璜

几度入梦的故乡，必有一片银杏树林，或于晨晖中苍劲滴翠，或于风过处摇曳生姿，比儿时所见要高大广袤得多；林中还偶或显隐着一位翩翩少女，酷似如今成为家乡地标的那座“银杏仙子”塑像；醒来便有些浓浓的思恋拌和淡淡的惆怅。我知道，梦境中家乡被“美化”“幻化”及至“神化”，联系着自己的心理现实：如同马跃成在《故乡情》中倾吐的，家乡，原本就是游子心中的“天堂”。

童年记忆的深处，其实更多的是镌刻着“实在”的情事，除却一些突出的地理人文和世俗生活细部外，大概要数“食”了，包括精神上的“食粮”和日常的食物；于此，我们那方土地上的历史提供称得上富足。孩提时期，虽然还啃不动“泰州学派”之类的学问，但乡里高士如柳敬亭、梅兰芳们的遗泽却滋润过幼小的心灵——民间讲故事、吼京曲的好手代有其人。记得夏日在屋前几棵银杏树下摆开小桌小凳用完晚餐之后，便有左邻右舍陆续聚集过来纳凉，其时必有几位开讲或开唱，聚精会神的孩子们便进入一日一度的精神盛宴。后者呢，也可历数出一大串兼具南北之长的吃物来，最难忘怀的当推我们银杏之乡的银杏；那时不说银杏，只称白果，不说银杏树，只称白果树。

在银杏的许多吃法中，最通俗的有两种：一是炸白果，一是作为寒食菜中的配料。

在没有家用电器的时代里，我们那里通用大小不等的铜质手炉和脚炉取暖。炉底垫上燃过的豆秸末做火种，上面埋上厚厚的荞麦壳，再上面铺一层灰烬，小小的手炉脚炉就可以保持十多个小时的温暖。冬日的傍晚，劳累一天后的母亲偶或从密封的坛子里抓出一两把当年收获的白果，就知道她老人家要为我们炸白果了。拨开脚炉里的灰烬，把白果埋进去，盖上一层死灰，过不多久，就会有噼啪声陆续响起，开了花的白果相继冒着热气蹦到炉灰的上面，母亲用火筷一个个往外搛，我们便一个个剥了烧黄的壳、去了红红的皮往嘴里送。她自己不吃，我们剥好硬送到她嘴边才偶尔吃上一两颗，再多就不行，每每推说她吃了“牙痛”。这样说起来炸白果很简单，事实上要有些讲究，须掌握火灰燃烧的程度、白果干潮的情形而决定埋进的部位和深浅，弄不好不是烧不熟，就是烧煳了也蹦不出。这样的事在母亲那里不会发生，她是炸白果的高手。

母亲炒的寒食菜也特别可口，寒食菜是过年时的一味素食，用豆芽、花生米、野菜、菠菜、百页、香菇、木耳等炒上一大盆，要吃时拨出一小盘。苏南有许多地方也兴这种年菜，只是家乡那里往往要多拌进一些炒白果，我们爱挑白果吃，母亲便总是把白果拨向我们面前。多少年后我才渐渐悟出：对白果的这两种吃法久久难忘，超过白果烧鸡一类，除了其滋味可口，还因为它拌和进了自己对母亲爱的眷怀和深味。

告别儿时我也便告别了家乡，但至今每近岁暮都有亲友从家乡寄来白果。一家人仍喜欢着炸白果，只是不再用脚炉炸，用个塑料袋装好放进微波炉里，两、三分钟即可炸好，自是比以前方便了，只是人上了年纪总有些怀旧的癖性，在感到便利的同时也怅然于失却了昔日的几多情味和乐趣……

其实，老家源源寄来白果并敦促我吃，已不是因为我爱吃，倒是因为需吃了。亲朋们屡屡惦记着我心血管方面的毛病，了解我常服的药物就有种银杏叶片。银杏的食物价值似乎越来越为药物价值所取代。这自然并非始于今，人们历来把“树中银杏、花中牡丹、草中兰”并称“园林三宝”，该不是专指观赏价值而言。东汉早期，默默无闻的牡丹就是在武威医简中作为药物提到的，兰草则一直入于中药，银杏的化痰、止咳、利尿、补肺、通经、止渴生津、消暑舒神等作用也为民方所屡验不爽，近些年在治疗心血管疾患上更是不乏奇效大验。

如此看来，系结着我乡思乡情的银杏，其开发不仅关涉着经济和生活，也还关涉着人类的生息和生命的健旺。

具有悠久历史的银杏老家在中国，它是我们的国宝；泰兴则以量大质优成就为名噪遐迩的银杏之乡，这是故土的骄傲。如今，家乡沿江开发的宏图，正热切呼唤着银杏文化和银杏精神的光大，愿其在家乡的腾飞中更为瑰丽地绽放。

【作者简介】

黄毓璜，江苏泰兴人。评论家、专业作家，曾任江苏省作家协会书记处书记、创研室主任及理论工作委员会主任，江苏省评论家协会副主席。曾多次获得省级以上文学奖项。著有《文苑探微》《乡忆》《云烟过眼》《都市风景》等多部。

我与越街的缘

陈仲明

泰兴的越街，古称为“钺”，后来称为“越”，都蕴含着浓郁的古代气息和雅风逸韵。

越街，是县城泰兴镇的重要区域。

我少时的岁月，有五年时间是和越街紧紧相连的，这也是一种人生的因缘。

我家的宅院是临街联巷的三进整体清代民居，临街门面是鼓楼南街 32 号，联巷宅院是苏利巷 1 号，复旦大学朱东润教授祖居宅院是 3 号，与我家紧邻，陈朱两家的清代民居占据苏利巷四十米之长。

现在有一句时髦语：不能输在起跑线上。于是，为孩子选择名校成了家长普遍的焦虑。

那时泰兴师范附属小学和襟江小学并列，属于县属五年制实验小学，教师也是泰兴县的一流师资。那时的小学招生，没有学区之说，学校向任何孩子敞开大门。我家紧靠城中小学，巷子里拐弯就是。泰师附小在越街的延佑观，过了安泰桥还要走上一段路，离我家比较远，后来迁至泰师校园，路途则更加远了。我居然舍近求远，报了泰师附小。五年的小学生活，就是我每天由鼓楼街奔走于越街之旅。

上学前的我，是处于大灾难和惯宝宝两个极端的孩子。我三岁的时候，父亲去世，我成了遭际人生第一大灾难的不幸的孩子。直到上小学之前，我脑袋上的头发依然留着桃形与脑勺后的辫子，脖子上戴着银色的项圈，胸前挂着亮闪闪的银链和银锁，这就是那个时代惯宝宝的标志。一个惯宝宝与灾难并存的孩子。

直到上学之前，我还没有学名。那个时代，人们呼唤宠爱的孩子以动物名称阿猫阿狗而称之，别有一种乡俗的亲昵。父亲在世，把我当惯宝宝待之。我就要上学了，还没有名字，咋办？邻居们七嘴八舌纷纷给我这个失怙的孩子取名：或德明，或聪明，或……我的紧邻，电影院陈德生的父亲陈海南老先生（人们喊他四老爹）说：格个伢儿聪明，就叫陈聪明吧。邻居们是否根据我闪扑扑的晶莹大眼睛，而认为我聪明就不得而知了。于是陈聪明的名字在附小使用了五年。

襟江小学居于泰兴城中心地带，学生以社会中上层人家的孩子居多，而附小的学生则以城南的平民孩子居多。

父亲去世，母亲是大字不识的文盲，她哪知道男孩挂着辫子进校园，会被人家当成取笑的活宝看呢？进入校门的前一天，我自己拿着剪刀，对着雕花衣橱上的镜子，反手咔嚓一声，剪去了曾经伴随自己成长的辫子，踏进了泰师附小的大门。入学前对着镜子自己剪去辫子的镜头，至今记忆犹新。那顶三节柏木雕花衣橱，品位很高，是晚清泰兴商会曹炳之会长女儿出嫁时的陪嫁物，民国后期以十石大米卖给了我家。县政府旁边县家汪的曹家楼即是他家。

启蒙阶段的我，是属于闷皮的学生。读二年级时，刚从师范学校毕业的李桂珠老师是班主任。那时的教学条件很差，不少教室的地面还是高低不平的泥土地，全校师生出操在里仁巷北头的空旷地上，最前面领操的是男女两个同学，我声音大大地说：最前面的就是小夫妻俩。同学们哄然大笑。于是有了我被李桂珠老师罚以当众出列而难堪的一幕。我的家处于县城鼓楼街的店铺云集之地，我的性格虽内向而寡语，但自小就被周围喧闹的市井氛围熏陶，性格中亦有着江湖笑谑因子在，我出口的笑谑话语，在稚嫩的孩子群中，则犯了校园之大忌。至今记得那两个领操同学的姓名——殷东来、倪建男，住在南门铁匠巷一带。那时以为李老师很凶，其实与李老师相反的那些年长老师的随和，是随着岁月变得老成与平和的，而学生不知道老师的年岁差异而引起的性格差异。我以后在泰中和大学做了老师，不也是属于“凶”的一员？我在泰兴中学做老师的时候，县城西洋乐器很少，那些觉得我“凶”的学生，因为我拉手风琴的潇洒，宽容了我上课时的“凶”。

一年级的时候，学校组织了几个同学到县广播站参加少儿朗诵，至今我还记得朗诵的诗句：花喜鹊，叫喳喳。周总理，到我家。和我吃的一锅饭，和我住的一个屋……

二年级的时候，李老师选中我作为班级代表参加学校的朗诵比赛，比赛在简陋的学校礼堂进行，我有幸获奖并得到 5 支铅笔的奖品。如今的孩子，绝对不屑于几支铅笔的奖励，可是，对于那个三年饥荒时期的贫困和一个害羞的孩子来说，五支铅笔的奖励却是使其自信的开始。四年级参加县里歌咏比赛，我成了大合唱队伍前的领诵者。那次的歌咏比赛曲目是《黄河大合唱》，随着朗诵词“天，是黑沉沉的天，地，是黑沉沉的地……”，小学生们发出“风在吼，马在叫，黄河在咆哮”的嘹亮歌声。另一位领诵的女同学唐淳，后来进了扬州文工团，成了专业文艺工作者。

一二年级的我，属于不用功学习的孩子。那次朗诵之后，我渐渐成为一个听话的好孩子。四年级时学校迁到泰兴师范校园，我的成绩跃居第一，居然当上了三条杠的大队长，这是我在孩子群里做的最大的“官”。学习成绩名列前茅，倒是没有枉负了“陈聪明”这个姓名。

我的姓名，二年级时派出所上门核实入册。我记得那个长者，问我姓甚名谁，我说：叫“陈聪明”，他写成了“陈仲明”。泰兴话发音“仲”“聪”不分，于是我考取泰兴中学以后，就变成了“陈仲明”。中国人按伯仲叔季排列，人们以为我是家中老二，其实我是独子。不过我觉得这姓名挺好，仲春朗明，既和我出生的月份吻合，名字也挺阳光的。

在附小上学的时光，安泰桥、越街、香花桥、三妃墩、凤凰天、里仁巷、杨家楼，都是我们每天必经之地，这些地名都深深刻入一个少年记忆的脑海里。

启蒙时的熏陶和教育，往往影响着人的一生。

小学毕业考取泰中，初中二年级时因“文革”浩劫而辍学。生逢其时，15岁就下乡插队种田，干过许多行当，背纤、拉板车、做石匠、上河工等等。那时突出政治的高音喇叭，每天都在天空震荡和回旋，因此，专注收听高音喇叭成了我的必然。于我而言，听广播不在于关心国家大事，而是跟着喇叭学说普通话。这种学习是小学时代由于朗诵而启迪的对普通话语音的一种关注和延伸。这是日后改变我人生命运的一个重要细节，尤其是“文革”浩劫的非常时期。

因缘际会，那一次大学招生，合适的时间撞上了合适的人，是我人生之旅撞到的偶然。扬州地区的红色教师训练班在泰兴师范校园内举办，俗称“红师班”，负责教学的是来自南京师范学院和南京艺术学院艺术系科的十几位老师，他们负责南师音乐系招生考试的打分，我忝列90分。除了初谙二胡笛子之外，一个身着洗得发白而布满补丁的土布衣服的插队知青，说着相对纯正的普通话，也凸显了优势的考试素质，先天浑厚清朗的嗓音是得以录取的最重要的因素。

1972年的秋天，面向黄土背朝天的一个插队知青，走进了宫殿式的南京师范学院的校园，十月桂花飘香的钢琴房里，遍布老茧的双手，在键盘上开始了笨拙的敲击和练习。

年轻的刚走出师范校门的李老师，点燃了一个稚嫩少年身上的艺术火种。

我自南京师院音乐系毕业后，在口岸中学教书一年，在泰兴中学教书整整十年，以后辗转于大学的笔墨教书生涯数十年，那是人生的另一个拐点。

人生本来就是坎坷而多变之旅，有着许多阴差阳错、偶然与必然之因果。

人生第一步，小学阶段知识和文化的学习，是最为重要的启蒙。

我舍家门口的城中小学之近，而求越街上的泰师附小之远，每天行走于鼓楼街至越街，是否也是人生没有输在起跑线的一例呢？

天知道。

【作者简介】

陈仲明，号听雨斋主、若水庐主、思雅斋主，祖籍江苏泰兴。书法家，南京师范大学文学院书法专业教授。

白果砧板：“后宫”明星

汪向荣

如果不是从故乡来的一对夫妇手中买到八斤重的白果（银杏）砧板，我真的会忘记天下最好的切菜板同样出自银杏之乡——泰兴。

那是一对身材清瘦的中年夫妇，在菜场外的空地上正你来我去用带锯分割长约三米、脸盆粗的白果树，被砍了梢、根，除了枝丫，树干显得格外壮实、圆滑。它前世没离乡背井时，一直挺立在故乡民居的家前屋后，枝丫舒展，向着天空摘星星、摘月亮，就是不摘太阳，怕烫着手。但现在只能由着那些锯、铲、刨、凿，轮番上阵，朝着体面、耐用的厨具方向塑造、整容。女人开心于这种现做现卖的行当，说话像深秋的白果，饱满而成串，她说：他们来自黄桥老区，每年都在大伏天农闲时外出，候鸟般往返于泰兴和仪征，已有二十年了……男人始终沉默，刚停下锯子，就拿起刨子，将树干暴露在外的节疤刨平、铲圆，阵阵略带腥涩的清香弥散……

灰褐、龟裂的白果树皮，烙制了近一个世纪的岁月沧桑、世道坎坷，经修饰、打磨、平整后，立马容光焕发，与树干肌肤相亲，皮肉相连，如同乌金戒指妥帖、雍容地扣住一截肥美、白嫩的指头。切面平坦、密实，年轮虽已定格，却依然保持微波荡漾的活泛，仿佛宣示生命还在扩散、延宕。可能谁也不会想到，我最早对于白果砧板的向往，与一段相亲故事有关。

30年前，一位叫杨福如的乡下老头隔三岔五就往镇上我家跑，并且每次在饭店工作的祖母，都会端回两只肉圆招待他，那肉圆沉浸于油花绽放的酱油汤中，令人看了眼光发直。每次杨老头都会吃得碗底朝天，不留点滴汤汁。那时的饭店，中午供应的荤菜也就红烧鱼块和肉圆两样。做肉圆，就得把猪肉切块，搁到油亮、宽厚的白果砧板上，反复倒腾。快刀起落，声如马蹄，能踩响大半个街道。那砧板显然有了足够的年岁，边缘高耸如山梁，中间沉降如洼地，浸透了荤素交织的记忆和气息。它已不知道千剁万砧的疼痛，甚或视之为磨筋练骨的考验。做砧肉在饭店里是最见功夫的手艺活，厨子入门前必先以手指模拟，在坚硬、粗粝的砧板上反复练习刀法。那时有一个学徒，正是自幼被祖母收养的孤儿，脸上长了天花，到二十岁左右，祖母决意为他相一门亲，找的正是杨老头的闺女。好像杨老头啰啰嗦嗦说了好多不情愿的话，祖母就自掏腰包，常常用厨子做的肉圆“软”他的嘴……事情的结局当然没有悬念。我从此记得，白果砧板上能诞生世界上最好的美食，甚至可以成就一段美好婚姻。

当然那个时代，比起只有少数人能够享受的饭店，食品站更能给广大百姓带来“牙祭”之乐。到了节假日，领到少则几两多则斤把肉票凭证的居民，渴望的目光都会聚焦在站上那神奇的白果砧板上。屠户自然吃香，不断收到顾客恭维他的香烟，耳廓上夹不下，就随意扔到案板一角。他的厨刀落在坚硬骨骼和柔软肉体上的声音，不仅是高低之分，也有人际亲疏、身份尊贱之别，有权有势的当然不会啃骨头、搭肥膘，“抬头看人，低头砧肉”的情景也就司空见惯，不足为奇。因而平时对那空荡荡晒着太阳的砧板，人们就难免要多看几眼：既爱且恨，爱恨交织。

现在，我决意花150元买下八斤重的砧板，半是因为历历往事的推波助澜，半是“不爱白果砧板就算不上泰兴人”的心理暗示。单手拎起那厚达三寸的砧板，感到有些勉强，岁月的积淀已直观地表现为难以抵抗的下坠重量，但还是捧到面前，闻了又闻，如同面对新生的胖小子。对于默默无闻的厨房，我认为它不仅来得恰到好处，而且像明星一样出场得正是时候。

在追逐时尚、讲究体面的社会，厨房虽然作为一家的“后宫”，但其富丽堂皇并不让客厅、主卧。不锈钢的水龙头、厨刀；复合金属板的油烟机、消毒柜、煤气灶；特殊土质烧制的陶瓷面砖、碗碟……在现代工业文明的展览和体面、华贵的享受之中，总觉得少了什么。细想想是金、木、水、火、土五行之中，这以木生火的灶神所在，缺得最多的恰恰就是“木”。用篾竹编织的米箩、竹篮哪里了？用木头加工的釜冠（锅盖）哪里去了？用防蛀的樟木打造的碗柜哪去了……一切似乎都已被金属替代，除了竹木筷子，还有哪样厨具源于天然的物料。银杏，自叶到果，每个部位，每个环节都具有调养血脉、清火去祛的功效，甚至略带腥涩的清香都能提神益气，何况一块比初生胖小子还壮实的白果砧板。它的到来无疑为光彩有余、底蕴不足；宝气盈盈，活力匮乏的厨房平添了盎然生机，接上了浓浓地气，录起了淡淡乡愁。

卖砧板的老乡善意地提醒：为了避免砧剁产生的碎屑细渣飞溅出来，掺入生鲜和菜蔬中造成味觉不纯，使用前可以用盐水或食碱水泡上几天，让木质尽可能收紧。我听后只是淡然一笑，于心却不愿听从：平素，那银杏树浑身是宝，白果用于炒菜滋补身心，落叶用于制作中成药治疗心血管病，这细若芥末的天然药物又何尝不能视同椒盐，当作味精，参与调味，和菜蔬一起翻炒，和鱼肉一起红烧，和菌菇一起炖煮？药补不如食补。从今以后，每一顿家常菜肴里都会融入银杏的分子，五脏六腑都会沐浴白果的清香，这还不是故乡独有的眷顾和赏赐！白果砧板进门后的那天，沾在手上、渗入肌肤中的气味，始终挥之不去，萦绕于身体四周。夜晚我意外地辗转难眠，直到深夜，似乎还听到厨房里传出的窸窸窣窣声音，我料想一定是砧板在说话：伙计，秋天到了，该使出祖传的手艺，做顿蟹黄砧肉！这是一个通达人性的施恩布道者，是一百公里外的故乡在叮嘱。

【作者简介】

汪向荣，江苏泰兴人。曾任媒体总编等职，2021 年扬州世园会策划顾问，江苏省非遗专家库成员。曾获得《诗刊》大赛一等奖等。著有《石榴之忆》《一方水土》《塔与河的交换》《心仪之城》等多部。

黄桥烧饼风情录

林任申

黄桥烧饼产于中国历史文化名镇黄桥，是传统食品，已有近千年历史，自古以来深受人们喜爱。《随园食单》烧饼是“用松子仁、胡桃仁敲碎，加冰糖屑、脂肪和面炙之”。黄桥烧饼吸取了古代烧饼制作法，成为一种半干式面点，保持了香甜两面黄，外撒芝麻内擦酥这一传统特色，并在花色品种上不断改进，已从一般的“擦酥饼”“麻饼”“脆烧饼”等大路品种，发展到葱油、肉松、鸡丁、香肠、白糖、橘饼、桂花、细沙等十多个不同馅的精美品种，烧饼出炉，色呈蟹壳红，不焦不糊、不油不腻，形色香味俱佳。

黄桥烧饼制作是以面粉等为主要原料的饼状面点的传统手工技艺。其主要用料面粉为黄桥地区特产的小麦精粉。其制作技艺以师徒间口口相传为主，具有明显的地方特色。明清时在苏南大城市和南洋各国都是抢手货。

黄桥烧饼制作工艺比较独特，从摅酵（和面）开始就很讲究，天冷烫酵，天热“雪花籽”，不冷不热“老鼠喷沙”。兑碱也要因时而定，飘碱面起泡，反之则粘牙。馅和酥分别用猪油和花生油拌面粉擦酥，做烧饼时，酥搭于面团上，用手搓长再卷起，然后用响子轻捶一下，翻转至底上再捶一下，调转方向再捶，然后将底翻朝下，刷上糖稀，撒上去皮芝麻，贴入桶炉烤。制作出的黄桥烧饼色泽金黄，外观美观，香酥可口，不油不腻，适合各地消费者的口味。

在品种繁多的糕点食品中，黄桥烧饼的名声是很响的，堪与北京的茯苓饼、天津的大麻花、上海的蟹壳黄、扬州的富春包子、泰州的桃仁麻糕等名点媲美。

烧饼的历史由来已久。北魏贾思勰的《齐民要术》中就有“饼法”一章，清代刘鹗的《老残游记》中也有关于烧饼的描写。黄桥烧饼源于何时虽无文字记载，但民间流传的一个小故事多少有些参考价值。说是清朝道光年间，如皋县的一位知县路过黄桥，吃了一回黄桥烧饼后齿颊留香，念念不忘。如、黄二地相距60余里，总不能专程来吃呀，这位县太爷竟不怕人说他搞特权，隔三岔五地派快马到黄桥购买烧饼，以饱口福。这个故事不仅让人联想起唐代诗人杜牧“一骑红尘妃子笑，无人知是荔枝来”的诗句，也告诉我们，至少在150多年前，黄桥烧饼便小有名气。

千年古镇黄桥，地处泰兴、靖江、如皋、海安、姜堰五地中心，水陆交通十分便捷，是方圆百里的农副产品集散地，历来商贾云集，商业繁荣，是苏北的商业名镇。

据史料记载，辛亥革命时期，面积不足两平方公里、人口不足6000的黄桥，有猪行近20家，油坊20余家，酒行10余家，粮行90多家。商业的繁荣，流动人口的增加，带来了饮食服务业的兴盛。那时，小小的黄桥竟有100家旅馆、客栈，20多家饭馆，4家浴室，4家书场，而烧饼店竟达60多家！

这么多烧饼店，势必引起行业内部的竞争。店主们不得不在用料、制作和品种上动脑筋，比谁家的分量足，比谁家的吃口好，比谁的芝麻撒得多。据说有两家烧饼店的小徒弟，每天端着藤匾“拼市”。一家说，今天我家的烧饼外加两个猪油丁，顾客当然争着买这家的，那家的没人买。第二天，另一家也加两个猪油丁。“拼市”的结果，不仅使消费者得益受惠，而且也大大提高了烧饼的质量。

黄桥烧饼的日臻完美，是多少代烧饼师傅辛勤劳动的结晶，也凝聚着文化人的心血。

早先，何姓是黄桥的名门望族，自明代成化十六年至万历三十五年的120多年间，何氏家族曾有过一门“四进士十举人”的辉煌。清朝道光年间的何萱，虽说只是个岁贡，但著述颇丰，其《韵史》80卷现存北京图书馆。这位老夫子不只结交了龚自珍、李兆洛等硕学大儒，与烧饼师傅们也颇多往来，常与他们切磋烧饼制作工艺。据说，按季节不同生产的应时品种，如韭菜烧饼、萝卜丝烧饼、蟹黄烧饼就是这位老夫子出的点子。

战争是残酷的，它摧毁了无数鲜活的生命，摧毁了许多美好的事物，然而，黄桥烧饼在经受了炮火的洗礼后却声名远播。

1940年，在威震中外的黄桥决战中，黄桥人民冒着枪林弹雨，将一筐筐、一篮篮黄桥烧饼送上前沿阵地，解决了新四军6000将士一日三餐之虞，鼓舞了他们的斗志。于是，一曲《黄桥烧饼歌》在炮火中诞生了，从大江南北唱到长城内外，从东海之滨唱到西北高原，一直传唱至今。20世纪70年代，顾寄南的散文《黄桥烧饼》在《人民日报》发表；80年代，电影《黄桥决战》在全国播映，大量反映黄桥决战的小说、散文、诗歌见诸报端……这一切，更使黄桥烧饼名声大噪。

黄桥人有吃早点的习惯。早点花式挺多，叫得响的有九斤家的鸡浇、鱼浇，海儿家的蟹黄汤包……但价格昂贵，一般人家平时吃不起，只能吃大众化的早点，诸如油条麻团、面条馄饨之类，但黄桥人最爱吃、最常吃的还是烧饼。烧饼便宜、吃起来方便，至今仍流传着“三个烧饼一碗茶，肚子吃得饱嗒嗒”的俗语。可以这么说，黄桥人是吃烧饼长大的。辛亥革命元老朱履先，中国现代地质学之父丁文江，著名物理学家、喜剧大师丁西林，著名生化学家王德宝都是吃黄桥烧饼长大的。京剧《智取威虎山》主笔章力挥自幼酷嗜黄桥烧饼，不只是早晨吃，中午、晚上也吃。他说鲫鱼汤、肚肺汤泡烧饼比山珍海味还可口。

新中国成立后，特别是近20年来，黄桥烧饼焕发异彩，品种不断出新，现已开发出20多个品种，甜的有豆沙、白糖、枣泥、生仁等，咸的有葱油、肉松、鸡丝、火腿，还有既甜又咸的龙虎斗等等。1983年，黄桥东进饭店制作的烧饼，因其甜鲜不腻、咸淡得当、香美可口、营养丰富被评为省名特产品，江苏省商业厅授予名特产品证书。黄桥宾馆及一些私营烧饼店如天乐餐饮、为群烧饼店制作的烧饼也颇得食客们的好评。

黄桥人到外地去，只要能扯得上，便会眉飞色舞地给你介绍开国大典的国宴上，四种糕点中，就有黄桥烧饼！言辞之间，流露出骄傲和自豪。有客自远方来，黄桥人总忘不了用黄桥烧饼招待。临走时，还要捎上几盒。粟裕、叶飞、姬鹏飞、陈丕显、迟浩田等领导人到黄桥来，都要尝一尝黄桥烧饼。黄桥人到外地去探亲访友、高等学府的学子们寒暑假结束回校，也总要带上几盒黄桥烧饼，分赠亲友和同窗。

1997 年，泰兴市组团去美国考察，黄桥中学原副校长季福元随团出访。他怕途中挨饿，便带了 10 多只黄桥脆烧饼，结果路上一个也没吃。到美国后，去看望他当教授的大哥，打开包一看，烧饼全压碎了。他准备扔掉，他大哥不让，说，我 50 多年没吃过家乡的烧饼了，留给我慢慢吃吧！一边用罐子装，一边有滋有味地吃了起来。一位在季教授家做客的美国朋友见他吃得那样香，毫不客气地拿起一块，细细品味，连说：OK！ OK！

第二年春天，季教授返乡探亲，他乐滋滋地告诉我们一个消息：美国也有黄桥烧饼卖了！两个多月前，他从华人报纸《世界日报》上看到比萨斯托大酒家菜单上有黄桥烧饼，兴奋地指着报纸对他夫人说，你看，我们黄桥虽是个小镇，烧饼卖到美国来了！他夫人善解人意地说，了不起，了不起！什么时候陪你去品尝品尝，让你解解馋。

比萨斯托是美国很有名气的小镇。因闻名世界的美国海军医院设在镇上，不少国家元首曾到这家医院看过病，所以这个镇子很繁华。这个镇距华盛顿有 100 多公里，但季教授和他的夫人硬是专程驱车去了一趟，饱餐了一顿黄桥烧饼。

黄桥文化站原为何氏宗祠旧址，黄桥决战时支前委员会设在此地，数以万计的黄桥烧饼就汇集在楼下。黄桥文化站的同仁们对黄桥烧饼似乎有着特殊的感情。1985 年以来，他们办了 8 期黄桥烧饼技术培训中心，聘请 70 多岁的刘仁宝老师傅讲课，先后培训了 150 多名制饼技师。20 世纪 90 年代末，为群烧饼店继之而起，常年培训烧饼师傅，输送到全国各大城市，现在新华社会堂、江苏省委招待所、南京金陵饭店、烟台大酒楼都有黄桥烧饼供应，一些高等学府如北京大学、清华大学、郑州工学院、大连轻工业学院等等都开设了黄桥烧饼店。黄桥烧饼店已遍及全国绝大多数省份和各大城市。

黄桥镇党委、政府深知黄桥烧饼蕴藏着巨大的商机，2001 年 11 月、2004 年 9 月先后两次成功地举办了 “中国·黄桥烧饼节”，中央、省市众多新闻媒体作了报道，大大地提高了黄桥烧饼的知名度。毛主席一句“黄桥烧饼好出名的”更使黄桥烧饼身价陡增！烧饼节期间，他们召开了研讨会，探讨黄桥烧饼产业化生产，邀请中国食品协会、中国美食协会、江南大学的专家们举办讲座，讲怎样把小烧饼做成大产业、讲如何制作绿色食品……烧饼节后，业主们迅即成立了黄桥烧饼协会和质量督查小组,在提高产品质量、打入超市等方面大做文章。

黄桥烧饼在烧饼家庭中坐第一把交椅是当之无愧的，它具有其他烧饼不可比拟的优点。然而因其保存期较短，不便于携带，它的发展大大受到了限制。黄桥的有识之士们正着手研究改进烧饼的包装和制作工艺，黄桥烧饼会像麦当劳、比萨饼一样风靡全国、风靡全球。

【作者简介】

林任申，江苏泰兴人。泰兴市作家协会副主席、江苏省剧协会员、江苏省民间文艺家协会会员。主编《黄桥历史文化研究》，著有《黄桥名人录》《丁文江传》，另有剧本、散文等数十万字散见于省内外报刊。

小方厅情思

林林

又近中秋月圆时，傍晚驱车回黄桥老家陪伴独居的母亲。驻车丁文江故居停车场后，一阵浓郁的花香袭来，无须嗅寻，肯定是故居内小方厅旁的那株百年金桂在召唤我了。是的，该去看看桂花树，还有树荫下的小方厅了。

故居内游人已经散去，很好，这一份宁静正适合喜欢独游的我。曾在夏日雨后的黄昏畅游南京中山陵，并不上山，只在山脚下的僻静处徜徉；又曾在雪后的清晨漫步北京故宫，聆听那中华文明的“交响乐”；还曾在子夜踏访姑苏寒山寺，寻觅那份“夜半钟声到客船”的凄美。心灵与历史的交流，容不得半丝打扰，仿佛一枚橄榄，须得慢慢咀嚼，愈久愈有味。

然而，中山陵、故宫、寒山寺，历史感太强烈了，逼着你去感悟，容不得思想的信马由缰。于我而言，丁文江故居的小方厅是更好的去处。在修竹、山石、桂香的簇拥下，安安静静的小方厅，犹如森林深处一汪静谧的湖水，只偶尔有一二熟透的果实掉向湖面，激起圈圈涟漪。

透过小方厅的玻璃，我的目光落在置于书桌正中的围棋盘上。这里曾是陈毅元帅的办公处，元帅嗜好围棋，1949年后曾被日本棋院授予名誉业余7段段位。多年前看过一篇职业棋手写的回忆文章，述及陈毅元帅的真实棋力约在业余初段到2段间，当时还满心欢喜地自忖：凭我的棋力，至少能让元帅二子。现在忆及，不觉哑然失笑，真是少年轻狂，纵然能让九子，元帅气定神闲运筹帷幄，生死决战间尚余心智对弈的神韵，岂是普通围棋爱好者所能比拟万一的？

胡思乱想间，脑际忽又幻化出一位少年的身影。少年正在与老师对联。老师出上联：“愿闻尔志”。少年朗声答道：“还读我书。”老师又出一句：“鸠鸣山欲雨”。少年脱口而出：“虎啸地生风。”老师击节称奇，赞为天才。少年名叫丁文江。是了，这个小方厅原本正是少年丁文江的书房。

丁文江苦读、陈毅对弈的幻象交替闪现，一位是中国现代地质之父，一位是共和国战功赫赫的大元帅，两人既非同乡、同窗，亦未谋面，在我记忆的书橱中，好比《辞海》和《英汉词典》，是不同类型的两个大部头，分置在不同的柜格中。但两位伟人毕竟是有缘的。这个小方厅，于两人均可谓命运的拐点。一个在这里打下了扎实的国文功底，由此走出国门，从而开创出一份辉煌的事业。一个在这里“一战而定苏北”，铸就了我军战史上以少胜多的经典战例。

索性将二人的一生经历作一番比较，惊奇地发现，两人竟有不少相似之处。

二人同是留学欧洲。丁文江于1904年从日本转赴英国留学，在格拉斯哥大学获得动物学、地质学双学士学位，辛亥革命前，去国十年的丁文江搭乘海轮回到祖国。陈毅于1919年赴法国勤工俭学，1921年因参加中国留学生的爱国运动被法当局押解回国。两人出国时都是十多岁，旅欧生涯在他们身上打下的烙印太深了。丁文江秉承了英国社会传统的改良主义思想，终其一生坚持社会进步可以通过改良获得，对于暴力手段则大不以为然。陈毅刚好相反，受法国人革命热情的感染，回国后成为一名终身职业革命家。两人留学隔海相望的英法两国，由此形成了完全不同的人生轨迹。这样的例子在中国现代史上不胜枚举，譬如著名自由主义知识分子通常都有留学英美的背景，胡适、丁文江、傅斯年等人均是典型的英美派；而革命家中的早期留学生就多为留学法国了，像周恩来、邓小平、陈毅。这些民族精英的人生轨迹在一定程度上甚至改变了现代中国的命运，就不能不引起人们的深思了。

二人同为民族救亡立下不朽功勋。陈毅元帅的抗日事迹广为人知，不必细述，一句“江淮河汉今谁属？红旗十月满天飞”即可尽得风流。文江先生深谙军事，却没有机会亲临火线，只好发挥强项，科学救国、政论议国。《假如我是蒋介石》《假如我是张学良》等数十篇脍炙人口的谋国佳论，细细读来，作者的拳拳爱国之心跃然纸上。1936 年 1 月 6 日，丁文江先生死在为国寻找煤矿的路上。胡适先生得悉他最为挚爱的“丁大哥”以身殉国的噩耗后，沉痛地评价，丁文江的最合适的墓志铭，该是他生前最喜欢的一句话：明天就死又何妨，只拼命做工，就像你永永不会死一样！文江之死，使这句话广为流传。

丁、陈二人还有一段少为人知的相似经历。陈毅元帅是新中国的第一任上海市市长自不必说，其实丁文江也曾于 1926 年 6 月出任过 “上海市市长”，他的官衔叫作“淞沪商埠督署总办”，其职权类似于后来的上海市市长。在短短 8 个月的“市长”任内，丁文江不仅勾勒出大上海的市政蓝图并初步实施，还在谈判桌上折冲樽俎据理力争，收回了会审公廨的部分治外法权，这是中华民族近现代外交史上了不起的丰功伟绩。不起眼的小方厅，先后走出了两位上海市市长！

丁文江和陈毅，一个有趣的命题。但他们毕竟与这个时代渐行渐远了，如烟的往事淹没在现实的喧嚣中。然而，小方厅没有忘记这一切，这是属于你的双重荣耀。你是幸运的，小方厅。

故居工作人员的脚步声提醒我，他们好下班了，而我，也该回去看望倚门而望的老母亲了。

【作者简介】

林林，江苏泰兴人，泰兴市文联主席，曾任泰州市文艺评论家协会副主席。著有《丁文江传》。

江边的端午节

周新天

端午的味道，首先在水边萌发。

在家乡泰兴，最先嗅到端午气息的，是滨江地区。

看到江边苇滩三五成群打粽箬的人，乡亲们开始念叨：端午来了。

“五月初五是端阳，糯米粽子蘸白糖。”眼看翠绿的苇叶，想象甜糯的粽子，默数过节的日子——呀，该准备过节了。

从前过端午，仪式要比现在多。

打索子，小孩要戴索子。索子书面语叫络。端午索子分两种：大一点的，像小网兜，装绿壳鸭蛋用；小一点的，叫五色百索子，是长命索，戴在手腕、脚脖上，企盼百年安康。

挂香囊，小粽子模样的袋子装上香料，挂在蚊帐钩上，既避蚊，又芬芳。

再有就是插艾条，一家两根，可以插在门前，也可以靠在门框上。此风俗延续至今。

端午前最重要的仪式是送夏。过去人家大多在冬闲时节结婚，第二年端午前，娘家要给出嫁的女儿送夏，送凉席、凉帽、棉麻单衣。第三年，有了外孙、外孙女，还要送方糕、粽子、汤圆，寓意“高中三元”，以示重视教育，祝愿子孙成才。三元指：乡试第一名解元，会试第一名会元，殿试第一名状元。

滨江平原是泰兴全境内成陆最晚的，比成陆于西汉的东北乡高沙平原晚一千多年。约在南唐时期，江边各个沙洲，由于江沙的沉积作用，逐渐连接起来，形成大片洼地，随后被辟为水田，这就是今天的滨江平原。

滨江平原面积不大，不足全县陆地面积的五分之一，却是最具活力的地方。原因有三：一是依傍长江，交通便利；二是资源丰富，得天独厚；三是在接纳外来人口开垦水田、抵御大潮水灾的同时，养成包容、变通的习性。

包容和变通，也包含在节庆仪式上。

如今的滨江，端午节除了吃粽子，插艾条，送夏，也有改进的地方。

比如，戴索子，改为扣红绳，系在小孩手腕上，辟邪布瑞，祈愿孩子健康。

又如，吃红颜色的菜，从前最多时，有十二红，繁琐费时，现在改良了，内容也不固定，一般是五红：红烧肉，红烧鱼，红苋菜，咸蛋黄，炒河虾。

尊重传统，包容变通，这是大江边生长出来的智慧。

【作者简介】

周新天，泰兴市文广新局剧目工作室主任、中国作家协会会员、泰州市作家协会副主席、泰兴市作家协会主席。1989年开始发表作品，迄今发表各类作品共200万字。曾获得首届青山诗歌奖银奖等。短篇小说《心随野蜂飞》《稀世之鸟》被《新华文摘》《小说选刊》转载；著有《花姑溪》等5部，其中《文心涅槃》入选2016年度江苏省重大题材文学作品创作工程。

听 书

何雨生

冬日农闲下来时，大伙儿便撺掇着让队长到桑木桥去请说书先生。

先生来后，宿在队长家里，有人私下里嚼蛆说他家房子高，被子大，女人更热情。我们几个“混世魔王”驾到时，先生还在吃饭。我们很希望目睹他大碗喝酒大块啖肉的神气，就像他说的书中那些杀人不眨眼的草莽好汉一般；可惜他并无酒喝，也没肉啃，桌上只摆了一盘咸菜炒烧饼，再弄点豆瓣酱搭搭，捧了个白底蓝花的大撇碗吸吸溜溜灌个倒头薄糁儿粥，这又有个什呢吃头嘍喏！

好不容易熬到他丢筷子，队长女人忙过来给他打一把热毛巾揩揩脸，我们这才看清说书先生原本也生得平常。听人讲他的相好倒挺多，几乎每个村子都有个把，我们队长的女人便跟他好。那女人也无甚可观之处，还有几粒浅浅的白麻子，唯一张薄嘴皮叭叭叭挺来事，人送诨名“小八张”是也。队长人有点嗒，平生第一的爱听书，也不晓得管教管教他女人。

陆陆续续又来了些人，队长忙着招呼大家，一迭声地喊女人端凳泡茶。其实也就泡了几碗，村里几个有头有脸的人轮着喝。说书先生自己有一个偌大的茶缸，我偷偷朝里望过一回，乌漆黑通的，难怪上次三癞子被他用醒木敲了一下头后，背地里骂那个茶缸脏得像个粪桶。他手捧茶缸，一口接一口地啜茶，斯文得很，间或也跟边上的人闲话几句，逗逗我们一帮小把戏。三癞子早就不记仇了，因为这次先生和蔼地抚了一下他的头，还用手指蘸一点茶水在八仙桌上教他“癞”如何写。

有人给说书先生让烟。不接。他抽水烟。他有一支镀银的水烟枪，据说里面灌的是70度高粱烧酒哎。他一手端枪，一手持一根纸媒子，“佛笃”一下吹旺火星，“呼呼呼”猛抽一气，“噗”地一声吹去烟烬，而后喝上一口茶，漱漱口。

人拥满了一屋子，后来的已放不下凳子，只好胡乱地靠在门框上，倚到墙上，洋油灯暗昏昏的，我们便忙着用手在墙壁上导演出各种皮影戏来。那时我最拿手的是双手一夹成一把剪刀。专门剪人家脑袋，喀嚓，一个，喀嚓，又一个，喀嚓喀嚓，哈。村里有个会点麻衣相法的老头儿，在一旁对父亲嘀咕道，“看着吧，从小一看，到老一半，这小子长大后一准是个剃头的。”

忽听醒木一响，说书先生已在“的的笃，的的笃”地敲将起来。他本有只小鼓，在邻村说书时被他一个相好的小孩敲漏了，临时给他寻了片破瓢将就着用。

先生其实是唱书哎，他能变女声，这是令我们最感兴趣的。只听他先唱了一段小曲作过门——

凉日子粑粑，照见家家

他家有个骡子，偷吃我家豆子
拿棒打它，告诉妈妈
妈妈正在纺纱，给我一个糍粑

唱完了，大家嫌不够，叫再唱，就再唱：

妹在河边洗白手
一洗洗出白菜头
菜头给哥来下酒
白手给哥当枕头

这段时间又有几个人推门进来，说外边下雪了。我们也顾不上溜出去瞧一眼，只死死地盯着先生的一张嘴，竖起耳朵来听他男声女声的变来变去。

唱过一回，说书先生歇下来，队长女人过来将瓢拿去，回来时里面盛了五六个鸡蛋，又添了趟开水。这是要吃小夜饭了。说书先生拿起鸡蛋向两边让让，几个人皆摇手谢绝。他便不再客套，“喀嚓”一声磕开鸡蛋生吸起来。趁着他喝鸡蛋这空当，我们忙出去撒撒尿，拉开门，呀，地上已薄薄的一层雪了。

听到里面“的的笃笃”地又有动静，我们急忙挤进去。这时我们的座位已转移到了各自大人的膝头，一会儿，眼皮已开始打架了，迷迷糊糊的，听一阵睡一阵，懒洋洋的，很舒服。等大人将我们弄醒，说书先生已在“欲知后事如何，且听下回分解”了。走到外边一看，这雪越发下得紧了，地上厚厚的，连路也不见了。

【作者简介】

何雨生，江苏省作家协会会员、泰兴市作家协会副主席、《黄钟》文学季刊执行主编，曾获得首届中国工业文学作品大赛推荐作品奖、泰州市政府文艺奖、《雨花》杂志征文奖等，著有《木头伸腰》《午夜时分的化工厂》《十月风生》等。

第六单元　靖江篇

一、历代名家咏靖江（诗词）

孤山[1]帆影

元 · 朱经

一点凉青入望遥，樯乌飞处白生湖。
竺僧有道元非妄，海贾为文不可招。
众鲎[2]乘波俱出没，大鹏击水共扶摇。
三山无恙麻姑说，几度枯桑候老樵。

【作者简介】

朱经，进士。

【注释】

①孤山，又名元山，元时在扬子江中，明弘治初（1490年前后）与陆地相连。

②鲎（hòu），即鲎鱼，俗称“王八鱼”“水鳖子”。《珍珠船》卷三：“鲎背有骨如扇，乘风而行，名鲎帆。”

【导读】

这首七律是感怀之作。孤山帆影只写了两句，其余六句，一事一感，寓情寓理，含意深刻。作者隐喻之事，今人无从道来，但其表露的情理，尚可度悟。

题紫微宫[1]

元 · 丁泯

地隔江尘一镜开，清虚疑是小蓬莱。
丹房有药常留火，石径无人半锁苔。
树色暂迷汀雨合，江声如咽海潮来。
桃花满院春风暖，题咏谁同梦得[2]才。

【作者简介】

丁泯，字汝霖，号沧州，元靖江人。旧《靖江县志》称其人品端庄方正，对人直率和悦，为一方表率。

【注释】

①紫微宫，又叫玄真观，马驮沙最早的道教场所，传说建于赤乌元年（238）。元时还在，明建数次均被毁，现无遗迹。

②梦得，唐刘禹锡，字梦得。有《游玄都观》：“紫陌红尘拂面来，无人莫道看花回，玄都观里桃千树，尽是刘郎去后栽。”又有《再游玄都观》：“百亩庭中半是苔，桃花净尽菜花开，种桃道士归何处，前度刘郎今又来。”

【导读】

这首七律，写紫微宫的胜境，实则是抒发诗人所要追求的理想境界。此诗平和蕴藉。

马洲独游

元 · 王逢

沙路泥干信马蹄，水村风静回闻鸡。
春光摇荡无人见，满眼苍烟竹树齐。

【作者简介】

王逢，字元吉，自号席帽山人，常州江阴人，少时习诗于马驮沙（今泰州靖江）陈杰，后迁居苏州。元代著名诗人，著有《梧溪集》。

【导读】

这首乡村小景诗，如同一幅风景画，悠闲恬静。踏青休闲，乐在其中。领悟自然妙境，闲情悠悠入韵。

靖江院中感时

元 · 史褒善

朔风吹海树，逆浪逐晴霄。江干草色黄，沙际云气飘。
霜溪茅屋浅，树落豺狼消。瓦砾积空壁，遗烬长蓬蒿。
伏剑叹疮痍，雪耻恨倭妖。愿言竭丹心，扫荡靖鲸涛。
揽辔安黎庶，扬威托圣朝。

【作者简介】

史褒善，都御史。

【导读】

这是上级派来剿寇的御史获胜后的诗作。读完此诗，便知靖江的先民在这块土地上生存之艰难，亦见这位御史的一片丹心，写景写情，都很到位。

靖江夜坐

明 · 冷宗元

江北江南一水遥，平沙如掌夜通潮。
犊肥春牧知无扰，鹤下云巢不用招。
蓬鬓点霜空碌碌，心旌念国独摇摇。
桃源①浪说秦人在，欲问当年看弈樵②。

【作者简介】

冷宗元，郡二守。生卒不详。

【注释】

①桃源，晋陶潜《桃花源记》虚构的与世隔绝的乐土，后称这种理想之地为世外桃源。记中有这样几句："自云先世避秦时乱，率妻子邑人来此绝境，遂与外人间隔，问今是何世，乃不知有汉，无论魏、晋。"

②看弈樵，《烂柯记》中说：一位樵夫入山砍柴，见二位仙人对弈，便放下斧子观看。一局棋看完，樵夫发现斧柄已烂。他回到山下，已隔七世（所谓"洞中方七日，世上已千年"），村里无人认识他。意思是"朝代已换"。

【导读】

一个曾经从事征战的老人夜坐靖江，从眼前所见，想到一生。心念国家人民，感慨多多。结尾两句颇好，用两个典故，感慨时代变化，十分耐读。

长安①井冽

明·刘乾

魑魅须知莫遁形，此泉应不让中冷。
诗脾可浸浑忘寐，酒力能消许独醒。
短绠②无缘材尚浅，和羹③有用地真灵。
劳民劝相吾侪事，安取空题陆羽经④。

【作者简介】

刘乾，字克柔，号毅斋，靖江人，后迁江阴，归居靖江。弘治己未年（1499）进士，授户部主事，后“出督边饷向者五，所在得将士心”，官至光禄卿。江阴、靖江县志对其均有记载。

【注释】

①长安，靖江明时地分十团，此指长安团，在县之西南，原有长安寺，故名，后坍于江中。

②绠，汲水器上的绳子。成语“绠短汲深”，比喻难以胜任。

③和羹，比喻良臣轴佐人君以成其德。

④陆羽经，陆羽，唐竟陵人，隐苕溪，拜太常寺太祝，不就，闭门著书，有《茶经》三卷。

【导读】

这是一首七律，上四句写井冽之功，下四句感慨自己，老而无用。“和羹有用地真灵”，把在朝廷作了一点贡献，归结为家乡地灵，不忘根本。谦虚美德，无意又露。这首七律写得老到，结句用典表情，犹见功力。

田庐星布

明 · 韦商臣

百里江洲道，行行不见村。槿篱随处密，秋杵隔溪繁。
独木桥多路，偏茅屋少门。晚来灯火动，疑是落星痕。

【作者简介】

韦商臣，字希尹，浙江孝丰人。进士，授大理评事。因以言逆旨，由四品京官被贬为靖江县丞。在任时有政绩。平时赋诗自娱，廉洁清正。离任时登舟风作，公吟曰："舟中若有民间物，尽向碧波深处沉。"风遂息。

【导读】

这首五律写乡村秋景。静观一切，原汁原味。

渔捕鸣榔

明 · 张秉铎

烟雨孤蓑昼欲寒，一声欸乃入江干。
桃花不是秦时路①，牛渚②虚疑汉使翰③。
云卧竿头鱼已得，鸥迎莎底梦初宽。
醒来弄得山前月，谁信风波世上难。

【作者简介】

张秉铎，莆田人。举人。隆庆二年（1568）任靖江知县。王叔杲主修的靖江第一部县志，隆庆三年由他增辑付梓。著有《天马山房稿》。

【注释】

①此句用《桃花源记》事，指时代变了。

②牛渚，即安徽当涂的采石矶。后汉时孙策攻刘繇牛渚营，后孙权使周瑜屯此，以后常为重镇。

③汉使翰，翰指毛笔，本指羽毛。此句是以采石矶为汉使的笔。

【导读】

作者以渔民得到收获自况，并引出世间风波不可怕的结论，宽慰自己。暗喻自己仕途中遇到过困难，经过努力终于改变了局面，增强了自信心。全诗语意深沉，语言老到。

重建马洲书院志喜

明 · 陈函辉

马骨燕台贵，灵光鲁殿存。草丰恒士室，花放岂孤村。
近海桃生浪，成蹊李在门。称诗歌閟泮，讲易赞乾坤。
不有遗书衍，安知古道尊。回澜一柱砥，赴壑百川奔。
匠石材粗集，诸生业细论。德闲严出人，贤路辨昭昏。
渐辟荒榛迳，遥寻泗杏源。菁菁终有咏，造物复何言？

【作者简介】

陈函辉，浙江临海人，明崇祯七年（1634）进士，工于诗书，与徐霞客交好，曾为其作墓志铭。明亡后从事反清事业，事败，自缢而死。

【导读】

明崇祯九年（1636），陈函辉被任命为靖江县令，陈函辉任靖江知县的六年里，夙夜在公，尽心竭力，先后做了几件利国利民且很有影响力的大事，重建马洲书院便是其德政之一。

江 村

清 · 刘均

溪冷荻萧萧，疏花覆短桥。地幽行迹少，野旷市声遥。
草阁藏秋树，村船逆晚潮。渔人群举网，沽酒更相招。

【作者简介】

刘均，原名庭璧，字子成，泰州靖江人。生于甘肃伏羌，随父在云南、湖北等地从名师攻读游，25 岁归靖江，后居正谊书院。撰有《滇南杂述》《南蛮竹枝词》《唐诗筌》《江上草堂诗存》。

【导读】

这首五言律诗写靖江江村情景，全用白描，确切自然。

二、历代名家写靖江（散文）

孤山记

清 · 徐汝铉

江之南，自金陵而西，其山之巍然而崭者以万数，若天门，若白纻，若采石，若玉峰，环而西者胜焉。由金陵而东，其山之巀然而秀者以千数，若北固，若荆南，若穹窿、横云，环而东者亦胜焉，然必以钟山为枢极（斗枢与北极星）乎？江之北，自维扬而西，越真州，历阴陵，其山之萃然而续，崐然而远者亦数百焉，若横山、小帆、百子、龙眠之胜，其名于西者，势相错也。过维扬而东，泛扬子江，望浮山以下，及海陵而止，其山之巀然而藏，瀌然而俯者，亦数什焉，若白狼、浮罗、海门诸岛之险，其名于东者，势亦相错也。然卒未有峻峭中峙，岩壑自辟，不峡摩而邃，不盘曲而幽，东西遥向，道里四均，与钟山茏岚相望，隐若敌国者。则吾靖之有孤山，意者其江以北之枢极乎？

登斯山也，江流潺湲，波涛上下，西望石城，南瞯三吴，北俯大荒，东尽溟海。群峦隐现，如立如抱，帆风飘荡，海留潆漩，决眦数千里，靡不在目。是山之前，城郭参差，人烟团密，晓树清则殿阁见，晚烟散则塔影高，舴艋随风，河流盘折。山之后，青畴万亩，庐舍星布，尤多茂林修竹，蒙络蔽野，又与延令、雉皋之路为四达，商旅车骑，络绎不绝。

山之左右，壤益腴，地益广，室宇益凑，沟洫纷错而相贯。当春则有高柳摇缀，桃李呈艳，游人歌呼上下其间，杂然多丝竹金石之音。暮来则山家放艇，牧子提鞭，又若与游人为映带。其秋则椐、槐、桑、柳、榆、檀之属，疏密间出，耸抑不伦，绿合黄浮，青紫交现。或凉飔晨夕四起，群鸟飞鸣啾唧，与树林箨落细碎之声相杂。盛夏池塘避暑，冬来积雪，凭眺俱爽。是山之上，崎岖层转，无戟楼重阁，然僧舍寂静，竹柏蒙翳，拂草为茵，亦可展席而坐。

其西南右壁峭立，藤蔓翠结。转而北，多怪石，如几如榻，如凿龛、伏兽之状。又北而东有小洞，俯首可出入，深数步，流水滴沥有松涛声，人无敢竟入者，卒未能穷其奥。洞之上，危石高五六十丈，嵌陷层突，苔藓不为附。洞之东南有小径，不达于山顶，径之上有平坡，可容数人，竹石周列，为游人所争得而坐饮者。先是，成化三年既立县，山犹浮江中。越数十年，南北土地既接。山既辟，余不过数岁，今登是山，而年已五十矣。

夫钟山挺峙金陵，其灵异峻发，如葛稚川、陶通明辈，后先为一代魁奇卓荦之士，而吾靖为未有闻焉。则孤山之所为毓秀而降神者，当不徒以茏岚相胜，必有人焉崛起为不世之材，以颉颃于古贤人君子间者，其在斯时乎？其在斯时乎？顺治己亥三月十五日记。

【作者简介】

徐汝铉，字元节，靖江人。自幼聪颖，博览群书，文章自成一体。天性孝友，为人谦虚冲和。次子徐时浚顺治十七年（1660）举人。

三、现当代名家咏靖江（诗词）

咏靖江两章

朱根勋

远眺吴山近，低眉扬子流。江澄喻咫尺，国道畅咽喉。
新造天桥路，清闲渡口舟。长虹新出彩，时势改春秋。

马洲公园

容湖烟水望迷离，湖上风光泛艳漪。
游艇逐波童子笑，幽亭密语恋人依。
长廊书画艺文事，短座友朋家国题。
看绿踏青多长者，聊天不觉日沉西。

【作者简介】

朱根勋，笔名烟雨，江苏靖江人。江苏省作家协会会员、中华诗词学会会员、中国格律诗学会理事、靖江市马洲诗社社长。创作有诗词 1000 余首，著有《梦香集》《竹叶集》《情痕集》等多部。

靖江二重奏

胡弦

江堤

靖江江堤长百余里，犹如蜿蜒的巨龙，为整个长江沿线最壮观的景色之一

I

这是春天，刀鱼在磨它雪亮的刃，
河豚的肝脏
在毒素里继续下沉。
这是扬子江的春天，
潋滟波光，把大水朝高处推送，
而它也腾出手来，把抱在怀中的上游

稍稍松开，并拍打，晃动……
一念遥远的初衷，正从睡梦中醒来。

Ⅱ

在相对沉默的时光中，
那些沙洲哪里去了？
那渡江人、渔翁、风中的手势……
在相对沉默的时光中，所有的叙述
都不会有结局。
奔流之水，没有任何事件能捆住它，
——江堤一再溃决，又被时间之手扶起。
而这也构成了痛苦的基础：
扑向它的波浪，翻腾，撞得破碎，
像被过度使用后丢弃的言辞。

Ⅲ

江流至此，它把自己一再压低，
——无数波涛已被转换成记忆。
无数在水声里行走的人，脚印
留在虚无的空气中；
多少人来，多少人去
江面上，满是失散的心跳和呼吸。
不息的回声，翻卷的雪，谵语的泡沫。
而在存在的边缘，长堤是见证者吗？
一个又一个时代的江水，在和它的刮擦中
寻找那被丢失的知觉。

Ⅳ

这是春天，大江东去，
有人在歌唱，有人循着歌声归来。
水流早已洞晓人世，多少事物
休息在它浑浊的漩涡里。
……我也渐渐平静下来。
我不曾知晓真理，
但一腔苦水止息了翻腾。

这得益于江水和礁石的碰撞，得益于江堤
从涛声中掇取的
某种与音乐完全不同的东西。

孤山之夜

孤山原先是长江江面上高耸的一块礁石……

Ⅰ

明月，
——时光的刑具。

Ⅱ

不知有多少鸟飞过去了，
……你还在这里。
往事中激荡的心，
可以对应你平静的呼吸。

Ⅲ

明月走动。
夜深人静，它悄悄把身子，
从你的左边挪到右边。

许多年了，明月走动
它一半高悬，另一半
在世间下沉。

对于坐在江边的我们，
它来而复去。
——它像个预言家，却一直
懒得开口。

Ⅳ

江水用波浪重复。

你也用孤立重复自己。
——你和江水，
都有把某个意思表达清楚的执着。

V
仿佛磨损所致，星星
又小了些。
摩崖、祠殿、经卷……
——星光下的陆地，
仿佛可以重新言说之境。

Ⅵ
在你身边朝代无数；
在你身边，寺庙坐在黑暗中。
而明月走动，脚步声
在碎澜中传递。

——不同于明月所经历的虚无。
你爱
带壳的动物
黎明前在沙上画下的曲线。

【作者简介】

胡弦，原名胡传义，江苏省作家协会《扬子江诗刊》主编。曾获《诗刊》《星星》等杂志年度诗歌奖，以及闻一多诗歌奖、徐志摩诗歌奖、柔刚诗歌奖、腾讯书院文学奖、花地文学榜年度诗人奖、十月文学奖、鲁迅文学奖等。

沿江，绽开一片美丽的花

邢剑君

靖江，波光绽开。百里江堤沙鸥翔集
满树葱郁绿色，如澎湃诗句
一行行来自心头的吟哦
让千年美景猛然回眸。沿江而行

衔着春泥的燕子，纷纷飞临靖江的身体

烟花三月，靖江，节日布满我们的周围
海轮穿梭。花瓣的馨香，马达的旋律
一条彩色的大江，流动蓬勃激昂
推出靖江庄重的主题

此时靖江，已走出剪纸里的隐居
五月，阳光以大分量的颜色普洒下来
在长江之畔，这座城市最接近太阳的地方
我们双手承接，今生最新鲜的词

正午的阳光，
与长江游动的身体，构成城市辉煌的
前奏。风吹浪花。城市一次次递来
自己通向未来的钥匙

脱俗的长江，波澜壮阔
涌动，迂回，在船帆之上
有铿锵的马达响起，激扬抑或平缓
靖江的故事，因一条江而美丽

【作者简介】

邢剑君，原名邢建军，河北西柏坡人，中国作家协会会员。多次在中国作家协会、诗刊社、省文联等文学大奖赛中获奖。迄今为止，在国家、省市报刊发表作品 500 多篇。

好船借好风

杨飏

好船借好风
当我写下这首诗歌的时候
靖江，开始涨潮

在造船厂的汽笛声中

一位脸颊上留有海浪痕迹的船长
面朝盐、风和颜料构成的远方的大海
他看见
在一只鸥鸟和另一只鸥鸟的空旷处
一张刚刚抚平了天空皱纹的手
正在把又一艘下水的船
推向大海

一千枚一万枚海螺中的大海啊
月亮是传说中跃出大海的一头白犀牛
星星在梦中说话
浪花一朵一朵睁开眼睛
看见了岩礁与珊瑚间披着鳞片的闪电

骑一匹鬃毛梳着菊花瓣的骏马
风，俯身向一只啼鸣的公鸡询问
下一次涨潮的时间
我是出海口的那盏灯吗

黑暗中
谁在我滚烫的心脏里面
用火热的手领来了额头点着红痣的黎明

好船借好风
一艘艘驶向大海的船
一棵棵盛开着花朵的靖江大树
走向了远方的土地
远方，海浪溅湿的天空下
有人收集着一朵一朵的火烧云
作为寄回靖江的明信片

【作者简介】

杨飏，祖籍江西，生于辽宁省大连。当过知青、产业工人、新闻记者，现身在商海，自营实体，从事国际商务及国际货运代理业务。1998 年在“布老虎丛书”发表了长篇处女作《爱个明白》，《圣爱》为其第二部作品。

那些铆钉的光芒

刘亚武

滨江船坞，正在锻造的巨轮
像深海的鲸鱼
阳光和江水若烹小鲜
通透的大红
伴以长鳍或飞翼的红色塔吊
将那些笨重的积木移形换位
还有甲板上的船工
这些可爱的工蚁
手中铁锤，划出一条条
微小的弧线
将汗水和目光中坚硬的盐
淬入钢铁

一些银亮光线，穿过正午的阳光
狠狠蜇痛了我此前的淡定
哦，那些铆钉的光芒
我多么想
成为其中一束

深深漾动，遥远江烟里
一座巨轮的心脏

【作者简介】

刘亚武，笔名高岭，祖籍安徽岳西，现居江苏昆山，江苏省作家协会会员。曾多次获得《诗刊》《人民文学》《扬子江诗刊》等期刊诗歌奖。著有诗集《风吹阡陌》。

躲闪不及的春天

陈德根

在新桥镇农民公园撞见一朵灼灼的桃花
杏花白，桃花红

从一缕阳光进入农家小院
我和春光在手忙脚乱地
搬动着一组组动词
就像农庄里瓜果点燃的火焰
在孝化村 2000 亩的疆域里
我们种无公害蔬菜
和花卉苗木，建起农业生态示范园
无法阻止一个季节倾注的爱意
这是春天，孝化在春花中一点一点饱满
那些鸟鸣是绿色的
观光的人们
在这里卸下了美好的生活
我必须从一滴江水说起
并怀着敬意
跟随更多的人进入孝化
进入生活的内核
看那些蝴蝶兰欲飞未飞
我们在沿途撞见躲闪不及的春天

【作者简介】

陈德根，贵州平塘人。中国作家协会会员。曾获得《诗刊》《星星》等期刊诗歌大赛奖。有组诗发表于《诗刊》《诗选刊》《民族文学》《绿风》等期刊。出版诗集《忍冬花》等。

常去江边坐坐

崔益稳

长江的背面是岩石，一直向下穿透
只能是南美洲大小不等的河流
长江的侧面则弹性巨大
近可是祖先一碗余温未散的江鲜
远可触及千里以外的一块冰

如此说来，经常在江之一侧坐坐
无论坐成怎样的风景
均巧妙分割了交汇的时间和水
风景居中，波涛淘尽世俗的肉身
密不透风的灵魂才会出现空隙

顺水推舟，飞久的灵魂坐下才好
坐成狮子坐成燕子坐成风坐成雨
依然像俗人一样膜拜苍天，形灭神存
永远在长江的侧面，修炼
体内若干条比长江更宽阔的水

这么说，经常来江边坐坐的现实意义
已然超过来江边坐坐本身
我像一名不自量力的长江装修工
久而把时间坐成了不离不弃的老朋友
除了江水，从此棋无敌手

【作者简介】

崔益稳，江苏海安人。诗人，中国作家协会会员，靖江融媒体中心副主任。

钟楼观井

徐赋

感恩的故事，藏在
缄默的四眼井里，长涌不涸
幽深而清澈，暗浮沉香

给予抑或汲取
唤醒一串串泠泠的心语
无影的五人，再度被钟声点亮

瞬间之后，枯萎。凋零

消失成一些无休止的印迹

钟声
远去了
佛心仍在
就像一座古色古香的钟楼
散发着
慈悲的气息

四眼井
四眼清水
是菩萨的眼泪么
是一个活佛的精魂
是大地把一个人的好
牢牢地
记在自己的
心坎里

芸芸众生
其实
每个人都是一眼井
只有心灵湿润了
泉水
就永远不会
干涸

【作者简介】

徐赋，黑龙江肇源人。黑龙江省作家协会会员。诗作散见于《诗刊》《星星》《诗选刊》《青年作家》等。

四、现当代名家写靖江（散文）

春风又绿靖江岸

海笑

我和靖江相识于春天，熟悉于春天，也深交于春天。

第一次到靖江，还是五十年前百万雄师过大江时，我们被指定从靖江过江，然后直奔无锡城，当时我在苏北支前司令部做秘书工作，一支民工队伍的负责人在渡江前夕来汇报，民工们情绪高涨，只是有一点思想顾虑，不怕敌人的大炮就怕敌人的飞机，要求司令部派人去他们那儿做一次动员报告。书记、政委钟民同志对我说：你去一趟吧！我高兴极了，抗日战争打兴化城时，我曾带过24条民船支前直抵兴化城下，现在又可以带着民工船参加渡江战役了。我拿起背包就想走。钟民同志说，我是叫你去做一次动员报告的，讲完了就回来，然后我们一起走。这一拖就拖到1949年4月24日，部队都已经打到了江南，解放了南京，解放了无锡、镇江、常州，我们才接到过江的命令。我们亟不可待地立即出发，从泰州城插向泰兴，插向靖江，我们不知疲倦地快步疾走，一路也不肯休息，只是走呀走呀，也不知走了多长时间，多少里路，忽然有一位同志叫道，我们已经进入了靖江县。这时，我才抬起头来举目四望，只见一片绿色，田地里的麦子绿油油的，路边、河边的杨树柳树碧绿碧绿的，河滩上的青草、芦苇绿茵茵的，那时菜花已开过，只有少量的晚菜花黄黄的。在这一片绿色的大地上，穿着黄色军装的机关干部、部队战士，分成几路纵队走进了美丽的大自然的图画之中，给我留下了深刻的印象。傍晚时分，我们到达江边，只见浩浩荡荡的万里长江中，百舸争流，那景色真是壮观。安排下来，我们是4月25日渡江，于是我就有了足够的时间在江边漫步观赏。走着看着，王安石的那首诗“京口瓜洲一水间，钟山只隔数重山。春风又绿江南岸，明月何时照我还？”倏地从记忆中浮现出来，不过我觉得“春风又绿江南岸”时，同样地也又绿了靖江岸啊！

第二次到靖江，我已人到中年，头上的几顶“帽子”还没有被完全摘去，只是暂时从惩罚性的农业劳动中解脱出来，去了石油勘探队，为在苏北平原上能寻找到石油而贡献自己微薄的力量。苏北平原真是一马平川，一望无际，天低吴楚，大地如画啊！当然，那时我已知道靖江有座小孤山，南通有五座山，连云港和徐州也都有些较高的山，然而这些山都在苏北平原的边缘，而我们的工作中心却在洪泽湖、高宝湖及江都、溱潼等地。大概是1975年吧，我带着一支勘探队伍经过靖江县境，从县城向北走，才走出七八里，突然看见前方一座小山似乎屹立路中，山虽不高，却也郁郁葱葱。物以稀为贵，苏北平原上难得见一山，我不禁怦然心动，左看右看，觉得它像一个巨人，像一座灯塔，像块纪念碑，越看越有看头，直至走到它的面前，如果不是工作任务紧张，我真想去登山一游，然而我们不得不匆匆与它告别，和它“擦肩”而过后，我仍不时地回头去看它，就像李白诗中所说的“两相看不厌，只有敬亭山”，我早已将“敬亭山”悄悄地改成了靖江小孤山，并且在心中反复吟唱。刘禹锡说“山不在高，有仙则名”，小孤山无神无仙，但它却因为是在百万雄师渡江的出发地之一的靖江而变得有名啊！

第三次到靖江，那已是20世纪的80年代了。因为我在粉碎“四人帮”后又回到了文学创作队伍之中，因此得以结识了几位靖江的文学朋友，有以写诗词闻名的朱根勋，有以散文和报告文学为主的陈新宇，有散文小说家潘浩泉，有儿童文学家范锡林。他们常邀请我与忆明珠、黄毓璜和杨旭等人去靖江叙谈，海阔天空，山南海北，国事家事，无话不谈，主人们还佐以靖江的老酒、长江的河豚来助兴，半醉微醺时，忆明珠便欣然命笔龙飞凤舞，黄毓璜便不再口吃而是口若悬河滔滔不绝，杨旭则大摆龙门阵谈不完的山海经，我则忙着听、忙着看、忙着记、还要忙着吃，每次都丰收而归，增长了不少知识。如我对河豚鱼的认识，原来只知道苏轼有诗曰：“竹外桃花三两枝，春江水暖鸭先知。蒌蒿满地芦芽短，正是河豚欲上时。”俗话说，河豚鱼肉嫩味美但又剧毒，一不小心便会中毒且有生命危险，故而人云：“拼死吃河豚”。到靖江后在友人们的开导下，方知只要认识了河豚鱼的特点“个性”后，做菜时拣出眼珠、去尽鱼籽、洗净鱼血、把油熬透，便可放心大胆地尝鲜了。其实做任何事，要想取得成功，都贵在知彼知己，认真对待，才能百战百胜啊！一次陈新宇君、朱根勋君又领着我们去江边老堤新堤上走了一圈，让我们看到了修竹一片，桃花数枝，蒌篙满地，鹅鸭成群，那时尚不太浑浊的长江，肯定有河豚欢快地畅游其中。耳听是虚眼见为实，我见此一幅美丽图画，心想到过武进、常州的苏轼老先生，大概也曾跨江来过靖江的吧，因此当他看到惠崇和尚的《春江晓景》图时，也不管他画的是江苏之景还是福建之水，便把他到过长江下游的感受题诗图上。

现在，江阴大桥已经通车，天堑变通途，要去靖江更非难事，乘车从沪宁高速公路至江阴过大桥到靖江，两小时即可到达。朋友们一再发出邀请，伸出热情的双手期待着我们，然而除黄毓璜外，我们另外三个人都已老矣，人生七十古来稀啊，古话云：七十不留宿八十不留饭，我又怎敢去增加靖江朋友们的负担、麻烦，何况有一幅《春风又绿靖江岸》的图画始终储存在我的脑际，我时时地翻阅它，还可温故而知新，并再加上一些浪漫的想象，使那幅图画显得更加美丽，此愿足矣，又何必遗憾呢！

【作者简介】

海笑，原名杨中，江苏南通人。当代作家。曾任江苏省作家协会副主席、江苏省文联副主席等职。著有《青山恋情》等。

老宅土灶的故事

方祖岐

我住过很多地方，搬过许多次家，有些住过的地方已经完全淡忘，但总也忘不了故乡老宅灶坑里的火光。

土灶在农村家家都一样，用砖石砌成，灶台上两口铁锅夹着一口小汤罐，柴火生起来后，一缕炊烟升起，在空中飘浮着淡雅、宁静的乡情。

土灶在我心中是家的象征。女人们围着锅台转是一辈子的命运，小孩们围着大人要吃的是割不断的恋情，每年春节前送、接灶神活动演绎着千百年人天交流的故事，一阵清风吹散缕缕炊烟揭开了古老村庄的面纱，灶火兴旺说明家境、人丁兴旺，借米下锅是一家人最难过的时候。

我在老宅生活了 15 年，绝大部分时间是在旧社会的苦难中度过的，许多记忆都离不开土灶。

在我的记忆中，我们家的土灶堆砌在西侧耳房，从来没有变换过地方，也没有翻修过。每年掏一掏烟筒、清一清灶膛是不会忘记的，因为又要迎接新的一年。这个土灶的命运联结着我们家庭的命运，甚至同国家的命运也是紧密相连的。

1937 年 12 月，日寇沿长江一线上岸，侵占到靖江老家，家乡的人纷纷四处逃难，我们家也不例外，因此，土灶曾一度熄灭，从此日子过得更苦了。1945 年 8 月，新四军攻打靖江县城，指挥所就设在我们家，进进出出的人一个接一个，这是我们家灶火最旺盛的时候。可是不久，国民党回来了，他们的“还乡团”也回来了，新四军贮藏在我们家的粮食在叛徒指领下被起走了，我们家的粮食也被捎带拿走一些，土灶的火焰又旺不起来了。靖江解放后我很快离家参军，直到 1996 年我到南京军区工作后第一次携夫人和女儿回家探亲，土灶还在，但老宅很快要翻建，看来是保留不下来了。我在土灶旁走来走去，想起许多往事，真是感慨万分。

土灶的“一生”没有做过多少好吃的东西。一年到头煮粯子粥，粥里很少见到米粒，全靠元麦粉的掺和喝起来才有点黏性；中午多是用自家种的瓜、菜做成咸粥，很容易吃饱，但不用多长时间就饿得肚子咕咕叫起来。一年当中能做几顿米饭是土灶的“荣幸”，那也是年节或有客人来时才有的机会。在那个年代，“糠菜半年粮”是我们生活的常态。遇到灾年的时候，瓜菜里面有时还要掺点榆树叶甚至“观音粉”（山里的风化土）。记得有一次中午我放学回家，揭开锅盖看什么也没有，只好含泪又去上学。家里只有三四亩地，要维系十口人的生活，一年四季，总觉得时间过得特别长。这样的境况，令我终生难忘。

土灶带给我的不只有辛酸，也有欢乐。记得小时候，夏天的“知了”（蝉），秋天的青蛙，发水时水沟里的鱼，秋收后稻田里的螃蟹，都是我们的最爱；有时放学后或星期天，到屋后河里钓鳗鱼、摸鱼虾，也是十分高兴的事。我在小孩子中，抓“知了”、逮青蛙，堪称“高手”。这时候，从土灶里散发出来的香味，也令我至今难忘。

每年中秋节，只要父亲心情好，还是要“赏月”的。他从街里拿回来的只有一两块月饼，家里人这么多，显然不够分。这时只好动用土灶，自家做面饼来代替月饼，真正的月饼每人只能分到一小片。现在回想起来，那时的月饼怎么那么好吃呢！

年关到了，这是最喜庆的时候，穷人也要过出穷人的“面子”。一条大鱼、几斤猪肉，要在房梁上挂很长时间，真正吃到嘴里要等到祭祖、接财神以后；也不是所有人可以轻易吃到，因为还要接待拜年的亲友。过年炒几斤花生、蚕豆，也让土灶显得热闹非凡。这样的年节，尽管过得十分寒酸，但却让我至今怀念。

除了这些，土灶对我还有更大的“恩惠”。我三岁丧母，是祖母把我带大的，我是祖母的“跟屁虫”。每天早晨祖母生火做饭的时候，常常在灶坑里放一两个芋头，这是只有我才能得到的“特殊待遇”。我高小毕业念初中后的第一支钢笔，也是祖母用一年时间从灶坑里积木炭钱买的。中国人的“隔代亲”啊！我从中的体验太深刻了。

几十年过去了，故乡老宅灶坑里的火光一直是我挥之不去的记忆。我已走遍全国许多地方，国外也去过不少地方，中餐、西餐好吃的东西吃过不少，但再好吃的东西也只是留下一时的口感，而我至今最喜欢吃的还是老家的粯子粥、芋头。我在东北工作时，家里的亲人有时捎来点粯子、芋头，我当宝贝似的要留很长时间才吃完。到南方来工作后，从家乡来的粯子、芋头供应充足，我更是离不开它们了。靖江马桥（长里乡老家所在地）的芋头，已经成为名牌畅销国外，我用它的种子在南京富贵山住处试种获得成功，品质也很好，我戏称它“富贵山芋头”。

我对芋头有着特殊的感情，是因为每当吃芋头时，常常想起老祖母。一次吃饭的时候我拿起芋头咬了一口就停下，愣在那里了，眼眶里饱含泪水，老伴魏忠莲在一旁问道：“你怎么啦？”她哪里知道，我忽然思念起老祖母来了，思念她在灶坑火光照映下的满头白发和布满皱纹的脸庞。

我曾写有怀念老祖母的一首新诗，这里摘录几句：

勤劳！
勇敢！
宽厚！
节俭！

中国人还有多少美德——
没有在她身上体现。
土地——人类生命之本，
她用一生的心血，
倾注在一小片土地上，
维系着一家人的生命。
她那双“三寸金莲”，
上房摘瓜，
下地耕耘，
无所不能。
在我幼小的心灵里，
刻下的是一帧——
伟大而又令人伤感的身影。

现在，故乡老宅的土灶消失了，中国所有的土灶也或将消失，我既伤感又兴奋，因为，一个新的时代、新的生活开始了！现在，从我们家老宅走出来的人和后代已有100多人，遍布大江南北，北国南疆，有的已走向世界，我要对他们说：“不要忘记过去，不要忘记我们曾在一个锅里吃饭的亲情！”

【作者简介】

方祖岐，笔名重九，江苏靖江人。曾任南京军区政委、党委书记。1998年3月晋升为上将军衔。

苏中第一山

赵本夫

靖江孤山，可称为苏中第一山。

中国的名山大岳，能称为第一者都有其独具的风采，或因其奇，或因其险，或因其高，或因其特有的文化背景。我称孤山为苏中第一山，则是因其小。

大可以称第一，小也可以称第一。

世间人事喜欢做大、称大，老子天下第一，大家见得多了，习以为常，但也不怎么当一回事，知道你厉害就是了。偶尔称为天下第二者，已见出谦虚，令人肃然起敬。往下再排几个座次，也还能排一排，比如秦叔宝，被称为隋唐天下第七条好汉，依然了得。但轮到芸芸众生，就排不上号了，只好沉默着，做看客。

于是孤山无语。

孤山的确是小。山体高不过二十丈，周匝不足两千米，犹如一个精致的盆景卧放长江北岸，简直就可以放在掌中把玩。这样一座小山，如果放在天山、昆仑山，大别山或者青藏高原上，只能算一块石头。但它是一座山，并且是一座完整的山，江北数百里内仅此一座，就显得分外稀罕了。

据地方志载，数千年前，孤山只是长江中的一块礁石。公元 1488 年，即靖江建县第十七年，这块巨礁才挽沙登陆，正经成为一座小山。这样看来，孤山应是当年万里长江送给新建靖江的一个礼物了，算是镇县之宝。当地人自然珍重，因此精心打扮，山上有了绿树浓荫，有了奇花百草，有了寺院庙宇，有了楼阁牌坊，有了关于孤山的美丽传说，五百年来一直是大江南北一处游览盛景，关于小小孤山的诗文林林总总，竟有数百之多。至于寻常百姓登山望景者更是无法计数。可见孤山不孤，孤山并未因其小而被人轻视。

大与小，多与少，显与隐，诸如此类的物事，原本是各有得失、各有千秋的。你如果生活中乃至人生中有什么不如意，不妨去一趟孤山，一定会有所感悟，起码会让你平静下来。从这个意义说，靖江孤山不仅诗意盎然，古意盎然，而且没准能从孤山峭石间发现一个大境界。

【作者简介】

赵本夫，文学创作一级。曾任江苏省作家协会专职副主席、中国作家协会全委会委员。1981 年发表处女作《卖驴》获当年全国优秀短篇小说奖。著有《天下无贼》《地母三部曲》《天漏邑》等。

靖江江鲜

苏童

我对靖江一直比较陌生，就像对江苏乃至全省外的许多城市一样，其意义似乎只是地图上的一个地名一种音节而已。多年来去过许多著名的或者不著名的城市，美丽的或者不美丽的城市，就像匆忙之中翻看一本书，读后感是很模糊的，何况许多城市之旅是朝至夕发，这城市如果是一本书，本人只翻看一页，如何评价是好呢?

但我对靖江还是留下了很明确的印象。热情的主人为我们这些南京文人送上了一桌桌极具征服力的菜肴，都是新鲜的江鲜，鱼们虾们鳗们携手来到我们的餐桌上，风尘仆仆，还带着大江大水的豪气。说起来是没出息，我至今还记得靖江大桥度假村的餐桌，记得那些盘子里被天才的厨师精烹细制的鱼虾，记得举箸而欲罢不能离席而满口留香的感觉——这应该是吃后感。谈吃后感想必无妨，就说那些刀鱼，说那些鲥鱼，那些不为人知的当地人称作鲴鱼的鱼，每条鱼，不管是炖的烧的卤的，条条堪称极品，而我平素讨厌的鱼丸也因为此地鱼丸非彼地鱼丸，一步升天，向我洗清了其族类背负的恶名，靖江鱼丸，不一样就是不一样，好吃得很!

还是谈吃，我至今不能忘记餐桌上的那碗河豚。我们一行人去靖江时清明已过，吃河豚的季节也过了。但主人一定是懂得文人贪吃的习性，同时他们一定是对靖江厨师有足够的信心，在不适宜的季节里，他们依然端上了最适宜的一道菜——这就吃出了靖江美食的深度。我记得河豚上桌时众人一时无言，气氛稍许显得凝重。于是主人率先夹了第一筷子，局面立刻就打开了。所谓的“拼死吃河豚”,一点也不壮烈,一桌主客都不像贪嘴不惜命的,何至于吃得那么安详，那么自然，我现在想来想去，得出的仍然是上面的那个结论，在靖江，我们是吃开了，吃好了，有恃无恐。

一别靖江已经两年，没再去过那个江边小城，我一直住在南京，偶尔遇到靖江的客人，脑海里的念头不便示众，因为全与江鲜有关，唯一说得得体的是:你们靖江，吃得好呀!

【作者简介】

苏童，曾任江苏省作家协会副主席、中国作家协会全委会委员。曾获得鲁迅文学奖、茅盾文学奖、英仕曼亚洲文学奖等，著有《1934年的逃亡》《妻妾成群》《河岸》《黄雀记》等多部。

靖江水

储福金

夜晚，我独自站在靖江江堤上。在我的头上方，是横跨长江的江阴大桥。桥身高耸，如一个接天连地的剪影。我默默看着江水。春江之水浮着一点草绿的气息，荡着一点风清的气息，动着一点生物活跃的气息。

靖江居长江下游，扼江海门户。靖江本是江，隆江中之洲，变江中之城。靖江与水连着，牵着，傍着，合着。长江之水从遥远处奔波而来，在这里完全松缓了，长江长途跋涉了几千里，在海的门口，也该松一口气，缓一口气，准备进海了。水在江将化作海之时，变着身肢，变柔了，变静了，显着智性来。

我爱水。我爱柔柔的水，我爱静静的水。我爱凝视柔柔静静的水。大自然之物，凝视久了，你都会有所感受，都会有深一层与人生相映衬的感受，如凝视天空，如凝视大地。但我还是喜欢凝视水，水是动态的，以动态表现着什么，一浪一潮都在叙述着什么，一涟一漪都在诉说着什么。我曾去过虎跳峡，那水在奔腾呼啸，乱石崩云，惊涛裂岸，那是反映着历史壮怀激烈的故事。而我更喜欢凝视眼前的水，水的上面是柔静的，水的深处凝着几千里的沧桑云月，人生岁月的壮怀浪漫的故事毕竟是少的，而日复一日年复一年平平静静琐琐碎碎的是常态。靖江不是水激荡突兀的产物，而是水日积月移的力量所生成的。凝视靖江的水，心也就静下来，感受那平平常常却是久久远远的历史人生。

在靖江，我对水的另一层感受是对着那口明朝建造的四眼井。井水越发地柔，越发地静。水从一口井的四只眼睛中，柔柔静静地看着我。于是，我在那四只眼中，看到了所映现的四个我。谁是我？我是谁？你在嘴上问一声，井里回旋的声音，像是吟着，应着。你在心里问一声，默默地便在深深的井里沉下去，恍惚叹息出了一股清凉之气来，濡湿着六角形的圆滑的青石井圈。

靖江水虽柔虽静，却宽宽广广地接受着许多许多，容纳着许多许多。特别是水中的鱼，竟是那么地品种繁多，那么地鲜嫩肥美。在靖江的日子里，我吃到多种多样的鱼，除常能见到的鳊、白、鲤、鲫之外，还有细骨银鳞的鲥鱼，有粉红雪白的鮰鱼，有狭长似刀的刀鱼，有扁如脚底板踩了的沙塌皮，有身长色黄的黄道士，有细长色黑最易用来炖豆腐的小虎头鲨，有入口即化的如桥钉状的桥钉鱼，有肥肥嫩嫩的猪尾巴状的猪尾巴鱼，还有名气极大的河豚……真的很难想象在柔柔静静的靖江水中，有那么多种类的鱼在游动着，又显着是何等活泼泼的哟！

【作者简介】

储福金，曾任江苏省作家协会副主席。曾获得庄重文学奖、《北京文学》奖、江苏省文学艺术奖等。著有《心之门》《黑白》《中国当代文学百家——储福金小说精选集》等多部。

落实靖江

贾梦玮

我的地理知识贫乏，到这次去靖江之前，我才准确地知道靖江是在长江之北。"靖江"两个字对于我来说本来并不陌生，童年时从一些电器的注册商标和制造厂家就多次看到这两个字。那时，"靖江"这两个字在我的心目中的分量实在是了得。这次要亲身去靖江了，我还真有点儿兴奋，因为"靖江"就要在我这里得到"落实"；对这种"落实"的兴奋，我想很多人都是有的。这种落实，我们有眼，有耳，还有嘴。

去的时候走的是沪宁高速公路，经江阴过江阴长江大桥，但沿途的一切好像都不在我眼中，因为我要去的是靖江。车上，同行的一位老兄，他也只是在报上看过江阴长江大桥，一直想象不出就那么一座桥怎么需要"世界先进技术"。待远远地看到大桥了，等到我们的车真的走在大桥上了，感觉大桥凌空飞跨长江的气势，我们终于知道了什么是世界先进技术。但我的心中还存在期待，因为靖江在桥的那一头。后来住在江北的长江度假村，正是看江阴长江大桥的最佳角度。我觉得，往北的车流都是冲着靖江来的，往南的车流都是由靖江发出的。第二天、第三天，靖江的朋友带着我们参观光芒集团、小天鹅分厂、私营企业主创办的样板乡村等，我时时都能感觉到这里吐纳的气势和生机。

印象比较深的还有参观书法实验学校。看了小学生精彩的即席书法，我们这群所谓的文化人，我看心虚的不少。到了最后留字，大多数人都有点忸怩，因为毛笔字都不怎么拿得出手。后来有的用钢笔，有的用的是塑料头的"虚拟"毛笔——据说如今不少大人物题字时用的也是这种笔。在中国，毛笔字是很"文化的"，对文人来说属于基本功。如今有了键盘，不用说用毛笔，就连钢笔字我们也写不好了。在靖江，我不敢放肆。

落实靖江，我的嘴也功不可没。靖江的菜有特色、好吃，我总觉得它是应该有自己的谱系的。除了各种各样的江鲜，诸如清蒸鲥鱼、芙蓉刀鱼、桥钉鱼等以外，还有老汁鸡、三杯鸡、靖江羊肉等美馔佳肴，一道蟹黄汤包的制作工序就有十几道，吃的技巧亦具挑战性，据说乾隆皇帝吃蟹黄汤包时就出过洋相。由于靖江菜的不可拒绝的魅力，在靖江几日，我的体重增加不少。我当时正在减肥，靖江的菜真是让我爱恨交加而又无可奈何。而且，同桌的靖江人竟不肯喝白酒，用奶、雪碧、可乐应付我，从感情上讲我有点儿接受不了。但从理智上说，我一直以为经济发达地区的人是不会消耗太多的烈性酒的，因为烈酒需要太多的热情，如果把过多的热情放在酒上，哪还有多少热情干其他事情呢？反过来说，把热情放在经济和社会发展上，也就不会有多少人有热情来喝白酒了。从这个角度来讲，我对靖江亦是爱恨交加的。不管是爱是恨，有一点是肯定的，落实了的靖江不但是具体鲜活的，与我也是亲的。

离开靖江的前一天，我们一行从靖江造船厂走水路回住处，乘的是靖江港监的船。上船后不久，港监的一位同志就和我们聊上了。因为发动机和江水的声音，他的话很难让几个人听清楚，最终他选择了江苏省作家协会专职副主席赵本夫的耳朵说了一路。在后甲板上，他们时时要注意站稳脚，打到甲板上的水漫上了他俩的皮鞋，他们没有注意到，但两人的脸上渐渐有了凝重之色我注意到了。隐隐约约我听到那位港监的同志好像谈的是长江航道的管理问题，几个管理部门相互扯皮重复收费的事，靖江人对社会现实的关心由此可见一斑。我想，对于有关国计民生的事来说，每个人的关心都是必要的，但最终恐怕还要靠体制靠政策。有了体制和政策，靖江靖江，无疑名副其实，“靖江”之名真正落实矣。

【作者简介】

贾梦玮，作家、编辑家，文学创作一级。江苏省作家协会副主席、《钟山》主编。著有《红颜挽歌》《往日庭院》等。

写在湖畔的诗行

陈歆耕

一到春天，各地的文学活动便如从冬眠中醒来的草木，开始活跃起来。承蒙某些活动主办方的高抬，此时我也会收到不少邀请函。通常我会推掉一些“邀请”，去我真心想去的地方。当然，因工作需要另当别论。因为我觉得，对于一个写作者，参加一些文学活动是有益的，通过文友“雅聚”，相互交流思想、切磋技艺，有助于开阔自己的思维和视野；但参加此类活动，一旦过于频繁，则会挤压掉读书写作的时间，于创作则无益了。

在几个几乎同时举行的活动邀请中，我选择了去靖江。我与靖江有特殊的缘分。每年开车回苏北海安老家，穿过江阴大桥总是要经过靖江，高速公路上那个极为醒目的标牌，总是要射入眼帘，但真正进入靖江地域，记忆中只有一次。八年前，我刚到《文学报》工作时，到江阴拜访文友，同乡夏坚勇先生带我去拜会了一位同是海安老乡的靖江文友。那次，匆匆来去，除了聊天，吃靖江汤包，给我印象最深的是，靖江对人文精神建设的重视。这么说有点像“官话”。其实，这个印象是通过一件具体事件烙下的：一位有才华的青年作家在苏北某县一个乡村学校当教师，靖江给予多种便利优惠条件，硬是把他从那个县“挖”过来。这件事说明了什么呢？不用我回答了。

这次靖江对我的吸引，有多个因由：多年未见的文友，有此机会一聚，一乐也；再尝汤包之鲜美，二乐也；三是很想近距离地看看靖江，看看他们究竟是怎么重视人文环境建设的。多次参加类似的“采风”活动，我知道，主办方无疑都会把当地最美的人文和生态景观呈示给文人雅士们，希望能触动他们的灵感，由此而迸发出华美的文字来。但我也知道，如此浮光掠影、蜻蜓点水式的“采风”，通常是“采”不出像样的文章来的。好文章必然是在作家心中积累体验已久，一旦找到出口便自然喷发出来的。这次靖江的采风活动，请来了当下诗界名声隆隆的舒婷女士、赵丽宏先生、小海先生等，不知道他们会不会为靖江挥笔写下上佳的诗篇来。

在一系列的安排中，有一道“菜”，我觉得特别有“味道”。那就是，请舒婷、赵丽宏等一干文人，到该地新建的牧城公园去植树，让诗人、作家们直接参与描画当地生态环境改善的蓝图。于是，那天下午我们沿着明湖水岸，穿过一条条蜿蜒的林中小道，来到临湖一片土坡上，挥锹铲土，让原本光秃的坡地，一会儿便矗立起一片小树林。我注意到，文弱的著名诗人舒婷女士，时间不长，面颊上便已经汗水成溪了。我想，大概其他人也是很久没有参加类似的体力劳动了。虽然算不上个个汗流浃背，但人人裤腿有泥，手心发热，却是真实的。植树毕，诗人们立在林边，观赏着用汗水写在这湖畔的“诗行”，任清风拂面，看湖波荡漾，听树叶歌唱，都很有一种成就感。

这样一种行动，在我看来是富有象征意义的。从古到今，凡有志于社会改造的文人，往往都不满足于在纸面上雕字琢句，写锦绣文章，他们都企图以自己的行动来改造社会积弊，为天下苍生或一方百姓，创造更美好的生存和安康的环境。最典型的大概要数王安石和苏东坡了。王安试图冒天下之大不韪，革除各种导致宋代积贫积弱的弊端，虽然因既得“利益集团”的强烈阻遏等因素，终究未能挽回大宋王朝衰败的命运，也未能产生造福于民的最终效果，但他那种“天命不足畏，祖宗不足法，人言不足恤”的改革精神，永远回荡在中华历史的上空；还有那位与王安石同时代的大文豪苏东坡先生，虽然一生坎坷，常遭贬谪流放，但他每到一地，总是关心民众疾苦，为当地百姓谋福利。元祐七年，南方暴雨成灾，民不聊生，东坡接连七次上表太皇太后，要求体恤贫民，宽免贫民的债务：在杭州西子湖畔，那些东坡主持为民建造的水利工程，像他的诗文一样让人难忘……

也许诗人作家们的此次靖江之行，真正能留下痕迹的，就是这片小树林。它们随着时面的推移，会越来越粗，越来越高，可能比诗人作家们的作品生命力更持久。虽说，文人所能做的事情，主要还是奉献出更多更好的作品。但如果一个有襟怀的文人，只懂得纸上谈兵，面对种种社会回题而情感冷漠，缺少起码的点点滴滴的行动力，我一般也不会寄望于这样的作家，能写出深深刺痛社会神经、广受读者欢迎并持久流传的大作品。从这个角度说，靖江安排采风的诗人作家们参与植树的行为，给这次原本平常的采风活动，注入了别具新意的内涵……

靖江不仅仅在向我们呈示一些什么，同时更深层次地向我们传递了一种期待！

【作者简介】

陈歆耕，笔名辛耕，作家、编辑家，中国作家协会会员，上海《文学报》社长、主编。曾获得全军文艺新作品奖、《解放军文艺》奖等。著有《红土冤魂》《孤岛》《青春驿站》等多部。

江心泽国

潘浩泉

长江流到江西湖口就算下游了。从此豁然开朗，流速也慢了，日复一日的海潮又给江水注入胶体，促使泥沙沉淀，于是茫茫江面崛起零星的土地。

它们大的叫洲，小的称渚，俗称沙或滩。靖江最初的胚胎就是“蕞尔阴沙”，四百多年前投入大地怀抱。而靖江东端江面的靖兴沙、双姜沙、驷沙、和平滩、民主滩，则如一根剪断的脐带。

沙滩最迷人的是套子。套子就是沙滩之间的水面，江水九曲回肠地流进来，似乎倦了，风平浪息，一派湖上风光。假如我们去游览，最好是夏秋两季，只能用小船，否则是会搁浅的；当小船沿着套子迂回前进，那水，那天，那翩飞的水鸟和碧绿的芦苇，不断变幻风景的“魔方”。我们仿佛冒险侦探一座神秘水寨，又像参观一个亘古洪荒的模拟展览。偶尔行至水穷处，以为没路了，转瞬眼睛一亮，侧面分明又是一条水道。一旦听得橹声咿呀，神情大振，一叶扁舟翩然而至，对方仿佛是远古来客，又像梁山水泊的哪条好汉。

沙滩是芦苇的世界。宛如绿色城堡。平时人迹罕至，只有当朔风把芦苇染得金黄金灿，把芦花吹得如同瑞雪纷飞，农民才别上镰刀，摇着船儿，去沙滩安营扎寨，收割芦苇。

沙滩最可贵的是幽静。假如无风无浪，又是正午，太阳悠闲地把江水镀得犹如会箔，鸟的鸣叫少了，也柔曼了，纵然套子里蓦地冒出一声鱼跃的清音，会把这幽静点缀得分外浓郁。那种静仿佛不可置信，使人油然生出一丝被人世遗忘的恐惧和远离尘嚣的轻快。我们深深地呼吸，空气里饱蕴江水的清芬和芦苇的芳香，我们可以把紧张的心弦一根根调平，而最隐蔽的心弦却又受到意外的撩拨。记忆的荧屏会突然清晰，缥缈的往事如惊鸿飞还，思绪也骤然活跃，不时迸发玄思奇想的光彩。更可贵的是，只有在这样的静穆中，我们才有可能倾听宇宙巨钟的回声。

沙滩最活跃的是鸟。清晨，万鸟齐鸣，朝阳就在这美妙的晨曲中爬上芦梢；黄昏，成群结队的鸟儿归巢，它们鸣叫，嬉戏，也有搏斗，飞在水面像一团烟，盘旋空中则如一朵奔驰的云。最多的是芦雀，它比麻雀还小，假如我们有豪兴在风雨交加的夜晚光临，假如身边有电筒，不妨用它往芦丛探照，芦秆上到处都是蜷缩一团的芦雀，一动不动，只要伸手去摘，眨眼工夫会塞破口袋的。那鹭鸶就有些孤独了，兀立于套子的浅水处，漫不经心地用又尖又长的嘴啄鱼。偶尔还会出现天鹅，昂首游弋，好像是这方水鸟世界的贵族巡视平民。

沙滩最神奇的要数潮头了。这里的潮头虽不像海宁潮头“吞天沃日”，也不像广陵之涛“沌沌浑浑”，但也会沉舟折楫，吞噬人命。为了对潮头的暴戾表示报复，抒发征服自然的豪情，渔民船民曾在沙上举行过奇特的比赛。他们在八月十八大潮到来之前，于潮头必经之处打下一根根又长又粗的木桩。比赛时用一根酒盅粗的绳子一头系在桩上，一头扣在腰间，然后爬到桩顶等候潮头；围观的只能泊在远处，爬上桅杆眺望，呐喊助威。当参赛者感到迎面扑来的江风有一丝透骨的寒意，瞥见远处有条白线伴随隆隆之声翻滚而来，便高喊一声："来——啦——"嗦地滑下，手脚紧紧绕住木桩。此刻，潮头犹如一群洁白的天鹅列队横飞，水鸟早无踪迹，受惊的鱼儿腾跃如同骤雨。潮头涌入套子，顿成潮峰，带着千军万马般的呐喊席卷而来。参赛的早就抱紧木桩，长长地吸了口气，迎接潮头袭击，"哗——"瞬息，它也就过去了，沙滩上只剩一层薄水，被潮头打萎了的参赛者将脸上的水一抹，把腰间的绳一松，跌跌爬爬地踩着潮头的尾巴，捕捉被潮头带上沙滩的鱼儿。最后以获鱼多少评定英雄。

【作者简介】

潘浩泉，江苏靖江人。中国作家协会会员，曾任泰州市作家协会主席、江苏省作家协会理事。著有《世纪黄昏》《幸福花决心要在尘土里开》《忘忧草》等。

包 子

刘亮程

包子是真正的雅食，古时君子进餐，以手遮口，吃不露相，把吃当耻事，因为君子之嘴主要是用来讲道授业，要保持其尊严，不能众目睽睽下满嘴流油。所谓洗耳，刮目，净口，皆是古人对感觉器官的尊重。包子的发明，大概起到了遮掩作用，它把里面的美味全包庇了，露给人的只是朴素的面皮。

到靖江的前一站是扬州，扬州包子在新疆时便久闻其名，早年我们家开过上海小笼包子店，对包子并不陌生，加之新疆维吾尔族的包子五花八门，也算见过包子世面。但扬州包子仍让人开眼，光品种就有几十种之多，眼花缭乱，不能一次品尝完，每样包子一种味道，有些馅让人意想不到，不咬一口，真不知道包子有如此做法，仿佛天下所有好东西，都可包进包子，吃进肚子。

靖江，诗人庞余亮请吃午餐。先是吃河豚，第一次吃河豚，口味怪怪的，尤其河豚皮，像有针芒在里面，吃得心惊肉跳，什么味几乎全忘了。对汤包记忆颇深。靖江蟹黄汤包可算是美食中的美食，江南包子的登峰之作，薄嫩透亮如肌似肤的面皮，神秘诱人的汤馅，盛在盘中，晃悠悠的，像个活物。包内的蟹黄汤，透出一层红晕，感觉里面有一颗心在跳，有一波春潮在涌。更像含羞少乳。对待这样的美味尤物，人的动作只有轻之又轻，柔之又柔。就像在新疆对待一堆煮熟的羊肉马肉，你只有拉开架势，大刀阔斧地吃喝。南方食物使南方人变得柔和，北方食物让北方人变得粗放。

在靖江一天半时间，每顿都有蟹黄汤包等着我。每每遇到它，便埋怨上帝造人时把肠胃造小了，跟人的食欲不匹配，面对满桌美味，嘴还想吃，眼还馋，胃却没空间了。我回到新疆后，汤包的美味消化了，脑袋这才醒了过来。我的看法是，新疆的抓饭、拌面、手抓肉，都是一种结结实实的吃食。当然也是美食。是那种“吃饱了干活去”的饭，给人增力气壮胆量的饭。靖江汤包和靖江菜一样，则是供人消遣的，碟小小的，量精精的，不让你吃饱，吃饱了就尝不出味道。

韦庄说，游人只合江南老。我倒觉得，江南适合人的青年和中年，一个人年少时在西北，看大山大野大漠，把心胸养大，把气魄壮大，而让味觉亏着、梦留着，青年得志去江南，饱受美味美景美色。江南之美，都是年轻年壮时享用的，老了再回到西北，回到阳光和干燥中，回到辽远和空旷中。潮湿南方可能不适合人养老。地老天荒的西北适合人老，人老的时候，天地时间俱老，人不为老而孤单。而江南，总是被春风绿了又绿，没春风的时候也绿。没个尽头。假如没有靖江汤包这样的美味，江南的人生该是多么荒凉。当我穿越千里戈壁后的一小块绿洲，去与茫茫沙漠里的一两棵绿树相遇。当绿一下子撞入我的眼睛，我又忆起了江南晃悠悠的靖江汤包。

【作者简介】

刘亮程，作家，曾获得鲁迅文学奖、冯牧文学奖、“百花文学奖”等。著有《一个人的村庄》《在新疆》《虚土》《凿空》《捎话》等多部。

靖江的美味

王彬彬

知道江苏有个靖江县，是近二十年前的事。那时刚从大学毕业，走上了所谓“工作岗位”。从另一所学校同时分到这个单位的人中，有一位姓陈，身材魁梧，外表和内心同样憨厚，我们常在一起喝酒。他是靖江人，每次探家回来，他必定带回一些家乡特产“靖江肉脯”，我们也必定聚在一起，用这肉脯下酒，那味道可真好。我从此也就牢牢记住了靖江这个县名。后来，吃过多种其他产地的猪肉脯，总觉味道不如“靖江肉脯”。

去年五月间，有一次靖江之行。途中，靖江肉脯的色香味，又在记忆中浮现，不尝此味久矣，这回，到了这美味的产地，该能一次吃个够吧，我想。但结果却大出我的意料。在靖江的几天里，我根本没见过肉脯的影儿，主人甚至连提都没提到过“肉脯”二字。不是主人吝啬，而是因为，在靖江，与其他的美味相比，肉脯实在连提都不值提。

靖江原是长江下游的一个江心洲，后与北岸连成一片，成为三面环水的半岛。由于离长江入海口不远，这里的江中鱼类众多，尤其在春季，东海中的好多种鱼，溯江而上后，在这里停留，选择这里作为它们产卵之地。据主人说，我们到的还晚了些，有几种鱼已产完卵，回到大海了。若是早些来，品尝到的美味会更多。但即便是这样，顿顿端上桌的鱼，也够我们大开眼界和大饱口福了。我也算是生长在长江边的，现在又在南京谋生，吃过和见过的鱼，也不可谓不多。但在靖江几日，餐桌上的鱼，往往我不但从未吃过，甚至连听也不曾听说过。

靖江的水产中，河豚当然是赫赫有名的。知道靖江也是河豚的盛产之地后，我就盼着能在此一尝这奇味。宋人吴曾所撰的《能改斋漫录》中，有一则《东坡知味，李公择知义》，云：

东坡在资善堂中，盛称河豚之美。李原明问：“其味如何？”答曰：“直那一死。”李公择尚书，江左人，而不食河豚。曾云：“河豚非忠臣孝子所宜食。”或以二者之言问予，予曰：“由东坡之言，则可谓知味；由李公择之言，则可谓知义。”

这李公择看来是位道学家，也是上纲上线的好手，竟把吃河豚上升到不忠不孝的高度。不过，这也说明，吃河豚的确是有些风险的。在河豚产地，中毒而死者，也年年都有。也正因为如此，有些人面对如此美味，是始终不敢下箸的。至于我，在苏东坡与李公择之间，是宁愿选择苏东坡的。味，亦我所欲也；义，亦我所欲也。若不食河豚即谓知义，吾舍义而取味者也。

但在靖江期间，我顿顿都盼着有河豚上桌却屡屡失望，又不便张口问，只在心里嘀咕：到靖江而不尝河豚，岂不白来一遭。直到最后一顿晚餐，终于有河豚上桌了，但每桌也只有两条。按习俗，吃河豚是不劝的，客人不吃，主人不能勉强。河豚上桌后，主人只是率先挟取一块，塞进口中，客人吃或不吃，则自便。我们桌上，其他人都吃得很谨慎，浅尝辄止，而我则毫无顾忌，所以总数虽只有两条，但我还是吃得很痛快的。最后盘中剩下两个鱼头和一些汤汤水水，我一看无人问津，干脆全倒在自己饭碗中。那天晚饭后，主人没有马上回去，而是在旅馆陪着我们聊了一阵天。第二天主人告诉我们，请我们吃河豚，他们其实是捏着一把汗的。我这才知道，主人之所以只请我们吃一次河豚，而且桌上只上来两条，都绝非因为不舍得，而是因为不放心，唯恐有什么不测。而他们在饭后不马上离去，也是为了我们万一有异常现象，好及时采取措施。最让他们担心的，恐怕就是我了吧，而我却浑然不知。

要问我河豚味道如何，我只能说一个字：好！至于如何好，则非言语所能形容。河豚的美味如果能用言语说清楚，河豚也就不成其为河豚了。

《辞海》的“靖江”条中，最后说靖江特产有猪肉脯，这其实是不公允的。到了靖江才知道，靖江有许多远比肉脯好吃得多的特产。所不同的是，肉脯可远销各地，而其他的一些美味，你则必须到了靖江才能尝到。

【作者简介】

王彬彬，文学评论家、文学史家。南京大学文学院教授，博士生导师。江苏省当代文学研究会会长。著有《在功利与唯美之间》《为批评正名》《并未远去的背影》等多部。

一幅画

车前子

午睡起来，开了门，醒醒脑子。风一波一波的，把房间弄得当当响，身体也就有些活动。这时的太阳说是夕阳还早，但有了夕阳的意思，淡淡的，平平的，旧旧的，仿佛茶隔一夜。走廊上朱色栏杆斜挑出影子，而粉墙只在房门口端出一个“简明的”三角形。

附近的香樟树呼呼，堆堆浓绿的树叶柔柔地趴上三角形两边的细腰，堆堆浓绿。

此刻，我在江南的一个古镇，为博物馆工作，内心奇怪地不安。人到中年，怕出门在外。或许如此吧。有点凉，想去披一件衣服，却想起了L。很突然。突然是朴素的粮食，我喜欢。于是就想写一点什么了。

写一点什么呢？我边写边想。

L的故乡在靖江，我经过几次，但与L却十五年没见——我们在学校的时候，交往并不多，我那时愤世嫉俗，一脸讨债者的表情，觉得L太温柔，一点也不先锋，一点也不革命，他总是笑眯眯的样子，不像诗人像学者，或者某某教授。可是我对L却有暗暗的好感，因为几件事过去，看出他不会落井下石。有一阵班里形成一股排斥我的力量（现在想来，是我的问题吧，口无遮拦，毫不顾忌，蔑视权威，嘲弄纪律），往日的朋友或多或少都对我疏远了（起码在那股力量前假装与我划清界限。那是股什么力量呢？真要说清，实不容易。它是无形的渗透，一如黑夜的恐惧），L看见我，却不管什么场合，一如既往，笑眯眯地，说几句话，递个烟。这印象是颇深的。

快毕业了，那个晚上……L不说，我早已忘记了。

上个月我在常州开个诗歌创作座谈会，与常州籍的同学见了面，差不多也是十五年没见，竟不陌生，甚至是原先的隔阂也丧失殆尽。其实我是欣赏隔阂的：人的尊严与个性在隔阂这一边。但那晚我放下了，真的觉得同学就是同学，它会超越许多东西。反而我小气了，对一些事还耿耿于怀。我说起L，他们马上给他电话，他第二天中午赶来了。同来的还有一位新疆同学——正在他那里。他们刚在南京搞了个同学会，才结束。我也接到通知，但没去，一的确有事（正在河南的伏牛山中参与“诗人村”的策划），二也的确没有放下。现在我放下了。L邀我去靖江玩玩，我就跟着刘回靖江了。黄昏的靖江像条渡船。

吃晚饭前，L说要先回一趟家。过了一会儿，他来了，递给我一个轴子，说你不记得了吧。我打开后，是一幅画，竟然还是我画的。我真的不记得了。

L说，快毕业了，那个晚上，我对他说，我们同学一场，现在要分手了，我给你一幅画，作个纪念。

落款上有“江南裁纸”四字，我想不起是怎么一回事了，后来喝了点烧酒，才想起，这也是我的愤世嫉俗。当时同学大都年少气盛，据说有争“江南才子”的，我听说后就说我是“江南裁纸”，把纸裁好了，写点文章让他们学习学习。那时还不流行电脑，所以要裁纸。实在纸也不用裁，都用现成的方格稿纸。三百格。五百格。格格不入，自以为是。

这一轴子已经隐隐泛黄了，好像前朝物事。L说，挂了十五年。十五年过后，如果要用一种色调形容我自己，大概也只能是隐隐泛黄吧。只是我还不知道这十五年里我把自己挂在了哪里。

喝酒吧。吃河豚鱼吧。吃蟹黄汤包吧。还吃了芋头。芋头也是靖江特产，当初觉得很平常，后来在南浔吃了浙江芋头，方知道靖江芋头的大真。看来凡事都需要时间，时间对一个人而言，就是他有回味的机会。

【作者简介】

车前子，原名顾盼。诗人、散文家、水墨工作者。著有诗集、散文随笔集、评论集等 18 种。多次参加国内外画展，为二十一世纪文人画的代表性画家之一，新时期文学横跨三代诗歌的代表诗人之一。

四季

祁智

西来的春天说来就来。

春天由南而来，长驱直入，但到了长江边，被天堑阻隔。它就像一匹快马，四蹄生烟，忽然遇到一条大河。但春天的到达是注定的。它在岸边蓄足力气，然后凌空飞跃，稳稳地落在北岸。

靖江的春天就这样来了，不到则已，一到非同小可。当小南风轻拍百姓人家的窗棂，盘踞一个冬天的西北风，只能落荒而走。春天，沿着每一条道路进村，顺着每一片水面上岸。它像一位丹青高手，在上好的宣纸上泼墨，绿意洇开，铺天盖地。

西来用一排排树，用一片片竹园，用一株株芦苇，用一块块冬麦，盛装迎接春天。春天从敦义、土桥入境。似乎一夜工夫，西来的柳丝如烟，油菜花黄，麦苗拔节……

埭后的竹林，经过一个冬天的消耗，蓄足的精力几乎丧失殆尽。细雨霏霏，竹子吸着水分，每一节都长了精神。叶子返青、油亮了，在风中窸窸窣窣。

几个孩子，头戴柳条扎的伪装帽，匍匐进竹园。他们仿佛进入了敌方的地雷阵，那些高高低低的竹笋，就是一颗颗地雷。他们绕着春笋爬行。春笋很多，让他们游走如蛇。他们仔细辨认地面，发现异常就停下，用瓦片画出一个圈。在这个圈中，是一个还没破土的春笋。他们小心扒去上面的土，让笋尖露出地面。

桑叶肥大了，蚕蛹破茧而出。

风筝带着哨音，在天上飞。

香椿。

桃花流水。

斜风细雨。

青箬笠，绿蓑衣。

鱼。

田野里，有了劳动号子——

带唱山歌带种田，
不费工夫不费钱。
自己唱了精神好，
旁人听了也新鲜。

你那边唱到我这边来，

四句头山歌接过来。

后生家力气如长江里水，

早潮落去晚潮来。

西来一方好水土，春耕、夏耘、秋收、冬藏。农时一刻不能耽误，农事一件不能疏忽。鱼米之乡，从来不是唾手可得，相反，需要花费更多的精力与心血。

“得时无怠，时不再来；天予不取，反之成灾。”

一年之计在于春。西来的春天是忙碌的。

西来弯着腰走过春天，那是面朝黄土背朝天的姿势。这样的姿势，在中国凝固了几千年。西来会偶尔直起腰，擦一擦额头上的汗水，手撑住背后酸疼的腰眼，望一望即将到来的夏天。

当笋子能摇曳的时候，当柳梢能吹响的时候，当雏燕能捉虫的时候，当蝌蚪能蛙鼓的时候，夏天来了。

西来的夏天扑面而来，气势磅礴。

夏仕港的闸门，打开或者落下，吞水或者吐水。

永济港的水位涨了，水流快了，水色黄了。一个猛子扎下去，抓两把蚬子，等头露出水面，人已经被冲出几十米。蚬子是港里特有的贝类，对水质的要求极高。稍有污染，立即绝迹。

即使江水倒灌，河水依旧清澈。

一棵桑树，向河中心倾斜。桑树上，一颗颗桑葚，有紫，有红，有青。它们悬挂着，每一颗都是不小的诱惑。

桑树下就是河面。有些桑葚会掉下去，掉进河里，引来许多鱼。鱼们争抢着，水面一簇簇地生动。

几个孩子，蹑手蹑脚爬上树，坐到桑树最高处的枝丫里。当水面成群的鱼儿放松警惕的时候，在树上久等的他们，会扑向水里，企图凭速度和力量把鱼砸昏。每次，水花都如爆炸一样溅起，鱼儿安然无恙。

菱盘一片片坐在水面。划一只洗澡盆，掀起菱盘，可以看到菱盘下结的菱角。菱角，大的已如元宝，小的才如豌豆。剥一颗放嘴里，一抿，满口清凉涩甜的水。

落日如炭。

夜晚来临。

在地上泼水，浇暑气。“嗤——”水无影无踪。又泼，还是“嗤——”。再泼，地面的颜色深了。然后，在上风口点一堆麦芒，让烟随风流散。烟过去，蚊虫逃之夭夭。

故事在老人的嘴边，孩子在老人的膝盖前。从三皇五帝开始，到秦皇汉武，到唐宗宋祖；从姜子牙，到荆轲，到薛仁贵，到程咬金，到关羽……那些神话、传说，就这样口口相传。

拔节和灌浆。

虫鸣。

夜鸟归巢。

流萤。

流星。

……

西来在夏天被晒黑了，如同甜的桑葚。晒黑的西来瘦了，如同水牛露在水之上的两支角。瘦的西来精干了，如同一把铁犁。精干的西来，饱满了，芬芳了，沉甸甸了。

西来的秋天，永远来得无声无息。它是在某一个夜晚，随风潜入。

夏天是在人们开始穿长袖的时候，是在河水有一些发白的时候，才感知秋天的——一转身，就看到秋天站在身后。

秋天笑吟吟的。

秋天仿佛穿着长裙，荡在秋千上。

菱盘开始凋零，菱角苍劲，菱肉充实。鱼在菱盘间沉稳地游着。

慈姑的叶子如扇。

稻子金黄。

玉米结实。

棉花雪白。

螃蟹膏红。

流萤稀了。

鸭子肥得走不动路，一摇三晃，目空一切。

鸡无处不刨食。

野鸡拖着锦衣，从田野上空掠过。

嶙峋的枣树，在够得着的地方，枣儿荡然无存，但高处一颗、两颗、三颗……无数颗。用长长的竹竿去打，几颗枣带着叶子落地。

有一个孩子爬上枣树。一开始爬得很顺利，一会儿就坚持不住——枣树上的刺，让他又一次无功而返。

在杂乱的藤蔓中，掩藏着一个南瓜。南瓜的身上，布满太阳的颜色。有几只蟋蟀守着它。当蟋蟀发出唧唧的声音的时候，蚯蚓钻出地面。青蛙跳一步，停一下；跳一步，停一下。当它跳到这里的时候，蚯蚓正好游进藤蔓。

丝瓜的藤蔓还爬在山墙、树或篱笆上。几条硕大的老丝瓜已经泛黄。它们储存着来年的种子。

稻谷和稻草分离。稻谷一粒一粒地集中后，被拉去粮食收购站，稻草在打谷场堆积。

菊花黄，种麦忙。

又一场雨。树叶渐渐落了，知了渐渐哑了。

西来的冬天姗姗来迟。

秋天向南撤退的时候，被长江天堑挡住，无路可退，一直与冬天较量，直到热量消耗殆尽。

这是西来和靖江的福分。日照时间长，平均气温高，利于晚稻成熟，利于冬麦播种。

但冬天不得不来。

冬天到来的时候，该收的收上了，该种的种下了，该挂的挂起来了，该藏的藏起来了。当冬天迈着沉稳的步子，巡视田野、村路、河道和屋舍的时候，它听到了年景，看到了收成。

田野抱着种子、蟋蟀、田鼠休眠。

村路上一条条辙，像记忆刻在脑子里。

河道在寂寞中，惦记着遥远的潮汛。

屋舍从树与竹林中脱颖而出。

老茧的手、皲裂的手，拢进袖管。

白露为霜。

下雪了。

下雪的时候，很安静，耳朵能听到雪花落地的沙沙声。声音很轻微，像春天的蚕在吞食桑叶，又像秋天的鱼在水中游动，更像学生在一年四季里写字。

应当有声音的永济港，这时候反而安静了。那些船，木船、水泥船，熄了火，放下桅，泊在岸边。

鸟们把自己藏到檐下的瓦洞或打谷场的草堆里。它们都是隐藏高手。

不知乌鸦到哪里去了。它们永远那么神秘，无端地来，无端地去。

西来站在雪中，一动不动，看着瑞雪，想着丰年。

孩子们去上学了。他们的衣服，让雪原色彩点点。

……

在农村城镇化进程中，中国田园牧歌式的乡风、村景一度消失。西来也不能幸免。但是，西来对土地、河流的记忆是根深蒂固的，稍有警觉，立即拨乱反正。

西来依据天然建造农民公园。农民公园如同西来的一个盆景，浓缩乡野精华，四季分明。

西来以桐村为中心，建立现代农业示范园。桐村是靖江 8 个新农村建设样板村之一：17 条三级河道，条条清澈可鉴；16 条纵横相接的水泥路，勾连贯通整个村庄；11 个自然埭，农户家统一白墙灰瓦。

……

西来四季，如歌。

【作者简介】

祁智，江苏靖江人。作家、诗人，中国作家协会会员、江苏省作家协会副主席。曾获得陈伯吹国际儿童文学奖等。著有《呼吸》《芝麻开门》《反面角色》等多部。

多少趣事连小桥

孙振

我家住在惠丰乡的二圩港与三圩港之间。这是一个五十多户的村庄，东西一字形，排列整齐。家家户户门前是谷场、菜园，在谷场、菜园的前边，就是一条和村庄一致的东西向的小河；家家户户的屋后，有终年常绿的茂密的竹林，在竹林的后边，又有一条和村庄一致的东西走向的小河。这村前屋后的两条小河，连着南北向的二圩港和三圩港，通向长江。长江每天两次潮涨潮落，我家村前屋后的小河，也跟着潮汐升降流动，形成了人工控制的灌溉排水系统。在门前的小河上，有的一户一桥，有的两户合修一桥；在屋后的小河上，十多户人家合修一桥。

说起村前屋后的小桥，是多种多样的。有两块青石担着的，有三块木板架着的，有四五棵树干并排着的，也有可以推车牵牛的有模有样的小桥。全村五十多户人家，门前屋后的小桥，大约有三十多座。桥下潮涨潮落，流水淙淙。“小桥流水人家”在这里不是特定的专有所指，而是家家户户都在“小桥流水人家”的美丽图画之中。

我小时候，经常白天扛着鱼竿、虾网到门前屋后的小河里钓鱼、兜虾；夜晚点着灯笼，沿着稻田的田埂，寻找黄鳝和螃蟹。有了这些鲜活猎物，就放进一个篾编的竹笼里，用绳吊在门前的小桥上，养在淙淙有声的流水里。第二天清晨，就从桥下提起这些活鲜的猎物，拿到桥上（封头坝）去卖了，换了十几个铜板，高高兴兴地到理发店理发，或者买些油、盐、火柴等日用品。

我童年的时代，最感兴奋的事，是和邻居的青年人一起，在桥边“听蟹”。

夏秋时候，螃蟹在稻田里繁殖生长，到了初冬季节，野菊盛开了，螃蟹就离开稻田，爬到门前屋后的小河里，再从小河爬向港里，然后从港里爬向长江，开始它生命的新历程。根据螃蟹的这种习惯性的洄游规律，我们选择在村头桥边，在小河里扎起一排紧密的横向竹篱笆。螃蟹在爬行途中，受到篱笆的阻拦，等到夜晚的时候，它就要不顾一切地翻越篱笆。我们在桥头临时搭个两平方米的草棚，每天夜晚守候在草棚里。

我们在草棚里说故事、讲笑话、猜谜语，高兴极了。听到了螃蟹离水时的沙沙声，我们会立即停止了说笑，宁息静气，盯着篱笆的方向看了过去。我们在竹篱笆的上方，预先点亮了一盏灯笼，看到螃蟹正朝着有灯笼照明的篱笆上方爬去。这时候，我们悄悄地走上桥板，用网兜捉住了螃蟹。大人小孩会全都高兴地叫喊起来：

“捉到一只大蟹了！”

不过，我们会很快抑制住兴奋的情绪，等待着第二只爬上篱笆的螃蟹。一个夜晚，最少可以捉到三四只螃蟹，多的可以捉到十多只。只是，我们舍不得自己品尝这螃蟹的美味，还是要拿到桥上（集镇）去卖了。

靖江的许多集镇，是以桥的名字命名的，如斜桥、土桥、马桥、柏木桥、二圩桥、上六圩桥、下六圩桥、南四圩桥、中四圩桥、北四圩桥等等。其实这些地方都不是只有一座桥，而是以桥为中心，形成了大大小小的集镇，工农业产品的交易中心。有的集镇天天开市，有的集镇每月的一、三、五，或二、四、六逢集开市。赶集的人们熙来攘往，十分热闹。

【作者简介】

孙振，新闻记者、摄影家。曾任新华社江苏分社社长、新华社新闻摄影编辑部主任、中国摄影家协会副主席等职。采写有《女民兵高凤英》《不屈的战斗》《后来能够居上》等报道，著有《白宫内外》等。

乳汁

黄靖

那一年，日本东海大学教授、文学博士浅井纪专程来靖江考察讲经艺术，我热忱地对他说："我们这些人都是喝讲经的奶长大的。"

当我还在襁褓之中便由母亲抱着、父亲背着出入讲经堂。那冉冉青烟，烁烁烛光，花花绿绿的纸马以及抑扬顿挫的讲唱，随着母亲甘甜的乳汁，润物无声地渗入我幼小的心灵。稍大一点，能够听懂宝卷里的故事了，则更是如痴如醉，别的小朋友在人堆里钻来钻去像只调皮的猴子，而我则像一尊泥塑的小菩萨，一动不动地坐在那儿，忽闪着两只小眼睛死死地盯着佛头不停翕动的嘴唇，仿佛从那里出来的每句话都会变成诱人的佳肴美味。

年复一年地耳濡目染，不知不觉我也迷上了讲经，而后成了一个业余的小"佛头"（讲经的民间艺人俗称"佛头"），不同的是，佛头是又说又唱，我是只说不唱，一张小嘴将宝卷中的许多生动有趣的段落讲得活灵活现。在那个阶级斗争年年讲、月月讲、天天讲的年代里，凭这点小小"才艺"，还挣了不少工分呢！

那年月，看更是每个成年男子最头疼的事，队里所有的男劳力都喜欢和我这个小小男子汉搭档，为啥，他们可以听我"讲经"呀！

夏秋时节，丰收的夜晚真是令人心醉。喧闹忙碌了一天的乡村，随着夜幕的徐徐降临，渐渐地恢复了恬静。一阵阵凉爽的清风吹走了乡亲们的疲劳，整个村庄都怀着丰收的喜悦甜甜地进入了梦乡，只有飘逸着稻麦香气的原野和堆着山一样的粮堆、草垛的打谷场彻底地醒着。风轻露白，月明星稀，蛙鼓声声，小虫啾啾，我和看更的叔叔、伯伯、爷爷们乐滋滋地靠在清香醉人的草垛旁，有时也盘腿坐在用稻床、扁担、秸秆搭成的更棚里，应和着天籁的声音，说修行得道，叙悲欢离合……

冬夜更有趣，每夜一人，村前村后转上几遭，大声地干咳几下，算是交差了事。轮到我更是简单，穿得像个棉花包似的，往队长家堂屋里一坐，黑灯瞎火地先讲苦中之苦、难中之难，再讲修仙成道，登山显圣，常常主人翁修炼尚未成功，队长已鼾声大作，神游"苏州"了，于是，我便悄无声息地离去。

当年，一个壮劳力干一天重活才记 10 分工，而我，象征性地看一夜更，严格地说只讲那么一小段宝卷里的故事，5 分工便轻轻松松地到手了！

那时我少不更事，只知讲经可挣工分，尽管那一点点可怜的工分值不了几个钱，但那是社员的命根子呵！因而，只要队长喊，我从来不违拗，巴不得夜夜有更看，天天有分挣。我哪里知道，无意之中我像初生的婴儿本能地吮吸母乳那样，从宝卷里汲取了最初的也是最为丰富的文化滋养，那丰富奇特的故事，富有浓郁地方特色的风土人情、歌谣、谚语、俗语不知不觉便融入血液、渗透骨髓——我的文学启蒙正是从讲经起步的呵！

古今中外的文学史表明，许多世界一流的大作家、大文豪都曾从民间文学那里吸收营养，一些千古不朽的文学经典甚至直接脱胎于民间文学。鲁迅先生有句名言："从话本说书里可以产生托尔斯泰和福楼拜的。"这么些年来，我们靖江的文学艺术创作长盛不衰，不能说没有讲经的功劳。而我，资质愚钝已属不幸，历史还无情地将讲经的文化乳汁早早地强行断了，让我长时间在贫瘠的文化荒漠里生活……不然，我在文学上或许会大有成就！

当然，这是就我个人、或者说文学爱好者而言的。在寻常百姓那里，讲经的核心在"教化"。靖江人爱将宝卷说成是"劝世文"，说讲经是"劝善"。几乎每一位佛头在《大圣宝卷》开讲时都有一段开场白：

说者《大圣宝卷》一部劝善，弟子宣演，总要先宣朝代帝王，后讲贤人出世。总要讲得有头有尾，有始有终，有苦有甜，有前有后，悲欢离合；先要讲苦中之苦，难中之难，然后要讲到修仙成正，登山显圣，流芳百世，方成宝卷一部劝善。

当你认真研读宝卷，细细体味佛头的说唱，你定会发现，中国历史上平民百姓世代相传并遵循的道德、行为准则，亦即"善行"，无处不在。人们从宝卷中"贤人"（主人公）"有苦有甜""悲欢离合"的故事里，受到的启迪是人生在世要重礼仪、尊法度、敬天地、礼神明、尊老爱幼、邻里互助、救贫济困、惩治邪恶。许多宝卷甚至连为人处世的细枝末节都讲得明明白白、清清楚楚。《三茅宝卷》中，王小姐将嫁到相府为媳，花轿已恭候多时，母亲陆氏夫人还在那里千叮咛万嘱咐：

你到人家为媳妇，里里外外要照顾，
堂前敬重你公婆，香房里敬重你丈夫。
…………
说话要轻声，穿衣要齐整，
吃饭要斯文，跑路要稳沉，
坐凳要端正，堂前有外客，
厨房莫高声。

在二十一世纪的今天，女儿要出嫁了，做母亲的也还会如此这般地叮嘱一番。可见，讲经对靖江人的影响是何等的广泛和深远，正如长期研究讲经的车锡伦先生说的那样，"靖江宝卷中故事都已地方化，因此它们都包含大量的靖江民俗风情的描写。诸如民间信仰、生产贸易、衣食住行、人生仪礼、岁时节令、游艺娱乐、民间知识等，都在宝卷中有绘形绘色的描述和介绍"。

宝卷实质是靖江人生活的百科全书。它如海纳百川那样兼收并蓄，融儒、释、道三位一体，集宗教、哲学、道德、文学、民俗之大成。旧时的靖江农村，除少数地主豪绅有钱供子弟读书，千千万万贫苦农民，除了听经，他们还能从哪里获取精神文化营养呢？由此观之，讲经之于靖江人开启民智、传承文明，功莫大焉！

近年来，有识之士以抢救的精神整理出版了厚厚两本《靖江宝卷》，从而使靖江讲经这一口口相传的文化遗产得以用文字的形式凝固下来，这是功德无量的大好事。每当我捧读宝卷，常常会生出在母亲怀里吸吮乳汁的亲切感。

【作者简介】

黄靖，江苏靖江人。地方文史研究专家，江苏省作家协会会员、泰州市民间文艺家协会副主席、靖江市民间文艺家协会主席、靖江宝卷研究会秘书长。著有《山的况味》《铁色年华》《遥望昆仑》《宝卷笔记》等。

此味疑为仙府食

范锡林

早在《周礼》上，就已经有了关于肉脯的文字记载。《礼记》上则有"牛脩鹿脯"之说；《论语》上有"沽酒市脯"之句。北魏的《齐民要术》上有专门一章：《脯腊》，介绍肉脯的制作及品种。据史料记载、南北朝时有五味脯、白脯、甜脆脯，唐朝时赤明香脯、红虬脯，到元明之际有千里脯，都是当时名闻遐迩的肉脯品种。

可见，这肉脯，少说也已有三千多年的历史了。

而今，它却成了我们靖江人的一大骄傲。

我有时在外，常常会遇到这种情形，当结识一位新朋友时，告诉他说我是来自江苏靖江，他往往会恍然而悟地拍掌道："啊，靖江，我知道，我知道，好地方，出'双鱼'肉脯的地方！"

你瞧，许多人就是这样认识了我们靖江！

其实，何止是九州方圆内，处处可见此君，就是更遥远的美国、法国、日本、新加坡等，人们也都熟悉它的美名，对它倍加宠爱。

然而，当靖江人吃着这美味的"双鱼"肉脯时，却总会提到在五十多年前来到靖江的三位广东人。

就是这三位义结金兰的广东人，在1937年来到靖江。他们看中了这块风水宝地，看中了这面对江南繁华广大市场，背倚苏北取之不尽质优价廉的生猪资源，具备生产肉脯得天独厚条件的靖江，办起了"三友美味食品厂"（即现在的靖江食品厂），开始了靖江生产肉脯的历史。

肉脯生产是一个十分复杂而讲究的过程，必须选用新鲜猪后腿，剔去皮、膘、筋骨。取其整块纯净精肉为基本原料，剖成很薄的片状，配以白糖、味精、白大川，特级鱼露、鸡蛋等几十种佐料，其中鱼露一味至关重要，然后，将拌好佐料的片肉平摊在一种特制的筛匾里烘烤，先后要经过片肉、拌料，推筛、脱水、烘烤、压平、修剪等十多道工序，才成为那一片片色、香、味、形俱佳的肉脯。

数年之前，我曾去参观过肉脯生产的过程，当时看到那些工人凭着一双手，一柄十分锋利的尖刀，很熟练很有节奏感地飞快剖出一片片薄得近乎透明的精肉时，便不由得想起了庄子在《庖丁解牛》里描写的那庖丁"游刃有余"，而且那动作"合乎《桑林》之舞，乃中《经首》之会"的句子来。然而，那毕竟是手工操作，尽管那一双双手是何等灵巧且不知疲倦，总是满足不了大批量生产的需要。

如今，这肉脯生产早已由一整套现代化的机械设备来完成了，其中包括自动鲜肉片肉机，远红外线烤炉等最先进的装置。因此，可以说，今天的靖江"双鱼”肉脯正是传统的工艺方式和现代化的生产技术完美结合的产物，它的产量和质量当然就是那三位广东兄弟做梦也没有想得到的了。

成品的“双鱼”肉脯薄如纸，形方正，色棕红，就像是那鲜艳的红玉，那晶莹的玛瑙，经巧匠精细磨琢而成的极薄极薄一片，透明映亮，放在光前一照，当真溢辉流彩，往往叫那些初尝者，挟在筷上，看得痴了，不忍下口。

它味兼鱼肉两者之美，鲜得无可伦比；它脱净油脂，细而不腻；它甜咸适中；它酥却又略带些脆；至于它的香，当真有欧阳修词中那种“洛阳正值芳菲节，浓艳清秀相间发”的境界，也就是说，既浓得诱人，又清得高雅。

有人曾说，这“双鱼”肉脯，吃过三天之后，在牙缝中剔出的星儿，还香得叫人舍不得丢掉。这虽说有些夸张，但它令人食后余香满颊。数日难忘，是一点也不假的。

也许正因为如此，靖江出产的“双鱼”牌肉脯先后三次荣获国家级金质奖，一直享有出口免检的特权，被列为江苏地方名特食品中的佼佼者，也就毫不奇怪了。而靖江人也总喜欢不无自豪地称它为“我们的‘金奖’肉脯”。

我一位远方的朋友在尝过这肉脯之后，曾陶醉地说过这样一句话：肉，能做出千般味，可却没想到，它竟能做成这样令人叫绝的佳物，这，简直就是天府里的神仙之食呀！

【作者简介】

范锡林，曾任靖江市文联副主席。曾获得陈伯吹儿童文学奖、江苏省精神文明建设“五个一工程”奖、上海市首届巨人优秀作品奖、《少年文艺》好作品奖等。著有《睁开吧，长长睫毛的眼睛》《秘道》《范锡林少年大传奇》等多部。

拟 声

周卫彬

回想起来，我在江边这个名为龙飞的村落差不多生活了将近二十年，度过了一个人生命中最重要的历程。现在，当我作为一个过客出现的时候，我发现，在江边的记忆几乎全部是由拟声词构成的。它们仿佛诉说着一个人与这个世界剪不断理还乱的内在脉络，循环往复，无始无终。

比如炊烟的声音：劈啪——劈啪——劈啪——

比如江水澎湃的声音：呼哗——呼哗——呼哗——

比如水稻灌浆的声音：咕噜——咕噜——咕噜——

比如青草喝水的声音：呲啦——呲啦——呲啦——

比如河面结冰的声音：咯噔——咯噔——咯噔——

声音让我们在离开故乡若干年之后，得以在记忆中一遍遍重返并勾勒那一片最初的金黄与混沌。

在我的童年，有两种声音最常听到，那是每当暮色四起的时候，几乎同时出现的唤鹅声与拉琴声。居住在江边的人家，鹅已经是家庭成员，村落在依稀的蝉鸣声中犹未睡去，唤鹅声在煦暖的晚风中的悠悠传来。河堤昏暗的芦苇丛或是灌木丛中，三五只白鹅栖迟于黑魆魆的水流间，唤鹅人从草坡上走来，它们必须在夜幕完全降临之前被唤回窠内，以免去夜中被蛇、鼠袭击的危险。似乎是一位从上海插队落户于此的乡村女教师，她总在月色初露的时候，徘徊于河岸，锲而不舍的呼唤声，许久方停。平日里我所见到的她，其穿着总是迥异于普通的村妇，长靴、旗袍、连衣裙、蕾丝花边的手套，这种趣味很难与唤鹅声联系起来，那倔强的声音似乎也是与众不同：

“咕——咕——”

“咕——咕——”

短促而有力，仿佛在批评一个不懂事的孩子。最终鹅的急促的叫声，表明它们离家出走的企图以失败告终，而那时，远方的天空似乎已经亮起了几颗星。

女教师回去的时候，拉琴声渐渐停止。我总是以为那声音是从隔壁传来的（其实，还可能是村部播放通知时的前奏），那位老太太的嗓音正适合唱越剧，当她与你说话的时候，你会有一种奇异的感觉，你仿佛在与一名越剧演员对谈。一架做工颇为精良的京胡挂在房梁上，我从未见过它被取下演奏，就像我从未见过隔壁的老太太唱一句戏文。惯常的是，每当日暮之时，一部老式留声机开始传来拉琴声，接着是越剧、黄梅戏、京剧……我迷恋京胡那种原始的、陌生的、夹杂些许哀愁的气息，一支旧的曲子，将黄昏的思绪陷入无边的黑暗之中，仿佛把你带到很远的意想不到的地方，琴声似乎在不断解释从前的生活与幻想。

它萦绕着你，让你在停顿中有种逃离的冲动，直到老式留声机快没电了，梅兰芳从花旦变成了老生，然后，戛然而止。声音最丰富的应该是雨季。苍苍茫茫，茫茫苍苍。雨水将这江边小小的村落晃得有些眯眼，却让一切变得如桐油般清亮。青瓷般的天空挂着雨帘，高高低低的圩岸与稻田如同古筝的音阶，乡村的波长确乎被雨水拉长了。

江边的雨声如此丰富。第一滴雨落在你的鼻尖，柔软、温和，遥远而缓慢，就像小津安二郎的电影，一杯茶慢慢淡下去，直到透明。你凝视某一滴雨水时，会发现透明中藏着一口叹息，那不是哀愁，而是赶路半中间歇口气，清晨推开窗，雨滴的脚步刚刚踏入一朵栀子刚刚绽放的白色花瓣。天光明亮得分外透明。窗外甬道上的草莓已经泛青，邻人院落虬枝横生的柳条拂过墙头，仿佛吴冠中笔下舞动的线条。缭乱、挥发、蓬勃。坐在屋檐下，久了仿佛鼻息也是碧绿的。不知何时，母亲从江的另一边移来一棵桃树，细雨过后，湿漉漉“绯红的轻云”柔软地零落四周，我曾经想要用铅笔画下它们，尤其在晚春的时候，彼时，园中枣树的花絮刚刚露出些微的鹅黄。野蔷薇倒映在水面，星星点点，令人想起莫奈。尽管姹紫嫣红，但它们都没有浓烈的气味，灰白的天光下，闪烁的也只是淡影，一副岁月静好，现世安稳的姿态。

七、八月的村庄，浓稠的湿气在云端不停变幻，雨色从古画中杨柳青，拟态似的，成为绯色的胭红、枯石的赭，最后成为风的迷蒙。天色陡然暗淡，巨大的雨水从天而降：

哗哗哗哗！哗哗哗哗！

哗哗哗哗！哗哗哗哗！

它带给灌木、藤蔓、麦子无限的狂喜，遮断少年迷惘的视线，落在甲虫挣扎的背上，令人感到某种变形的疼痛。整个屋子像白浪中的一叶舢板，在洁净如洗的雨水里，在懒洋洋的忧愁中，跌落、升起。麦子、棉花、稻谷，会在不经意间被雨水从某个瓦片的罅隙中淋湿，雨后霉变的气息，从黑暗中隐隐传来，就像一种岁月深处无以名状的深沉的爱。我依稀记得那个亮堂堂的午后，父亲上班去了，我坐在祖母的藤椅上读川端康成，雨水陡然降落，淋湿书页的边沿。在接雨的脸盆不断的滴落声中，我隐约看到某个穿黄色雨衣的少女，扶着自行车从石阶下去，步入茫茫的雨中，那清丽的脸庞像极了《在雨中消失》的日本女演员，不是山口百惠，而是吉永小百合。雨未停歇，透过雨雾和泥泞，我似乎又闻到了一丝栀子的香味，天色渐渐暗去，一种温柔、细微的希望在心中如梦似幻般缓缓延续。

在雨季，我喜欢站在雨中的圩岸，远眺大江上黯淡的雨幕，仿佛这样可以触摸到衣胞地的深处。这个我无数次来过的地方，从疾风骤雨到雨势渐小，时常让我感到融入夏季的茫然。雨淅淅沥沥地下着，江边的野桃树下，隐约见到几片尚未全部腐烂的花瓣，这些慢了半拍的野桃树，刚刚挂果，鸟雀们在上面画了满满一树的逗号、引号、句号和感叹号，在轮船的汽笛声中，时有惊落。

圩岸上芦苇漫天，绿成一片汪洋，每当大雨过后，夕光笼罩，苍苍然有云垂海立之感。红蓼和梭鱼草像童谣那样，在雨后漫上圩岸的斜坡，它们引来鸟雀落于灰白而坚硬的岩石上，伺机捕获行将蜕皮的蜉蝣。倘若圩岸是一卷摊开的册页，任由草木书写，那么，鸢尾则是峻健的欧体，合子草飘逸如“二王”，而狼尾草纤细如瘦金体，无风之时，它们端正如楷，一旦风起雨落，则婆娑起舞，一齐练习草书。蒹葭苍苍，白露为霜，年复一年，它们摇曳在千年的时光里。而身下斑驳的石块、浑浊的江水、绿油油的荇菜与浮萍，在炎夏的暴雨中，于幽暗之处相互撞击、愈合：

铮铮——淙淙——

淙淙——铮铮——

“水深激激，蒲苇冥冥”，置身于这浅赭与深绿交织的圩岸上，耳畔似乎听到不同时空的声音。同时感到一种时间洪流退去后的荒芜，就像疾风骤雨呐喊之下，茂盛而静默的青草，绵延至无边的旷野。

但我热爱在圩岸上行走，左边是细密的苇，右边是漫过人身的草，而藏于苇草之间的是“蒲”，那时候，我们只知道它俗名叫“水蜡烛”，少年时代的星夜，它被点燃用来驱赶蚊虫。“蒲苇纫如丝，磐石无转移”，多年之后，当我读到这首《孔雀东南飞》的时候，脑海里插满了那一根根红烛般的香蒲。

如果往回看，那些在江边的日子，似乎总是许多的雨天连绵在一起，昏暗的光线、霉湿的气息，细想起来，阳光普照的日子，仿佛总是有限。但是，一旦烈日当空，你会听到汗水猛然窜出皮肤的声音，那是一种类似于号子的呐喊声：

嗨嗬——

嗨嗬——

嗨嗬——

我记得某个炎热的秋日午后，随邻村的同学一道去江边收割芦苇。泥泞的道路经过烈日的暴晒，令骑车之人，如履戈壁。当我们气喘吁吁抵达圩岸，江水正在下沉。我们迅速跳下去，将脸全部藏于苇丛间，仅露出大人们下地时所戴的破旧的草帽。天气太闷热了，汗水如秋雨般从皮肤喷涌而出。时间久了，体内渐渐发出轰鸣的噪声，我感觉自己就像是被热浪拆卸成的一堆零件，比细小的螺母还小，简直是一堆无用的、被丢弃的铆钉，但它们一颗颗钉进肉里，使得体内的水分从无数的孔洞往外散溢，我第一次经历了被汗水剥夺后，空洞如弃之感。

世界只剩下吁吁的喘息声，既沉重又轻盈。当我们爬上岸边的时候，脸上、口鼻中，沾满了白色的芦絮。江滩空出了一大片，一捆捆金黄的芦苇，像被征服的崇山峻岭，躺在圩岸上。回望身后的村落和起伏的田野，远处散落的河汊与水洼，仿佛碎镜般地闪烁着光芒，再远处似乎有三三两两挥舞镰刀的人，隐没在田野深处。在那一刻，少年的心中竟满怀秋意。

倘若语言是我们的皮肤，那么它的切肤之痛是什么？我想起记忆中的那些言语与声息，除了动听如民谣之外，还包含了一座村庄的哭声。哭声飘荡在夏季的圩岸上，但哭声可能也是寂静的，就像一团黑雾，悄无声息地弥漫于空中。

如果那一夜，我们没有去江边，如果我们半途折返，夏季的圩岸会不会是另外一种样子？

那是此生我唯一的一次与乡亲们去江边捕捞蟹苗——这个每年夏季，上天赐给江边村民的神迹。倘若辛苦一整个夏季，所捕捞的蟹苗，足够一个家庭整年的开支。但这同时也是危险的，因为必须要夜半涨潮的时候，蟹苗才会爬上苇秆，捕蟹者必须在潮水漫过头顶之前，爬上圩岸，方能逃过反被命运追捕的可能。

那晚的夜色特别黑暗，子时刚过，我们各自骑上破旧的自行车，匆匆赶往江边。不知过了多久，雨水骤然降落，我们猝不及防地穿上雨衣。夜深。路黑。雨大。也许快到江边了，当我们抬眼看去，仿佛置身于荒野，竟看不到一处可以躲雨的屋檐。只有闪电像一枚枚射向天边的礼花，时不时在远处倏然绽放，瞬间照亮泥泞的道路。许多年轻人转身离开，车把上挂着手电，朝着村庄的方向驶去，那夜幕下星星点点移动的光亮，如河面上的烛光，迟缓地向远方飘去，向更深的黑暗飘去。而年逾七旬的老宋带着和我一般大的孙子莲喜，却坚持抵达了圩岸。三年前，莲喜的父母驾着一叶舢板，在江中捕捞鳗鱼，双双翻船而殁。此时，正是风雨最大的时候，狂风吹着江滩，苇叶从我的身边飘远，我突然感到某种不曾有过的惊悚。

我们终于还是小心翼翼地探入芦苇丛中，水刚好没至胸口，很快我们便感到了温暖，风雨似乎被锁在了高高的苇荡之外。虽然头上的探照灯很亮，但根本无法分清水流的方向，汗水与泥水昏昏然混成一片。在晦明交织的幽幽清光中，只看见无数细小的蟹苗，像超大的蚂蚁爬满了苇秆，我们全然不顾成群结队蚊虫的肆虐，把蟹苗悉数装入木桶。无数的蟹苗在桶底奔走发出“噗啦噗啦”的声音，如此敦实有力，让我们短暂忘记了周遭的雨僝云僽。我忽然听见细碎而沉闷的“嘶嘶”水声，转头细看，顿时肉颤心惊：竟是一条粗大的水蛇，吐着黑信，从我的耳边坦然游过，那扭曲的姿态像条麻绳又像黑色的鞭子，我的心猛然涌到嗓子口，堵住呼吸。千万只蚊虫如茫茫飞絮，往口鼻直钻，我终于闻到了夏日散发出的浓烈而苦涩的气味，被江水泡烂的芦苇根又涩又甜的气味。江水正在上涨，在你想要哭的时候不断上涨、上涨……

我们连滚带爬上了圩岸，唯有莲喜却再也没能上来。那是一九九六年的雨夜，许多的灯盏在晃荡，那是老宋和我们沿着圩岸在寻找他唯一的孙子。全村人找了整整一夜，一无所获，所有人的脸上都湿漉漉的，疲倦而凄惶。老宋满脸泪痕，沾满了黑色的泥水，他瘫坐在地上，号啕大哭后来慢慢转成低低的有气无力的呜咽。一个老人的哭声和一个同龄人的死亡，带着我的恐惧和晦暗，永远织入了那个阴郁而漫长的雨季。那低微的呜咽声，就像遥远的叹息，时时萦回于耳畔——此时此刻，我不会拟声了。

【作者简介】

周卫彬，江苏靖江人。中国作家协会会员、江苏省作家协会签约作家，泰州市评论家协会副主席兼秘书长。曾荣获江苏省紫金文艺评论奖、“长江杯”江苏文学评论奖。在《当代作家评论》《天涯》《散文》《时代文学》《山花》等刊物发表作品共 100 多万字。著有随笔集《浮影》，评论集《忘言集》。

后 记

作为“长三角城市乡土语文丛书”之一，《泰州乡土语文》的编纂注重突显泰州的“乡土”特征，既有时间的脉络，又有空间的关联，既有诗，又有文，兼及古今，力图呈现具有区域特征的泰州历史和现实。

泰州人文荟萃，历史久远，“儒风之盛、夙冠淮南”，历史上一直是文化昌盛之地，有着深厚的文化底蕴，素有“汉唐名郡、淮海名区”之称。两千多年的岁月流逝，造成了泰州地域和空间面貌的沧桑之变，却遮掩不住泰州文化魅力的神韵飞扬。

乡土教育是展示地域性空间自然、人文、社会、科技、经济的发展历史和存在形态的一种辅助性教育手段。历史上泰州编纂过多部乡土教育读本，从一个独特的角度，为我们考证过去泰州的社会生活，提供了重要的史料。

《泰州乡土语文》于2021年春开始编纂。我们成立了以刘仁前、徐同华为主任编委，王青、林林、金倜、曹学林、姜伟婧为编委的《泰州乡土语文》编委会，分别在泰州所辖六个市区展开资料收集、整理、编辑等一系列工作。

一年多的时间，既是紧张的工作，也是一个学习和探索的过程。在此期间，我们得以有机会系统领悟家乡深厚的历史文化积淀，近距离触摸诸多前贤先哲的人文情怀，这将让我们受益终生。因此，我们希望与更多的青少年学生分享这一富有乡土气息的精神营养。

本书主要选用泰州籍作者作品，也酌选外地名家写泰州的诗文，按市境地域范围分为海陵、姜堰、高港、兴化、泰兴、靖江等六个单元，注重作品的思想性、艺术性与可读性，内容涵盖泰州的山川名胜、名家贤人、史迹文物、精神传统与乡风民俗。

部分诗文加上了必要的注释，以便读者更容易理解课文，从阅读中强化思维，在阅读中升华乡土感情，在阅读中学习语言文字的运用。同时，也为教师指导学生阅读预留了较大的空间，以使读者获得最好的阅读体验。

本书的编纂，借鉴、参考了《泰州文献》以及泰州文史资料的部分内容。在此，我们向为上述研究成果付出心血的研究者，一并致以谢忱。

同时，我们要向历代先贤们奉上深深敬意，正是你们经典之作的流传，给予我们滋养；我们要向入选本书的外地名家们致谢，正是你们对泰州地区的关心、关注，妙笔生花，才得以让泰州声名远播、美誉度不断提升；我们也要感谢为本书提供作品的泰州本土作者，正是你们长期以来用饱含深情之笔，书写家乡，赞美家乡，才丰富了泰州的文学艺术宝库。

因资料、时间、水平之限制，本书编纂可能存在不足，真诚希望得到各位专家学者，特别是泰州地区的广大读者朋友们的热情帮助，以期再版时更趋完善。

编 者

2022 年 3 月

联系地址：上海市中山西路 1610 号

邮政编码：200235

联系电话：16605722666